解读发展中经济体协同发展机制

全球双环流视角

Interpreting the
SYNERGIC DEVELOPMENT
Mechanism of Developing Economies
A Global Dual Circulation Perspective

张 辉 等 著

图书在版编目(CIP)数据

解读发展中经济体协同发展机制:全球双环流视角/张辉等著.—北京:北京大学出版社,2023.6

ISBN 978-7-301-33967-1

Ⅰ.①解… Ⅱ.①张… Ⅲ.①国际合作—经济合作—经济发展—中国、亚非拉国家 Ⅳ.①F125.4

中国国家版本馆 CIP 数据核字(2023)第 075891 号

书　　　名	解读发展中经济体协同发展机制:全球双环流视角 JIEDU FAZHANZHONG JINGJITI XIETONG FAZHAN JIZHI: QUANQIU SHUANGHUANLIU SHIJIAO
著作责任者	张　辉　等　著
责 任 编 辑	兰　慧
标 准 书 号	ISBN 978-7-301-33967-1
出 版 发 行	北京大学出版社
地　　　址	北京市海淀区成府路 205 号　100871
网　　　址	http://www.pup.cn
微信公众号	北京大学经管书苑(pupembook)
电 子 信 箱	em@pup.cn
电　　　话	邮购部 010-62752015　发行部 010-62750672 编辑部 010-62752926
印 刷 者	北京圣夫亚美印刷有限公司
经 销 者	新华书店 720 毫米×1020 毫米　16 开本　25.25 印张　420 千字 2023 年 6 月第 1 版　2023 年 6 月第 1 次印刷
定　　　价	88.00 元

未经许可,不得以任何方式复制或抄袭本书之部分或全部内容。
版权所有,侵权必究
举报电话: 010-62752024　电子信箱: fd@pup.pku.edu.cn
图书如有印装质量问题,请与出版部联系,电话: 010-62756370

本书主要作者（按姓氏排名）：

韩永辉	贺灿飞	洪俊杰
姜　峰	蓝庆新	李保霞
唐毓璇	王　栋	王桂军
韦东明	吴唱唱	闫强明
翟　崑	张　辉	张明哲

序　言

党的十八大以来,习近平总书记首倡"一带一路",得到国际社会的积极响应。我国坚持世界最大发展中国家的定位,坚定实施对外开放基本国策,遵循共商共建共享原则,以和平合作、开放包容、互学互鉴、互利共赢的丝绸之路精神为指引共建"一带一路"。从夯基垒台、立柱架梁到落地生根、持久发展,从恢宏磅礴的"大写意"到精谨细腻的"工笔画","一带一路"倡议顺应经济全球化的历史潮流,顺应全球治理体系变革的时代要求,顺应各国人民过上更好日子的强烈愿望,引起越来越多国家和地区热烈响应,成为我国参与全球开放合作、改善全球经济治理体系、促进全球共同发展繁荣、推动构建人类命运共同体的中国方案,成为当今世界深受欢迎的国际公共产品和国际合作平台。党的二十大报告在总结新时代十年伟大变革及所取得的巨大成就时明确指出,共建"一带一路"成为深受欢迎的国际公共产品和国际合作平台。报告对我国迈上全面建设社会主义现代化国家新征程、向第二个百年奋斗目标进军的各项战略任务和重点工作进行了部署,提出要继续"推动共建'一带一路'高质量发展"。

推动共建"一带一路"高质量发展不仅为世界各国发展提供了新机遇,还为中国开放发展注入了新动力。 如今,世界百年变局叠加世纪疫情的影响仍在持续,俄乌冲突导致外部风险挑战急剧增多,世界竞争格局发生整合与分化,世界经济复苏不确定性、不稳定性增加,全球新一代技术的迅猛发展引发重大生产和消费变革。我国经济发展环境的复杂性、严峻性上升,但对外开放仍旧为我国经济发展注入了不竭动力。面对外部环境日趋复杂带来的挑战,党中央统筹"十四五"时期的谋篇布局和未来中长期发展新蓝图,立足新发展阶段、坚持新发展理念、构建新发展格局，推动共建"一带一路"高质量发展，以高水平对外开放为我国经济高质量、可持续发展注入中长期动力。2021年11月19日，习近平总书记在第三次"一带一路"建设座谈会上，站在统筹中华民族伟大复兴战略全局和世界百年未有之大变局的高度，全面总结了共建"一带一路"取得的显著成就，科学分析了共建"一带一路"面临的新形势，对继续推动共建"一带一路"高质量发展做出了重大部署、提出了明确要求，为新时代推进共建"一带一路"工作提供了根本遵循。高质量建设"一带一路"呈现出强大韧性与澎湃活力，为世界各国抗击疫情、恢复经济、增进民生福祉提供了新发展机遇，为我国实现更大范围、更宽领域、更深层次对外开放提供了新动力。

推动共建"一带一路"高质量发展是实现高水平对外开放的有力抓手，为发展中经济体协同发展创造机遇，进而推动新型全球化经济合作。首先，高水平对外开放是我国进入新发展阶段实现经济高质量、可持续发展的重要举措，是贯彻新发展理念的重要遵循，是加快构建新发展格局的重要途径。第一，全面建设社会主义现代化国家新征程已经开启，标志着我国进入了一个新发展阶段，高水平对外开放为生产力进一步发展提供了新机遇。第二，高水平对外开放是完整、准确、全面贯彻新发展理念的重要体现，顺应了世界经济多极化的客观历史潮流。第三，高水平对外开放打破了过去国内国际两个市场的不合理藩篱和壁垒，充分发挥了国际循环与国内循环的相互促进作用，推动了经济高质量发展。其次，我国以"一带一路"建设为主线引领推进高水平对外开放，坚守合作共赢、互联互通的理念，通过贸易与投资合作深挖沿线国家和地区发展潜力，共建大区域治理平台，为发展中经济体协同发展创造机遇，进而推动新型全球化经济合作。

推动共建"一带一路"高质量发展是引领新型全球化格局的理论和实践范式。如今，世界经济的运行体系逐渐超越了传统的"中心—外围"模式，正逐渐转变为以中国为桥梁，联结发达经济体与其他发展中经济体的"全球价值双环流"体系。中国是这个循环体系的核心节点：中国从发达经济体进口的商品以最终品为主，而出口商品则以中间品为主；中国与其他发展中经济体的贸易则相反，出口以最终品为主，进口则以中间品为主，在轻工业、重工业贸易中也表现出类似的特征。迄今为止，全球近2/3的国家通过中间品和最终消费品贸易与中国紧密地联系在一起。在整个循环体系中，中国处于枢纽的核心位置。同时,在全球价值链上,发展中经济体的出口贸易附加值仍比较低,发达经济体比较高,而中国则处于价值链中间的位置,连通着发达经济体与发展中经济体的经济合作,形成了双环流的全球价值分工体系。

当今,国际经贸投资规则体系在一定程度上忽视了发展中经济体的利益,所制定的标准、门槛更多地反映发达国家利益,发展中国家难以从中获益。此外,发达国家内部又深陷由收入差距扩大带来的各种社会矛盾和摩擦,已越来越难以维系旧有国际格局。针对传统国际经贸投资规则体系的弊病,世界各国更应当致力于构建推动世界经济发展的贸易引擎,开展多边贸易规则的建设,从而推进贸易与投资的自由化和便利化,解决世界各国发展失衡的问题。21世纪进入第三个十年,国际局势风云诡谲,站在新的历史起点上,只有充分发挥中国这个枢纽的核心平台作用,才能把发展中经济体和发达经济体两个互相独立却又密不可分的经济圈紧密团结起来。

推动"一带一路"高质量发展、经济全球化合理发展和构建人类命运共同体是一个有机整体。近年来,传统全球化进程产生的结构性失业、贫富差距扩大等一系列问题在许多国家引发了"逆全球化浪潮",保护主义、民粹主义抬头使全球化面临严重的威胁,世界需要根本性的体制机制创新。在此背景下,推进构建人类命运共同体的理念应运而生。习近平主席指出,解决好这个时代面临的课题,出路是维护和践行多边主义,推动构建人类命运共同体。中国始终支持经济全球化,坚定实施对外开放基本国策,促进贸易和投资自由化、便利化,维护全球产业链、供应链顺畅稳定,推进高质量共建"一带一路",持续打造市场化、法治化、国际化的营商环境,发挥超大市场优势和内需潜力,为世界经济复苏和增长注入更多动力。"一带一路"倡议是推进构建人类命运共同体理念的有机组成和重要手段,是中国为世界实现共同繁荣发展提供的有效方案。丝绸之路是历史留给我们的伟大财富。"一带一路"倡议是中国根据古丝绸之路留下的宝贵启示,着眼于各国人民追求和平与发展的共同梦想,为世界提供的一项充满东方智慧的共同繁荣发展的方案。

万物得其本者生,百事得其道者成。2013年秋,习近平总书记西行哈萨克斯坦、南下印度尼西亚,先后提出建设"丝绸之路经济带"和"21世纪海上丝绸之路"的重大倡议,旨在传承丝绸之路精神,携手打造开放合作平台,为各国合作发展提供新动力。近十年来,在以习近平同志为核心的党中央坚强领导下,我国统筹谋划推动高质量发展、构建新发展格局、高水平对外开放和共建"一带一路",把基础设施"硬联通"作为重要方向,把规则标准"软联通"作为重要支撑,把与共建国家人民"心联通"作为重要基础,推动共建"一带一路"高质量发展,取得实打实、沉甸甸的成就。截至 2023 年 1 月 6 日,151 个国家和 32 个国际组织与中国签署了 200 余份共建"一带一路"合作文件,有关合作理念和主张写入联合国、二十国集团、亚太经合组织、上海合作组织等重要国际机制的成果文件。从亚欧大陆到非洲、美洲、大洋洲,共建"一带一路"政策沟通更有力、设施联通更高效、贸易更畅通、资金更融通、民心更相通,为世界经济增长开辟了新空间,为国际贸易、产业和投资合作搭建了新平台,为完善全球经济治理拓展了新实践,为推进各国绿色低碳发展做出了新贡献,为推进构建人类命运共同体提供了新动能。

在新的发展阶段,基于全球价值双环流视角,本书旨在从贸易、产业、投资、治理和绿色五大重要内容着手,详细探讨中国与发展中经济体的协同发展情况,为中国跨越"中等收入陷阱"、破解各种不利条件等发展困境提供有益参考,也为广大的亚非拉发展中经济体摆脱贫困、建立基础工业体系并实现经济持续发展提供可行思路,最终推动"人类命运共同体"的构建和发展。详细而言,本书各部分的主要研究内容如下:

第一篇集中讨论中国与发展中经济体的贸易协同发展。改革开放以来,中国在全球经济事务中的分量越来越重,作为"世界工厂",逐渐成为联结发达经济体(上环流)和发展中经济体(下环流)的主要枢纽。本篇从贸易视角探讨了中国与下环流国家的经济合作。"一带一路"相关国家主要由发展中经济体组成,本篇研究对象主要聚焦于中国与"一带一路"国家,从产能耦合、第三方市场合作、基础设施等方面,详细探讨了中国与"一带一路"相关国家的贸易发展情况。本篇研究有助于厘清中国与发展中经济体贸易合作的现状、特点和未来发展趋势,为更高质量地构建双环流合作模式提供借鉴。

第二篇在中国和发展中经济体的良性互动合作结构下,系统地考察二者的产业协同发展状况。首先,本篇基于经济地理理论,从世界产业联系动态演化的视角,探讨了中国在国际分工和竞争格局中的地位及实际合作共赢情况。其次,本篇通过剖析中国出口贸易对"一带一路"相关企业技术变革的影响和"一带一路"倡议的发展效应,分析了中国对发展中经济体技术进步、产业升级的积极影响。最后,本篇从数字经济和进口竞争两方面切入,研究了与发展中经济体的产业合作对中国经济高质量发展的助推作用。

第三篇旨在探讨中国与发展中经济体在投资领域的合作特点和模式。鉴于数字要素在国际合作和发展中成为越来越重要的生产要素,本篇首先从数字经济角度系统总结了"一带一路"沿线国家的数字经济发展水平及其特点。在此基础上,从整体情况、区位分布、行业分布、企业特征等四个方面详细地总结了中国对"一带一路"沿线国家的直接投资形势。其次,使用双重差分模型研究了"一带一路"倡议这一准自然实验对中国企业海外并购的影响。最后,由于"一带一路"倡议是以基础设施互联互通为核心的发展模式,本篇探讨了国际运输通道对我国区域经济高质量发展的影响。

第四篇重点研究中国与发展中经济体的治理和绿色协同发展。"人类命运共同体"理念是中国过去和未来对外方针政策的精准概括,体现了中国的全球治理观和发展观,是本篇内容的核心主旨和统领观点。首先,本篇聚焦于中国和发展中经济体的治理协同问题,从"一带一路"倡议对沿线国家的工业化进程、人均收入和就业水平影响的视角廓清了"一带一路"倡议对沿线国家社会稳定的作用机制和效果,并进一步以"中国—东盟命运共同体"为例,详细阐释了中国如何与东盟国家建立可持续的、互利共赢的合作关系。其次,本篇从绿色金融合作、数字化赋能等角度探讨了中国和其他发展中经济体的绿色协同。最后,本篇探讨了新冠肺炎疫情对全球化的影响和中国对外开放策略的展望。

本书是集体智慧的结晶,大力感谢各位作者的反复修改完善,感谢北京大学博士后李保霞、闫强明、谢尚、韦东明,博士生王毅航、苏冠宇、陈煜斌、石有为,硕士生任泓洁等的整理校对工作,感谢国家出版基金的支持。

目　录

第一篇　全球双环流下的中国与发展中经济体贸易协同

第一章　产能耦合效应和第三方市场合作 ·· 003
第一节　中国与"一带一路"沿线国家产能合作的耦合效应 ········ 003
第二节　"双循环"新格局下的第三方市场合作——基于合作博弈逻辑视角 ·· 020

第二章　设施联通与贸易增长 ··· 036
第一节　"一带一路"设施联通是否对企业出口有拉动作用？ ····· 036
第二节　案例："双循环"背景下陆海新通道与澜湄合作对接 ····· 052

第二篇　全球双环流下的中国与发展中经济体产业协同

第三章　多维邻近性、贸易壁垒与中国—世界市场的产业联系动态演化 ·· 067

第四章　中国驱动"一带一路"发展路径：基于技术升级视角 ········· 094
第一节　中国出口贸易是否推动了"一带一路"技术升级？ ········ 094
第二节　"一带一路"倡议的发展效应：沿线国家出口产品质量视角 ·· 118

第五章　外循环助推中国高质量发展：数字经济与进口竞争视角 ······ 147
第一节　"一带一路"推动中国高质量发展路径：
数字经济视角 ······ 147
第二节　进口竞争对中国本土企业创新的影响效应 ······ 166

第三篇　全球双环流下的中国与发展中经济体资本协同

第六章　数字经济比较研究与中国对外直接投资形式分析 ······ 193
第一节　"一带一路"沿线数字经济发展水平测算和比较研究 ······ 193
第二节　中国对"一带一路"沿线直接投资形势分析 ······ 213
第三节　"一带一路"倡议与中国企业海外并购 ······ 226

第七章　国际运输通道与国内区域经济高质量发展 ······ 250

第四篇　全球双环流下的中国与发展中经济体治理及绿色协同

第八章　治理协同：人类命运共同体理念的践行 ······ 269
第一节　"一带一路"倡议的全球治理效应：沿线国家社会
稳定视角 ······ 269
第二节　第三个奇迹：中国—东盟命运共同体 ······ 304

第九章　绿色协同：绿色金融与数字化赋能 ······ 328
第一节　绿色金融赋能"一带一路"高质量发展 ······ 328
第二节　数字化赋能绿色"一带一路"建设 ······ 346

第十章　新冠肺炎疫情下的逆全球化？再全球化？ ······ 352

参考文献 ······ 365

第一篇

全球双环流下的中国与发展中经济体贸易协同

第一章　产能耦合效应和第三方市场合作

第一节　中国与"一带一路"沿线国家产能合作的耦合效应[①]

在经济新常态的背景下,"一带一路"倡议的提出为中国推动产能合作、提升全球价值链位势带来了历史机遇。2019年第二届"一带一路"国际合作高峰论坛提出"继续建设经济走廊、经贸合作区和相关的合作项目,加强价值链、产业链、供应链合作"。产能贸易与产能投资成为推进"一带一路"产能合作的重要方式。在当前中国企业加快"走出去"的背景下,产能贸易和产能投资相互影响,存在较强的影响效应和相互联动作用,即耦合效应。企业对外投资具有重要的"出口促进"效应(蒋冠宏和蒋殿春,2014),也是出口贸易发展的重要推动力。而且,产能贸易和产能投资的发展往往取决于中国和东道国之间经贸竞争与互补的关系(李敬等,2017)。事实上,随着"一带一路"倡议深入发展,中国与沿线国家逐步形成优势互补、区域融合和互利共赢的经贸合作体系,共建"一带一路"成为中国国际产能合作的新增长点。因此,厘清"一带一路"背景下中国与沿线国家之间产能贸易与产能投资的竞争互补的内在耦合关系,对于深化"一带一路"国际产能合作、构建"双循环"新发展格局具有重要的理论和现实意义。

[①] 本节作者为韩永辉、韦东明、黄亮雄,部分内容摘自韩永辉等(2021)。

一、理论假说提出

(一) 投资对贸易的竞合耦合影响机制

现有研究主要从技术升级角度关注产能投资对产能贸易的竞合耦合影响。一方面，母国对外投资流入有利于强化东道国贸易优势，加深双边贸易竞争程度。外商投资增长带来的投资增长效应，为东道国带来了技术创新收益，并持续推动技术改革创新。而随着双边技术差距缩小，外商投资进一步促进东道国进行技术研发和创新，进而推动东道国贸易产品创新，推动东道国贸易产品质量向母国贸易产品收敛，从而加强了母国与东道国在贸易产品上的竞争。此外，双边或多边自由投资协定、国际产能合作文件等协议的签订推动东道国的贸易成本发生变动，并通过贸易方面的创造、技术转移作用以及替代效应，直接影响母国对东道国的进出口贸易额。传统国际经济学理论认为，一国的出口竞争力源于其对外贸易结构，商品附加值越高、资本越密集，其国际市场份额上升速度越快。而"一带一路"沿线国家大多为发展中国家，其商品出口一般依赖于自然资源和要素禀赋所形成的比较优势，主要出口自然资源、轻工业制品等劳动密集型产品。相对而言，中国具有较强的比较优势，因此中国资本输出有助于"一带一路"沿线国家引进较为成熟的管理方法、先进的科学技术以及管理理念，并通过引入中国的资本密集型产业和技术密集型产业，加快推动产业结构升级，进而促进商品结构优化升级，最终形成由资本、技术、管理及制度创新所形成的动态比较优势。同时，这也会逐渐推动"一带一路"沿线国家与中国的贸易产品结构趋同化，提高母国和东道国在产能贸易方面的双边竞争程度。

另一方面，国际投资有利于促进双边贸易互补发展。一般而言，国际投资通过技术升级作用于进出口贸易的实际影响，并非均等地作用于不同发展阶段的国家，这致使进出口贸易与国际投资并非始终表现为互相竞争的影响，而可能更多地体现出互补的影响。传统理论认为，对于大部分发展中国家，尤其是被发达国家跨国公司控制生产部门的，外商投资将使东道国持续处于价值链的低端环节，从而难以自发地实现技术改革，由此母国与东道国将长期处于产业互补阶段。而新结构经济学理论认为，母国对外投资应基于自身要素禀赋和比较优势，扩大与东道国的比较成本距离，共同推动形成母国与东道国的产业投资互补格局(Helpman,1984)。因此,中国以市场需求为导向的国际投资有利于推进自身产业转移,促进经济相对落后的东道国进行产业承接,从而促进母国和东道国的经济互补性共同发展,并促进东道国扩大相关互补性产品的生产规模,最终实现商品贸易出口规模扩大和双边贸易互补性提升(孙好雨,2019)。综上而言,产能投资对产能贸易具有显著的耦合作用,本节提出理论假说1。

理论假说1:产能投资对产能贸易具有显著的正向耦合作用。

(二)贸易对投资的竞合耦合影响机制

当前,多数研究主要从贸易协定文件方面探讨贸易对投资的耦合影响。一方面,产能贸易的规模化发展推动了产能投资市场形成激烈的竞争环境。自2013年"一带一路"倡议提出以来,中国与"一带一路"沿线国家签订了多份产能贸易合作、区域贸易协定、自贸区合作等制度性文件,以促进双边贸易发展。一般来说,产能贸易合作、区域贸易协定等主要通过提升东道国市场监管质量、营造良好的市场经营环境等渠道大力吸引外商投资流入。理论上,双边贸易协定、产能贸易协定等文本协议主要基于"竞争中性"原则,设立贸易竞争条款等政策性条款,包括提高贸易投资自由度的条款,例如减少国际资本流动障碍壁垒、消除外国投资者参与国内经济活动的限制,以及落实对服务自由化的承诺等,以提高双边贸易产品在商品市场上的自由竞争程度,为外商直接投资创造更为公平的投资环境(林梦瑶和张中元,2019)。这些条款不仅促进了双边贸易规模化发展,也降低了产能投资成本,吸引了产能投资大量流入,从而导致了双边产能投资竞争更为激烈。另一方面,产能贸易互补发展有利于促进双边投资互补合作。当前,中国企业进行出口贸易基于东道国的产业和市场需求,从而更多采取的是互补型出口贸易。随着"一带一路"倡议深入发展,中国企业在"一带一路"沿线国家的获利率提升,有利于提升中国企业良好的投资预期,促进企业在东道国投资设厂,从而增加企业相关产能投资额。综上而言,产能贸易对产能投资具有显著的耦合作用,本节提出理论假说2。

理论假说2:产能贸易对产能投资具有显著的正向耦合作用。

二、分析模型与变量设定

(一)贸易—投资耦合性分析模型

本小节参考 Blundell and Bond(1998)、孙正(2017)的经验做法构建以下实证模型,分析中国与"一带一路"沿线国家产能贸易与产能投资间竞争合作的内在经济逻辑。

$$K_{abt}^T = \beta_0 + \sum_{j=1}^{n} \beta_{1j} K_{abt-j}^T + \sum_{j=1}^{n} \beta_{2j} K_{abt-j}^F + \sum_{j=1}^{n} \beta_{3j} X_{abt-j} + \eta_{abt} + \zeta_{abt} + \varepsilon_{abt}$$
(1-1)

$$K_{abt}^F = \gamma_0 + \sum_{j=1}^{n} \gamma_{1j} K_{abt-j}^F + \sum_{j=1}^{n} \gamma_{2j} K_{abt-j}^T + \sum_{j=1}^{n} \gamma_{3j} X_{abt-j} + \eta_{abt} + \zeta_{abt} + \varepsilon_{abt}$$
(1-2)

在(1-1)式和(1-2)式中,K_{abt}^T、K_{abt}^F 分别代表 a 国与 b 国在 t 期的产能贸易/产能投资相似度指数和产能贸易/产能投资结合度指数;K_{abt-j}^T、K_{abt-j}^F 为模型的核心解释变量,分别是 a 国对 b 国滞后 j 阶的产能贸易/产能投资相似度指数和产能贸易/产能投资结合度指数。X_{abt-j} 代表控制变量。η_{abt} 和 ζ_{abt} 分别表示个体和时间固定效应,ε_{abt} 为随机干扰项。本节重点考察产能贸易和产能投资的竞合耦合效应,因此在(1-1)式和(1-2)式引入滞后期的产能贸易与产能投资的相似度指数和结合度指数,考察两者的耦合效应。其中,系数 β_0、β_{1j}、β_{2j}、γ_0、γ_{1j}、γ_{2j} 衡量中国与"一带一路"沿线国家产能贸易与产能投资耦合性的方向。

(二)数据来源和变量设定

1. 数据来源

本小节选取"一带一路"59个沿线国家作为样本,如表1-1所示。本小节的数据来源为联合国商品贸易统计数据库、联合国工业发展组织及其报告、世界贸易数据库、世界银行数据库、万德数据库、中国对外投资公报、部分国家经济统计部门数据以及相关统计公报等。

表 1-1 "一带一路"沿线国家样本及地区分布

区域名称	国家名称
东亚 1 国	蒙古
东盟 8 国	柬埔寨、印度尼西亚、文莱、新加坡、马来西亚、越南、泰国、菲律宾
西亚 17 国	希腊、土耳其、埃及、巴勒斯坦、科威特、伊朗、塞浦路斯、阿曼、以色列、巴林、约旦、阿联酋、卡塔尔、黎巴嫩、叙利亚、沙特、伊拉克
南亚 7 国	斯里兰卡、印度、巴基斯坦、不丹、孟加拉国、马尔代夫、尼泊尔
中亚 3 国	哈萨克斯坦、吉尔吉斯斯坦、塔吉克斯坦
独联体 7 国	俄罗斯、摩尔多瓦、阿塞拜疆、白俄罗斯、格鲁吉亚、乌克兰、亚美尼亚
中东欧 16 国	保加利亚、罗马尼亚、阿尔巴尼亚、塞尔维亚、斯洛伐克、波黑、捷克、斯洛文尼亚、拉脱维亚、北马其顿、爱沙尼亚、波兰、匈牙利、立陶宛、克罗地亚、黑山

资料来源:《"一带一路"沿线 65 个国家和地区名单及概况》,http://ydyl.people.com.cn/n1/2017/0420/c411837-29225243.html。

2. 变量设定

核心变量:本部分构建了中国与"一带一路"沿线国家产能的相似度指数(ESI)和结合度指数(TII),以分析中国与沿线国家的竞争性与互补性。

相似度指数(Export Similarity Index,ESI)最早由 Finger and Kreinn(1979)提出并用于商品域测算,Glick and Rose(1999)将这一指标完善并拓展到市场域测算。本部分借鉴 Glick and Rose(1999)的经验做法,构建中国与"一带一路"沿线国家的相似度指数,公式为:

$$\text{ESI}_{ab} = \sum_{i=0}^{n} \left[\left(\frac{\frac{X_{ak}^i}{X_{ak}} + \frac{X_{bk}^i}{X_{bk}}}{2} \right) \times \left(1 - \left| \frac{\frac{X_{ak}^i}{X_{ak}} - \frac{X_{bk}^i}{X_{bk}}}{\frac{X_{ak}^i}{X_{ak}} + \frac{X_{bk}^i}{X_{bk}}} \right| \right) \right] \times 100 \quad (1-3)$$

其中,$\frac{X_{ak}^i}{X_{ak}}$ 代表 a 国对 k 市场的某种产品出口额(或投资额)占 a 国对 k 市场的出口总额(或投资总额)的比重,$\frac{X_{bk}^i}{X_{bk}}$ 代表 b 国对 k 市场的某种产品出口额(或投资额)占 b 国对 k 市场的出口总额(或投资总额)的比重,k 市场指世界市场。相似度指数范围为 0—100,指数值越大,表示两国的贸易或投资相似度越大,竞争性越强。ESI 包括贸易相似度指数 ESI_T 和投资相似度指数 ESI_F。

结合度指数(Trade Intensity Index,TII)用于分析中国与"一带一路"沿

线国家的产能贸易投资依存程度。数值越大,表示两国贸易或投资的联系越紧密。公式为:

$$\text{TII}_{ab} = \frac{X_{ab}}{X_a} \Big/ \frac{M_b}{M_w} \tag{1-4}$$

其中,X_{ab} 代表 a 国至 b 国的出口额(或对外投资额),X_a 代表 a 国的出口总额(或对外投资总额),M_b 代表 b 国的进口总额(或吸引外资总额),M_w 代表世界进口总额(或吸引外资总额)。TII 包括贸易结合度指数 TII_T 和投资结合度指数 TII_F。

控制变量:本部分选取"一带一路"沿线国家的总劳动力(lab)、工业比重与服务业比重之比(rr)、工业增加值(ind)、高新科技出口额(tec)、矿物能源出口占比(min)、GDP 单位能耗(ene)作为控制变量。

三、实证结果分析

(一) 基准回归结果

表 1-2 为基准回归结果。其中,模型(1)和模型(2)是产能相似度模型,模型(3)和模型(4)是产能结合度模型。具体而言,模型(1)中,产能贸易相似度 L.$lpesi\_t$ 系数显著为正,这表明中国对"一带一路"沿线国家过去的产能贸易相似度能持续推动未来的产能贸易相似度增加;产能投资相似度 L.$lpesi\_f$ 系数也显著为正,这表明中国与沿线国家产能投资相似度的增加会促进产能贸易相似度增加。模型(2)中,产能贸易相似度 L.$lpesi\_t$ 系数显著为正,这表明中国与沿线国家产能贸易相似度的增加会促进产能投资相似度增加;产能投资相似度 L.$lpesi\_f$ 系数显著为正,这表明中国与沿线国家产能投资相似度也存在显著的正向效应。模型(3)中,产能贸易结合度 L.$lptii\_t$ 和产能投资结合度 L.$lptii\_f$ 系数均显著为正,这表明前期的产能贸易结合度和产能投资结合度会对当期的产能贸易结合度产生正向的影响。模型(4)中,产能贸易结合度 L.$lptii\_t$ 和产能投资结合度 L.$lptii\_f$ 的系数均显著为正,说明前期的产能贸易结合度和产能投资结合度也会增加当期的产能投资结合度。在经济机制上,中国与沿线国家产能合作的耦合效应是基于国家间的生产模式差异所形成的,其根本原因是比较优势差异,表现为两国之间产能合作的匹配程度。当国家间产能贸易和产能投资具有较强的互补性时,消除关税壁垒、提高经济一体化水平等措施有利于发挥贸易创造效应,

从而实现优势互补。然而,两国相似的自然要素禀赋决定了短期内两国经济结构难以改变,从而两国产能贸易投资具有较强的竞争性。同时,国家间产能贸易和产能投资互补格局的形成刺激并推动了产业转型升级,产能贸易和产能投资之间形成了明显的互动关系。当前,"一带一路"倡议已经成为中国与沿线国家重要的产能合作平台,对中国与沿线国家的产能合作产生举足轻重的影响。这意味着:一方面,沿线国家在制度安排、市场结构和基础设施等一系列贸易投资环境上的改善预示着微观主体获利机会的增加,将成为吸引中国贸易和投资产能的重要动力;另一方面,中国企业"走出去"需要把握沿线国家的贸易和投资机会,这将积极影响中国企业对沿线国家双边贸易和再投资的预期与激励。因此,上文的理论假说 1 和理论假说 2 得以验证。

表 1-2 固定效应模型基准回归结果

变量	产能相似度模型		产能结合度模型	
	模型(1):$lpesi\_t$	模型(2):$lpesi\_f$	模型(3):$lptii\_t$	模型(4):$lptii\_f$
L.$lpesi\_t$	0.895***	0.043***		
	(0.013)	(0.011)		
L.$lpesi\_f$	0.038*	0.888***		
	(0.021)	(0.015)		
L.$lptii\_t$			0.831***	0.155***
			(0.017)	(0.034)
L.$lptii\_f$			0.022**	0.737***
			(0.011)	(0.021)
L.$lplab$	0.062***	-0.045***	0.041**	0.120***
	(0.013)	(0.011)	(0.017)	(0.032)
L.rr	-0.007	-0.017**	0.008	-0.033
	(0.012)	(0.009)	(0.013)	(0.025)
L.$lpmin$	0.004	-0.006**	0.006	0.005
	(0.004)	(0.002)	(0.004)	(0.007)
L.$lpene$	0.045***	-0.001	-0.022	0.046*
	(0.012)	(0.011)	(0.015)	(0.026)
常数项	-0.765***	-6.998***	-6.616***	-1.855***
	(0.195)	(0.928)	(1.430)	(0.486)
年份效应	是	是	是	是

（续表）

变量	产能相似度模型		产能结合度模型	
	模型(1):lpesi_t	模型(2):lpesi_f	模型(3):lptii_t	模型(4):lptii_f
个体效应	是	是	是	是
洲际效应	是	是	是	是
拟合优度	0.848	0.825	0.837	0.674
样本数	1 357	1 357	1 357	1 357

注:L.代表一阶滞后,*、**和***分别代表在10%、5%和1%的统计水平上显著,括号内的数值为稳健聚类标准误。

在控制变量方面,总劳动力(L.lplab)的系数均显著,说明劳动力市场是影响中国与沿线国家产能耦合的重要影响因素。工业比重与服务业比重之比(L.rr)和矿物能源出口占比(L.lpmin)对产能投资相似度指数的系数显著为负,说明能源工业发展对产能投资相似度具有负向影响。此外,GDP单位能耗(L.lpene)对产能贸易相似度指数和产能投资结合度指数的系数均显著为正,说明沿线国家大多处于经济规模扩张阶段,对能源具有较大的依赖性。

（二）稳健性检验

1. 内生性检验

由于基准模型包括被解释变量的滞后项,因而基准模型的设定可能存在内生性问题。本小节基于 Arellano and Bond(1991)的处理方法,采用动态系统广义矩估计(Generalized Method of Moments, GMM)方法进行回归,以缓解内生性问题。实证结果如表1-3所示,前文结果依然稳健。

表1-3 动态系统GMM估计模型的内生性检验结果

变量	产能相似度模型		产能结合度模型	
	模型(1):lpesi_t	模型(2):lpesi_f	模型(3):lptii_t	模型(4):lptii_f
L.lpesi_t	0.665***	0.592***		
	(0.019)	(0.018)		
L.lpesi_f	0.184***	0.093***		
	(0.030)	(0.014)		
L.lptii_t			0.505***	0.269***
			(0.023)	(0.027)

(续表)

变量	产能相似度模型		产能结合度模型	
	模型(1):lpesi_t	模型(2):lpesi_f	模型(3):lptii_t	模型(4):lptii_f
L.lptii_f			0.062***	0.108*
			(0.015)	(0.055)
控制变量	是	是	是	是
年份效应	是	是	是	是
个体效应	是	是	是	是
洲际效应	是	是	是	是
AR(2)	0.154	0.247	0.189	0.221
拟合优度	0.851	0.933	0.796	0.959
样本数	1 357	1 357	1 357	1 357

注:L.代表一阶滞后,*、**和***分别代表在10%、5%和1%的统计水平上显著,括号内的数值为稳健聚类标准误,AR(2)表示回归滞后阶数为2阶。

2. 向量自回归检验

为了更好地控制个体的异质性和动态性特征,本小节采用面板向量自回归模型(PVAR)进行检验。本部分先采用Akaike信息准则(Akaike Information Criterion,AIC)、Hannan-Quinn信息准则(Hannan-Quinn Information Criterion)和Schwarz信息准则(Schwarz Information Criterion)三种信息准则检验以确定模型滞后阶数,结果显示模型滞后阶数应选为一阶。然后采用向量自回归方法进行估计,表1-4为向量自回归模型估计结果。可见,前文结果依然稳健。

表1-4 向量自回归估计结果

变量	产能相似度模型		产能结合度模型	
	模型(1):lpesi_t	模型(2):lpesi_f	模型(3):lptii_t	模型(4):lptii_f
L.lpesi_t	0.939***	0.042**		
	(0.045)	(0.018)		
L.lpesi_f	0.071**	0.710***		
	(0.029)	(0.045)		
L.lptii_t			1.134***	0.586**
			(0.168)	(0.272)
L.lptii_f			0.145**	0.282*
			(0.072)	(0.148)

（续表）

变量	产能相似度模型		产能结合度模型	
	模型(1):lpesi_t	模型(2):lpesi_f	模型(3):lptii_t	模型(4):lptii_f
控制变量	是	是	是	是
样本数	1 357	1 357	1 357	1 357

注：L.代表一阶滞后，*、**和***分别代表在10%、5%和1%的统计水平上显著，括号内的数值为稳健聚类标准误。

（三）异质性检验

1. 地理区位异质性

考虑到"一带一路"沿线国家在地理区位上具有较大的差异性，本部分分东亚及东盟、西亚及中亚、南亚、独联体及中东欧等四个区域对地理区位异质性进行检验，结果如表1-5所示。中国与东亚及东盟地区呈现正向的竞争性和互补性耦合作用，说明中国与东亚及东盟的产能耦合作用既有竞争性，也有互补性。中国与西亚及中亚地区呈现负向的竞争性和正向的互补性耦合作用，原因可能在于西亚及中亚主要以能源与矿业作为支柱产业，与中国产业具有较大的互补性。中国与南亚地区的耦合效应不明显，说明中国与南亚的产能合作水平仍相对较低，需继续深化与南亚的产能合作。中国与独联体及中东欧地区具有明显的竞争性而互补性不显著，说明中国与独联体及中东欧的产能贸易与产能投资具有较强的竞争性，且中国与独联体及中东欧的产能互补性耦合作用不明显，需拓宽与独联体及中东欧的产能合作领域，推动中欧班列建设发展，加快"一带一路"倡议深入发展。

表1-5 地理区位异质性检验结果

变量	东亚及东盟				西亚及中亚			
	产能相似度模型		产能结合度模型		产能相似度模型		产能结合度模型	
	(1)	(2)	(3)	(4)	(5)	(6)	(7)	(8)
	lpesi_t	lpesi_f	lptii_t	lptii_f	lpesi_t	lpesi_f	lptii_t	lptii_f
L.lpesi_t	0.862***	0.044*			0.886***	−0.042**		
	(0.039)	(0.025)			(0.024)	(0.021)		

(续表)

变量	东亚及东盟				西亚及中亚			
	产能相似度模型		产能结合度模型		产能相似度模型		产能结合度模型	
	（1）	（2）	（3）	（4）	（5）	（6）	（7）	（8）
	$lpesi\_t$	$lpesi\_f$	$lptii\_t$	$lptii\_f$	$lpesi\_t$	$lpesi\_f$	$lptii\_t$	$lptii\_f$
L.$lpesi\_f$	0.088*	0.891***			-0.048*	0.770***		
	(0.051)	(0.034)			(0.027)	(0.029)		
L.$lptii\_t$			0.912***	0.260***			0.748***	0.135**
			(0.037)	(0.079)			(0.034)	(0.067)
L.$lptii\_f$			0.047*	0.705***			0.039*	0.718***
			(0.027)	(0.058)			(0.021)	(0.038)
控制变量	是	是	是	是	是	是	是	是
年份效应	是	是	是	是	是	是	是	是
个体效应	是	是	是	是	是	是	是	是
洲际效应	是	是	是	是	是	是	是	是
拟合优度	0.894	0.878	0.917	0.779	0.885	0.748	0.847	0.722
样本数	207	207	207	207	460	460	460	460
变量	南亚				独联体及中东欧			
	产能相似度模型		产能结合度模型		产能相似度模型		产能结合度模型	
	（9）	（10）	（11）	（12）	（13）	（14）	（15）	（16）
	$lpesi\_t$	$lpesi\_f$	$lptii\_t$	$lptii\_f$	$lpesi\_t$	$lpesi\_f$	$lptii\_t$	$lptii\_f$
L.$lpesi\_t$	0.862***	0.021			0.734***	0.085***		
	(0.039)	(0.025)			(0.057)	(0.024)		
L.$lpesi\_f$	0.077	0.891***			0.351**	0.791***		
	(0.051)	(0.034)			(0.150)	(0.055)		
L.$lptii\_t$			0.715***	0.121			0.912***	0.128
			(0.059)	(0.076)			(0.037)	(0.079)
L.$lptii\_f$			0.017	0.871***			0.003	0.705***
			(0.027)	(0.047)			(0.031)	(0.058)
控制变量	是	是	是	是	是	是	是	是

（续表）

变量	南亚				独联体及中东欧			
	产能相似度模型		产能结合度模型		产能相似度模型		产能结合度模型	
	(9)	(10)	(11)	(12)	(13)	(14)	(15)	(16)
	lpesi_t	lpesi_f	lptii_t	lptii_f	lpesi_t	lpesi_f	lptii_t	lptii_f
年份效应	是	是	是	是	是	是	是	是
个体效应	是	是	是	是	是	是	是	是
洲际效应	是	是	是	是	是	是	是	是
拟合优度	0.737	0.737	0.892	0.834	0.894	0.878	0.917	0.779
样本数	161	161	161	161	529	529	529	529

注：L.代表一阶滞后，*、**和***分别代表在10%、5%和1%的统计水平上显著，括号内的数值为稳健聚类标准误。

2. 经济发展异质性

考虑到"一带一路"沿线国家的经济发展水平可能会影响产能合作耦合效应，本部分基于OECD国家的分类标准，分发达国家和发展中国家进行分组检验。结果如表1-6所示，产能贸易与产能投资的竞争性均具有耦合效应。中国与沿线发达国家的产能贸易和产能投资的互补性不具有显著的耦合效应，中国与沿线发展中国家具有显著的产能互补性耦合效应。这意味着中国与沿线发展中国家呈现竞争性与互补性的产能耦合效应，而与沿线发达国家主要表现为竞争性的耦合效应，说明中国与沿线发达国家的产能合作处于初级阶段，仍具有较大的互补性潜力。

表1-6 经济发展异质性检验结果

变量	发达国家				发展中国家			
	产能相似度模型		产能结合度模型		产能相似度模型		产能结合度模型	
	(1)	(2)	(3)	(4)	(5)	(6)	(7)	(8)
	lpesi_t	lpesi_f	lptii_t	lptii_f	lpesi_t	lpesi_f	lptii_t	lptii_f
L.lpesi_t	0.819***	0.110***			0.897***	0.042***		
	(0.035)	(0.034)			(0.015)	(0.012)		
L.lpesi_f	0.046*	0.885***			0.043*	0.881***		
	(0.027)	(0.027)			(0.025)	(0.017)		

（续表）

变量	发达国家				发展中国家			
	产能相似度模型		产能结合度模型		产能相似度模型		产能结合度模型	
	（1）	（2）	（3）	（4）	（5）	（6）	（7）	（8）
	lpesi_t	lpesi_f	lptii_t	lptii_f	lpesi_t	lpesi_f	lptii_t	lptii_f
L.lptii_t			0.649***	0.155			0.839***	0.139***
			(0.048)	(0.182)			(0.019)	(0.032)
L.lptii_f			0.023	0.585***			0.023*	0.778***
			(0.019)	(0.056)			(0.013)	(0.022)
控制变量	是	是	是	是	是	是	是	是
年份效应	是	是	是	是	是	是	是	是
个体效应	是	是	是	是	是	是	是	是
洲际效应	是	是	是	是	是	是	是	是
拟合优度	0.821	0.922	0.792	0.483	0.850	0.804	0.842	0.733
样本数	253	253	253	253	1 104	1 104	1 104	1 104

注：L.代表一阶滞后，*、**和***分别代表在10%、5%和1%的统计水平上显著，括号内的数值为稳健聚类标准误。

四、"一带一路"倡议的政策效应分析模型

（一）模型设定

"一带一路"倡议的提出可能对中国与"一带一路"沿线国家产能贸易与产能投资耦合性产生显著影响，本部分采用双重差分模型（DID）分析"一带一路"倡议的政策效应。本部分选取142个国家进行研究，其中"一带一路"沿线国家59个，非"一带一路"沿线国家83个。模型设定如下：

$$K_{abt}^T = \alpha_0 + \alpha_1 Treat_{ab} \times Post_t + \sum_{j=1}^{n} \alpha_{2j} K_{abt-j}^F + \sum_{j=1}^{n} \alpha_{3j} K_{abt-j}^T +$$
$$\sum_{j=1}^{n} \alpha_{4j} X_{abt-j} + \eta_{abt} + \xi_{abt} + \varepsilon_{abt} \tag{1-5}$$

$$K_{abt}^F = \alpha_0 + \alpha_1 Treat_{ab} \times Post_t + \sum_{j=1}^{n} \alpha_{2j} K_{abt-j}^T + \sum_{j=1}^{n} \alpha_{3j} K_{abt-j}^F +$$
$$\sum_{j=1}^{n} \alpha_{4j} X_{abt-j} + \eta_{abt} + \xi_{abt} + \varepsilon_{abt} \tag{1-6}$$

其中，$Treat_{ab}$为"一带一路"沿线国家虚拟变量，若该国为沿线国家赋值为

1,否则赋值为0;$Post_t$为"一带一路"倡议时间虚拟变量,2014—2018年赋值为1,其他年份赋值为0。

此外,本部分引入产能贸易与产能投资的相似度和结合度并构建三重交乘项,以检验产能合作耦合作用的影响差异。模型设定如下:

$$K^T_{abt} = \alpha_0 + \sum_{j=1}^{n} \alpha_{1j} K^F_{abt-j} \times Treat_{ab} \times Post_t + \sum_{j=1}^{n} \alpha_{2j} K^T_{abt-j} \times Treat_{ab} \times Post_t + \sum_{j=1}^{n} \alpha_{3j} X_{abt-j} + \eta_{abt} + \xi_{abt} + \varepsilon_{abt} \quad (1-7)$$

$$K^T_{abt} = \theta_0 + \sum_{j=1}^{n} \theta_{1j} K^F_{abt-j} \times Treat_{ab} \times Post_t + \sum_{j=1}^{n} \theta_{2j} K^T_{abt-j} \times Treat_{ab} \times Post_t + \sum_{j=1}^{n} \theta_{3j} X_{abt-j} + \eta_{abt} + \xi_{abt} + \varepsilon_{abt} \quad (1-8)$$

其中,三重交乘项 $\sum_{j=1}^{n} K^T_{abt-j} \times Treat_{ab} \times Post_t$、$\sum_{j=1}^{n} K^F_{abt-j} \times Treat_{ab} \times Post_t$ 分别表示为,"一带一路"倡议分别对产能贸易和产能投资的影响力度与产能贸易以及产能投资有关,若系数显著为正,表明产能贸易和产能投资的相似度与结合度指数越大,"一带一路"倡议的政策效应越强。

双重差分模型的基本假设需满足平行趋势假设。图 1-1 和图 1-2 分别为产能相似度平行趋势和产能结合度平行趋势,可见在 2013 年"一带一路"倡议提出之前,处理组("一带一路"沿线国家)和控制组(非"一带一路"沿线国家)的差距较小,但自 2013 年之后,两者差距逐步扩大,满足平行趋势假设。

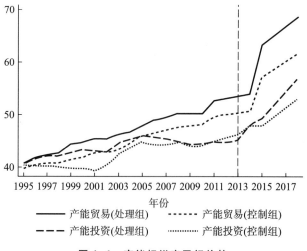

图 1-1 产能相似度平行趋势

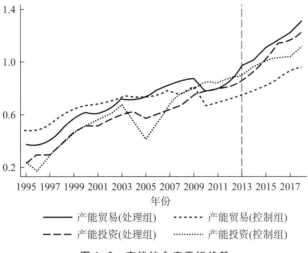

图 1-2 产能结合度平行趋势

（二）检验结果

实证结果如表 1-7 所示。模型（1）—（4）中，交乘项 $Treat \times Post$ 系数均显著为正，说明"一带一路"倡议对中国与沿线国家的产能贸易与产能投资的竞争性与互补性具有显著的正向作用，发挥了预期的政策作用。模型（5）—（6）中，交乘项 $L.lpesi\_t \times Treat \times Post$、$L.lpesi\_f \times Treat \times Post$、$L.lptii\_t \times Treat \times Post$、$L.lptii\_f \times Treat \times Post$ 系数均显著为正，这意味着"一带一路"倡议提出后，中国与沿线国家产能贸易与产能投资的竞争合作关系显著加深，且随着产能贸易与产能投资竞合联系的加深，"一带一路"倡议的政策作用更大。究其原因，中国与沿线国家通过共建经贸产业合作区，并采取其他增进优势互补的举措，推动双边贸易投资形成互补性发展局面。此外，随着"一带一路"倡议的发展，中国劳动密集型产品的竞争优势弱化，部分沿线国家的要素禀赋、产业布局和经济发展水平与中国逐步接近，与中国在全球市场的贸易投资竞争程度越趋激烈。

表 1-7 双重差分法检验结果

变量	产能相似度模型		产能结合度模型		产能相似度模型		产能结合度模型	
	（1）	（2）	（3）	（4）	（5）	（6）	（7）	（8）
	$lpesi\_t$	$lpesi\_f$	$lptii\_t$	$lptii\_f$	$lpesi\_t$	$lpesi\_f$	$lptii\_t$	$lptii\_f$
$Treat \times Post$	0.047***	0.051***	0.022**	0.102***				
	(0.013)	(0.010)	(0.011)	(0.024)				

（续表）

变量	产能相似度模型		产能结合度模型		产能相似度模型		产能结合度模型	
	（1）	（2）	（3）	（4）	（5）	（6）	（7）	（8）
	lpesi_t	lpesi_f	lptii_t	lptii_f	lpesi_t	lpesi_f	lptii_t	lptii_f
L.lpesi_t× Treat×Post					0.312*** (0.084)	0.062** (0.030)		
L.lpesi_f× Treat×Post					0.157*** (0.041)	0.133** (0.065)		
L.lptii_t× Treat×Post							0.244*** (0.066)	0.141*** (0.041)
L.lptii_f× Treat×Post							0.123*** (0.039)	0.331*** (0.111)
控制变量	是	是	是	是	是	是	是	是
年份效应	是	是	是	是	是	是	是	是
个体效应	是	是	是	是	是	是	是	是
洲际效应	是	是	是	是	是	是	是	是
拟合优度	0.874	0.865	0.810	0.752	0.548	0.487	0.564	0.487
样本数	3 266	3 266	3 266	3 266	3 266	3 266	3 266	3 266

注：L.代表一阶滞后，*、**和***分别代表在10%、5%和1%的统计水平上显著，括号内的数值为稳健聚类标准误。

五、研究结论与政策建议

（一）研究结论

推进"一带一路"建设既是中国扩大和深化对外开放的迫切需要，也是加强世界各国互利合作、推进国际产能合作的有效途径。在此背景下，本节考察了1994—2018年中国与"一带一路"沿线国家产能贸易和产能投资的耦合效应。第一，通过贸易与投资竞合耦合的理论分析，剖析了中国与"一带一路"沿线国家产能合作的理论机制作用；第二，基于59个"一带一路"沿线国家的国别数据，定量测量了中国与沿线国家的产能相似度和产能结合度，利用固定效应模型考察了中国与沿线国家产能贸易和产能投资的竞合耦合效应；第三，采用动态面板GMM模型与向量自回归模型，从内生性检验和向量自回归两方面验证了中国与沿线国家贸易投资竞合耦合效应的稳健性;第四,基于沿线国家的地理区位和经济发展进行异质性检验;第五,以"一带一路"倡议作为政策事件,采用双重差分法(DID)考察了"一带一路"倡议对产能贸易与产能投资耦合性的影响,系统评估了"一带一路"倡议的政策作用。实证检验结果显示:中国与"一带一路"沿线国家的产能贸易和产能投资存在耦合性。这种耦合性体现为,前期的产能贸易与产能投资竞争性对当期的产能贸易与产能投资竞争性具有显著正向的影响;而前期的产能贸易与产能投资互补性会显著增强当期的产能贸易与产能投资互补性。从产能贸易与产能投资的耦合作用程度而言,产能贸易和产能投资的竞争性与互补性耦合效应的短期影响波动较大,长期影响有所减弱。中国与沿线发展中国家存在竞争性和互补性耦合效应,与沿线发达国家存在竞争性耦合效应,而且中国与东亚及东盟呈现正向的竞争互补耦合效应,与西亚及中亚呈现负向的竞争耦合效应和正向的互补耦合效应,与独联体及中东欧呈现正向的竞争耦合效应。

(二)政策建议

"一带一路"倡议对产能贸易和产能投资的竞争性与互补性具有显著的正向作用,且随着产能贸易投资竞合联系的加深,"一带一路"倡议的政策作用更大。基于本节的研究结果可提出以下三点政策建议:

第一,优化制度设计,加快完善中国企业参与"一带一路"沿线国家产能合作的体制机制建设。一方面,加强产能合作管理制度创新,推动现有产能合作措施的落地,落实对外投资和商品贸易备案制,完善相关政策配套措施,营造公平高效的营商环境。另一方面,加强投资监管,降低企业运营成本,强化中国企业与"一带一路"沿线国家的投资合作项目和产业合作园区的事中事后监管,加大企业参与"一带一路"国际产能合作的政策优惠力度,制定差异化的税收优惠政策和金融支持政策,推动中国企业积极"走出去"。

第二,充分发挥比较优势,积极与"一带一路"沿线国家共建自由贸易投资网络。基于产能贸易和产能投资具有耦合效应的发现,依托中国装备制造业的比较优势,深化"一带一路"经贸合作,推动多主体、多层次、多渠道的经济合作开展,推动中国具有优势的高铁、电子设备等资本密集型产业进入沿线国家市场,逐步形成新的消费市场和贸易投资网络。同时,加快实施"引进来"战略,大力进口沿线国家农产品、矿物燃料等优势产品,进一步优化产业贸易投资结构,推动沿线国家产能贸易投资实现一体化发展。

第三,提升贸易投资便利化水平,加快构建"一带一路"沿线国家互联互通网络。一方面,加大"一带一路"重要经济节点的交通基础设施建设力度,加快构建中国与沿线国家的立体化综合交通网络,增强"一带一路"重要节点城市互联互通能力。另一方面,推动中国与沿线国家达成产能合作协定和贸易投资协定,进一步完善外商投资负面清单制度和进出口通关制度,推动中国与沿线国家实现贸易投资便利化。此外,大力打造"一带一路"产能合作平台,提升自贸区合作水平,打造双边金融合作创新平台,完善"一带一路"投融资制度,构建健全的"一带一路"贸易投资服务体系。

第二节 "双循环"新格局下的第三方市场合作
——基于合作博弈逻辑视角[①]

一、引言

2020年年初,新冠肺炎疫情蔓延全球,不论是发达国家还是发展中国家的经济都面临着诸多不确定性和风险。在全球经济发展关键时刻,中国积极拓展的第三方市场合作彰显了"化竞争为协同发展"的合作理念,开辟了一种使参与各方受惠的新型国际经贸合作模式,取得了"1+1+1>3"的合作效果。在国内大循环为主体、国内国际双循环相互促进的新发展格局下,我国多项发展规划及政策文件先后强调第三方市场合作对高质量发展的重要作用。《中共中央关于制定国民经济和社会发展第十四个五年规划和二〇三五年远景目标的建议》提出,"推动共建'一带一路'高质量发展""推进基础设施互联互通,拓展第三方市场合作""构筑互利共赢的产业链供应链合作体系,深化国际产能合作,扩大双向贸易和投资"。《中华人民共和国国民经济和社会发展第十四个五年规划和二〇三五年远景目标纲要》再次指出,"推动与共建'一带一路'国家贸易投资合作优化升级""深化国际产能合作,拓展第三方市场合作"。第三方市场合作的核心理念是不同国家的差异化优势相互对接,注重合作联动,尊重第三国的国情、发展需要和经济发展战略目标,将其视为平等合作伙伴,倡导与其他国家合作将国际市场蛋糕越做越大,实现多赢共赢。其一,中国作为世界第二大经济体,本身就是驱动

---

① 本节作者为唐毓璇,工作单位为上海对外经贸大学国际发展合作研究院。

世界经济增长的重要引擎。利用中国经济发展内驱力在国际竞争与合作中培育新的增长点,促进国际经贸合作模式创新。在此节点上,作为一种多边共赢的国际经济合作模式,第三方市场合作将中国独具优势的制造能力与发达国家的先进技术结合起来,整合双方在全球产业链中的独特优势,精准对接第三方市场国家的产业、基建工程以及社会福利等多个领域的发展需求,推动全球产业链高中低端有机衔接,促进世界不同发展阶段国家供给和需求的衔接,通过加强全产业链合作推动形成合理高效的产业分工格局,从而实现多方合作共赢,成为稳固有效国际经贸合作的着力点。其二,中国与发达经济体共同参与的第三方市场合作是中国参与全球经济治理的重要实践,也是中国在全球变局环境下为国际关系和世界经济的可持续发展贡献的中国路径。依托于第三方市场合作,中国与发达经济体利用各自的比较优势,在东南亚、拉美、非洲以及中东等地区开展了一系列重要合作项目,建立了紧密的商业合作伙伴关系,加强了彼此的利益关联,深化了利益融合,凝聚了全球经济增长潜力,是南北合作与南南合作在"一带一路"倡议互联互通建设过程中的具体体现。

"一带一路"倡议提出以来,第三方市场合作逐渐成为发达国家和国际组织参与共建"一带一路"的主要方式。在共建"一带一路"深入推进的背景下,中国政府已与14个国家政府签署了关于第三方市场合作的联合声明或谅解备忘录,建立了双边政府层面的第三方市场合作工作机制,设立了第三方市场合作基金,并在东南亚、非洲和中亚等地推动了项目落地。新冠肺炎疫情冲击下全球价值链的脆弱性加剧,各国在贸易投资领域的结构性分歧以及地缘冲突引发的复杂的营商环境,对国际经贸合作进程造成了诸多阻力并带来了挑战。因此,通过整合发达国家的技术和资本比较优势以及发展中国家的市场需求,不仅可以为全球经济整体复苏、全球生产网络重塑以及生产要素的全球流动创造更多的合作空间,还可以为中国经济的提质升级、发达国家的经济复兴以及发展中国家的经济起飞注入更多的积极因素。

总体而言,第三方市场合作的政策内涵与项目实践日趋丰富,但理论研究相对欠缺,特别是缺乏对相关融资模式及其选择的系统性解释。"第三方市场合作"作为实践探索中的新生事物,其合作机制尚缺乏理论支撑和运行机理的评析,最终合作目标的国际说服力不足。如何揭示第三方市场合作中各方受益机理以及厘清合作对各参与方的影响,是打开第三方市场合作局面所面临的重要问题。在此基础上,基于合作博弈模型,本节通过对各方在合作中的博弈均衡研究,阐述第三方市场合作的理论机理,揭示其在竞合关系下的较优效果。

二、文献与理论梳理

第三方市场合作的概念源于国际发展学范畴的三方合作。三方合作的概念源于国际发展援助结构调整过程中较晚出现的一种合作方式(Lengfelder,2016),即混合双边和多边合作形成的一种正式签订且具备合作灵活性、多样性的南北国家发展的特殊"伙伴"关系(UNDP,2016;McEwan and Mawdsley,2012)。一般认为,"三方"的重点不在于参与合作的伙伴数量是否正好是三个,而是分别表示不同类型的发展行为体(Paulo,2018)。联合国南南合作高级别委员会(High-level Committee on South-South Cooperation,2016)[①]将三方合作描述为"由南方驱动、两个或多个发展中国家在一个或多个发达国家或者多边组织的支持下为执行发展合作方案和项目而建立的伙伴关系"。而本书的第三方市场将基于OECD—DAC(发展援助委员会)界定的狭义上的三方发展合作,即至少一个传统发达国家与两个发展中行为体,其中一个来自中国等新兴发展中国家,另一个是传统发展中国家之间的发展伙伴关系("北—南—南模式")(Zoccal,2021)。[②] 中国与联合国粮食及农业组织(Food and Agriculture Organization of the United Nations,FAO)涉非农业三方合作、中欧非三方合作项目等已引起学界的广泛关注(白云真,2015;张颖和汪心宇,2019)。中国被认为是在此合作框架内突出的新兴合作伙伴(Kragelund,2015;Mawdsley,2015)。三方合作项目在区域选择上的一个突出特点在于更加关注不发达地区(Piefer et al.,2019;张颖和汪心宇,2019;OECD,2017),因此国内外学者对三方合作的研究主要从援助角度出发,集中讨论三方合作是否通过有效利用各方的比较优势,融合各自在发展中的知识、经验以及资本,从而促进对受援国援助合作的有效性(刘靖,2017;黄梅波和唐露萍,2013;Ashoff,2010)。

---

① 南南合作高级别委员会第十九届会议2016年5月16—19日,纽约,议程项目三。项目文件:https://documents-dds-ny.un.org/doc/UNDOC/GEN/N16/081/67/pdf/N1608167.pdf? OpenElement。

② 一般认为,无论三方合作的具体形态如何变化,都必须包含南南合作的成分。OECD. Triangular cooperation: why does it matter? [R]. OECD Development Directorate, 2018。

与传统三方合作不同,第三方市场合作是市场主导的投资合作模式,其本质是中国和发达国家为了实现在共同海外目标市场中的利益,高效配置全球资源、规避市场风险的联合对外投资。在微观市场层面,强调企业间国际合作的"战略联盟"或"合作战略"概念,可将"两个跨国企业在第三方国家开展合作"(Pan and Tse, 1996)视为第三方市场合作的经济学概念雏形。发达国家拥有先进技术和装备,但受产业空心化、海外市场需求不足等因素影响,有效开发发展中国家市场的难度越来越大。中国已发展到工业化中端水平,早期基于单一成本优势的海外扩张难以持续,需要与发达国家的顶级产业"强强联合"(程大中, 2015)。从产业的角度看,第三方市场合作可以通过产业间协作与技术溢出来提升合作各方的生产结构和效率:第一,加强产业间联系。三方合作可以通过产业关联效应的交互作用,促进上下游产业之间的联系,形成行业内水平溢出、行业间前向关联和行业间后向关联(毛其淋和许家云, 2016),提升参与各方整体的产业协作效率。第二,技术溢出。除了市场空间的拓展,第三方市场合作可以同归实物投资和商品贸易,从水平和垂直两条途径产生知识溢出效应,进而推动产业技术进步和价值链升级(Kee, 2015;唐宜红和张鹏杨, 2017)。第三方市场合作也是"第三方效应"的一种延伸,可以充分发挥合作各方的比较优势,产生更多的收益(刘爱兰和王智烜, 2017)。Garretsen and Peeters(2009)指出,对外投资需要考虑包括投资母国之间及投资东道国/地区之间的"第三方效应",即在第三方市场的投资产生的溢出效应(合作)或挤出效应(竞争)。从企业的角度看,第三方市场合作可以通过建立微观企业之间的联系,提高合作企业之间的资源配置效率,增强合作各方的竞争优势。Bekes and Bisztray (2017)从投资的角度强调了商业组织合作关系对企业引入新的外商直接投资的重要性。Teece(2014)指出,当企业能力与国外市场需求同步且全球生产网络格局存在失衡的条件下,重新部署现有能力将为创造新的能力提供基础。具体而言,发展中国家的低成本优势可以通过内部化在一定程度上弥补发展中国家企业在先进技术和管理经验等资源上的弱势,通过生产网络形成整体的竞争优势。第三方市场合作通过生产要素的直接流动,改善区域要素条件及组合情况,产生共同的合力,从而推动区域生产结构的优化和市场规模的扩大(Boubacar, 2016;马述忠和刘梦恒, 2016;Baltagi et al., 2007)。

第三方市场合作既是一种企业行为,也是一种国家行为(门洪华和俞钦文,2020;张菲和李洪涛,2020),可视为微观层面的"战略联盟"与宏观层面的"三方合作"概念内涵的融合。"一带一路"第三方市场合作具备双重性,既强调主权国家政府,又涵盖跨国企业的具体行为。在学理层面,关于第三方市场合作的研究刚刚起步。毛雨(2015)指出:"第三方市场合作是一种以双边合作带动三方共赢的全新合作模式,目标在于通过产能的全球合作推动产业链的绿色化、高效化,充分利用中国的中端富余产能,将其作为协调发达国家优势与发展中国家发展要求的纽带。"这是国内较早的对第三方市场合作的学理性定义。

三、中国推动第三方市场合作的发展基础

在第三方市场合作作为一个概念兴起之前,已有不少企业或项目层面的实践。早在17世纪就存在第三方市场合作的早期形态,此后有18—19世纪的荷兰、18—20世纪的美国以及20世纪70年代的日本的企业所开展的第三方市场合作。随着中国参与全球化程度的加深与跨国企业的成长,2009年中国上海汽车与美国通用汽车在印度开展直接投资合作项目,成为中国企业早期开展以"发达国家与发展中国家企业合作对第三方发展中国家进行直接投资"的经典案例。中国是系统开展第三方市场合作的首倡者,"第三方市场合作"概念首次出现于2015年6月中国政府和法国政府发表的《中法关于第三方市场合作的联合声明》。[①] 中国与发达国家在全球价值链体系中存在紧密的协作关系,经贸领域的快速发展、产业链与供应链的上下游衔接以及目标市场的比较优势互补,为企业展开第三方市场合作奠定了坚实的发展基础。

(一)竞合关系的转变

长期以来,随着中国对外投资强度的加大,中国与发达国家在发展中国家市场的投资存在普遍竞争。一方面,中国在基础设施建设领域的投资不断推进,成为许多发展中国家基础设施项目的重要合作伙伴,使原来拥有基础设施项目投资主导权的发达国家倍感压力,基础设施建设主导权之争愈

---

① 中华人民共和国和法兰西共和国关于加强全面战略伙伴关系的联合声明[EB/OL].(2010-11-04)[2011-02-14].https://www.fmprc.gov.cn/we/gjhdq_676201/gj_676203/oz_678770/1206_679134/1207_679146/t766784.shtml. 中法第三方合作:李克强国际产能合作有了路线图[EB/OL].(2015-07-01)[2016-06-16].http://www.gov.cn/zhengce/2015-07/01/content2888149.htm。

发激烈。以日本为例,中日在第三方市场的竞争关系起源于争夺东南亚市场而形成区域议题的普遍竞争关系(张利华和胡芳欣,2019)。东南亚区域拥有广阔的人口优势与市场潜力,处于连接印度洋与太平洋以及中国、印度等新兴经济体的节点位置,被视为日本"东西经济走廊"与"南部经济走廊"基础设施出口的重要市场(赵天鹏,2020)。基础设施投资在很大程度上是建立在早期对东南亚援助的基础上的,具备公共产品属性,成为大国间角逐国家利益的重要方向,受地缘政治因素的影响较强。因此,日本政府和企业面对中国基建向东南亚市场"走出去"的步伐不断加快,与中国形成激烈的竞争关系。从另一个角度来看,东南亚市场本身作为中日企业在全球价值链中的重要合作伙伴,又是中日两国开展第三方市场合作的主要区域之一,成为中日两国企业与第三方市场实施"三赢"商业模式并向世界展示广泛合作成果的理想场地,不仅能有效地缓解中日两国在亚太地区竞争博弈的零和局面,还有助于中日两国在第三方市场以及关联市场实现多方共赢。中国企业的产能优势结合日本企业丰富的海外基建经验,能够有效对接东南亚国家工业化和现代化快速发展的市场需求,有助于促进中国、日本和东南亚国家的多方共赢发展(崔健和刘伟岩,2018;Zhang,2019)。可以看出,第三方市场合作机制有助于促进中日企业在东南亚的错位互补发展,发挥技术和资金的比较优势,实现区域经济合作的战略对接,使中日经济的普遍竞争关系向合作协调关系转换,有效推进"一带一路"高质量共建。

另一方面,中国在国际贸易中成为大多数国家的主要贸易国,并与一些发达国家形成巨大的贸易逆差。国际贸易收支结构的不平衡发展引发了发达国家提高市场准入门槛等竞争机制,衍生的关税政策导向、科技产品限制以及海关检查频率等都对中国形成了竞争阻力。在第三方市场合作中,两国企业通过联合投资、共同建设以及提供产品等方式形成了紧密的合作伙伴关系,在北非、拉美以及中东等第三方市场中合作建设了诸多项目,为企业之间的产业对接与产能互补提供了新型国际协作路径,缓解了国际贸易结构性分歧带来的不稳定影响。

(二)合作潜力与模式创新

1. 价值链的紧密协作关系奠定合作潜力

中国与大多数发达国家在全球价值链体系中存在紧密的协作关系,经贸领域的快速发展、产业链与供应链的上下游衔接以及目标市场的比较优势互补,形成了以中间产品、技术产品、大宗商品和原材料等为主的国际贸易合作网络,为各方企业展开第三方市场合作奠定了坚实的发展基础。第三方市场的项目建设、技术转移、直接投资以及市场开发等项目对技术和资金的需求使中国企业和发达国家企业具有高度互补性。从中国与发达国家的传统进出口结构来看,中国企业与发达国家企业开展第三方市场合作有助于发挥"第三方效应"、促进贸易发展,作为一种新的国际产能协作方式,有利于刺激经济发展、带动相关产业转型升级。

2. 第三方市场合作打破区域合作的空间限制

"一带一路"推进的第三方市场合作方式打破了区域合作在物理空间的局限性,有效带动了国际大循环。一方面,在传统地理空间相连接的东亚—东南亚—中国,促进了区域经济和生产网络的构建。比如中日两国在东南亚基础设施第三方市场的合作涉及产业链、供应链和价值链等多个环节之间的相互分工协作,产业链条的拉长和分工细化都会为当地经济持续创造发展机遇,同时也为中日两国在东南亚的第三方市场合作奠定坚实基础。另一方面,中法、中西等在非洲和拉美市场的合作,跨越地理界限,发挥了合作潜力。以西班牙为例,西班牙政府及其企业拥有在拉美、北非和中东地区的长期经营与市场开拓的经验,以及深远的历史联系及稳定的经济合作(丁梦,2022)。中国与西班牙在这些地区开展第三方市场合作,能充分依托西班牙的投资经验优势和市场基础,使中国企业能够更快地在当地建立更完善的市场网络、深入更大规模的市场腹地以及更有效地对抗营商环境风险,也能够为西班牙企业扩大当地投资注入资金支持。

3. 第三方市场合作释放新的合作空间

尽管发达国家企业在当前世界经济格局下经济实力有所下降,但其在许多领域的技术研发水平、工程管理以及海外投资经营管理等方面仍然具备绝对优势。与此同时,中国企业海外投资规模扩张,企业的海外经营能力及国际工程建设能力迅速提升,其资金积累与运营成本也逐渐成为相对优势。中国与发达国家以往的垂直型产业分工逐渐向垂直型和水平型并存的格局发展,这种格局的动态演变成了开辟更灵活的合作模式的基础。第三方市场合作促进生产产业内的深度合作,有助于释放新的合作空间。从具体项目合作来看,随着中国与发达国家的资本充裕程度和技术差距的缩小,二者逐渐开拓了在第三方市场合作投资的模式,包括"合资"和"共同出资、共同承建"两种,与早期中国企业"走出去"采用单边投融资与建设相分离的模式(即"一方出资、一方承建")相比,合作内容更加深入,合作可行性提高,各方合作经济效益的关联性更加紧密。

总体而言,中国推动的第三方市场合作发展至今,形成以下特点:第一,合作市场的多边性。第三方市场合作本身是一个多维度合作关系,由多重的合作关系跨越空间限制构建出合作模式。第二,合作优势的互补性。参与第三方市场合作的主体在资金、技术、信息、政府关系等方面各具优势,合作能够把各自的比较优势整合起来,形成互补的发展态势。第三,合作模式的灵活性。第三方市场合作模式根据实际情况和建设项目的主导性需求,将参与行为体的不同优势进行重组,形成多种形式共存的合作模式。第四,合作产业链的关联性。合作方在产业发展方向有较强的关联性,参与第三方市场合作容易强化区域内部生产网络的联系。第五,合作利益的共赢性。合作参与主体利益分配基本遵循市场化分配原则,都可以从合作中获益,并通过市场之间的连通性创造更大的利益。

四、基于合作博弈的第三方市场合作的内涵与逻辑

第三方市场合作是超越以往传统的双边合作的多方合作,在发达国家与发展中国家的发展优势都难以发挥的时候,合作将体现出超越双边合作的规模效应。第三方市场合作的理论本质是,在中国与发达国家开拓第三方市场的竞合关系下达到参与博弈的各方"共赢"而形成的"正和"博弈。合作共赢模式的形成过程涉及参与各方的利益冲突与协调,博弈模型就是一种有力的分析框架。"一带一路"国际合作发展的历史进程中,成功的商业模式是海外投资的积极探索成果,但是缺乏严谨的根据国际经济合作理论的分析,以明确第三方市场合作如何在动态推进中形成共赢。因此,基于合作博弈模型,第三方所在的生产网络组织中的发达国家、中国、第三方形成"联盟",与中方独自与第三方进行双边合作,与发达国家共同参与和第三方合作这两种模式的博弈均衡相比,第三方市场投资合作的效果在一定程度上优于双边合作产生的竞争效果。

(一)第三方市场合作博弈内涵

第三方市场合作的本质是根据各方市场的需求,在区域内构建更加适

合、有效的投资与生产模式,以满足各方发展需求,将国际循环中合作共赢、协同发展理念具体化。第三方市场合作的基本背景设定为:第三方市场/东道国具备资源和市场,缺乏资金和技术;中国和发达国家具备资金和技术,需要扩大市场,均对第三方市场有较强的投资动机。此设定将三方共赢的合作行为视为动态博弈并最终实现合作均衡状态,即三方通过合作形成个体利益与整体利益的统一,其结果是博弈各方的利益都有所增加,或者至少是一方的利益增加而其他方的利益不受损害,因而整个群体的利益有所增加。

第三方市场合作的目的是规避零和博弈,即避免中国(企业)和发达国家(企业)在争夺东道国市场上产生的竞争,同时寻找利益共同点,促使中国(企业)和发达国家(企业)达成合作后获得更多的利益,形成协同关系并为第三方市场(政府/企业)带来经济效益。利益最大化是实现合作博弈的驱动力,各主体的利益通过效用来表示。当两国(企业)达成合作协议后对第三方市场(政府/企业),以及第三方市场项目投资产生的利润总和比未达成协议状态下更多,即为中国(企业)和发达国家(企业)合作的协同效用。第三方市场国作为东道国选择三边合作,获得中国(企业)和发达国家(企业)共同投资所获得的利润,即为第三方市场国的经济效用。合作博弈效用应符合以下特征:第一,参与主体的相互作用中,各方的效用是可转移的;第二,当参与方从个体转变成为集体时,博弈主体的效用是可叠加的;第三,叠加后的整体总效用将会大于每个参与个体的效用之和;第四,从博弈效用分配的角度看,集体效用分配至每个博弈个体上的个体效用,大于原先个体所得到的效用。

(二)参与主体的利益分配逻辑

基于三方构建的合作共赢模型包含中国(企业)、发达国家(企业)、第三方市场(政府/企业)等三方主体。设计合理的第三方市场合作博弈框架,首先要认知各方主体的利益诉求及其禀赋的动态。第三方市场合作具备两个明显特点:一是第三方市场,即资源的拥有者和管理者,也代表政府或者地区的政策执行机构,参与政策制定和国家间协作的确定。其目标具有多重性,在商业利益之外,还有国家利益和社会福利最大化,主要指标包括就业率、经济增长、产业技术水平与发展能力等。二是外部投资者。①发达国家(企业)和中国(企业)形成利益共同体,各主体扮演着普通投资主体的角色,追求投资所产生利润的最大化,同时具有不同的战略利益追求。发达国家

(企业)需要巩固既有的市场份额并提高投资回报水平,中国(企业)还肩负着与第三方市场(政府/企业)建立和保持良好的长期合作关系、争取更大的投资合作机会和市场的任务。②中国(企业)期望在与发达国家(企业)合作的过程中,能够有效规避第三方市场(政府/企业)投资的环境风险,减少可能来自潜在竞争的发达国家(企业)的阻碍,进而持续获得稳定的海外项目收益。③中国(企业)通过合作获得更先进的技术以及国际管理经验,逐步提高自身的国际竞争力;发达国家(企业)通过合作获得更多的融资渠道和降低投资成本。虽然发达国家(企业)与中国(企业)的经济利益追求大体一致,但是受国家间地缘政治、企业间同质竞争等因素的影响,双方在合作中也存在利益冲突及互相制约。

核心解是确定合作博弈中每个个体有效收益的一套分配方案。假设一个合作博弈(N,v),其中N为博弈主体的集合$(N \geq 3)$,v表示收益,它既可表示博弈主体的个体收益,也可表示合作效用,$S \in N$为博弈的各主体或子合作个体。核心解是否具备稳定性是一个合作博弈N能否形成的条件,合作中的每一个主体是否都满足于自己获得的利益值,且没有因合作利益更高而脱离合作的驱动力。在第三方市场合作中,中国与任意一方(发达国家、东道国)的合作都可以被看作整个"一带一路"合作框架下的子合作S,则$u = (u1,u2,u3)$为三主体合作中对每一个博弈主体的收益分配。u表示合作成立的收益,不论是个体收益ui、双边收益$u(S)$,还是三方合作收益$u(N)$,都是相应的主体因合作的形成而获得的收益。合作的核心解满足以下两个条件:①$u(S) = \sum ui \geq v(S)$说明合作N中,子合作(双边合作)S没有分裂的动机,因为在三方合作形成的前提条件下,相应的合作能够从中获得的收益$u(S)$不小于N解散后这个子合作获得的收益$v(S)$;②$\sum ui = v(N)$说明三方合作的实际形成建立在所有参与者在博弈中对收益都认可的基础上,不会有任何一个主体脱离三方合作,比处于合作会获得更大的收益。以上两个条件决定了一套收益分配均衡解。

五、第三方市场合作与非合作模型分析

(一)模型设定

我们构建中国(企业)、发达国家(企业)和第三方市场(政府/企业)三方合作博弈模型,探讨三方的博弈关系,且不考虑个体间存在的其他非商业

因素的干扰,做出如下假设:①博弈中的主体都是有限理性的,即在决策过程中,各主体根据所获取的有限信息做出合作与否的决定,并从中选出利益最大化的方案;②参与主体的收益仅来自项目的运营期,即只有参与方持续从项目中盈利才能维持合作。

国际市场合作的状态应该是博弈各方具有相互影响和互相制约的能力,通过共同协商建立合作机制,制定合作路线图和实现各方利益追求趋近合理或者平衡的状态,推动合作项目落地,达到参与博弈的各方"共赢",实现互惠互利,从而形成国际循环中相对稳定的长期均衡。由于外部因素的干扰导致利益倾斜,最终会造成合作关系的破裂,因此在三方合作中利益的分配和长期合作关系的维护是关键。我们将参与博弈的三方国际循环的各方定义为中国(企业)(C)、发达国家(企业)(D)和第三方市场(政府/企业)(U),三方各自在市场开发、技术投资、资本市场上存在合作和竞争关系,从博弈关系中寻找最优组合路径。

从要素禀赋角度,被开发或被投资的第三方市场(政府/企业)(U)具有资源优势,而中国(企业)(C)和发达国家(企业)(D)的投资目标都是获得项目参与权并获取一定的商业收益,同时在一定条件下为第三方市场(政府/企业)带来附加发展机会。实现合作的机制条件如下:如果中国(企业)(C)和发达国家(企业)(D)选择分别进行双边合作,那么其中一方与第三方市场(政府/企业)(U)能获得收益,另一方则失去收益;如果第三方市场(政府/企业)(U)拒绝合作,那么中国(企业)(C)和发达国家(企业)(D)两方都不能获得任何收益,而该市场也陷入投资不足、技术落后而失去发展机会的窘境。在技术要素方面,发达国家(企业)(D)凭借先进的技术和长期投资的积累,使其在许多第三方市场形成技术依赖,有相对稳定的投资市场,但随着研发成本上升,导致技术价格增加,与中国相比缺少成本优势,单独实现商业收益的成本偏高。因此,选择合作而获得技术要素的组合优势,是中国企业(C)和发达国家(企业)(D)的必然选择。

三方博弈决策的依据是:①当U开放市场寻求投资时,C和D可以选择与U合作或者不合作策略,选择不合作的一方将使得另一方获得最大收益,当C和D同时选择不合作时,可能会导致U放弃合作,致使C和D在U市场的利益为0。②当U和C在特定协议下联合开发投资项目时,C可以选择同意D参与项目或者不合作。在技术层面,当C选择竞争时,它将有极大风险失去技术先进带来的所有收益。③当 U 和 D 在特定协议下联合开发投资项目时，D 可以选择同意 C 参与项目或者不合作，当 D 选择不合作时，它有可能失去扩大项目融资和降低成本带来的所有收益。④当 C 与 D 签订协议在第三方市场合作而 U 选择接受 C 和 D 的合作时，三方都将获得收益。三方采用不同的方式进行博弈，使得本方获得最大的收益，以下分别从商业目标、优势、劣势三个方面进行比较（见表 1-8）。

表 1-8　各主体在博弈中的优劣势

	商业目标	优势	劣势
C	收益、市场	资金充足、成本低、技术适中	国际化投资管理经验不足
D	收益、市场	技术先进、长期经验丰富	资金受困、投资成本高
U	收益、技术	资源丰富	营商环境风险大、技术落后、资金不足

从各方优势的比较可以看出，当投资动机一致而 C 与 D 合作时，U 可以获得 C 与 D 带来的共同优势，三方大概率都能获得可观的收益，如果 U 拒绝三方合作，那么 C 与 D 的合作必然不能获取任何收益，U 由于资本不足、技术落后等劣势，其收益很可能不容乐观，甚至为 0；当 C 与 D 不合作而分别与 U 进行双边合作、同时选择竞争时，会导致 U 每个项目只有 C 或 D 一方参与并失去另一方的优势。

（二）模型分析

下面分别考虑 C 独自与 U 进行双边合作、邀请其他 D 共同与 U 进行合作这两种模式的博弈均衡。

1. 模型一：C+U 的非合作博弈

C+U 的非合作博弈如表 1-9 所示。

表 1-9　C+U 的非合作博弈

C	U	
	合作	不合作
合作	a,b	$0,c$
不合作	$0,c$	$0,c$

在 C 和 U 的博弈中，有"合作"与"不合作"两种选择，而"一带一路"合作框架下，不合作极为少见。C 和 U 选择合作，其收益分别为 a、b。当 C 选

择合作、U 选择不合作时,C 的收益为 0,U 的收益为 c。C 没有机会投资 U 所掌握的项目从而获得收益,由于缺乏资本和技术,U 单独投资只能获得很小的收益 c,且 $c<b$。同理,当 U 选择合作、C 选择不合作时,U 的收益为 c,C 的收益为 0;当 C 和 U 采用相同的不合作策略时,即 C 不投资且 U 单独开发自身项目,U 的收益为 c,C 的收益为 0。每个参与者知道其他参与者的战略空间和收益,但是在选择行动时不知道其他参与者的行动。在收益 a、b、c 取不同值的情况下,合作竞争的完全信息静态博弈会实现不同的均衡。当 a、b、c 均大于 0 时,双方选择合作策略是最优选择。该博弈存在唯一纳什均衡解:(合作,合作)。这也是中国大力推进"一带一路"建设,搭建与"一带一路"沿线国家的合作平台,促进双边经济合作的原因。

2. 模型二:C+D+U 合作博弈与非合作博弈并存的混合博弈

在市场要素的基础上引入 D 参与博弈,首先 D 长期通过援助投资方式对 U 进行开发,并具备大量先进技术,同时长期的投资使其获得在当地的运营经验以及原有经济背景下的政治优势。然而,D 的整体生产成本上升,导致先进技术和管理经验的价格随之高涨,受到投资成本与较高营商风险等因素的影响,D 在资金投入方面并没有优势。C 在本国政府针对对外投资的资金支持下,保持一贯的成本优势。当博弈的对象加入 D 之后,两方博弈的格局开始发生改变,这时三方如何选择自己的合作竞争策略就显得尤为关键,合适的策略能为自己带来最优的收益空间。

同样假设所有参与者都是理性和自立的,它们的策略只在合作和不合作中做选择(见表 1-10)。

表 1-10 C 和 D 的博弈

C	D	
	合作	不合作
合作	a,b	$0,d$
不合作	$c,0$	$0,0$

考虑 C 和 D 竞争 U 的投资项目,各自的独立选项为"合作"或者"不合作"。C 和 D 均选择合作,其收益分别为 a、b;C 选择合作,D 选择不合作,D 赢得竞争获得项目,其收益为 d,C 失去项目投资机会,收益为 0;C 选择不合作,D 选择合作,C 赢得竞争获得项目,其收益为 c,则 D 的收益为 0;C 和 D

都选择不合作后均无法取得投资机会,导致项目预期收益分别为 0、0。此时的博弈双方都知道对方的收益函数和战略空间,相对符合完全信息动态博弈,在收益 a、b、c、d 取不同值的情况下,博弈会出现不同的均衡:假设 a、b、c、d 均大于 0,若 C 选择不合作但 D 选择合作,C 仍合获得收益 c,且不符合"一带一路"倡导在第三方市场合作的理念,其肯定选择合作作为战略,此时假定 C 选择合作,D 选择不合作也可以获得收益 d,此时需要 $b>d$ 方可保证(合作,合作)为均衡解。

C 和 U 通过协议组成联盟,与 D 的博弈如表 1-11 所示。C+U 和 D 选择合作,收益分别为 f、g;C+U 选择不合作而 D 无法参与项目,收益分别为 e、0;C+U 选择合作而 D 选择不合作,收益分别为 e、0;C+U 选择不合作(仅为双边合作)而 D 选择不合作,收益分别为 e、0。此时每一方都了解其他各方的收益函数和战略空间,相对符合完全信息动态博弈,在收益 e、f、g 取不同值的情况下,博弈会出现不同的均衡:由于 D 只有选择合作才能有收益,因此该博弈的策略取决于 C 与 U 的共同协议。当 $f>e$ 时,D 参与 C+U 的合作项目为唯一均衡解。

表 1-11 C+U 和 D 的博弈

C+U	D	
	合作	不合作
合作	f,g	$e,0$
不合作	$e,0$	$e,0$

如表 1-12 所示,C 和 D 组成子双边联盟合作对 U 进行投资。这样的联盟合作在投资前期就明确能为 U 同时提供资金和技术保障并降低成本,同时也能保持政治稳定。从技术层面上看,C+D 和 U 选择合作,收益分别为 i、j;C+D 选择合作而 U 选择不合作,收益分别为 0、c;C+D 选择不合作而 U 选择合作,收益分别为 0、c;双方都选择不合作,收益分别为 0、c。此时的博弈双方都知道对方的收益函数和战略空间,相对符合完全信息动态博弈,C+D 形成共同投资目标的子双边联盟合作加大了模型中 C 的优势,弥补了 C 的劣势,从而提高了双方子合作情形下在第三方市场的三方联盟的收益。此时,C+D 需要 U 开放项目参与权,选择与 C+D 的合作战略形成三方联盟合作,同时对于 U,C+D 的加入能为自己带来高额收益,在不选择合作的情况

下，U 的收益为 c，C+D 的子双边联盟合作收益为 0，同时在实际中，由于没有 C+D 子双边联盟的支持合作或其中任意一方的支持，c 远远小于 j。因此，C+D 子合作的组成迫使 U 选择接受与 C+D 进行多边合作，即 $j>c$，满足 $i>0$，$j>0$，$c>0$，且 $j>c$，此时三方合作就是唯一均衡解。在此假设中，博弈三方在寻求技术合作的基础上进行合作竞争策略的博弈，存在现实中的（合作，合作，合作）唯一均衡解，同时也是该三方的严格优势策略。

表 1-12　C+D 和 U 的博弈

C+D	U	
	合作	不合作
合作	i,j	$0,c$
不合作	$0,c$	$0,c$

六、小结

在传统的世界经济环境下，国家与企业长期非理性地对海外市场展开激烈竞争，导致各方的投资陷入零和博弈下的双输，不仅对任意一方在东道国的直接投资与产业布局造成阻力，还会进一步恶化区域经济协作的环境。第三方市场合作可以提高中国（企业）与发达国家（企业）战略合作等纵深层次的合作，将推动"一带一路"沿线国家多领域、多层次和多主体的国际循环，实现合作共赢。

第三方市场合作需要明确各方利益的核心点，建立合理的利益分配，有利于合作的可持续性。目前大部分第三方市场合作的项目都是由政府与企业共同投资的项目合作模式、工程总承包模式、企业合作参与公共产品建设模式这三大类国际投资模式或其变体模式形成的，但深化的第三方市场合作利益主体更为多元，包括各合作参与国政府、各类企业、各类金融机构、各类社会资本等，其权责关系、利益分配、运营管理也更为复杂。因此，在第三方市场合作的实践过程中应厘清并建立利益分配机理，确保各参与方实现经济效益。

第三方市场合作是"双循环"新格局下，中国在国际投资领域坚持合作共赢的理念的表达，一方面让"一带一路"相关发展中国家通过市场开发获得经济收益和战略利益，为其经济增长的可持续性服务；另一方面要确保外部投资方在技术、资金和地缘政治优势方面展开合作,获得相应的商业收益。因此,在包容性增长的新全球化理念下,第三方市场合作的结局不是彼此胜负之间的竞争,而是共同发展的合作共赢。合作博弈模型也从学理上提供了有效的分析脉络,证明中国推动的"一带一路"第三方市场合作充分发挥了自身在全球价值链中的桥梁作用,带动了国际大循环,为全球经济整体复苏、生产网络重塑以及生产要素流动创造了更大的合作空间。

由于当前第三方市场合作推进中相关统计数据的缺失,我们对第三方市场合作机理的研究仍存在局限,随着未来更多发达国家参与第三方市场合作,合作的种类和数量增加,相关研究可以通过测算和评估来更加精确地量化分析第三方市场合作具体项目将以何种组合方式使三方收益更大。

第二章　设施联通与贸易增长

第一节　"一带一路"设施联通是否对企业出口有拉动作用?①

2013年9月,中国国家主席习近平在哈萨克斯坦纳扎尔巴耶夫大学发表演讲,提出共同建设"丝绸之路经济带";2015年3月,国家发展改革委、外交部、商务部联合发布《推动共建丝绸之路经济带和21世纪海上丝绸之路的愿景与行动》。从地理位置上看,"丝绸之路经济带"和"21世纪海上丝绸之路"实际上是一张巨大的交通运输网,它大大推动了沿线国家之间的经贸交流,有助于促进区域经济一体化,增强政治互信。政策沟通、设施联通、贸易畅通、资金融通和民心相通(以下简称"五通")为"一带一路"建设的主要内容,其中设施联通是"一带一路"建设的优先领域。具体而言,这是指通过基础设施规划建设,打通连接亚欧非各区域的关键节点,建成方便快捷的国际运输大通道。

然而,"一带一路"相关国家参差不齐的交通基础设施制约着"一带一路"倡议的实现。首先,铁路轨距不同。中蒙俄经济走廊中的蒙古和新亚欧大陆桥经济走廊中的苏联地区均使用宽轨,南亚和东南亚大部分国家使用窄轨,而我国使用的是标准轨,铁运换轨导致运输成本和运输时间大大增加。其次,部分国家铁路和公路网的建设重心并非为了实现跨境运输。南亚和东南亚的铁路网主要用于联通海港而非周边国家,苏联地区的铁路网络建设也是为了与莫斯科等经济中心相联通,部分国家的铁路网扩张也仅

---

① 本节作者为洪俊杰、詹迁羽,部分内容摘自洪俊杰和詹迁羽(2021)。

限于国内。除此之外,运输设施维护不足、货物过境等待时间过长、通关手续繁杂等因素,都使得长距离跨境陆地运输困难重重。

自2013年提出"一带一路"倡议以来,我国每年参与"一带一路"相关国家基础设施项目投资的新增数量(包括在中国国内的投资)大幅增长(见图2-1),尤其是交通运输行业,截至2019年完成的交通运输项目共640个。基础设施项目中由中国主导的有739个,中国单独参与的有1 480个,中国合作参与的有781个。2018年,中国对签订"一带一路"协议的138个国家承包工程完成营业额占比高达80.3%(见图2-2),交通运输建设、一般建筑和电力工程建设三个行业完成营业额占比达到64.3%;对外承包工程新签合同额前十的项目分别位于尼日利亚、埃及、阿联酋、哈萨克斯坦、澳大利亚、马来西亚和刚果(金)。

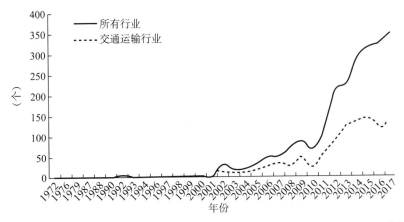

图2-1 1972—2017年中国在"一带一路"沿线国家每年新增的基础设施项目数量

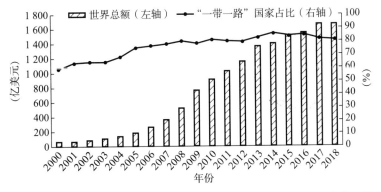

图2-2 2000—2018年中国在"一带一路"沿线国家对外承包工程完成营业额占比

一、设施联通影响贸易的理论机制

（一）打通中国与周边国家的运输通道，缩短运输时间，降低贸易成本

当前的国际贸易大部分为海上贸易，陆地运输由于价格昂贵、缺乏配套的基础设施等，一直无法成为国际贸易的主要运输方式。陆地运输的优点在于运输时间短，这对于一些时间敏感、附加值高的贸易产品（如农产品、电子元器件等）至关重要。中国与周边国家在陆地贸易上的发展也是在"一带一路"倡议提出之后逐渐被重视起来的。"一带一路"倡议提出之前，中国与周边国家虽然有跨境铁路和公路，但由于缺乏维护和升级，导致陆地运输效率较低；"一带一路"倡议提出之后，常态化通行的"中欧班列"、交通基础设施改善项目都为中国与周边国家的陆地贸易注入了活力。

根据世界银行的测算（De Soyres et al., 2018），"一带一路"倡议带来的交通基础设施一旦全部建成，将能够缩短中蒙俄经济走廊国家的运输时间：平均将缩短8.5%，最高可缩短12%。贸易成本方面，中蒙俄经济走廊国家与世界其他地区的贸易总成本将平均降低2.8%，与其他走廊国家之间的贸易成本将降低6.5%。"一带一路"倡议也能够对非"一带一路"国家的运输时间和贸易成本产生积极的溢出效应。世界所有国家之间的运输时间将平均缩短2.5%，贸易成本将平均降低2.2%。

（二）提高贸易便利化水平，减少国家之间的边境延误

设施联通的改善带动配套贸易便利化的实施，有助于实现贸易"软联通"。"一带一路"沿线大部分国家都存在长时间的边境延误问题，尤其是中亚区域。根据Maliszewska and Van Der Mensbrugghe（2019）使用可计算一般均衡（Computable General Equilibrium，CGE）模型得出的结果，减少边境延误可使中亚国家的出口增加18%，走廊其他国家的出口都会受益，获益增幅在东欧的1.8%和南亚的4.8%之间，这表明减少边境延误对大多数走廊国家都有重要的影响。

（三）降低运输成本，有利于产业集聚并带动出口

贸易成本的降低将会显著影响地理集聚。新经济地理学认为，交通运输费用是影响产业集聚的重要原因之一。设施联通促进了"一带一路"相关国家基础设施的完善，减少了出口过程中的运输和通信成本，这不仅降低了

"市场准入"门槛,也为企业节约了固定成本。成本的降低增大了企业的利润空间,增大了企业的市场份额,在扩大现有厂商规模的同时吸引了新的厂商进入市场,最终带来了产业集聚。此外,基础设施建设与制造业息息相关,需要大量的原材料和设施,如钢铁、水泥、运输设备等。因此,国际工程的承建使国内相关企业更易通过产业集聚拉动出口,设施联通带来内外市场的联动发展,对构建区域市场一体化具有重大意义。

据此,本节提出以下理论假说。

理论假说1:"一带一路"设施联通对上市公司出口具有正向拉动作用。

理论假说2:设施联通会降低中国与"一带一路"相关国家之间的贸易成本,从而带动企业出口。

二、模型设定与数据来源

(一)模型设定

本节拟采用引力模型作为检验设施联通对中国贸易出口影响的基准实验模型。经典引力模型认为,两国经贸合作规模与经济总量成正比,与两国距离成反比。本节根据"一带一路"沿线国家的经济发展特点,在模型基本设定的基础上,以中国对外承包工程完成营业额作为衡量中国与"一带一路"沿线国家之间设施联通程度的代理变量,同时引入中国与各国签订自由贸易协定(FTA)的时间、沿线各国的关税水平、人均拥有电话的数量、港口货运量等国家层面的控制变量(X_{it}),以及企业的全要素生产率(TFP)、企业存活时间、企业规模和企业资本密度等企业层面的控制变量(Z_{kt})。回归方程如下:

$$\ln trade_{kit} = \alpha_0 + \alpha_1 \ln project\_value_{it} + X_{it}^T \beta + Z_{kt}^T \gamma + \varphi_t + \rho_k + \varepsilon_{ikt} \quad (2-1)$$

其中,k表示企业,i代表"一带一路"沿线国家,t为时间,α、β、γ为回归系数,φ_t为时间固定效应,ρ_k为企业固定效应,ε_{ikt}为残差项,变量的含义如表2-1所示。

为了检验设施联通是否通过减少贸易成本这一路径影响企业出口,本节拟采用中介效应检验方法。本节的中介效应检验使用以下方程:

$$trade\_cost_{it} = \theta_0 + \theta_1 \ln project\_value_{it} + \varphi_t + \rho_i + \varepsilon_{it} \quad (2-2)$$

其中,θ_0与θ_1为回归系数,ρ_i为国家固定效应。

$$\ln trade_{kit} = \mu_0 + \mu_1 \ln project\_value_{it} + \mu_2 trade\_cost_{it} + X_{it}^T \beta +$$
$$Z_{kt}^T \gamma + \varphi_t + \rho_{ki} + \varepsilon_{ikt} \quad (2-3)$$

具体而言,贸易成本($trade\_cost$)是我们关注的路径变量,在方程(2-1)中核心解释变量显著的前提下,依次检验方程(2-2)、(2-3)中 θ_1、μ_2 是否显著。中介效应由 $\theta_1 \times \mu_2$ 来衡量,目前常用的检验方法为 Sobel 检验和 Bootstrap 检验。为保证实证结果的稳健性,本节将分别使用这两种方法。

(二) 数据说明及来源

1. 被解释变量

上市公司的出口数据来自国泰安金融数据库[①]和2006—2016年的海关数据库[②]。具体而言,使用国泰安金融数据库中上市公司的名称与海关数据库中的企业名称进行匹配。然而,在匹配过程中,我们发现大部分上市公司的名称发生过变更,而国泰安金融数据库仅提供上市公司的最新名称。此外,海关数据库每年度的数据以当年企业的名称为标准,且部分企业的企业代码在不同的年份出现不一致的情况。因此,如果仅以上市公司的最新名称和海关数据进行匹配,显然会遗漏名称变更过的上市公司。为此,我们找出上市公司的曾用名,再与海关数据进行匹配,最终匹配到1 989家上市公司在2006—2016年间有出口行为,其中761家企业在期间有不间断的出口行为。部分有出口行为的上市公司的上市时间晚于2016年,造成2016年之前企业层面的数据缺失,删除之后最终留下1 442家向"一带一路"板块有过出口行为的上市公司。[③] 由于2007年上市公司的会计准则发生了变更,为保持数据的可比性,仅采用2007—2016年的数据。因此,本节使用的样本为2007—2016年有出口行为的上市公司形成的非平衡面板数据,观测值总量达129 146个。

2. 核心解释变量:中国与"一带一路"沿线各国的"设施联通"程度

对外承包工程长期以来一直是中国企业对外合作的主要形式之一,是

---

① https://www.gtarsc.com/。
② http://res.resset.com/CD/。
③ 样本国家的选取以中国一带一路网公布的与中国签订"一带一路"谅解备忘录的国家为基准,共有138个"一带一路"沿线国家,库克群岛由于数据缺失较为严重,不包含在样本国家范围内。

实现"一带一路"倡议中设施联通的重要途径。鉴于设施联通包含的内容较为广泛,同时考虑到数据的可得性,本节使用中国对外承包工程完成营业额作为衡量中国与"一带一路"沿线国家设施联通程度的代理变量,对外承包工程完成营业额越大,说明中国与该国的设施联通程度越高。数据来自国泰安金融数据库。

3. 中介路径变量

当前对贸易成本的测算主要有两种方法:直接测算法和间接测算法。直接测算法的局限性在于难以精确量化非关税壁垒,另外不同形式非关税壁垒的限制作用也不一样。间接测算法将贸易成本视作一个"黑箱",在已有理论的基础上推导出贸易成本的计算公式,能够跳过对测度贸易成本指标的选择。因此,本节将使用间接测算法测度贸易成本。假定双边贸易成本是对称的且双边可贸易品的份额也相等,那么贸易成本的计算公式为:

$$C_{ij} = C_{ji} = 1 - \left[\frac{\text{EXP}_{ij}\text{EXP}_{ji}}{(\text{GDP}_i - \text{EXP}_i)(\text{GDP}_j - \text{EXP}_j)s^2}\right]^{\frac{1}{2\rho-2}} \quad (2-4)$$

其中,C_{ij} 和 C_{ji} 分别代表双边贸易成本,EXP_{ij}、EXP_{ji} 分别代表从 i 国到 j 国以及从 j 国到 i 国的贸易流量,GDP_i、GDP_j 分别代表 i 国和 j 国的总产出,EXP_i、EXP_j 分别代表 i 国和 j 国的贸易出口总额,参数 s 是可贸易品的份额,参数 ρ 为产品替代弹性。(2-4)式表明,若双边贸易相对国内贸易增加,则贸易成本下降,反之则上升。可贸易品份额和产品替代弹性采取文献中常用的取值,即 $s=0.8, \rho=8$。

4. 企业全要素生产率

全要素生产率(TFP)是衡量企业生产效率和资源利用率的指标。本节使用鲁晓东和连玉君(2012)的 LP 估算方法对 TFP 进行估计,采用 Giannett et al.(2015)对企业 TFP 的普通估算方法作为稳健性检验。这两种方法均涉及企业总产出、劳动力和资本投入。具体而言,以主营业务收入表示总产出,以员工人数和固定资产净值分别作为劳动力和资本投入。

5. 其他控制变量

国家层面控制变量包括中国和出口目的国的人均 GDP,中国与出口目的国之间的地理变量,"一带一路"沿线国家电力基础设施水平和反映贸易政策的变量。企业层面控制变量除了 TFP，还加入了企业成立至今的时间、企业规模和企业资本密度等特征变量。变量的详细含义和数据来源如表 2-1 所示。

表 2-1 变量的含义与数据来源

变量	含义	数据来源
$lntrade_{kit}$	上市公司向各"一带一路"沿线国家的出口总额，作对数处理	UN Comtrade 数据库①
$lnproject\_value_{it}$	中国向各"一带一路"国家的对外承包工程完成营业额，作对数处理	国家统计局
$trade\_cost_{it}$	中国与"一带一路"沿线国家之间的贸易成本	作者计算
$lnGDP_{it}$	"一带一路"沿线国家人均 GDP，反映沿线国家的经济发展水平，作对数处理	World Bank②
$lnGDP_t$	中国人均 GDP，反映中国的经济发展水平，作对数处理	World Bank
geo_{ij}	中国与"一带一路"沿线国家之间的一系列地理变量	CEPII③
fta_{it}	中国与"一带一路"沿线国家签订 FTA 协议的时间	中国自由贸易区服务网④
$lntariff_{it}$	"一带一路"沿线国家的加权关税水平，作对数处理	World Bank
$electricity_{it}$	"一带一路"沿线国家电力基础设施水平	World Bank
$lntfp_{kt}$	企业的 TFP，作对数处理	作者计算
$lnage_{kt}$	企业成立至今的时间，作对数处理	国泰安金融数据库
$lnsize_{kt}$	企业员工数量，反映企业规模，作对数处理	国泰安金融数据库
$lncapden_{kt}$	企业资本密度，为企业固定资产与员工人数的比值，作对数处理	国泰安金融数据库

---

① https://comtrade.un.org/。
② http://wdi.worldbank.org/tables。
③ http://www.cepii.fr/cepii/en/bdd_modele/bdd.asp。
④ http://fta.mofcom.gov.cn/。

三、实证结果分析

(一)基准回归结果

表2-2为本节的基准回归结果,所有回归均采用固定效应模型,并加入企业——出口目的国和时间固定效应。考虑到国家之间的变量可能存在相关性,本节采用国家层面的聚类标准误。第(1)列加入核心解释变量——对外承包工程完成营业额;第(2)列加入企业层面重要的解释变量——企业的TFP;考虑到国家之间的异质性,第(3)列加入国家层面的控制变量;第(4)列加入企业层面的特征变量以控制企业层面的异质性。由于"一带一路"沿线国家经济发展水平差异大,国家之间存在较强的异质性。因此,本节使用企业——出口目的国作为固定效应,并加入时间固定效应;考虑到同一国家不同时期的变量之间往往存在相关性,本节采用经过国家聚类调整后的标准误。核心解释变量的拟合系数均在1%的统计水平上正向显著,符合本节提出的理论假说1;在加入国家层面和企业层面的特征变量后,拟合系数依然保持显著。具体而言,中国与"一带一路"沿线国家之间的设施联通程度越高,越有利于企业出口。重要解释变量TFP的系数在1%的统计水平上显著。其他控制变量中,是否签订FTA对出口有较强的正向作用,而关税变量的系数并不显著。电力基础设施水平变量的系数显著为正,表明"一带一路"沿线国家的基础设施水平越高越有利于中国对其出口。企业层面的变量中,资本密度和企业规模均对企业的出口有积极的正向作用,表明企业规模越大、资本越雄厚,越有利于企业的出口。

表2-2 基准回归结果①

项目	(1)	(2)	(3)	(4)
$\ln project\_value_{it}$	0.044***	0.025***	0.025***	0.044***
	(4.43)	(4.47)	(2.63)	(2.62)
$\ln tfp_{kt}$		0.261***	0.253***	0.238***
		(9.72)	(8.16)	(7.85)

① 因固定效应回归省略地理变量,故不予报告。

（续表）

项目	(1)	(2)	(3)	(4)
$\ln GDP_{it}$			-0.242***	-0.165
			(-4.58)	(-1.53)
$\ln GDP_t$			0.462***	0.461***
			(6.32)	(6.25)
fta_{it}			0.137***	0.135***
			(6.66)	(6.63)
$\ln tariff_{it}$			-0.032	-0.032
			(-0.88)	(-0.85)
$electricity_{it}$			0.004*	0.004*
			(1.75)	(1.73)
$\ln age_{kt}$				-0.278
				(-1.60)
$\ln capden_{kt}$				0.103***
				(6.91)
$\ln size_{kt}$				0.080***
				(6.96)
常数项	11.265***	7.104***	6.013***	6.455***
	(110.69)	(16.56)	(6.87)	(4.32)
企业—出口目的国固定效应①	是	是	是	是
时间固定效应	是	是	是	是
样本数	119 164	118 947	98 686	98 686

注：*、**和***分别表示在10%、5%、1%的统计水平上显著，括号内的数值为稳健聚类标准误。

（二）贸易成本作为路径变量的中介效应检验

本部分考察贸易成本在设施联通影响企业出口中的中介作用，实证结果如表2-3所示。第(1)列以企业出口作为被解释变量；第(2)列以贸易成

---

① 普通的面板数据为二维数据，而本节的数据包含企业、出口国家和时间三个维度，因此将企业和出口目的国组合，与时间共同作为两个维度控制固定效应。

本作为被解释变量;第(3)列加入贸易成本作为解释变量,以企业出口作为被解释变量。实证结果显示,在设施联通影响企业出口的过程中,存在以贸易成本为路径变量的中介效应,其占总效应的比例达到47.5%,符合本节提出的理论假说2。这表明中国与"一带一路"沿线国家之间较高的设施联通程度将会通过降低贸易成本而拉动企业出口。

表 2-3 设施联通对企业出口的中介效应检验结果

项目	(1) $\ln trade_{kit}$	(2) $trade\_cost_{it}$	(3) $\ln trade_{kit}$
$\ln project\_value_{it}$	0.025***	-0.089***	0.024**
	(2.62)	(-7.37)	(2.43)
$trade\_cost_{it}$			-0.199*
			(-1.86)
样本数	98 686	104 960	94 162
Sobel 检验		Z = 38.8,中介效应显著	
Bootstrap 检验		置信区间:0.0969824<$bs2$<0.1150861	
中介效应		中介效应/总效应=47.5%	

注:*、**和***分别表示在10%、5%、1%的统计水平上显著,括号内的数值为稳健聚类标准误。

(三)稳健性检验

为了检验使用对外承包工程完成营业额作为设施联通的代理变量对企业出口的影响是否稳健,将其替换为中国对"一带一路"沿线国家基础设施投资项目数量,回归结果如表 2-4 所示。① 第(1)列将核心解释变量替换为所有行业的基础设施投资项目数量($all\_project_{it}$),第(2)列将核心解释变量替换为交通运输和通信行业基础设施投资项目数量($tc\_project_{it}$)。可以看到,在控制时间固定效应和企业—出口目的国固定效应的条件下,二者均在5%的置信水平上保持显著,且影响作用显著为正。拟合系数与原核心解释变量相差较大的原因在于:项目数量属于离散型变量,虽然可以在一定程度上代表中国与"一带一路"沿线国家的设施联通程度,但其忽略了不同国家

---

① 数据来源:https://www.refinitiv.cn/zh。

项目之间的差异性,其对出口的拉动作用会弱于对外承包工程完成营业额。为了检验重要解释变量 tfp 的稳健性,我们使用通过 OLS 估计方法估算的企业 TFP 替代通过 LP 方法计算的 TFP,具体结果展现在表 2-4 的第(3)列。结果表明,无论是 LP 计算方法还是普通估计方法,企业 TFP 的系数均在 1% 的置信水平上保持显著,且拟合系数差距不大。

表 2-4　稳健性检验结果

项目	(1)	(2)	(3)
$all\_project_{it}$	0.006***		
	(2.76)		
$tc\_project_{it}$		0.009**	
		(2.03)	
$lntfp_{kt}$	0.513***	0.513***	
	(29.73)	(29.76)	
$lnproject\_value_{it}$			0.017*
			(1.86)
$lntfp\_ols_{kt}$			0.298***
			(6.20)
企业—出口目的国	是	是	是
时间固定效应	是	是	是
样本数	102 127	102 127	98 686

注:*、**和***分别表示在 10%、5%、1%的置信水平上显著,括号内的数值为稳健聚类标准误。

(四) 内生性检验

由于模型可能存在遗漏变量,且设施联通与企业出口之间也可能存在反向因果关系,因此实证结果可能会受到内生性问题的影响而有偏,可以使用工具变量法进一步加强实证结果的可信度。本节将使用除本国外的其他"一带一路"相关国家对外承包工程营业额的均值(Instrument_1)和以 GDP 占比为权重的加权对外承包工程营业额(Instrument_2)作为工具变量。选择工具变量的合理之处在于,中国在不同国家的对外承包工程营业额之间存在相关性,其他国家的对外承包工程营业额与对特定国家的出口不相关。表 2-5 报告了工具变量的估计结果,表明工具变量的设定是有效的。

表 2-5 工具变量估计结果

项目	第一阶段 $\ln project\_value_{it}$	第二阶段 $\ln trade_{kit}$
Instrument_1	−48.907***	
	(−101.19)	
Instrument_2	−0.836***	
	(−4.17)	
$\ln project\_value_{it}$		0.090***
		(6.84)
其他控制变量	是	是
时间固定效应	是	是
企业—出口目的国固定效应	是	是
不可识别检验	Kleibergen-Paap rk LM 统计量：8 848.846 Chi-sq(2) P-val = 0.0000	
弱工具变量检验	Kleibergen-Paap rk Wald F 统计量：9 107.568	
过度识别检验	Hansen J 统计量：1.391 Chi-sq(1) P-val = 0.2383	

注：*、**和***分别表示在 10%、5%、1%的统计水平上显著，括号内的数值为稳健聚类标准误。

（五）异质性分析

为了进一步考察中国与"一带一路"沿线国家设施联通对不同类型企业出口的具体差异，接下来对可能的异质性进行分析。

1. 出口产品高、中、低技术行业区分考察

本节以 Lall（2000）的划分方法为依据，分别对高、中、低技术行业的出口进行区分考察，回归结果如表 2-6 所示。第（1）—（3）列分别为高、中、低技术行业，可以看到，中国与"一带一路"相关国家的设施联通程度对中、低技术行业的出口有较为显著的正向影响，且对中技术行业出口的影响要高于对低技术行业出口的影响。从中介效应来看，低技术行业中贸易成本的中介效应占比最大，达到 58.2%，其他行业的中介效应占比均不超过 50%。这表明对于中、高技术行业，设施联通的直接拉动作用更为明显。可能的原因在于，我国在鞋类、纺织服装和机电等产品上具有一定的国际竞争优势，与多数"一带一路"沿线国家的资源密集型产品具有较强的贸易互补性。

表 2-6　分行业回归结果

项目	（1）高技术行业	（2）中技术行业	（3）低技术行业	（4）新型优势产业	（5）富余产能产业
$lnproject\_value_{it}$	0.008	0.040**	0.029*	0.039***	0.027
	(0.53)	(2.52)	(1.84)	(2.83)	(0.86)
控制变量	是	是	是	是	是
时间固定效应	是	是	是	是	是
企业—出口目的国固定效应	是	是	是	是	是
样本数	32 400	28 754	28 754	42 234	8 608
中介效应/总效应	—	39.4%	58.2%	46.1%	—

注：*、**和***分别表示在10%、5%、1%的统计水平上显著，括号内的数值为稳健聚类标准误。

2. 企业所属行业区分考察

商务部明确界定了"一带一路"对外投资合作的重点领域，分别为新型优势产业、富余产能产业和配套性支持产业。其中，新型优势产业包括交通基础设施、电力工程建设、信息通信工程与服务、农业以及高科技创新；富余产能产业包括钢铁、建材与房屋、矿产资源开发以及石油化工天然气能源；配套性支持产业包括金融、商务服务、交通运输网络和商贸物流中心。① 本节参照此划分，分别对处于新型优势产业和富余产能产业的出口上市公司进行考察，回归结果如表2-6第（4）、（5）列所示。② 结果表明，设施联通对处于新型优势产业企业的出口拉动作用更为明显，对处于富余产能产业企业的出口虽有正向作用但并不显著。从具体的行业细分来看，新型优势产业以交通基础设施、电力工程建设等装备制造业为主，而这两个行业是对外承包工程中的主体，在2018年对外承包工程完成营业额总额的占比分别达到了26.5%和17.5%。③

---

① "一带一路"投资促进研究，https://www.yidaiyilu.gov.cn/xwzx/roll/16020.htm。
② 配套性支持产业主要为服务业，不包含出口上市公司。
③ 数据来源：《中国对外承包工程发展报告2018—2019》。

3. 企业是否属于"一带一路"重点板块的区分考察

"一带一路"倡议划分了重点省份①和非重点省份,重点省份在地理位置上处于交通枢纽,在基础设施建设、贸易政策等方面得到了更多的支持。鉴于此,有必要对企业是否参与"一带一路"建设、是否位于"一带一路"重点省份做进一步的区分考察。企业是否参与"一带一路"建设,以同花顺"一带一路"概念板块所提供的上市公司股票代码为依据,回归结果如表2-7所示。第(1)列为位于"一带一路"概念板块的企业;第(2)列为所有非"一带一路"概念板块的企业;第(3)列为位于"一带一路"重点省份的企业;第(4)列为位于"一带一路"非重点省份的企业;第(5)列为同时处于"一带一路"重点板块和"一带一路"重点省份的企业;第(6)列为处于"一带一路"重点板块,但位于"一带一路"非重点省份的企业。从回归结果来看,企业是否属于"一带一路"概念板块对企业的出口会产生较大的异质性,而企业是否位于"一带一路"重点省份对其出口的影响差异不大。对比第(3)列和第(5)列、第(4)和第(6)列,无论是否位于重点省份,企业参与"一带一路"建设都将使统计系数产生近10倍的提升。对比第(5)列和第(6)列,企业是否位于"一带一路"重点省份造成的差异并不明显:若同属于"一带一路"重点板块,位于重点省份的企业与位于非重点省份的企业在统计上将产生近4%的差异。从中介效应来看,参与"一带一路"建设企业的中介效应较弱,而未参与"一带一路"建设的企业则无明显的中介效应。这表明,"一带一路"倡议更多的是帮助企业扩大海外市场,而非通过降低贸易成本扩大企业出口。因此,实际参与"一带一路"建设且位于重点省份的企业对其出口的直接拉动作用大于减少贸易成本的中介作用。

表2-7 分省份回归结果

项目	(1)	(2)	(3)	(4)	(5)	(6)
$lnproject\_value_{it}$	0.172***	0.014	0.025*	0.023**	0.203***	0.165***
	(6.25)	(1.52)	(1.81)	(2.14)	(2.87)	(2.68)
控制变量	是	是	是	是	是	是

---

① 重点省份包括西北的新疆、陕西、甘肃、宁夏、青海、内蒙古六省份,东北的黑龙江、吉林、辽宁三省份,西南的广西、云南、西藏三省份,沿海的上海、福建、广东、浙江、海南五省(市)以及内陆的重庆。

(续表)

项目	(1)	(2)	(3)	(4)	(5)	(6)
时间固定效应	是	是	是	是	是	是
企业—出口目的国固定效应	是	是	是	是	是	是
样本数	6 489	91 902	46 476	47 686	2 612	3 877
中介效应/总效应	29.7%	—	48%	46.9%	26.1%	31.6%

注：*、**和***分别表示在10%、5%、1%的统计水平上显著,括号内的数值为稳健聚类标准误。

4. 出口目的国市场区分考察

从出口目的国来看,"一带一路"沿线国家的经济发展水平、基础设施完善程度和文化背景等都存在巨大的差异。同时,商务部依据"一带一路"沿线国家的经济社会发展基础、综合营商环境、双边政治及经贸关系基础和"一带一路"倡议响应程度划分出31个"一带一路"重点国别[①],这些国家均为经济基础良好、对外贸易活跃、基础设施较完善、市场环境较稳定、对"一带一路"倡议响应积极的国家。按此标准,本节将样本划分为出口目的国位于重点国别和非重点国别,并进一步将样本划分为海上丝绸之路沿线国家和陆上丝绸之路沿线国家进行分组回归,结果如表2-8所示。

表2-8 分出口目的国回归结果

项目	(1) 重点国别	(2) 非重点国别	(3) 海上丝绸之路沿线国家	(4) 陆上丝绸之路沿线国家
$lnproject\_value_{it}$	0.050**	0.017	0.069***	0.019*
	(2.58)	(1.56)	(6.05)	(1.88)
控制变量	是	是	是	是
时间固定效应	是	是	是	是
企业—出口目的国固定效应	是	是	是	是

---

① 重点国别名单:新加坡、印度尼西亚、马来西亚、越南、泰国、文莱、印度、斯里兰卡、哈萨克斯坦、土库曼斯坦、阿联酋、沙特阿拉伯、以色列、卡塔尔、科威特、阿曼、罗马尼亚、波兰、克罗地亚、捷克、爱沙尼亚、匈牙利、拉脱维亚、立陶宛、北马其顿、斯洛文尼亚、斯洛伐克、俄罗斯、白俄罗斯、蒙古和阿塞拜疆。

(续表)

项目	（1）重点国别	（2）非重点国别	（3）海上丝绸之路沿线国家	（4）陆上丝绸之路沿线国家
样本数	32 815	61 347	34 919	59 243
中介效应/总效应	46.0%	38.9%	46.0%	40.3%

注：*、**和***分别表示在10%、5%、1%的统计水平上显著,括号内的数值为稳健聚类标准误。

回归结果表明,设施联通对出口目的国位于重点国别和海上丝绸之路沿线国家的出口拉动作用更为明显;对非重点国别和陆上丝绸之路沿线国家的影响则较为有限,各组间中介效应无明显差异。原因在于:重点国别在经济、社会和文化等各方面优于非重点国别;海上丝绸之路沿线国家基本包括了重点国别,又增加了处于海运路线中枢纽地位的国家。这部分国家的互联互通程度天然优于经济水平相对落后的国家,设施联通带来的出口拉动作用也更加显著。

四、研究结论与政策建议

（一）研究结论

本节分析了中国与"一带一路"相关国家设施联通类上市公司的出口效应,从产品、企业、省份和国家层面进行了异质性分析。结果表明,设施联通对上市公司向"一带一路"相关国家出口具有显著的促进作用,其中贸易成本的中介作用占比为47.5%,且不同样本之间存在较强的异质性。具体而言:①相对于高技术产品,设施联通对出口中低技术产品和处于新型优势行业企业的正向作用更为显著,其中低技术行业的贸易成本中介效应更强。②无论是否位于重点省份,企业是否实际参与"一带一路"建设将在统计系数上产生近10倍的差异;进一步,若同属于"一带一路"重点板块,位于重点省份与非重点省份的企业在统计系数上将产生近4%的差异。对于参与"一带一路"建设的企业,设施联通更多的作用是助力企业扩大海外市场,而非通过降低贸易成本扩大企业出口。③设施联通对企业向重点国别和海上丝绸之路沿线国家的出口拉动作用更为明显,对企业向非重点国别和陆上丝绸之路沿线国家的出口影响则较为有限。

（二）政策建议

相比于"一带一路"倡议提出伊始，截至 2018 年，与中国签订协议的国家从最初的 68 个增加到 138 个。然而，新冠肺炎疫情的暴发使国际承包工程的劳动力成本和管理费用迅速增加，由此带来的冲击减缓了设施联通的步伐。在此背景下，基于本节的研究结论，我们提出以下几点建议：

首先，提升出口产品技术含量，重塑产业竞争优势。随着低技术、劳动密集型产品的国际竞争日益加剧，我国应加强创新，实现从中、低技术产品出口到高、中技术产品出口的过渡，促进产业升级。对此，需要强化中国在"一带一路"沿线国家中的贸易枢纽地位，进一步引领发展中国家价值双环流。

其次，制定相关政策，鼓励国内外企业参与"一带一路"建设。企业应审时度势，将自身产业基础与优势行业相结合，抓住"一带一路"倡议带来的市场机遇。然而，基础设施项目大部分为建设周期长、资金缺口大的公共项目，短时期内难以盈利；而"互联互通"建设涉及的国家距离远、范围广，仅凭一国的财力、物力和人力难以使所有"一带一路"相关国家同时联通。为此，可充分借助互联网降低融资约束程度，提高沿线国家的全球价值链参与度，同时搭建以亚洲基础设施投资银行为基础的融资平台，吸引沿线国家政府、金融机构以及民间资本参与基础设施的互联互通建设。

最后，优化配套的互联互通软环境。实现互联互通不仅需要加强基础设施建设，还需要实行与之匹配的便利化政策。"一带一路"倡议促进了国家间的对话与交流，使实现区域一体化成为可能。区域间可以建立类似于 TIR 系统[①]的国际货物运输海关通关平台，以简化货物在过境国家的清关手续，促进国际通关、换装和多式联运有机衔接，提高通关效率。

第二节　案例："双循环"背景下陆海新通道与澜湄合作对接[②]

面对国内外新的发展形势和环境，党的十九届五中全会强调构建以国

---

① TIR 系统的中文全名为"国际公路运输系统"，它建立在联合国《国际公路运输公约》的基础上，能简化通关程序。货物通关时仅需核对 TIR 证信息而无须进行开箱检查，从而减少货物在口岸的等待时间，降低运输成本。

② 本节作者为任珂瑶、翟崑，部分内容摘自任珂瑶和翟崑（2022）。

内大循环为主体、国内国际双循环相互促进的新发展格局,作为未来一段时期中国经济发展的战略主轴。"双循环"新发展格局是内外统筹的新发展阶段。它不是关起门来搞封闭式发展,而是强调在国内大循环健康发展的前提下发挥内需潜力,依托中国超大规模市场优势,以更高水平的对外开放推动国内经济高质量发展,特别是推动商品和要素流动型开放向制度型开放升级,打通国内国际双循环相互促进的制度性壁垒,建立双循环相互促进的新机制。国际陆海贸易新通道①(以下简称"陆海新通道")与澜沧江—湄公河合作机制(以下简称"澜湄合作")的对接,即为可有效推动"双循环"相互促进的一个制度性安排。

2020年8月召开的澜沧江—湄公河第三次领导人会议发表了《关于澜湄合作与"国际陆海贸易新通道"对接合作的共同主席声明》(以下简称《共同主席声明》),正式提出将陆海新通道与澜湄合作对接,加强二者在互联互通、贸易投资、产能合作、数字经济、人力资源与中小微企业等领域的合作。2020年12月3日,中国国家主席习近平在第十七届中国—东盟博览会上的致辞中也再次提出,"依托陆海新通道建设,加强(与东盟国家的——作者注)铁路、公路、港口、机场、电力、通信等基础设施互联互通合作""积极构建以国内大循环为主体、国内国际双循环相互促进的新发展格局""坚定不移扩大对外开放,增强国内国际经济联动效应,以自身复苏带动世界共同复苏"。在2021年11月举行的中国—东盟建立对话关系30周年纪念峰会上,习近平主席进一步提出,"中方愿进一步打造'一带一路'国际产能合作高质量发展示范区,欢迎东盟国家参与共建国际陆海贸易新通道"。这充分表明,陆海新通道业已成为中国与东盟国家之间经贸合作的重要纽带和载体,而陆海新通道和澜湄合作的对接将成为推进"双循环"新发展格局的可能突破口,进一步促进中国与东南亚国家之间的互联互通和区域一体化发展,为区域发展合作开创新格局、注入新动能。

---

① "国际陆海贸易新通道"原名为"中新互联互通南向通道",于2017年8月成立,后于2018年11月正式更名为"国际陆海贸易新通道"。2019年8月2日,国家发展改革委印发了《西部陆海新通道总体规划》,把国际陆海贸易新通道的中国境内部分正式命名为"西部陆海新通道"并上升为国家战略。

陆海新通道和澜湄合作是中国与中南半岛①国家在不同重点合作领域的两个国际合作机制,同属中南半岛地区众多国际机制中的两个。二者都是中国主导下成立的次区域合作机制,对各自成员均表现出极强的开放性,彼此都欢迎域内外国家共同参与建设、联合投资。此外,陆海新通道与澜湄合作的机制功能和机制目标也有所重叠:二者都涉及中国与中南半岛国家间的互联互通和经贸合作,均有助于建设一个可持续且有竞争力的中南半岛次区域经济。但在实际中,二者的协同效果却不明显。在《共同主席声明》提出之前,两个机制各自发展,产生了不必要的资源浪费,降低了区域治理的效率。为了更加有效地协调中国主导的国际机制,减少运行成本、提高治理效能,为构建"双循环"新发展格局排除内外统筹的通道阻力,本节在分析陆海新通道与澜湄合作对接的匹配度和对接面临挑战的基础上,尝试提出二者实现对接的可行路径。

一、匹配度:陆海新通道与澜湄合作对接的逻辑基础

要实现陆海新通道与澜湄合作的机制对接,首先必须审视二者对接的基础,即回归国际机制的本源,探究作为国际机制的陆海新通道与澜湄合作的匹配度。陆海新通道与澜湄合作的对接是基于中国和中南半岛国家间友好往来的悠久历史以及两个机制持续发展的要求而提出的,匹配基础好、对接难度小,对接时机现已成熟。

就陆海新通道与澜湄合作所覆盖的区域——中国西部地区与中南半岛来说,毗邻的地理位置、天然的水路纽带、自古以来的友好人文交流和坚实的商贸往来基础是二者对接最为得天独厚的地缘优势。中国西部地区与中南半岛之间水陆路相连,其间并无高山险阻。澜沧江—湄公河由北至南顺流而下,连接中国与中南半岛五国。此外,两个区域均濒临海洋,也可从海上进行连接。这些天然的地理条件为两个区域间的水路、陆路连接打下了交通便利的物理基础。地理位置的邻近可降低区域合作的物质空间成本,使国际合作更易获得资金和技术外部性。此外,地理位置的邻近还会刺激密集的社会关系网络的产生,两地边民自古就在反复的社会交往活动中逐

---

① 本节所讨论的中南半岛指的是地理上的中南半岛全境,除了缅甸、老挝、越南、泰国、柬埔寨五国,还包括中南半岛南端的马来西亚西部和新加坡。

渐形成了共同的认知方式,形成了具有相似语言、文化和价值观的跨境民族,为两个区域和机制的对接融合打下了深厚的认同基础。再者,由于拥有不同的自然地理条件,处于不同的社会发展阶段,中国西部与中南半岛国家具有不同的自然资源禀赋、技术资金条件和发展需求。经过多年的分工合作,中国与该次区域国家间的农业、旅游业等产业链分工业已完成,具备了形成新产业链、供应链和价值链的基础,为陆海新通道与澜湄合作对接提供了坚实的经济产业基础。

其次,二者对接是陆海新通道与澜湄合作机制持续发展的现实要求。陆海新通道与澜湄合作在机制功能上具有较强的互补性,二者对接是两个机制持续发展的现实要求。一方面,陆海新通道发展中面临的问题可通过与澜湄合作机制对接得到有效解决。陆海新通道目前正处于航线培育阶段,通道经济格局尚未形成,面临双向货源不平衡的问题,呈现中国出口货源相对稳定、进口回程货源相对短缺的局面。而依托澜湄合作机制,加强与通道沿线特别是澜湄流域其他东盟国家的合作,扩大北上货源,可实现双向货源的平衡发展,使机制各参与方都能获益。另一方面,从发展的视角来看,陆海新通道的建设对澜湄合作有促进作用。陆海新通道侧重于基础设施、物流园建设等"硬"联通。这些"硬"联通的开展可推动区域内资金、人才、技术等要素更便利、自由地进行跨境流动,为湄公河流域国家的农产品出口提供更便捷、实惠的物流选择,促进其产业发展、产能提升,大大提升该次区域国家减贫效果,而产能、跨境经济和农业减贫合作正是澜湄合作的优先领域。

最后,二者对接发展时机已成熟。当前,中国与中南半岛国家间的双边、多边关系稳中向好,再加上两个区域的国家现在都把恢复受疫情冲击而断裂的产业链供应链、复工复产、复商复市视为共同要务,推进陆海新通道与澜湄合作的对接时机已成熟。对中国来说,当前亟须寻找一个国外循环的突破口,畅通连接国内国外循环,能保持贸易量逆势增长的陆海新通道和澜湄合作就成为可能选项。2020 年,东盟一跃成为中国第一大贸易伙伴,占东盟大部分的陆海新通道和澜湄合作成员与中国的经贸合作也在疫情中逆势增长,展现出了强大的经济韧性和发展潜力,为中国推进国外循环打下了很好的基础。对中南半岛国家来说,疫情冲击导致全球贸易额大幅下跌,而中国是世界上第一个恢复经济增长的主要国家。进一步加强与中国的深度合作,带动中南半岛与中国西部地区之间在基础设施、产能和数字经济等领域的合作,有助于中南半岛国家把商品贸易市场扩大至中国中西部乃至中亚和欧洲,是其经济走出困境的必然选择。

二、双循环:陆海新通道与澜湄合作对接的政策需求

"双循环"新发展格局以政策的形式,为陆海新通道与澜湄合作的对接提供了制度基础;而陆海新通道与澜湄合作的对接可畅通要素流动通道、连接国内外市场、化解供应链产业链中断风险,正好顺应了"双循环"新发展格局的要求,是当前形势下"双循环"新发展格局率先向西南方向推进的重要突破口。

第一,陆海新通道与澜湄合作对接可进一步畅通要素流动通道。陆海新通道是以跨境海铁多式联运为主要运输方式,同时发展跨境铁路运输、公路运输和公铁海联运等复合运输的国际物流大通道。近年来,陆海新通道沿线物流规模成倍增长,营商环境持续优化,强化了中国与中南半岛次区域的多式联运网络和经济贸易合作。澜湄合作基于澜沧江—湄公河黄金水道而建立。自澜湄合作机制建立以来,我国一直积极与沿线各国共同开展航道疏浚、铁路公路建设等基础设施互联互通合作,取得了显著成效。澜沧江—湄公河现在不仅是连接中国与中南半岛五国的水上纽带,而且逐渐成为扩大中国与湄公河流域各国合作的重要贸易通道。陆海新通道与澜湄合作的对接,可从陆上、内河及海上三方面打通中国与中南半岛国家的互联互通通道,缩短两个区域之间的贸易距离,畅通要素流动的物理通道。

第二,陆海新通道与澜湄合作对接可更紧密地连接国内国外市场。"双循环"的新发展格局要求我国首先要立足国内大循环、畅通国内大循环,以国内大循环吸引全球资源要素,支持我国推动更广范围、更高水平的"外循环"。从"内循环"来看,截至2021年,中国西部地区面积占全国的71%,人口占全国的27%,是一个充满潜力的市场,且西部多数省份经济增速高于全国平均水平,有着广阔的发展空间。陆海新通道连接中国西北和西南地区,打通了西部地区基础设施建设及经济运行的南北"大动脉",在中国境内形成了一个三角形的战略红利覆盖区,具备了形成国内大循环的硬件要求。从"外循环"来看,东南亚既是"一带一路"与"双循环"新格局相结合的融合区,也是疫情后重启"一带一路"的首要之地,而陆海新通道和澜湄合作对接

形成的次区域就覆盖了七个东南亚国家。陆海新通道与澜湄合作对接,可将澜湄流域经济发展带向南延伸,通过与大湄公河次区域合作机制(GMS)下的东西经济走廊、南北经济走廊和南部经济走廊开展合作,形成中国西部与中南半岛市场的双向开放模式,整体连接中国西部与东部、东南亚陆上与海上国家市场,进一步扩大区域经贸市场,深化中国与中南半岛乃至东南亚的国际经济合作。

第三,陆海新通道与澜湄合作对接可化解供应链和产业链中断风险。受疫情影响,一些国家出于维护自身安全和利益的考虑,对自身供应链和产业链进行了调整。全球供应链、产业链日趋本地化、区域化。中国供应链、产业链的安全性和稳定性也受到了极大挑战。中国与陆海新通道和澜湄合作两个机制成员国的供应链、产业链有极大韧性,即使在疫情期间也未受明显影响,是化解中国供应链、产业链中断风险的极佳选项。2021年,中国与湄公河国家贸易额达3 980亿美元,同比增长23%。陆海新通道运输规模也出现逆势大幅增长。2021年上半年,陆海新通道发送的标准集装箱同比增长三倍,规模效应、货物集聚效应凸显,充分彰显了澜湄合作及陆海新通道各成员国间的巨大发展潜力和极强经济韧性。依托陆海新通道与澜湄合作对接,可形成通往中南半岛的陆路、内河水运、海上航运的复合运输通道。这一复合运输通道在中国国内衔接成渝地区双城经济圈、长江经济带、粤港澳大湾区和海南自由贸易港,将有助于促成从中国东南沿海到西南内陆再到泰国、马来西亚、新加坡等中南半岛国家的产业结构重组,有序整合跨国资源,在中国与中南半岛国家之间形成跨国经济小循环,降低疫情带来的供应链、产业链中断风险。

三、陆海新通道与澜湄合作对接面临的挑战

在扎实的机制对接基础上,展望陆海新通道与澜湄合作实现对接,我国主要面临以下几方面挑战:

(一)区域互联互通不畅

互联互通是陆海新通道和澜湄合作共同的合作领域,但无论在二者对接前还是实现对接后,长时间内都面临"硬件"和"软件"互联互通不畅的问题。

"硬件"互联互通方面,中南半岛次区域国家本身基础设施建设滞后,需

要巨额资金投入建设,给陆海新通道和澜湄合作通过对接实现协同增效增加了资金成本压力。目前,湄公河沿岸五国整体基础设施建设仍处于低水平阶段,疏浚航道、畅通铁路公路网等互联互通建设仍然是澜湄合作从培育期进入成长期的重要合作议题。而陆海新通道尚未完全形成覆盖澜湄地区的多个出入境通道以及交通网络。与传统运输方式相比,陆海新通道虽然减少了运输时间,但额外的中转过程却降低了货物运输效率。这些都需要持续的巨额资金投入以实现中国与中南半岛次区域的基础设施互联互通,仅仅依靠丝路基金、亚投行等中国政府投资是远远不够的。此外,陆海新通道的多式联运还面临着融资便利性低的问题。陆海新通道以跨境海铁多式联运为主要运输方式。而多式联运因参与主体众多、流程复杂、信息不透明等问题,导致融资风险大,企业融资可能性低,制约了陆海新通道的可持续发展。新加坡金融管理局孟文能局长曾表示,新加坡和中国(重庆)必须联合应对多式联运带来的挑战。比如,多式联运提单目前未被广泛用作流通单据,也不像一般的提货单具有明确法律地位,限制了使用多式联运贸易路线的进口商和出口商获得贸易融资便利。

"软件"互联互通方面,制度便利化水平低也严重制约了陆海新通道与澜湄合作机制的发展及对接。自运行以来,陆海新通道的辐射能力、物流效率、合作机制等有了明显提升,成为推动区域协同、国际合作的战略通道。但其仍面临多式联运体系不完善的问题,比如海铁标准不统一、海关进出手续复杂、国际转口贸易和跨境运输涉及多部门分头管理等。澜湄合作以来在互联互通、产能、跨境经济、水资源和农业减贫合作五个优先领域成绩斐然,但在推进过程中也面临相关国家公路、铁路的标准制式不统一,海关通关手续复杂等"软件"互联互通的制约。这些制度性制约阻碍了生产要素的自由流动,降低了通道经济的效率。

(二)合作机制重叠低效

陆海新通道与澜湄合作对接后覆盖的中南半岛次区域地缘优势明显、战略地位突出。区域内国家及美国、日本、印度等域外大国相继在该区域创建了湄公河委员会(MRC)、柬老缅越四国峰会(CLMV)、湄公河下游倡议(LMI)、大湄公河次区域经济合作(GMS)、环孟加拉湾经济合作组织(BIM-STEC)等区域合作机制,参与区域治理,形成了区域机制重叠、拥堵的现象。这些机制有的把中国排除在外;有的机制中国虽然参与其中,但并无主导权。它们均服务于各自机制主导国的利益,是大国谋求利益的重要手段与方式。这些国际机制与中国主导的机制之间存在不同程度的竞争关系,若不加以管理,则很有可能演变为集团间的恶性竞争。陆海新通道与澜湄合作对接后,必定也将面临与中南半岛其他国家机制相互竞争协调的问题。机制重叠、竞争的现象不但造成了大国间的相互掣肘、恶性竞争,而且增加了治理的交易成本,导致治理效率低下。

(三) 大国博弈日趋激烈

如今,陆海新通道与澜湄合作对接后覆盖的中南半岛次区域已经成为大国博弈的利益交汇点。随着中国实力不断增强、地缘影响力不断扩大,美国、日本、印度等域外大国相继调整地缘战略部署,从各自不同的利益需求出发,深化与该区域国家间的双边关系。在拜登政府2022年2月发布的《美国印太战略》文件中,美国再一次把中国视为"最大的挑战",全力拉拢印太地区盟友,煽动其在东海、台海和南海问题上加强与中国对抗,并明确承诺要采取进一步措施,帮助印太地区伙伴"促进高标准贸易",要"增加对透明、高标准基础设施的投资并建立数字化互联互通",以减小中国在该区域的影响力。除美国外,日本在湄公河地区的推进政策也从一开始的经济合作转向针对中国的地缘政治博弈。而印度介入该次区域事务的主要利益诉求在于提高印度的地区影响力,防止出现以中国为核心的地区秩序。这些国家的共同战略目标都是减小中国在中南半岛日益增强的影响力。而陆海新通道与澜湄合作对接意味着中国影响力在该区域的相对扩大,这是它们所不能容忍的,必须采取行动应对以"捍卫自身利益"。于是,促进陆海新通道与澜湄合作对接的相关行为将受到诸如美国、日本、印度等区域外大国不同形式的阻挠。在当前大国战略竞争的大背景下,这些减小中国影响力的行为将只多不少,需加强防范。

(四) 对中国影响力扩大的疑虑

中国影响力在中南半岛区域的相对扩大也将不可避免地引起部分机制成员国和东盟的疑虑。

机制成员国方面,新加坡尤索夫伊萨东南亚研究院(ISEAS-Yusof Ishak Institute)公布的一项针对东南亚精英阶层开展的年度调查报告《东南亚态势:2020》指出,虽然在经济、政治和战略层面,中国都已被认为是东南亚地区最具影响力的大国,但中国影响力的增长并非广受欢迎。部分中南半岛国家担心与中国开展经贸合作导致的日益增长的贸易赤字和对中国经济非对称性依赖的加深会产生一定的地缘政治经济风险,影响其国内经济和国家主权的独立性。由此,部分机制成员国很有可能对中国主导的陆海新通道与澜湄合作对接行为产生负面认知,选择拉拢其他机制外大国开展合作,以减小中国日益增长的影响力。

东盟方面,作为东南亚地区最为重要的地区组织,东盟自成立以来一直在不断通过创建东盟"10+1""10+3"、东盟地区论坛、RCEP 等地区合作机制,维护其在地区合作框架中的中心地位,努力摆脱对外部大国的依附,维护东盟内部成员国的团结,形成以东盟为中心的制度性权力结构。东盟各成员国均认为,东盟应居于任何与自己相关的地区合作机制的中心。而陆海新通道与澜湄合作对接带来的中国影响力在中南半岛次区域的扩大,无疑会引发部分东盟成员国对维护东盟中心地位和东盟内部团结的担忧,认为中国影响力的扩大可能会形成一个以中国为中心的区域经济一体化格局,削弱东盟的中心地位,进而做出相应的政策改变,抵制中国主导的陆海新通道与澜湄合作的对接。

四、陆海新通道与澜湄合作机制对接的路径构建

在充分考虑到陆海新通道与澜湄合作实现对接所面临挑战的基础上,我国应通过加强互联互通建设、增加与其他国际机制合作、开展第三方市场合作等路径,推动陆海新通道与澜湄合作实现高效对接、协同增效。

(一)加强物理和虚拟联通,推进全方位互联互通

陆海新通道与澜湄合作对接既要释放内河和海洋通道的潜力,实现与中南半岛国家之间陆路、内河、海路三方的物理联通,又要抓住 RCEP 正式生效的机遇,对接国际制度标准,开展新型基础设施建设,推进中国与中南半岛国家之间的全方位互联互通。

首先,以陆海新通道与澜湄合作对接为抓手,从陆路、内河水运和海上航运三方面加强与中南半岛国家之间的物理联通。一方面,除了推进陆海新通道和澜湄合作与中老铁路连接,加快建设中泰铁路、金边—西哈努克港高速公路等陆路互联互通,还可考虑以湄公河内河水运和海洋航运为突破口,充分发挥中国与中南半岛国家之间的天然地理优势,从水上构建联通网

络,搭建河海联运系统,形成中国与中南半岛国家之间特有的海上高速公路。另一方面,考虑到陆路和水路是两种互补的运输方式,海运货物运输路线肯定要与公路、铁路或内河航运相连通,货物才能进入内陆枢纽和分销中心。因此,也应加快推动路上交通系统与内河水运和海运航路的多式联运对接,形成密集有序、覆盖中南半岛全境的立体综合交通运输网络。

其次,以 RCEP 正式生效为契机,落实好中国—东盟自由贸易区升级《议定书》,对标国际通行的制度标准,加强国内制度与国际规范的兼容性,提升贸易便利化和通关自由化水平。不断深化国内外资源、技术、人才等生产要素的便利流通,形成同国际贸易投资通行标准、规则、管理相衔接的市场规则制度体系,为陆海新通道和澜湄合作机制对接打破制度壁垒。优化营商环境,扩大市场准入,发挥机制对接对重构产业链、供应链、信息链以及重振区域经济的积极效应。

最后,加强与中南半岛国家之间的新型基础设施建设合作,实现虚拟联通。新冠肺炎疫情暴露了国家间存在的数字化鸿沟,也加速了全球经济的数字化转型。诸如 5G 网络、数据中心等新型基础设施建设不仅能够带动数字经济繁荣、产生更大规模的投资,还能够助力实体经济转型升级、带来新的经济增长点。可由中国与新加坡领衔,以数字经济、跨境融资为优先合作领域,以推进陆海新通道数字智能化建设为样本,带动其余机制成员国通过培养新业态、新模式,做好数字经济和数字联通,为开展"外循环"、帮助机制内成员国培育新的经济增长点。

(二) 增加与其他国际机制合作,增信释疑

中南半岛次区域存在众多国际合作机制。这些合作机制由不同的机制主导国主导,在不同的治理领域发挥着重要作用。如果一味对抗、排斥这些机制,会让机制利益相关行为体对陆海新通道与澜湄合作机制对接的初衷产生怀疑,进而影响陆海新通道与澜湄合作的发展。事实上,任何一个机制除自身开展机制升级建设得到发展以外,也可以通过其他机制的发展,使自身得到发展。所有中南半岛既有国际机制之间应是相互依存而不相害、共同成长而不相悖的共生关系。因此,陆海新通道与澜湄合作的对接不是彻底另起炉灶,而是致力于在现有合作机制的基础上,进一步整合由中国主导的国际机制,缓解机制拥堵现状,提高治理效率。二者对接后的协同增效是对其他国际机制的补充,是完善中南半岛次区域治理的良药,是促进东盟一

体化的催化剂。

首先,陆海新通道和澜湄合作应积极主动与大湄公河次区域合作、湄公河委员会、柬老缅越四国峰会等机制内国家主导的国际机制合作。在共同涉及的基础设施建设、水资源开发、环境生态保护、公共卫生治理等非传统安全领域相互支持,提高问题治理效率。让中南半岛次区域国家看到切实的区域治理效果,可以消除其对陆海新通道和澜湄合作机制对接产生的疑虑。

其次,应在中国东盟全面战略伙伴关系的引领下,以落实《中国—东盟战略伙伴关系2030年愿景》和《落实中国—东盟面向和平与繁荣的战略伙伴关系联合宣言的行动计划(2021—2025)》为重点,积极支持并发挥与东盟国家共同发起的中国—东盟"10+1"、东盟地区论坛、大湄公河次区域合作等多边区域合作机制的作用;把陆海新通道和澜湄合作的发展规划与《东盟互联互通总体规划2025》、东盟共同体建设相对接。支持东盟缩小成员国差距,促进东盟一体化,支持东盟在区域架构中的中心地位。在国际多边合作场合声明并践行维护东盟在区域合作机制中"中心地位"的承诺,争取东盟国家对陆海新通道与澜湄合作对接的整体支持。

最后,创新制度合作形式,邀请诸如东盟、大湄公河次区域合作、柬老缅越四国峰会等次区域重要国际组织作为观察成员参与陆海新通道或澜湄合作,把两个机制融合的制度性要素列为议题,向受邀国际组织解释说明对接目的及内容,并强调其与《东盟共同体愿景2025》《东盟互联互通总体规划2025》等机制发展规划的共同点,增信释疑,形成各方对二者对接的正面认知和积极行动。

(三)开展第三方市场合作,增进共同利益

当前,气候环境等问题是人类共同面临的危机;而合作带来的经济利益的增加则能给各国带来的可预见的共同利益。在处理与日本、美国、印度等域外大国在中南半岛的机制竞争和利益协调的问题时,各国应超越零和博弈和对抗思维,秉持互利共赢的理念,在兼顾各方共同利益的基础上追求各自的国家利益。

一方面,可邀请日本、澳大利亚、韩国等机制外第三方国家,以共同面临的生态环境危机和开展经济合作能带来的共同经济利益为合作的关注重点,共同参与陆海新通道或澜湄合作相关项目的建设,实现利益融合。日本抵抗自然灾害的技术极其成熟,澳大利亚农业研发水平居全球首位,新加坡的数字竞争力和资金实力非常强大,而中国在基础设施、产能方面也颇具优势。可根据第三方国家各自不同的比较优势,把农产品贸易、跨境电商、跨境投融资等机制成员国重大关切领域确定为优先合作领域,把第三方国家的经验、优势和机制成员国的发展需求有效结合在一起,优化全球资源配置,增进共同经济利益。

另一方面,按照"政府搭台,企业唱戏"的合作模式,鼓励机制外大国和机制成员国的企业共同参与陆海新通道和澜湄合作的发展建设。私营企业拥有雄厚的资金,可丰富投融资渠道;私营企业的参与还可扩宽通道货源的渠道,提升通道运营规模;再加上私营企业更专注于获取经济利益,某种程度上可避免国家间合作带来的地缘政治疑虑,促进机制成员国获得实际经济利益。

五、小结

陆海新通道与澜湄合作均属中国与中南半岛相关国家共同参与建设的国际机制,二者的对接是进一步推进市场开放、推动国内国际市场互联互通的制度性安排。陆海新通道与澜湄合作的对接,不仅可从陆地、内河、海上三个方面加速推进中国与中南半岛次区域的互联互通,构建稳定且有韧性的次区域供应链、产业链;还可以促进形成与国际规则相衔接的市场规则制度体系,推动"双循环"新发展格局率先在中国西南方向推进。同时,陆海新通道与澜湄合作的对接也将给包括中南半岛在内的东盟国家带来更多的发展机遇,丰富中国—东盟自贸区升级版和RCEP的内涵,为澜湄命运共同体、中国—东盟命运共同体的构建打下坚实的基础。

第二篇

全球双环流下的中国与发展中经济体产业协同

第三章 多维邻近性、贸易壁垒与中国—世界市场的产业联系动态演化[①]

交通通信技术发展、贸易与投资自由化、制造业模块化转变使得跨国公司得以在全球布局生产网络。在这种新国际劳动分工体系下,各国产业间的互动联系越发频繁,形成了错综复杂的产业联系网络。从经济地理视角来看,这种全球与地方的产业联系正在不断地重塑世界各国产业空间格局,进一步深化专业化与网络化的国际分工和贸易格局。因此,全面剖析世界各国产业联系及其动态演变有助于更好地理解当前的国际分工和竞争格局及其利益分配过程。

自1978年实行改革开放以来,中国充分发挥土地、劳动力等方面的比较优势,融入全球生产网络并实现经济增长。然而进入经济新常态时期,中国融入经济全球化的过程遭遇诸多障碍。一方面,中国以加工贸易为主的贸易方式锁定在附加值较低的产品组装加工环节,而在附加值较高的研发、设计与中间产品制造方面话语权较低,不利于国民经济高质量发展。随着土地、劳动力等生产要素成本的提升,中国与世界市场"薄利多销"式的产业联系也将难以为继。另一方面,2008年金融危机与2020年暴发的新冠肺炎疫情对世界各区域经济体造成了不同范围与强度的冲击,对中国经济开放程度较高的区域和行业的影响尤为严重。在内外交困下,中国融入经济全球化的方式亟待转型。在此背景下,剖析中国同世界其他国家/地区间的产业联系及其动态演化机制,有助于深入理解中国在全球生产网络中的地位演

[①] 作者为贺灿飞、余昌达,部分内容摘自贺灿飞和余昌达(2022)。

变,并为中国优化其全球产业联系网络指明方向。

本章将从国家/地区尺度刻画全球产业相互依存网络,并着重关注中国在这一格局中的角色与地位演变和实际获利情况。而在机制方面,演化经济地理学整合的多维邻近性理论为解释全球—地方产业联系及其影响效益提供了丰富的理论基础。本章将分中间生产与最终需求产业联系探讨国家/地区间多维邻近性对于中国与全球产业联系的影响机制。

一、机制分析:多维邻近性

(一) 多维邻近性与全球—地方产业联系

多维邻近性在产业关联研究中涉及较少,主要分散于贸易、投资等具体形式的产业联系类研究。本节沿用以下四个角度界定国家/地区间的多维邻近性:

1. 制度邻近性

制度邻近性是指地区间制度框架的相似性,也是地区间建立产业联系的重要基础。产业联系是各行业企业在市场作用下搜寻、配对并合作的结果,也是不同区域制度磨合并达成共识的结果。在具体路径上,制度可以通过促进知识溢出,自下而上地构建产业集群以及利用政府干预手段,自上而下地采用产业推广与桥接两种方式推动产业结构演化。由于制度邻近性包括正式制度(法律、政策等)邻近性与非正式制度(道德规范、习惯等)邻近性,其中非正式制度邻近性与社会邻近性又有交叉,本章在实证部分将采用正式制度邻近性的概念进行相关测度。

2. 社会邻近性

社会邻近性可以促进有相似文化与社会背景的区域间形成产业联系。由于知识依赖于特定的语言情景,语言隔阂不利于知识的传播与溢出。社会邻近还有助于社会主体之间形成信任关系,进而有助于缄默知识的交流与溢出。因此,社会邻近有助于不同产业之间的知识传播,提高产业联系发生的可能性。

3. 地理邻近性

地理邻近性主要通过以下两种途径促进产业联系的发生:一方面,地理邻近可以减少企业的运输和交流成本,有助于地区提升自身产业的竞争力,从而依赖原有的生产路径建立与其他地区的产业联系;另一方面,邻近的地理距离能够形成更多的线下交流,提高信息透明度,降低交易成本与风险。例如,进入 21 世纪以来德国不断将部分制造业外包到劳动力成本较低且需求不断增长的中欧和东欧国家。

4. 认知邻近性

认知邻近性反映行业间技术经验与知识的相似性,为产业联系的产生提供技术与知识基础。区域通过与外地产业互动的过程吸收知识、技术与能力,演化出与之关联的新产业。这种产业联系的产生与认知距离有关:认知距离过远将导致产业间交流缺少共同的知识基础,阻碍产业间交流与溢出。因此,本章提出理论假说 1。

理论假说 1:中国与联系国/地区之间的制度、社会、地理与认知的邻近性有助于中国与世界产业联系的形成与强化。

(二) 贸易壁垒与全球—地方产业联系

在产业发展趋势不变、外部冲击为零的前提下,全球—地方产业联系将沿着国家/地区间多维邻近网络不断自我强化,形成路径依赖。但多元化的外部冲击与政策干预可能会破坏产业联系的路径依赖。研究发现,外生因素(如贸易壁垒)可能导致产业联系脱离原有演化轨道。具体来看,贸易壁垒对产业联系的阻碍作用在现实中表现为以下三种贸易壁垒冲击:

1. 动植物卫生检疫

动植物卫生检疫(Sanitary and Phytosanitary Standards,SPS)主要通过复杂的检疫流程限制动植物产品、食物制品的进口,对一些时间敏感的生鲜制品影响最大。

2. 技术贸易壁垒

技术贸易壁垒(Technical Barriers to Trade,TBT)通过技术标准与渠道限定等措施限制部分进口产品的市场空间。

3. 反倾销调查

反倾销调查(Anti-Dumping Investigovtion,ADI)通过反倾销税与随之产生的诉讼成本提高进口产品的成本。

除了直接削弱贸易保护国/地区与目的国/地区的产业联系,贸易壁垒还可能通过以下两种方式影响产业联系:一方面,在投入产出关系中,贸易壁垒冲击目标产业并通过产业波及效应影响到上下游产业；另一方面，与贸易保护国/地区市场结构类似的国家/地区为了避免受到限制的产业联系大量涌入本国，也会采取相似的壁垒以限制同类产业联系。在这些方式中，不同贸易壁垒具有行业差异性，对面向中间生产的贸易联系与最终市场的贸易联系可能具有不同的影响机制。因此，本章提出理论假说2。

理论假说2：中国面临来自其他国家/地区的贸易壁垒措施越多，越不利于中国与之形成产业联系。同时，这种负相关关系与贸易壁垒的种类、生产环节的类型密切相关。

二、中国—世界产业联系的格局演化

（一）数据来源与指标

为系统刻画中国—世界产业联系的演化格局，本部分基于世界投入产出数据库（WIOD），从产业直接联系、产业波及强度与产业联系附加值三大角度进行指标构建。WIOD由欧盟委员会资助、多个机构合作共同研究开发，以官方统计为基础，根据正式公布的国民账户数据和国际贸易统计数据编制，包含全球40个主要经济体，各经济体GDP之和占全球GDP总额的85%以上，从而可以反映全球产业联系网络中的主要联系。WIOD按照欧盟经济活动分类统计标准第一版（NACE1）进行统计，包含39个行业和部门（制造业部门14个）。此外，WIOD提供了1995—2014年的时间序列数据，故可以通过刻画历年全球—地方产业联系格局并分析其动态演变。

在一个由m个国家/地区、n个部门组成的投入产出表中，令总产出矩阵为：

$$Y = \begin{bmatrix} Y^1 \\ \vdots \\ Y^m \end{bmatrix}$$

其中，Y^m为m个国家/地区在投入产出表中统计的全行业总产出。令最终需求矩阵为：

$$F = \begin{bmatrix} F^{11} & \cdots & F^{1m} \\ \vdots & F^{\alpha\beta} & \vdots \\ F^{m1} & \cdots & F^{mm} \end{bmatrix}$$

其中，$F^{\alpha\beta}$ 为 α 国/地区生产的被 β 国/地区使用的最终产品。令投入系数矩阵为：

$$A = \begin{bmatrix} A^{11} & \cdots & A^{1m} \\ \vdots & A^{\alpha\beta} & \vdots \\ A^{m1} & \cdots & A^{mm} \end{bmatrix}$$

其中，$A^{\alpha\beta}$ 为 α 国/地区生产的投入到 β 国/地区的中间投入系数矩阵，子元素为 $a_{pq}^{\alpha\beta} = A_{pq}^{\alpha\beta}/Y_q^{\beta}$。①

据此，本部分建立行方向的投入产出模型：

$$Y = AY + F = (I - A)^{-1}F \tag{3-1}$$

其中，$(I - A)^{-1}$ 为里昂惕夫逆矩阵。

同理，令分配系数矩阵为：

$$B = \begin{bmatrix} B^{11} & \cdots & B^{1m} \\ \vdots & B^{\alpha\beta} & \vdots \\ B^{m1} & \cdots & B^{mm} \end{bmatrix}$$

其中，$B^{\alpha\beta}$ 为 α 国/地区产出中用于 β 国/地区的分配系数矩阵，子元素为 $b_{pq}^{\alpha\beta} = A_{pq}^{\alpha\beta}/Y_p^{\alpha}$。②

令增加值矩阵 $V = [V^1 \cdots V^m]$，其中 V^m 为投入产出表中统计的 m 个国家/地区的增加值。

据此，本节建立列方向的戈什分配模型：

$$Y^T = V(I - B)^{-1} \tag{3-2}$$

其中，$(I - B)^{-1}$ 为分配系数逆矩阵。

1. 前向关联、后向关联与总体产业关联度

根据 (3-1) 式，可以得到一国/地区某行业最终需求对前向其他国家/地区产业产出的影响。例如，β 国/地区 q 行业最终需求增加 1 个单位，α 国/地区 p 行业产出就会增加 $\Delta y_p^{\alpha} = l_{pq}^{\alpha\beta}$，其中 $l_{pq}^{\alpha\beta}$ 为里昂惕夫逆矩阵的元素。故可以通过对里昂惕夫逆矩阵的列加和得到 β 国/地区 q 行业对 α 国/地区的后向关联系数：

---

① $A_{pq}^{\alpha\beta}$ 为投入产出表中 α 国/地区 p 行业投入 β 国/地区 q 行业的中间投入品，Y_q^{β} 为 β 国/地区 q 行业的总产出。

② $A_{pq}^{\alpha\beta}$ 含义同上，Y_p^{α} 为 α 国/地区 p 行业的总产出。

$$BL_q^{\alpha\beta} = \sum_p l_q^{\alpha\beta} \quad (3-3)$$

对于分配系数逆矩阵 $G = (I - B)^{-1}$，其元素 $g_{pq}^{\alpha\beta}$ 反映的是 α 国/地区 p 行业投入的变动对 β 国 q 行业产出的影响，即 α 国/地区 p 行业对 β 国/地区 q 行业产生的前向关联效应。同理，对分配系数逆矩阵进行相加求和，可以得到 α 国/地区 p 行业对 β 国/地区的前向关联系数：

$$FL_p^{\alpha\beta} = \sum_q g_{pq}^{\alpha\beta} \quad (3-4)$$

行业—国家/地区的产业前向与后向关联系数需要进行加权加总至国家/地区间产业前向与后向关联系数。本部分使用各制造业行业产出占制造业总产出的比重为权重进行加权，得到国家/地区间产业前向与后向关联系数：

$$BL^{\alpha\beta} = \sum_q BL_q^{\alpha\beta} \times \frac{Y_q^\beta}{Y_{Total}^\beta} \quad (3-5)$$

$$FL^{\alpha\beta} = \sum_q FL_q^{\alpha\beta} \times \frac{Y_q^\alpha}{Y_{Total}^\alpha} \quad (3-6)$$

结合两国/地区间前向产业关联与后向产业关联强度，可以得到两国/地区间产业联系的总体强度：

$$TL^{\alpha\beta} = BL^{\alpha\beta} + FL^{\alpha\beta} \quad (3-7)$$

2. 感应度系数

里昂惕夫逆矩阵中每行的合计值 $\sum_q l_q^{\alpha\beta}$ 代表的是如果全球产业所有部门的产出都增加 1 个单位时，α 国/地区 q 行业增加的产出，即 α 国/地区 q 行业对全球产业需求变化的感应程度。如果一个行业供给给其他国家/地区行业的中间品份额越大，那么该行业的感应度就越高。由此可以通过感应度系数分析一国/地区产业对全球产业的支撑作用。为了与其他国家/地区行业的感应度进行比较，感应度系数一般用里昂惕夫逆矩阵中的行求和与各行求和平均值的比值：

$$r_{\alpha q} = \frac{\sum_q l_q^\alpha}{\frac{1}{n}\sum_p \sum_q l_{pq}^{\alpha\beta}} \quad (3-8)$$

3. 影响力系数

里昂惕夫逆矩阵中每列的合计值 $\sum_p l_q^\alpha$ 代表的是的 α 国/地区 q 行业最

终需求增加1个单位,全球总产业受此影响的需求变化,即影响力系数。为了与其他国家/地区行业的影响力进行比较,影响力系数一般用里昂惕夫逆矩阵中的列求和与各列求和平均值的比值:

$$r_{\alpha q} = \frac{\sum_p l_q^\alpha}{\frac{1}{n}\sum_p \sum_q l_{pq}^{\alpha\beta}} \qquad (3-9)$$

4. 生产诱发度系数

产业产出中除了供给其他行业中间生产的部分,还有一部分直接供给最终消费市场,后者反映了社会最终需求。生产诱发度系数表示各类最终需求变化1个单位时,某产业对应产出的变化情况。这一指标可以反映消费、投资与出口三大类最终市场需求对全球各产业的拉动作用,其计算公式如下:

$$U_{pk} = \frac{\sum_q b_{pq} \times F_{qk}}{\sum_q F_{qk}} \qquad (3-10)$$

其中,b_{pq} 为完全消耗系数矩阵的元素,F_{qk} 为最终需求矩阵的元素。$k=1,2,3$,分别表示消费、投资与出口。

5. 最终依存度系数

与生产诱发系数相反,最终依存度反映的主体不是某项最终需求,而是某个具体产业。某个产业的最终依存度越大,表明该产业对消费、投资或出口的最终需求变化越敏感,即该产业生产对各类最终需求的依赖程度越大,其计算公式如下:

$$C_{pk} = \frac{Z_{pk}}{\sum_q Z_{pk}} \qquad (3-11)$$

其中,Z_{pk} 为最终消费对 p 产业的生产诱发额,是诱发额向量 Z 的元素,后者可以通过 $Z = (I-A)^{-1}F$ 计算得出。

6. 本地增加值

本部分依据 Koopman et al.(2012)提出的 KPWW 方法计算中国在参与全球产业联系过程中的本地增加值。

以一国/地区为例,用 V 表示增加值占总产出的份额,A 为投入系数矩阵,则该国/地区单位产出所含的直接和间接增加值总和为:

$$VL = V + VA + VAA + \cdots = V(I-V)^{-1}$$

其中,V 为由各国/地区各行业直接增加值系数构成的对角矩阵。令 L 为对应的里昂惕夫逆矩阵,Y 为最终品产值对角矩阵,由此最终产品增加值可分解为:

$$\text{TVA} = \begin{bmatrix} V_1 L_{11} Y_1 & \cdots & V_1 L_{1m} Y_m \\ \vdots & \ddots & \vdots \\ V_m L_{m1} Y_1 & \cdots & V_m L_{mm} Y_m \end{bmatrix}$$

然后按照国家/地区内增加值进行分类加总,得到生产最终品保留在本国/地区的增加值部分,以衡量中国在全球生产网络中的获利情况。上述各项指标归纳在表 3-1 中。

表 3-1 中国—世界产业联系指标体系

测度对象	测度方法	理论意义
产业关联(产业间的直接联系)	前向关联度	A 国/地区产业产品投入对 B 国/地区产业生产的比率
	后向关联度	A 国/地区产业对 B 国/地区产业中间品的需求率
	总体关联度	结合前向与后向关联的两产业间直接关联
产业波及(产业对某国/地区产业体系的综合影响,包括直接影响与间接影响)	感应度系数	A 国/地区产业生产对全球产业体系生产的拉动作用(包括间接拉动)
	影响力系数	全球产业体系生产对 A 国/地区产业生产的拉动作用(包括间接拉动)
	生产诱发度系数	全球市场最终需求变化对 A 国/地区产业生产的拉动作用
	最终依存度系数	A 国/地区产业对全球最终需求变化的敏感度
产业联系加值	最终产品国内附加值	生产最终品保留在 A 国/地区的增加值部分

(二) 中国—世界产业联系网络演变

本部分依据 1995—2014 年各国/地区产业间的总体关联度绘制世界产业联系网络。图 3-1 展示了两个时间段的世界产业联系网络,可以发现:1995—2005 年(见图 3-1 上图),美国处于世界产业联系网络的绝对核心,其周边环绕着德国、法国、英国、日本四个副核心。"一主四副"构成了世界产业联系网络的核心圈层。

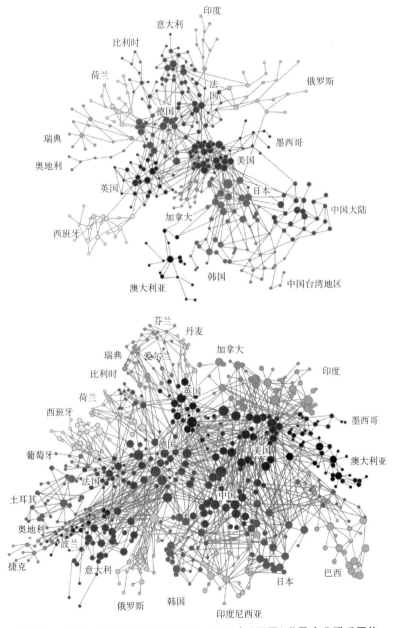

图 3-1　1995—2005 年（上图）、2005—2014 年（下图）世界产业联系网络

注：只保留年均联系额度大于 10 亿美元的产业联系链条，节点大小为连接至该节点的总联系强度。

在核心圈层外围,四大副核心分别与世界其他国家/地区形成分支产业联系组团。其中包括:①以日本为核心的东亚产业组团,包括中国大陆、韩国、澳大利亚、中国台湾地区四个边缘国家/地区;②以英国为核心的西欧边缘产业组团,包括西班牙;③以德国和法国为双核心的西南欧产业组团,包括意大利、比利时、荷兰、奥地利、瑞典等欧盟成员国。在以上组团外,俄罗斯、印度相对独立。墨西哥与加拿大直接与核心的美国形成北美产业组团,北美自由贸易协定(NAFTA)无疑促进了这一地区贸易协定的发展。

2005—2014年(见图3-1下图),随着中国加入世界贸易组织(WTO)后的一系列改革与发展中国家的崛起,世界产业联系网络发生了显著变化:①世界产业联系网络参与国家/地区增多,其中多为发展中国家/地区,如印度尼西亚、巴西、印度等;②中国从世界生产联系网络的边缘国家,一跃成为网络上关联最多的中心国,取代日本成为沟通东亚、东南亚地区与巴西产业的桥梁;③德国成为欧盟组团的核心,其影响力不局限于西欧,还扩散到中东欧地区,这一组团有可能是生产活动从德国外包到劳动力成本较低、需求不断增长的中东欧国家的结果,相比之下,原本与德国并驾齐驱的法国降级为德国的副核心;④随着中国与德国的崛起,美国不再是世界产业联系的绝对核心。

尽管全球产业联系网络的格局不断地变化和发展,但这一网络在20年间也保持着一定的共性,即世界产业联系网络还远远没有完全"全球化"。相反,世界生产仍然是在国家/地区或区域范围内进行的。网络中大部分的产业节点要么集中在个别经济体中,要么集中在地理界定明确的区域内。这意味着全球价值链的一体化大体上仍然是区域性的(英国是一个有趣的案例,其产业体系在20年中从未真正融入最邻近的以德国为核心的欧盟产业联系网络,反而更倾向于融入北美产业联系网络。这反映了制度邻近性与社会邻近性的作用,并在一定程度上解释了英国脱欧的经济基础)。这种区域性造就了另一个明显的特征:东亚、欧盟地区和北美一直是世界产业联系最集中的三大区域,新成员的加入并没有割裂现有的网络格局以形成新板块,反而加入原有的区域产业组团,使得这三大区域的生产网络更加集群化。

图 3-2 展示了 1995—2014 年世界产业联系网络的总体集聚度变化,印证了上述判断。自 1995 年以来,世界产业联系网络的总体集聚度一直在稳步增大。但 2008—2009 年的金融危机对世界产业联系网络产生了重大的破坏性影响,使后者的聚集性和协调性降低。这很有可能是因为金融危机带来的局部特殊冲击通过原有形成的产业联系网络进行传播,并产生大规模的全球性扰动。

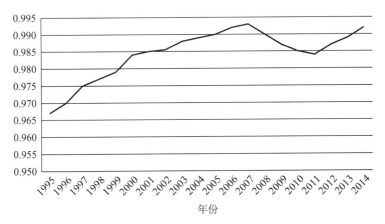

图 3-2 1995—2014 年世界产业联系网络的总体集聚度变化

(三) 中国在中国—世界产业联系网络中的角色与地位演变

本部分进一步从影响力、感应度、生产诱发度、最终依存度四个维度分析中国在世界产业联系网络中的角色与地位演变。其中,影响力与感应度关注中国与中间产品生产网络的互动关系,生产诱发度和最终依存度关注中国与最终产品市场的互动关系。

(1) 影响力系数反映了一国/地区产业对世界其他国家/地区产业的拉动作用。如果某行业对其他国家/地区产业的中间产品需求越大,那么该行业的影响力就越大,影响力系数大于 1 则表明该行业的影响力高于全球同行业平均水平。根据图 3-3,中国影响力系数大于 1 的产业部门主要集中在制造业与基础设施行业。中国作为"世界工厂"与基础设施建设大国,在制造业与基建方面具有全球性的影响力。其中,平均影响力最高的几类行业(如通信设备、计算机及其他电子设备制造业等)均属于技术含量较高、产业链较复杂、附加值较大的制造业门类,表明中国已深度嵌入全球生产网络的核心部分。

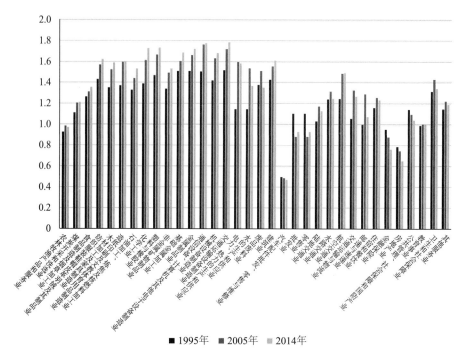

图 3-3 1995 年、2005 年、2014 年中国在世界产业网络中的影响力变化

从时间变化来看,中国初级产品行业(煤炭开采和洗选业,农林牧渔产品和服务业,电力、热力的生产和供应业)的影响力多在 2005 年左右达到顶峰,而在 2005—2015 年出现不同程度的停滞甚至下降,表明这些产业正经历转型升级的过程;中国大部分制造业在 2005—2015 年的影响力逐步提升,但部分在 2005 年处于影响力高位的高技术行业(通信设备、计算机及其他电子设备制造业等)在 2005 年之后出现影响力增速放缓的趋势。这很可能是由于金融危机与越来越多的技术性贸易壁垒使得需求弹性较低的高技术产品市场遭到严重打击,进而导致上游行业的扩张速度放缓。而在服务业门类中,中国以批发业、零售业为代表的消费型服务业的国际影响力在 2005 年之后逐步提升,与大部分制造业影响力提升的趋势相吻合。与之相反,交通运输与物流业、金融保险业等生产型服务业的国际影响力在 2005 年之后逐步下降。这一方面可能是源于生产型服务业内需市场扩张遭遇瓶颈,另一方面可能是上游产业逐步本地化,不再需要来自海外的生产型服务业资源供给。

(2)感应度指数反映了一国/地区产业对全球产业的支撑作用。某行业供给其他国家/地区行业的中间产品越多,该行业的感应度就越大,感应度指数大于1则表明该行业的感应度高于全球同行业平均水平。由图3-4可知,感应度大于1的部分集中在原材料、能源、制造业等为其他行业提供基础中间产品的行业。感应度最突出的是化学工业,基础金属加工业,通信设备、计算机及其他电子设备制造业,这三个行业的感应度系数在1995年、2005年与2014年都为中国其他行业平均值的2—3倍甚至更高。

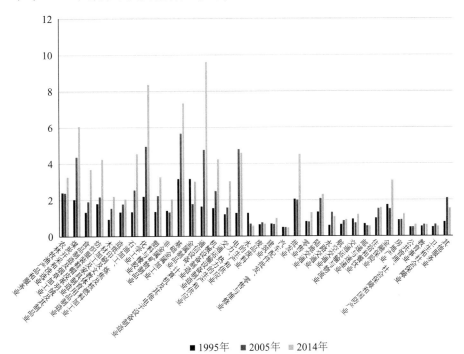

图3-4 1995年、2005年、2014年中国在世界产业网络中的感应度变化

从时间变化来看,大部分制造业的感应度在1995—2014年不断提升;大部分服务业的感应度系数小于1,表明其对世界产业联系网络的供给能力低于全球平均水平。其中批发业、零售业、金融保险业等服务业的感应度在2005年之后逐步提升,但大部分服务业的感应度一直处于较低且增长停滞的状态。这很可能是因为中国大部分服务业在世界产业联系网络中的嵌入度较低,大部分业务环节停留在本地范围,仍有较大的全球市场嵌入空间。

(3)生产诱发度表示单位最终需求额增加时,通过产业直接关联与产业波及效应诱发的某产业所有产出。这一指标可以反映全球范围内消费、投资与出口三大类最终市场需求对中国各产业的拉动作用。从图3-5可知,单位出口增量对中国产业体系的拉动作用最大,其次是单位投资增量与单位消费增量。2002年之前,三大类最终市场需求对中国产业体系的拉动作用均缓慢下降。而在2001年中国加入WTO后,单位出口增量和单位投资增量对中国产业体系的拉动作用进入波动上升轨道;相比之下,单位消费增量对中国产业体系的拉动作用水平一直较低且增速较缓。综上所述,出口对中国产业体系的拉动效率最高,其次是投资,内需消费驱动潜力巨大。

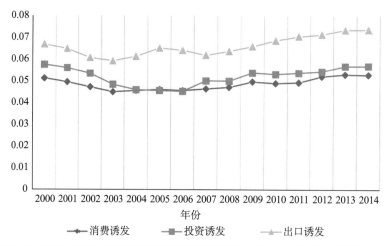

图3-5 2000—2014年中国在世界产业联系网络中的产业平均生产诱发度变化

(4)最终依存度反映中国产业生产对各类最终需求的依赖程度。最终依存度越大,表明消费、投资或出口对中国产业生产最终需求贡献越大。由图3-6可知,中国产业体系的最终产品生产对消费的敏感度最高,其最终依存度自2000年以来一直维持在高位,并在2008年金融危机后稳步增长。在出口依赖方面,2001年中国加入WTO后,外部市场需求极大地刺激了中国产业的生产能力,出口最终依存度迅速提升;这一趋势在2008年金融危机爆发后出现逆转,仅2009年一年中国的出口最终依存度就降低了8.6%。在投资依赖方面,中国产业体系的投资最终依存度一直处于较低水平,表明投资对中国产业最终需求的贡献较小;2008年投资最终依存度的上升很可能源于中国政府2008年为应对金融危机实行的投资计划。综上所述,消费对中国产业生产最终需求的贡献最大,出口与投资次之。

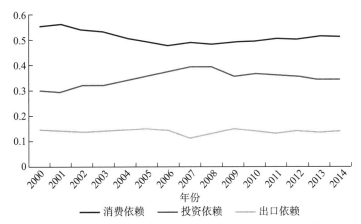

图 3-6 2000—2014 年中国在世界产业联系网络中的产业平均最终依存度变化

（四）中国在中国—世界产业联系网络中的附加值演变

以上从四个方面刻画了中国在中国—世界产业联系网络中的角色与地位演变，但更高的影响力与地位并不一定意味着中国在网络中能获取更大的实际利益。例如，处于微笑曲线中段与末段的地区都对上游具有较大的产业影响力，但前者在分工过程中实际获得的附加值远远小于后者。本部分进一步测度中国在全球产业相互依赖关系中的附加值留存率变化。

由图 3-7 可知，2000—2014 年，中国产业参与全球网络分工所获得的本地附加值总量保持持续增长态势。2001 年加入 WTO 后，中国从全球生产网络中获取的本地附加值快速提升。2008—2009 年由于金融危机的影响，中国在世界产业联系网络中获得的附加值出现短暂的下降，但 2009 年之后又重新恢复快速增长。2011 年，世界贸易总量萎缩，许多国家/地区面临出口需求疲软的困境，经济外向度回落。这一转变使得中国在全球生产网络中获取本地附加值增长进入短暂的平台期。而到了 2011—2014 年，随着产业转型的不断深化与外部市场的逐渐回暖，中国获取的本地附加值重回快速增长轨道。

从最终产品附加值留存率的角度看，中国产业在全球—地方产业互动过程中的增加值捕获效率从 2000 年之后阶梯式下降并进入波动阶段（见图 3-8）。2001 年加入 WTO 以后，中国大量低端及廉价的大宗产品进入国际市场，出口产品质量的提升速度落后于出口产品数量的增长。因此，2002—2004 年中国的附加值留存率快速下降。2008 年金融危机极大地冲击

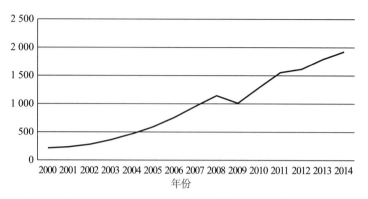

图 3-7　2000—2014 年中国在全球生产网络中的本地附加值变化

了附加值较低的加工贸易,使得附加值留存率出现短暂回升,之后又进入波动阶段。总体来看,相比附加值的总体增长态势,中国的最终产品附加值留存率总体处于波动状态,表明中国产业获取附加值的方式类似于"把饼做大,分成不变",仍需要提高效率。

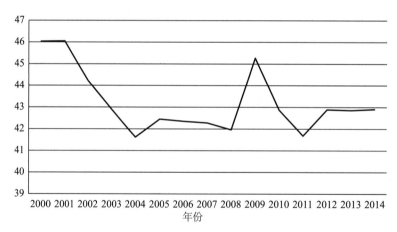

图 3-8　2000—2014 年中国在全球生产网络中的最终产品附加值留存率变化

三、中国—世界市场产业相互依赖性的演变机制

(一) 模型与变量设定

为了识别中国与世界市场建立产业联系的动力和阻力,本部分重点分析基于多维邻近性的路径依赖和贸易壁垒冲击作用下的产业联系演变,并构建模型进行验证。为了考察多维邻近性和贸易壁垒对中国—世界各国/

地区产业联系的总体作用效应,核心解释变量引入四种邻近性以及三类贸易壁垒措施,建立如下模型(变量含义见表3-2):

$$Total_{ict} = a_0 + a_1 Geodist_{it} + a_2 Insdist_{it} + a_3 Socdist_{it} + a_4 Cogdist_{it} + a_5 NTMS_{it} + a_6 Control_{it} + \varepsilon_{ict} \quad (3-12)$$

在模型(3-12)的基础上,将中国与世界各国总体产业联系分解为中间产品联系(Middle)与最终市场需求联系(Final),分别考察多维邻近性与贸易壁垒措施对这两种产业联系的作用机制:

$$Middle_{ict} = a_0 + a_1 Geodist_{it} + a_2 Insdist_{it} + a_3 Socdist_{it} + a_4 Cogdist_{it} + a_5 NTMS_{it} + a_6 Control_{it} + \varepsilon_{ict} \quad (3-13)$$

$$Final_{ict} = a_0 + a_1 Geodist_{it} + a_2 Insdist_{it} + a_3 Socdist_{it} + a_4 Cogdist_{it} + a_5 NTMS_{it} + a_6 Control_{it} + \varepsilon_{ict} \quad (3-14)$$

其中,a_0 为常数项,a_1—a_6 为系数,ε_{ict} 用来控制行业特性、国家/地区特性与时间特性。

表3-2 模型变量设定

变量	测度指标	测度方法与数据解释	数据来源
被解释变量:产业联系方向与强度	产业关联度 $Total_{ict}$	中国产业整体与 i 国/地区 c 产业的关联指数(可分解为中间产品联系与最终市场需求联系)	WIOD 数据库
核心解释变量:国家/地区间多维邻近性	地理邻近性 $Geodist_{it}$	i 国/地区与中国间的地理距离的倒数	CEPII 数据库:地理邻近性
	制度邻近性 $Insdist_{it}$	i 国/地区与中国的"社会法治指数"之差的倒数	世界银行
	社会邻近性 $Socdist_{it}$	i 国/地区与中国是否使用同一种官方语言(是取1,不是取0)	CEPII 数据库:地理邻近性
	认知邻近性 $Cogdist_{ict}$	l 国/地区与中国在同年同产业上具有比较优势的概率(在产品层面计算,通过 HS-ISIC 转换标准归总至产业。显性比较优势指数大于1即认为有比较优势)	中国海关贸易数据库,UN Comtrade 数据库

（续表）

变量	测度指标	测度方法与数据解释	数据来源
核心解释变量：贸易壁垒（$NTMS_{it}$）	动植物卫生检疫 SPS_{it}	i 国/地区对中国发起的卫生安全检疫通报数占本国/地区同类壁垒的比例	世界贸易组织
	技术贸易壁垒 TBT_{it}	i 国/地区对中国发起的技术贸易壁垒通报数占本国/地区同类壁垒的比例	世界贸易组织
	反倾销调查 ADP_{it}	i 国/地区对中国发起的反倾销调查通报数占本国/地区同类壁垒的比例	世界贸易组织
控制变量（$Control_{it}$）：目的国社会经济属性	人均GDP $PGDP_{it}$	i 国/地区人均GDP	世界银行
	政府补贴 $Subsidy_{it}$	i 国/地区政府的产业补贴与基础设施投入占GDP的比例	世界银行
	市场开放度 $Openness_{it}$	i 国/地区外国直接投资与GDP之比	世界银行
	上游垄断度 $Upstream_{ict}$	i 国/地区 c 产业接受不同产业投入的赫芬达尔指数	WIOD数据库
	服务化比重 $Servitization_{ict}$	i 国/地区 c 产业接受服务业投入占总接受投入的比例	WIOD数据库

本部分假设中国与联系国之间制度、社会与地理的邻近性能够提升知识与信息交流的效率和准确性，进而有助于中国与世界产业联系的形成与强化。相反，中国面临来自其他国家/地区的贸易壁垒措施越多，越容易削弱中国与这些国家/地区间的中间品贸易，并产生"多米诺骨牌"式的扩散效应，进而越不利于中国与这些国家/地区形成产业联系。这种负相关关系与贸易壁垒的种类、生产环节的类型密切相关。据此，本部分的被解释变量是中国整体产业与投入产出表中各国/地区各产业的产业关联强度，而解释变量则主要包括多维邻近性变量和贸易壁垒变量。

地理邻近性主要通过以下两种途径促进产业联系的发生：第一，地理邻近可以减少企业的物理运输成本，有助于地区提升自身产业的外向竞争力，从而依赖原有的生产路径建立与其他地区的产业联系,第二,面对面交流能减少信息壁垒,进而降低交易成本。因此,模型(3-12)将地理邻近性作为核心解释变量,预期其将对中国与目的国/地区的产业联系强度产生正向显著的影响。

与地理邻近性类似,过小的制度邻近性不利于产业间的知识交流,从而会影响新产业联系路径的形成。从正面效果看,高邻近的制度组合可以通过增强知识溢出,促进企业间自发进行供需搭配和对政府干预手段的利用,进一步通过自上而下的产业推广与桥接,最终形成并强化区域间产业联系。因此,模型(3-12)将制度邻近性作为核心变量,预期其将对中国与目的国/地区的产业联系强度产生正向显著的影响。

社会邻近性通过信任形成机制助力复杂缄默知识的交换,为契约形成与知识扩散创造条件。因此,社会邻近性可以促进有相似文化与社会背景的区域间形成产业联系。模型(3-12)将社会邻近性作为核心解释变量,预期其将对中国与目的国/地区的产业联系强度产生正向显著的影响。

认知邻近性为产业联系的产生提供技术与知识基础。区域在与外地产业互动的过程中吸收知识、技术与能力,演化出与之关联的新产业。模型(3-12)将认知邻近性作为核心解释变量,预期其将对中国与目的国/地区的产业联系强度产生正向显著的影响。

贸易壁垒对产业联系的影响具体表现为三种贸易壁垒的冲击:动植物卫生检疫(SPS)复杂的检测流程将增加初级行业(尤其是农业与食品制造业)的检疫成本与时间成本,对时间成本非常敏感的产品将受到更严重的影响;技术贸易壁垒(TBT)的技术法规和标准将直接导致某些产品因难以达到进口国/地区的技术标准或者产品进入门槛而直接受到限制;反倾销调查(ADP)将使涉案产品产生巨额的诉讼成本或者面临高额的反倾销税,进而限制相关的产业联系。以上负面效应可能沿着上下游投入产出网络扩散,并导致市场结构类似的国家/地区实施恐慌性壁垒,进一步增强负面效应强度。模型(3-12)将三种贸易壁垒的数量作为核心解释变量,预期其将对中国与目的国/地区的产业联系强度产生负向显著的影响。因各自针对的产品处于全球生产网络中不同的生产环节,三种贸易壁垒的负向影响在中间生产与最终需求联系中的表现可能有差异。考虑到贸易壁垒与产业联系间存在时间滞后性,模型(3-12)采用各类贸易壁垒措施的一阶滞后项。

控制变量主要基于全球生产网络理论进行选择,为主要控制目的国/地区的社会经济特性与行业特性。中上游产业垄断会通过中间品价格和生产率的渠道显著降低制造业行业出口的比较优势,因此模型需要控制国家/地区产业的上游垄断度;制造业服务化可能通过成本降低和技术创新来提升制造业企业对外产业联系强度,因此模型需要控制国家/地区产业的服务化程度;国家/地区政府的激励政策与补贴作为短期政策,有助于国家/地区产业降低生产与交易成本、提升综合创新能力,进而提高国家/地区产业的对外联系竞争力,因此模型需要控制国家/地区政府的补贴强度;国家/地区政府的开放政策将使本地产业面对外国竞争和面向外部的生产,进而提升国家/地区产业的对外联系竞争力,因此模型需要控制国家/地区的市场开放度;国家/地区间的规模与发展水平差异可能通过本地市场效应影响国家/地区间的产业贸易,因此模型需要控制国家/地区的人均 GDP。

变量间的相关性检验如表 3-3 所示,技术贸易壁垒与反倾销调查之间的相关系数高达 0.55,为了避免共线性的问题,在引入贸易壁垒时需要分别处理。

(二) 总体产业联系的演变机制

表 3-4 报告了多维邻近性与贸易壁垒对中国—世界产业联系的影响,分 1995—2005 年与 2005—2014 年两个时间段进行回归统计,结果高度一致。在多维邻近性方面,1995—2005 年,地理邻近性对中国—世界产业联系的作用在 1% 的显著性水平上显著为正,说明地理邻近性能促进中国—世界产业联系的形成与强化。这印证了已有研究关于地理邻近性促进区域垂直专业化的规律,地理邻近性可以通过减少企业的运输成本与交流成本促进中国与邻近国家/地区形成产业联系。而在这一时间段,制度邻近性与社会邻近性对中国—世界产业联系的作用并不显著,表明该阶段中国对外产业联系主要受到地理邻近性与认知邻近性的影响并据此形成路径依赖。基于这种依赖形成的产业联系较为初级,受实体地理空间的物流条件限制较大,因此较少涉及缄默信息的交流与复杂生产活动在不同制度国家/地区间的协同。而在 2005—2014 年,地理邻近性、认知邻近性、社会邻近性与制度邻近性对中国—世界产业联系的作用全部显著为正,表明在该阶段中国对外产业联系的演化会受地理、认知、社会与制度四个维度的邻近性影响并形成路径依赖,本章提出的理论假说 1 部分正确。在这一阶段,中国对外产业联

表 3-3 主要变量相关系数

	$Geodist_{it}$	$Insdist_{it}$	$Socdist_{it}$	$Cogdist_{it}$	SPS_{it}	TBT_{it}	ADP_{it}	$PGDP_{it}$	$Subsidy_{it}$	$Upstream_{ict}$	$Servitization_{ict}$	$Openness_{it}$
$Geodist_{it}$	1.00											
$Insdist_{it}$	0.14	1.00										
$Socdist_{it}$	0.22	0.24	1.00									
$Cogdist_{it}$	0.17	0.08	0.06	1.00								
SPS_{it}	-0.02	-0.05	-0.25	-0.18	1.00							
TBT_{it}	-0.03	-0.04	-0.06	-0.12	0.22	1.00						
ADP_{it}	-0.05	-0.06	-0.09	-0.09	0.14	0.55	1.00					
$PGDP_{it}$	0.14	0.24	0.25	0.11	0.23	0.19	0.12	1.00				
$Subsidy_{it}$	0.21	0.16	0.26	0.15	0.12	0.11	0.25	0.29	1.00			
$Upstream_{ict}$	-0.05	0.23	0.11	0.24	-0.05	0.04	0.15	0.13	0.11	1.00		
$Servitization_{ict}$	-0.31	-0.17	0.15	-0.07	0.21	0.13	-0.20	0.22	0.25	-0.10	1.00	
$Openness_{it}$	0.26	0.12	0.31	0.13	0.18	0.21	0.12	0.23	0.23	0.16	0.13	1.00

系的形式与结构更加复杂,对缄默知识与信息的交流效率和跨国生产的制度便利性更加敏感。

表 3-4 中国—世界总体产业联系的演变机制

变量	模型 1 1995—2005 年	模型 2 2005—2014 年	模型 3 1995—2005 年	模型 4 2005—2014 年	模型 5 1995—2005 年	模型 6 2005—2014 年
地理邻近性	0.363***	0.227**	0.352***	0.218***	0.347**	0.263***
制度邻近性	0.224	0.281**	0.218	0.283**	0.207	0.224*
社会邻近性	0.102	0.142**	0.103	0.126**	0.112	0.178**
认知邻近性	0.176*	0.192**	0.162**	0.184**	0.127*	0.189*
人均 GDP	0.352**	0.316*	0.343*	0.315*	0.305*	0.316*
政府补贴	0.216*	0.078	0.211	0.062	0.221*	0.066
市场开放度	0.247*	0.213*	0.255*	0.222**	0.258*	0.240*
上游垄断度	-0.014*	-0.151*	-0.026*	-0.115	-0.013*	-0.146*
服务化	0.114*	0.091*	0.108**	0.089*	0.112*	0.101*
动植物卫生检疫	-0.015	-0.125				
技术贸易壁垒			-0.027**	-0.062**		
反倾销调查					-0.018**	-0.024**
年份	是	是	是	是	是	是
行业	是	是	是	是	是	是
目的国	是	是	是	是	是	是
常数项	-6.01***	-6.21***	-6.39***	-6.76***	-6.11***	-6.38***
样本数	15 967	14 432	15 967	14 432	15 967	14 432

注：*、**和***分别表示在 10%、5%和 1%的统计水平上显著。

在贸易壁垒方面,技术贸易壁垒与反倾销调查对中国—世界产业联系的影响在 5%的统计水平上显著为负,表明这两类贸易壁垒会削弱中国的对外产业联系。在关于新贸易保护主义的文献中,已有许多研究证明贸易壁垒对产业内与产品内贸易的削弱作用。技术贸易壁垒提高中间品的准入门槛,而反倾销通过反倾销税与连带的诉讼和调查让中间品出口商承担巨大的交易成本进而减少加工贸易。除直接影响贸易保护国/地区与目的国/地区之间的产业联系外,特定国家/地区施行的贸易壁垒会导致与该国市场结构相似的其他出口目的国/地区加大限制与中国进行同类型的产业联系,更深层次地削弱中国与外部市场的产业联系。而贸易壁垒产生的负面市场信息也将通过外部市场关联阻碍中国企业进行对外产业联系活动。相比之下,动植物卫生检疫措施对中国—世界产业联系并无显著影响。已有研究表明动植物卫生检疫措施主要集中于动植物制品、食品制品等初级产品,提高了其生产过程的沉没成本,而这部分产品在世界投入产出数据库涉及的各类产业联系中所占份额较小。

(三) 中间生产与最终需求产业联系的演变机制

表3-5与表3-6分别报告各类要素对中国—世界中间生产产业联系与最终需求产业联系的影响。对比表3-4,表3-5与表3-6可得出如下结论:①1995—2005年,地理邻近性、认知邻近性、制度邻近性与社会邻近性对中国对外中间生产产业联系的作用均为正向显著,后二者对最终市场需求产业联系和总体产业联系的作用均不显著。这从侧面印证了已有研究中关于产业联系行业异质性的发现:价值链上不同位置的行业形成或维持产业联系的能力有差异。中间产品生产联系涉及产业间、产业内甚至产品内分工,关联链条远长于最终需求联系,更注重缄默信息的交流效率以及在不同制度国家/地区间协调生产活动的便捷性。但随着中国对全球生产网络嵌入的深化,两种类型的产业联系都开始依赖制度邻近性、社会邻近度进行拓展。②动植物卫生检疫措施对最终市场需求联系有显著削弱作用,而对中间产品生产联系的作用并不显著。动植物制品等卫生相关初级产品的产业链条较短,大部分可以直接作为最终消费品进入市场,占最终需求联系的份额大于中间生产联系。故动植物卫生检疫措施仅仅对最终市场需求有明显削弱作用。

表3-5 中国—世界中间生产产业联系的演变机制

变量	模型1 1995—2005年	模型2 2005—2014年	模型3 1995—2005年	模型4 2005—2014年	模型5 1995—2005年	模型6 2005—2014年
地理邻近性	0.275***	0.231***	0.284***	0.225***	0.292***	0.247***
制度邻近性	0.217*	0.224**	0.205*	0.236**	0.221*	0.239**
社会邻近性	0.134*	0.126*	0.132*	0.141*	0.156*	0.135*

(续表)

变量	模型1 1995—2005年	模型2 2005—2014年	模型3 1995—2005年	模型4 2005—2014年	模型5 1995—2005年	模型6 2005—2014年
认知邻近性	0.236**	0.248**	0.229**	0.253**	0.225**	0.261**
人均GDP	0.214**	0.205*	0.208**	0.197*	0.216*	0.194*
政府补贴	0.192*	0.157*	0.188*	0.162**	0.184*	0.173
市场开放度	0.236*	0.247*	0.228*	0.253*	0.237**	0.268*
上游垄断度	-0.113*	-0.106	-0.103*	-0.112	-0.107*	-0.098*
服务化	0.121*	0.079	0.115*	0.083*	0.126*	0.094*
动植物卫生检疫	-0.024	-0.107				
技术贸易壁垒			-0.063**	-0.081**		
反倾销调查					-0.014**	-0.023**
年份	是	是	是	是	是	是
行业	是	是	是	是	是	是
目的国	是	是	是	是	是	是
常数项	-2.796***	-2.826***	-2.742***	-2.894***	-2.682***	-2.837***
样本数	13 912	12 582	13 912	12 582	13 912	12 582

注：*、**和***分别表示在10%、5%和1%的统计水平上显著。

表3-6 中国—世界最终需求产业联系的演变机制

变量	模型1 1995—2005年	模型2 2005—2014年	模型3 1995—2005年	模型4 2005—2014年	模型5 1995—2005年	模型6 2005—2014年
地理邻近性	0.312***	0.283***	0.308***	0.276***	0.297***	0.264***
制度邻近性	0.214	0.209*	0.224	0.213*	0.236	0.221*
社会邻近性	0.116	0.137*	0.129	0.142*	0.127	0.152*
认知邻近性	0.236**	0.216**	0.227**	0.205**	0.248**	0.209**
人均GDP	0.363*	0.375*	0.397**	0.369*	0.403*	0.381*
政府补贴	0.129*	0.116*	0.125	0.119*	0.132*	0.128*
市场开放度	0.149*	0.133*	0.138*	0.123*	0.124*	0.109*
上游垄断度	-0.048*	-0.013	-0.059*	-0.024	-0.067*	-0.018

（续表）

变量	模型1 1995— 2005年	模型2 2005— 2014年	模型3 1995— 2005年	模型4 2005— 2014年	模型5 1995— 2005年	模型6 2005— 2014年
动植物卫生检疫	-0.037**	-0.056*				
技术贸易壁垒			-0.023**	-0.031**		
反倾销调查					-0.017**	-0.029**
行业	是	是	是	是	是	是
年份	是	是	是	是	是	是
目的国	是	是	是	是	是	是
常数项	-2.738***	-2.923***	-2.719***	-2.902***	-2.685***	-2.893***
样本数	2 055	1 850	2 055	1 850	2 055	1 850

注：*、**和***分别表示在10%、5%和1%的统计水平上显著。

四、研究结论与政策建议

（一）研究结论

新国际劳动分工体系使世界各国/地区形成了错综复杂的产业联系网络，重塑了世界各国/地区经济与产业的空间格局。在这一网络格局中，原有人口与土地红利的消退、愈演愈烈的贸易争端不断制约着中国在全球生产网络中实现长远发展。剖析中国同世界其他国家/地区间的产业联系及其动态演变机制，寻找中国对外产业联系的破局方向至关重要。本章基于国家/地区尺度刻画全球产业相互依赖网络，并着重关注中国在这一格局中的角色与地位演变和实际获利情况。本章探讨了多维邻近性、贸易壁垒对中国—世界产业联系的作用机制。

在全球产业联系网络的演变特征方面，本章发现：①1995—2014年全球产业联系网络从单一经济体主导的区域性小社群结构逐步演化为东亚、欧盟、北美三大产业组团结构，其中东亚社群与欧盟社群的扩张最为迅猛，反映了东亚与欧盟的经济一体化进程。②1995—2014年发展中国家进一步深入参与全球生产网络分工的进程。中国从全球生产联系网络的边缘国家，一跃成为全球生产联系网络的中心国，取代日本成为沟通东亚、东南亚地区与其他新兴市场的桥梁，并从美欧主干联系的"局外人"升级成为连接欧美产业网络的重要枢纽。

关于中国在全球生产联系网络中的角色、地位与实际获利情况,本章发现:①中国作为"世界工厂"与基础设施建设大国,在制造业与基建方面具有全球性的影响力,且这些部门的影响力逐步提升;然而,交通、物流、金融等生产型服务业的国际影响力在2005年之后逐步下降。②中国基础资源行业和制造业正不断嵌入全球生产网络的供给侧;相比之下,中国大部分服务业对全球产业网络的供给能力低于全球平均水平。③出口对中国产业体系的拉动效率最高,其次是投资;内需消费对产业最终需求贡献最大,但对整体产业体系的拉动效率有待提升。④中国产业获取本地附加值总体持续增长,但增加值捕获的效率较低。

关于中国与全球产业联系的形成与强化机制,本章发现:①中国对外产业联系的演化会受地理、认知、社会与制度四个维度的邻近性影响并形成路径依赖。其中,地理邻近性与认知邻近性的影响是最广泛的,而社会邻近性与制度邻近性仅仅对产业联系形式更加复杂的中间生产联系与发展较为成熟的最终需求联系有促进与强化作用。②技术贸易壁垒与反倾销调查会削弱中国对外产业联系,动植物卫生检疫措施对最终市场需求联系有显著削弱作用,而对中间产品生产联系的作用并不显著。

根据本章的发现,未来中国—世界产业联系的格局与演变因素可能存在一定不确定性。从格局上看,受美国逆全球化主义的影响,以美国为首的发达国家将可能更注重产业链的本土化并逐步从全球产业联系网络中边缘化,进而加大中国与这些市场拓展产业联系的难度。随着新兴市场的不断崛起与中国包容性全球化进程的推进,全球产业联系网络将进一步多极化,新的增长轴可能集中于中国与西欧以及新兴市场国家间,其中受疫情影响较小的非实体服务业可能成为全球产业联系网络的新主角。从演变因素上看,发达国家的贸易壁垒,尤其是动植物卫生检疫措施对中国对外产业联系的影响作用可能会更加显著。而中国与新兴市场的社会邻近性和制度邻近性将对中国分散产业联系风险、拓展产业联系潜力空间至关重要。

(二)政策建议

在内部产业转型升级如火如荼、外部国际贸易摩擦不断升级的"十四五"时期,中国政府可从以下三个方面优化对外产业联系结构:

第一,在对外产业联系的产业门类层面。一方面补齐制造业关键生产环节短板,另一方面结合互联网产业促进服务业尤其是生产型服务业在供需两头与全球产业联系接轨,充分挖掘其带动产业上游的潜力。

第二,在对外产业联系的本地政策层面。注重出口与内销平衡,推动企业出口转内销,挖掘本地产业链与消费市场潜力。受疫情影响,中国对外产业联系的主要关联方均陷入不同程度的产业瘫痪,未来可能持续影响其与中国产业的联系强度,前景不容乐观。在此基础上,尽管内需消费对整体产业体系的拉动效率较低,但中国本身的市场体量和生产能力使得其具有新技术发展应用的巨大空间进而实现效率升级。因此,应鼓励对外产业联系企业将部分对外产业联系本地化,借助互联网等新技术挖掘本地市场潜力,促进内需市场与外需市场的平衡。

第三,在对外产业联系的对外政策层面。一方面采用区域合作等迂回方式缓解贸易壁垒的直接冲击,并促进产业多元化以分散贸易壁垒的风险。另一方面在非核心生产环节加大进口产业联系规模,逐步缩小中国对外贸易顺差。这种生产环节的进口联系不仅不容易形成单向不稳定的依赖关系,还有助于中国对外产业联系环境的优化:一方面,更平衡的贸易顺差将吸引更多的新兴市场国家/地区与中国展开进出口产业联系的双向互动,形成更紧密的市场共同体;另一方面,进口联系方将在其所处领域拥有更多的定价话语权与标准制定权,有助于中国产业进一步扩大国际影响力。

第四章 中国驱动"一带一路"发展路径：基于技术升级视角

第一节 中国出口贸易是否推动了"一带一路"技术升级？①

面对经济全球化遭遇逆风、贸易保护主义显著加剧，中国对外开放的步伐不曾停歇。加快"一带一路"建设，使之成为人类命运共同体的主要实践平台，是推动"一带一路"参与国经贸发展的核心力量。2018年，与中国签订了"一带一路"合作协议的且能获得企业微观数据的88个"一带一路"参与国从中国的进口额之和为7 496.90亿美元，比2017年增加9.55%，占这些国家从世界进口总额的14.03%，并且2014—2018年中国对76个"一带一路"参与国进口贸易增长的贡献率达81.45%。此外，中国海关与韩国、新加坡等36个国家/地区实行AEO（经认证的经营者）互认，截至2021年4月，中欧班列已联通欧亚大陆16个国家的108个城市，中泰昆曼公路、中泰铁路、中老铁路建设稳步推进，进一步降低了贸易成本。因此，中国出口贸易正成长为"一带一路"参与国经济增长的重要引擎。然而，中国出口贸易如何影响"一带一路"生产要素配置以及能否推动技术升级尚无明确的理论检验和规范的实证分析，无法为"一带一路"可持续发展提供具备可操作性和针对性的现实依据。基于此背景，为探究中国驱动"一带一路"技术升级路径，本节构建贸易异质性的多国贸易模型，从企业内部、企业之间两个视角，

---

① 本节作者为姜峰、蓝庆新、张辉，部分内容摘自姜峰等（2021）。

剖析中国出口贸易增加如何促进"一带一路"企业技术变革,并利用2004—2018年88个参与国企业的数据,对中国出口贸易与"一带一路"技术升级的因果关系进行检验。①

一、中国出口贸易推动"一带一路"技术升级理论分析

本节参考Melitz(2003)、Jeanfils(2008)、De Walque et al.(2017)、Bernard et al.(2018),构建了一个具有进出口贸易网络异质性的多国贸易模型。模型将生产分为三部分:零部件生产、中间品生产、最终品生产。其中,中间品制造商购买零部件生产中间品,最终品制造商购买中间品生产最终品并将其销给消费者,零部件制造商和中间品制造商都处于垄断竞争中,以不同的技术水平生产,从而形成企业异质性。

本节将双边异质性引入模型,并将贸易环节从最终品贸易转变为中间品贸易,构建均衡状态下进出口双方之间的匹配模式,从企业层面解析发展中国家之间进出口贸易对东道国企业技术的影响。同时,由于"一带一路"参与国生产制造的产品以劳动密集型产品为主,从发展中国家进口的产品也主要是中间品,因此本节设定中间品为可贸易产品,零部件和最终产品为非贸易产品。此外,模型假设每一个国家的劳动力市场是完全竞争的,不同部门的劳动者的工资是完全相同的,并且劳动者仅从事零部件和中间品的生产。②

(一)生产环节

1. 零部件生产

参考Bergin et al.(2019),零部件生产企业是生产率异质性的,国家i存

---

① "一带一路"参与国具体为阿联酋、亚美尼亚、奥地利、阿塞拜疆、波黑、巴巴多斯、孟加拉国、保加利亚、巴林、玻利维亚、科特迪瓦、智利、喀麦隆、哥斯达黎加、佛得角、塞浦路斯、捷克、多米尼加、阿尔及利亚、厄瓜多尔、爱沙尼亚、埃及、斐济、加蓬、格鲁吉亚、加纳、希腊、圭亚那、克罗地亚、匈牙利、印度尼西亚、以色列、伊朗、意大利、牙买加、约旦、肯尼亚、柬埔寨、韩国、科威特、哈萨克斯坦、斯里兰卡、立陶宛、卢森堡、拉脱维亚、摩洛哥、黑山、北马其顿、马耳他、马来西亚、莫桑比克、纳米比亚、尼日利亚、尼泊尔、新西兰、阿曼、巴拿马、秘鲁、巴布亚新几内亚、菲律宾、巴基斯坦、波兰、巴勒斯坦、葡萄牙、卡塔尔、罗马尼亚、塞尔维亚、卢旺达、沙特阿拉伯、新加坡、斯洛文尼亚、斯洛伐克、塞内加尔、萨尔瓦多、叙利亚、泰国、突尼斯、土耳其、特立尼达和多巴哥、坦桑尼亚、乌干达、乌拉圭、乌兹别克斯坦、委内瑞拉、越南、南非、赞比亚、津巴布韦。

② 劳动力进入最终品生产仅会增加模型的复杂度,因此本节未将劳动力引入最终品生产环节。

在 N_i 个潜在的零部件生产企业,每一个零部件生产企业都被赋予一个技术水平,用 a_i 表示,其是从帕累托分布 $[a^l, \infty)$ 中随机抽取的,累积分布函数为 $G(a) = 1 - (a^l/a)^\gamma$,$\gamma$ 为形状参数,可以用一个成本函数表示,具体为:

$$a_i = \frac{y_i^1}{l_i - c_i} \tag{4-1}$$

$$n_i = [1 - G(a)] N_i \tag{4-2}$$

其中,y_i^1 为国家 i 的零部件产出,l_i 为劳动力,c_i 为固定成本,N_i 是实际开展生产的企业数。

2. 中间品生产

中间品生产企业使用零部件制造本国的中间品,每一个中间品生产企业都生产一种中间品,其生产函数为 CES 函数,具体为:

$$y_i^2 = A(z) \left[\int_{\varphi_i(k)} y_i^1(m)^{\eta-1/\eta} dm \right]^{\eta/\eta-1} \tag{4-3}$$

其中,A 为中间品生产企业的技术水平,服从帕累托分布 $[A^*, \infty)$,累积分布函数为 $H(A) = 1 - (A^*/A)^\gamma$;$\eta$ 为购买的中间品之间的替代弹性,$\gamma > \eta - 1 > 1$;z 为企业;m 为零部件种类;$\varphi_i(k)$ 为一系列从国家 i 的企业 k 可获得的产品种类。

3. 最终品生产

最终品企业生产函数为里昂惕夫函数,具体为:

$$y_i^3 = \min\left[\frac{y_i^2}{1-\delta^M}; \frac{M_i}{\delta^M}\right] \tag{4-4}$$

其中,y_i^3 为最终产品,M_i 为国家 i 进口的中间品数量,δ^M 为进口中间品的比重。

根据成本最小原则,均衡状态下不存在没有使用的中间品投入,计算可得:

$$y_i^3 = \frac{y_2}{1-\delta^M} = \frac{M_i}{\delta^M} \tag{4-5}$$

$$P_i = (1-\delta^M) P_i^2 + \delta^M P_i^M \tag{4-6}$$

其中,P_i 为国家 i 最终产品价格,P_i^2 为国家 i 生产的中间品价格,P_i^M 为国家 i 进口的中间品价格。

(二) 贸易环节

最终品生产企业进口一定数量的国外中间品,必然会引起特定的匹配成本,诸如供应商的搜寻成本、官僚程序引发的时间成本、满足特殊顾客需求的定制成本等,用 f_{ij} 表示,反映国家 i 从国家 j 进口的匹配成本数值。由于匹配成本的存在,国家 i 的进口企业只有购买技术水平高于 $\underline{A}_{ij}$ 的中间品才能达到利润最大化,由此本节构建均衡匹配方程 $\underline{A}_{ij}(a)$,表明国家 i 的最终品生产企业从国家 j 进口的中间品的最低技术水平 $\underline{A}_{ij}$ 由国家 i 零部件生产企业技术水平 a 决定。

1. 价格

由于零部件与中间品市场都处于垄断竞争状态,中间品价格用于弥补生产的边际成本。进口中间品价格规则为:

$$p_{ij} = \left[\frac{\gamma}{\gamma - (\eta - 1)} \left(\frac{\rho \tau_{ij} w_j}{\underline{A}_{ij}(a)} \right)^{1-\eta} \right]^{\frac{1}{1-\eta}} \quad (4-7)$$

其中, $\rho = \eta/(\eta - 1)$, τ_{ij} 为国家 i 与国家 j 进行贸易的冰山成本, w_j 为国家 j 进行生产所付出的工资。

对于最终品生产企业,生产中所投入的进口中间品价格指数为:

$$P_i^M = \sum_k \left[\frac{\gamma A^{*\gamma}}{\gamma - (\eta - 1)} \right]^{\frac{1}{1-\eta}} \frac{\rho \tau_{ik} w_k}{\delta_k^M} \underline{A}_{ik}(a)^{\frac{\eta-1-\gamma}{1-\eta}} \quad (4-8)$$

2. 中间品进口

鉴于中间品生产企业和最终品生产企业符合上述设定,企业层面的国家 i 从国家 j 的中间品进口量为 M_{ij},具体为:

$$M_{ij}(a) = \left(\frac{p_{ij}}{\delta_j^M P_i} \right) D_i(a) \quad (4-9)$$

其中, M_{ij} 为国家 i 从国家 j 进口中间品的数量, $D_i(a)$ 为国家 i 最终品生产企业进口中间品的支出。

根据(4-5)式,一个最终品生产企业的利润为 π_{ij},具体为:

$$\pi_{ij}(a) = \left(\frac{1}{\delta^M} - 1 \right) M_{ij}(a) - f_{ij} \quad (4-10)$$

贸易匹配问题等价于确定中间品技术水平 $\underline{A}_{ij}$,即技术水平最低的出口方将产品出售给使用技术水平为 $\underline{a}_i$ 的零部件进口企业是有利可图的。因此,本节利用 $\pi_{ij}(\underline{a}_i) = 0$,计算得出:

$$\left(\frac{1}{\delta^M} - 1 \right) \left(\frac{p_{ij}}{\delta_j^M P_i} \right) D_i(\underline{a}_i) = f_{ij} \quad (4-11)$$

参考 Bernard et al.(2018)，本节推出贸易均衡①，证明均衡匹配方程的有效性，均衡匹配方程具体为：

$$\underline{A}_{ij}(\underline{a}_i) = \frac{A^{*\gamma}\theta}{\beta_2 \underline{a}_i^{\sqrt{\eta-1}}} \left(\frac{\delta_j^M f_{ij}}{\left(\frac{1}{\delta_j^M}-1\right)\tau_{ij} w_j} \right)^{\beta_1} \quad (4-12)$$

$$\theta = \sum_k \left(\frac{\tau_{ik} w_k}{\delta_k^M}\right)^{-\frac{\gamma}{1-\eta}} \left(\frac{\frac{1}{\delta_k^M}-1}{f_{ik}}\right)^{\frac{\eta-1-\gamma}{1-\eta}} \quad (4-13)$$

$$\beta_1 = \frac{\gamma + 2(1-\eta) + \gamma\sqrt{\eta-1}}{1+\eta+\gamma\sqrt{\eta-1}} \quad (4-14)$$

其中，β_2 为大于 0 的常数。均衡匹配方程 $\underline{A}_{ij}(\underline{a}_i)$ 反映了进口中间品技术水平与东道国零部件生产技术呈反向关系，即技术水平较高的零部件生产企业会引起最终品生产企业进口技术水平较低的中间品。只要可变贸易成本（τ_{ij}）或固定贸易成本（f_{ij}）较低，技术水平为 $\underline{a}_i$ 的零部件生产企业就会匹配较高技术水平的进口中间品。θ 为多边贸易阻力。

（三）均衡分析

本节存在一种极端贸易情况，即进口的中间品技术下限处于较高水平（设为 $\overline{A}_{ij}$），其对应的零部件生产技术 $\underline{a}_i$ 远低于 a^l，最终品生产仅靠进口完成，由此(4-4)式失效。换言之，该产品的完成主要依赖于中间生产环节的技术，对零部件的技术要求较低，因此东道国零部件生产企业没有从事制造的动力，技术水平低于帕累托分布的下限。

根据上文中间品生产企业和最终品生产企业的匹配方程，本节推导出企业层面的贸易均衡表达式。

当 $\underline{A}_{ij} < \overline{A}_{ij}$，即 $\underline{a}_i > a^l$ 时，本节利用(4-11)式、(4-12)式计算得出企业层面的国家 i 从国家 j 进口的全部中间品为 $M_{ij}^T = \int_{A_{ij}}^{\infty} M_{ij}(a) dH(A)$，具体为：

---

① 本节通过设定 $\underline{A}_{ij}(\underline{a}_i) = T_{ij} \underline{a}_i^b$ 和 $D_i(a) = \beta_2 \left(\frac{a_i}{s_{ij}}\right)^{\frac{\gamma}{b}}$，将 $\underline{A}_{ij}$、$D_i(\underline{a}_i)$ 和(4-8)式代入(4-11)式，求得(4-12)式、(4-13)式和(4-14)式，限于篇幅，此处未列出具体推导过程。

$$M_{ij}^T = \frac{A^{*\frac{5\gamma}{2}-\frac{1}{\eta-1}} \delta_j^{M\frac{\beta_1}{2}} \theta^{\frac{1}{2}} (\tau_{ij} w_j)^{-\frac{\beta_1}{2}} T_{ij}^{\frac{\gamma}{\sqrt{\eta-1}}-\gamma} \underline{a_i}^{\varphi}}{\beta_2^{\frac{3}{2}}} \left(\frac{f_{ij}}{\frac{1}{\delta_j^M}-1}\right)^{1+\frac{\beta_1}{2}} \quad (4-15)$$

$$T_{ij} = \left\{\frac{A^{*\gamma}}{\beta_2}\left[\frac{\delta_j^M f_{ij}}{\left(\frac{1}{\delta_j^M}-1\right)\tau_{ij} w_j}\right]^{\beta_1} \theta\right\}^{\frac{\eta-1}{2(\eta-1)-2\gamma\sqrt{\eta-1}}} \quad (4-16)$$

$$\varphi = (\gamma - 2)\sqrt{\eta - 1} \quad (4-17)$$

当 $\underline{A_{ij}} > \overline{A_{ij}}$,即 $\underline{a_i} < a^l$ 时,$y_i^3 = M_i$,$\partial \underline{a_i}/\partial M_{ij}^T = 0$,即进口与东道国生产企业技术水平无直接关系。当进口的中间品技术水平较高、替代性较低时,东道国中间品生产企业和相关零部件生产商都无法进行生产,最终品的生产完全依靠进口,因此进口中间品对东道国生产技术的影响几乎为零。2004—2018 年,发达国家出口产品的技术水平远高于"一带一路"参与国,而中国出口产品的技术水平则处于"一带一路"参与国中的前端地位①,并且已成为与中国签订"一带一路"合作协议且能获得贸易数据的 97 个"一带一路"参与国的前三大进口来源国②,所以本节选择中国对"一带一路"参与国的出口贸易为研究对象,而未探究发达国家及其他发展中国家的出口贸易对"一带一路"参与国生产技术的影响。

综上所述,本节推导出某国进口贸易与东道国技术水平之间相关关系的表达为:

$$\frac{\partial \underline{a_i}}{\partial M_{ij}^T} = \frac{\beta_2^{\frac{3}{2}} T_{ij}^{\gamma-\frac{\gamma}{\sqrt{\eta-1}}} \underline{a_i}^{1-\varphi}}{\varphi (\tau_{ij} w_j)^{\frac{\beta_1}{2}} A^{*\frac{5\gamma}{2}-\frac{1}{\eta-1}} \delta_j^{M\frac{\beta_1}{2}} \theta^{\frac{1}{2}}} \left(\frac{\frac{1}{\delta_j^M}-1}{f_{ij}}\right)^{1+\frac{\beta_1}{2}} \quad (4-18)$$

由于 $\gamma > \eta-1 > 1$,$A^* > 0$,$1 > \delta_j^M > 0$,$\beta_2 > 0$,$\theta > 0$,以及 $\tau_{ij} w_j$、f_{ij}、T_{ij} 外生且大于 0,故有 $\partial \underline{a_i}/\partial M_{ij}^T > 0$,表明中间品进口增加能够推动零部件生产企业进行技术改进,由此可得出命题 1。

命题 1:中国对"一带一路"参与国出口贸易额的增长会提升"一带一

---

① 本节利用 UN Comtrade 数据库的 SITC(第二版)三位码的贸易产品数据,计算得出 135 个国家的技术水平。2004—2018 年 G7 国家平均技术水平为 67.53,"一带一路"参与国平均技术水平为 64.33,其中中国的技术水平在"一带一路"参与国中排名从第 13 位升至第 6 位。

② 根据 2004—2018 年 UNCTAD 数据库 225 个国家进口额年平均值计算排序得出。

路"参与国对应产品的生产效率,即中国出口能推动"一带一路"参与国技术升级。

根据(4-1)式、(4-3)式、(4-4)式、(4-15)式和(4-16)式,本节推导出某国进口贸易与东道国劳动力需求之间的相关关系的表达式:

$$\frac{\partial l_i}{\partial M_{ij}^T} = -\frac{\beta_2^{\frac{3}{2}} T_{ij}^{\gamma-\frac{\gamma}{\sqrt{\eta-1}}} \underline{a_i}^{-1-\varphi} y_i^1}{\varphi (\tau_{ij} w_j)^{\frac{\beta_1}{2}} A^{*\frac{5\gamma}{2}-\frac{1}{\eta-1}} \delta_j^{M\frac{\beta_1}{2}} \theta^{\frac{1}{2}}} \left(\frac{1}{\delta_j^M} - 1\right)^{1+\frac{\beta_1}{2}} \quad (4-19)$$

$$\frac{\partial}{\partial \underline{a_i}}\left(\frac{\partial l_i}{\partial M_{ij}^T}\right) = \frac{(1+\varphi)\beta_2^{\frac{3}{2}} T_{ij}^{\gamma-\frac{\gamma}{\sqrt{\eta-1}}} \underline{a_i}^{-2-\varphi} y_i^1}{\varphi (\tau_{ij} w_j)^{\frac{\beta_1}{2}} A^{*\frac{5\gamma}{2}-\frac{1}{\eta-1}} \delta_j^{M\frac{\beta_1}{2}} \theta^{\frac{1}{2}}} \left(\frac{1}{\delta_j^M} - 1\right)^{1+\frac{\beta_1}{2}} \quad (4-20)$$

由于 δ_j^M、θ、A^* 都为大于 0 的常数,$\gamma>\eta-1>1$,并且 τ_{ij}、w_j、f_{ij} 和 T_{ij} 均为大于 0 的外生变量,$y_i^1>0$,故有 $\partial l_i/\partial M_{ij}^T<0$,表明中间品进口贸易增加会导致东道国劳动力需求减少,引起失业人数增加;又因为 $1+\varphi>0$,所以 $\frac{\partial}{\partial \underline{a_i}}\left(\frac{\partial l_i}{\partial M_{ij}^T}\right)>0$,表明在中间品进口贸易对东道国劳动力需求产生负向冲击的情况下,东道国生产企业技术水平提高能够有效缓解中间品进口对劳动力需求的抑制作用,由此可得命题 2。

命题 2:中国对"一带一路"参与国出口贸易增长会减小"一带一路"参与国的劳动力供给规模,即中国出口导致"一带一路"参与国就业人数减少,但随着企业生产效率的提升,产业劳动力减少的幅度越来越小。换言之,技术水平较高的企业能够避免中国出口的劳动力挤出效应。

根据(4-2)式、(4-15)式和(4-16)式,本节推导出某国进口贸易与东道国参与生产企业数之间关系的表达为:

$$\frac{\partial n_i}{\partial M_{ij}^T} = -\frac{\gamma N_i a^{l\gamma} \beta_2^{\frac{3}{2}} T_{ij}^{\gamma-\frac{\gamma}{\sqrt{\eta-1}}} \underline{a_i}^{-\varphi}}{\varphi (\tau_{ij} w_j)^{\frac{\beta_1}{2}} A^{*\frac{5\gamma}{2}-\frac{1}{\eta-1}} \delta_j^{M\frac{\beta_1}{2}} \theta^{\frac{1}{2}}} \left(\frac{1}{\delta_j^M} - 1\right)^{1+\frac{\beta_1}{2}} \quad (4-21)$$

$$\frac{\partial}{\partial \underline{a_i}}\left(\frac{\partial n_i}{\partial M_{ij}^T}\right) = \frac{\gamma^2(1+\sqrt{\eta-1}) N_i a^{l\gamma} \beta_2^{\frac{3}{2}} T_{ij}^{\gamma-\frac{\gamma}{\sqrt{\eta-1}}} \underline{a_i}^{-\varphi-1}}{\sqrt{\eta-1}(\tau_{ij} w_j)^{\frac{\beta_1}{2}} A^{*\frac{5\gamma}{2}-\frac{1}{\eta-1}} \delta_j^{M\frac{\beta_1}{2}} \theta^{\frac{1}{2}}} \left(\frac{1}{\delta_j^M} - 1\right)^{1+\frac{\beta_1}{2}}$$

$$(4-22)$$

由于 β_2、a^l、N_i、A^* 都为大于 0 的常数，$1>\delta_j^M>0$，$\theta>0$，τ_{ij}、w_j、f_{ij} 和 T_{ij} 均为外生变量且大于 0，$a_i>0$，$\gamma>\eta-1>1$，故有 $\partial n_i/\partial M_{ij}^T<0$，表明中间品进口贸易增加会导致东道国零部件生产企业数量显著减少；然后 $\partial n_i/\partial M_{ij}^T$ 再对 a_i 求导，本节发现 $\frac{\partial}{\partial a_i}\left(\frac{\partial n_i}{\partial M_{ij}^T}\right)>0$，反映了随着零部件生产企业技术水平的完善，越来越多的零部件生产企业会摆脱中间品进口的抑制作用而投入生产环节，企业数缩减速度大幅降低，由此可得命题 3。

命题 3：中国对"一带一路"参与国出口额增加会导致"一带一路"参与国生产企业数量减少，但企业生产效率越高，其生存的可能性越高，即中国出口会挤占"一带一路"参与国低技术水平企业的生存空间，而不影响高技术水平的企业，因此中国出口对"一带一路"参与国生产要素起到再分配作用。

二、实证模型设定

本部分分别从企业内部技术升级和企业之间资源再分配效应引起的技术升级两方面展开分析。

（一）现存企业内部技术升级

根据前文的理论分析，本节将 t 时期国家 i 产业 j 企业 k 的技术水平（$Tech$）设定为：

$$Tech_{ijk,t} = \gamma \ln Import_{ij,t-b}^C + \iota_k + \nu_{i,t} + \varphi_{ijk,t} \tag{4-23}$$

其中，$Tech$ 用企业全要素生产率（TFP）和专利数（$Patents$）的自然对数表示；$Import_{ij,t-b}^C$ 为 $t-b$ 时期国家 i 产业 j 从中国的进口额；ι_k 是企业固定效应；$\nu_{i,t}$ 是与时间虚拟变量互动用来吸收宏观经济冲击的国家虚拟变量；$\varphi_{ijk,t}$ 为误差项；γ 为常数，并且根据命题 1，$\gamma>0$。

为了去除企业固定效应，本部分将模型调整为：

$$\Delta Tech_{ijk,t} = \gamma \Delta \ln Import_{ij,t}^C + \Delta \nu_{i,t} + \Delta \varphi_{ijk,t} \tag{4-24}$$

其中，Δ 表示长期差分项。为了最大化地利用数据，本部分使用重叠的三年期差分项，并且在国家—产业层面进行聚类分析。

由于中国出口贸易可能会受到未观测到因素的冲击（即 $\Delta \varphi_{ijk,t}$），本部分选用中国与"一带一路"参与国签署的双边自由贸易协定规定的从中国进口关税税率的三年期差值为工具变量以克服潜在的内生性偏差。第一阶段模型为：

$$\Delta \ln Import_{ij,t}^{C} = f\Delta Tariff_{ij,t} + \Delta \nu_{i,t}^{T} + \Delta \varphi_{ijk,t}^{T} \quad (4-25)$$

$$\Delta Tariff_{ij,t} = Tariff_{ij,t-3} - Tariff_{ij,t} \quad (4-26)$$

其中，$Tariff_{ij,t}$ 为"一带一路"参与国与中国签署的双边自由贸易协定中规定的第 t 年从中国进口的关税率，f 为常数，$f>0$，表明关税率差值的提高有利于中国出口贸易增加。

将(4-25)式代入(4-24)式可以得到企业内部技术改善的简化模型：

$$Tech_{ijk,t} = \gamma^{S}\Delta Tariff_{ij,t} + \Delta \nu_{i,t}^{S} + \Delta \varphi_{ijk,t}^{S} \quad (4-27)$$

为了处理关税率差值较大产业技术升级的潜在前置趋势，本部分在使用工具变量法的过程中控制企业特定趋势。

（二）企业之间资源再分配引起的技术升级

为了验证中国出口贸易竞争能否引发"一带一路"参与国企业之间的技术升级，本部分通过估测就业和企业生存模型来检验中国出口贸易对东道国企业之间经济资源的分配效应。根据上文的理论分析，中国出口贸易将引起低技术企业退出市场，因此本部分设定就业增长模型为：

$$\Delta \ln Employ_{ijk,t} = \gamma^{E}\Delta \ln Import_{ij,t}^{C} + \xi_{1}^{E}(Tech_{ijk,t-3} \times \Delta \ln Import_{ij,t}^{C}) +$$
$$\xi_{2}^{E} Tech_{ijk,t-3} + \Delta \nu_{i,t}^{E} + \Delta \varphi_{ijk,t}^{E} \quad (4-28)$$

其中，$Employ$ 为企业员工人数；γ^{E} 为 $Employ$ 的系数，反映中国出口贸易增长带来的企业员工数的变化，根据上文的理论分析，$\gamma^{E}<0$。为了观察中国出口贸易竞争对低技术企业的作用，本部分引入 $\Delta Import_{ij,t}^{C}$ 和 $Tech_{ijk,t-3}$ 的交乘项，若中国出口对低技术水平企业存在抑制效应，则 $\xi_{1}^{E}>0$。换言之，高技术水平企业受中国出口贸易的影响较小，验证命题 2。

(4-24)式和(4-27)式是估计从事生产经营的企业，然而中国出口贸易可能降低"一带一路"参与国企业的生存可能性，本部分设定：

$$Survive_{ijk,t} = \gamma^{V}\Delta \ln Import_{ij,t}^{C} + \xi_{1}^{V}(Tech_{ijk,t-3} \times \Delta \ln Import_{ij,t}^{C}) +$$
$$\xi_{2}^{V} Tech_{ijk,t-3} + \Delta \nu_{i,t}^{V} + \Delta \varphi_{ijk,t}^{V} \quad (4-29)$$

其中，$Survive$ 表示企业在随后的四年内是否存在。① 若企业存在，则 $Survive =$

---

① 随后的四年具体指第 $t+1$ 年，第 $t+2$ 年，第 $t+3$ 年，第 $t+4$ 年。

1;否则,Survive=0。如果中国出口贸易能够降低东道国企业的生存可能性,那么 $\gamma^V < 0$;如果中国出口贸易不影响高技术水平企业的生产经营状况,那么 $\xi_1^V > 0$,由此能够验证命题3。

在利用关税率差值作为工具变量对就业和企业生存进行实证检验时,由于存在两个内生变量($\Delta \ln Import_{ij,t}^C$ 和 $Tech_{ijk,t-3} \times \Delta \ln Import_{ij,t}^C$),本部分使用 $\Delta Tariff_{ij,t}$ 和 $\Delta Tariff_{ij,t} \times Tech_{ijk,t-3}$ 作为第一阶段的两个工具变量。

(三) 数据说明

根据数据的可获得性,本部分选取与中国签署共建"一带一路"合作文件的88个国家的53 495家企业为样本,并且由于2004年中国出口贸易年增长速度达到历史峰值,本部分的时间区间选为2004—2018年。

实证模型中的企业TFP数据根据ORBIS数据库(全球企业数据库)和Osiris数据库中企业增加值、材料成本、用工成本、资本以及UN Comtrade数据库的出口贸易额计算得出。企业专利数(Patents)利用Orbis Interllectual Property数据库中的企业专利与ORBIS数据库、Osiris数据库的企业匹配得出。Employ数据与Survive数据均根据ORBIS数据库和Osiris数据库整理得出。

$Import^C$ 选择UN Comtrade数据库中各国1992年版HS六分位码的从中国进口产品贸易数据,并将HS产品类别数据转换为SIC产业类别数据。① 2004—2018年,"一带一路"参与国从中国进口贸易额呈现稳定的高速增长状态(见图4-1),中国相继超过日本、美国、德国成为"一带一路"参与国最大的进口来源国,中国累积进口占比超过10%的参与国有38个,其中孟加拉国、智利、韩国、巴拿马、越南、泰国、乌兹别克斯坦的进口占比均突破15%,表明中国出口贸易对"一带一路"参与国经济发展的影响力。$\Delta Tariff_{ij,t}$ 数据利用WTO RTA database及中国签署的自由贸易协议原本计算得出。该指标所涉及的国家为智利、哥斯达黎加、格鲁吉亚、韩国、新西兰、新加坡、巴基斯坦、秘鲁、菲律宾,并且2013年以前 $\Delta Tariff_{ij,t}$ 与企业TFP、专利数、员工人数、资本、用工成本、材料成本及国家进口贸易总额无显著的相关关系。变量描述统计如表4-1所示。

---

① 由于 $Import^C$ 存在零值,因此 $lnImport_{ij,t}^C = \ln(Import_{ij,t}^C + 1)$。

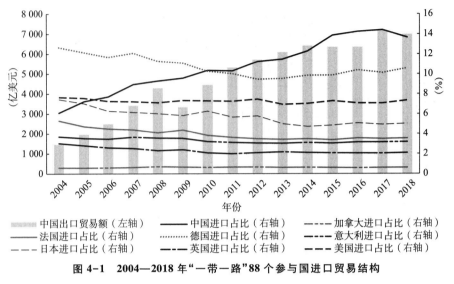

图 4-1　2004—2018 年"一带一路"88 个参与国进口贸易结构

资料来源：UN Comtrade 数据库。

表 4-1　变量描述统计

变量	平均值	标准差	最大值	最小值
$\ln TFP$	0.93	0.74	14.16	−7.20
$Patants$	39.21	208.02	6 076.00	0.00
$Employ$	431.86	3 686.68	315 867.00	0.00
$Survive$	0.99	0.10	1.00	0.00
$Import^C$	84.39	392.69	16 989.43	0.00
$\Delta Tariff$	0.84	8.85	202.84	−17.27

注：$\Delta Tariff$ 出现负值是因为韩国与中国签署的自由贸易协定中规定的从中国进口部分产品关税率高于最惠国关税率，具体涉及的 SIC 产业代码为 202、203、204、206、207、208、209、283；$\Delta Tariff$ 大于 100 是因为部分产品关税是根据单位重量或体积直接计算，而非按百分比计算。

三、实证结果分析

（一）企业内部技术改善结果：OLS 估计

表 4-2 为"一带一路"参与国企业内部技术改善的 OLS 回归结果。表中各列都加入国家虚拟变量与年份虚拟变量的交乘项，以控制模型中国家

宏观冲击和年份差分的固定效应(Country-year FE)。第(1)列 $\Delta \ln Import_{ij,t}^{C}$ 的系数显著大于0,表明中国出口贸易增加能够明显推动"一带一路"参与国企业的TFP提升及专利数增加,与命题1相符。同时,第(2)列和第(3)列是以2013年"一带一路"倡议提出为标志,进行不同样本周期的实证检验。第(3)列 $\Delta \ln Import_{ij,t}^{C}$ 的系数显著为正,而第(2)列 $\Delta \ln Import_{ij,t}^{C}$ 的系数未通过显著性检验,由此可知"一带一路"倡议的正式提出强化了中国出口贸易对"一带一路"参与国企业的技术提升作用。

表4-2 现存企业内部技术改善的回归结果

$\Delta Tech$	(1) $\Delta \ln TFP$	(2) $\Delta \ln TFP$	(3) $\Delta \ln TFP$
估计方法	三年期差分	三年期差分	三年期差分
基准回归结果			
$\Delta \ln Import_{ij,t}^{C}$	0.0100**	0.0133	0.0090**
	(0.004)	(0.011)	(0.003)
样本周期	2004—2018年	2004—2013年	2014—2018年
Country-year FE	是	是	是
按国家划分的产业数	4 217	1 605	4 001
样本数	215 078	11 336	203 742
$\Delta Tech$	$\Delta \ln Patents$	$\Delta \ln Patents$	$\Delta \ln Patents$
估计方法	三年期差分	三年期差分	三年期差分
$\Delta \ln Import_{ij,t}^{C}$	0.0248**	0.0331	0.0211#
	(0.012)	(0.026)	(0.014)
样本周期	2004—2018年	2004—2013年	2014—2018年
Country-year FE	是	是	是
按国家划分的产业数	1 193	426	1 128
样本数	15 373	2 280	13 093
引入产业趋势的回归结果			
$\Delta Tech$	(1) $\Delta \ln TFP$	(2) $\Delta \ln TFP$	(3) $\Delta \ln TFP$
估计方法	三年期差分	三年期差分	三年期差分
$\Delta \ln Import_{ij,t}^{C}$	0.0103**	0.0138	0.0089**
	(0.005)	(0.011)	(0.004)
样本周期	2004—2018年	2004—2013年	2014—2018年

（续表）

$\Delta Tech$	(1) $\Delta \ln TFP$	(2) $\Delta \ln TFP$	(3) $\Delta \ln TFP$
估计方法	三年期差分	三年期差分	三年期差分
Country-year FE	是	是	是
按国家划分的产业数	4 217	1 605	4 001
样本数	215 078	11 336	203 742
$\Delta Tech$	$\Delta \ln Patents$	$\Delta \ln Patents$	$\Delta \ln Patents$
估计方法	三年期差分	三年期差分	三年期差分
$\Delta \ln Import_{ij,t}^{C}$	0.0302**	0.0147	0.0351**
	(0.015)	(0.038)	(0.016)
样本周期	2004—2018 年	2004—2013 年	2014—2018 年
Country-year FE	是	是	是
按国家划分的产业数	1 193	426	1 128
样本数	15 373	2 280	13 093

引入对中国出口（$\Delta \ln Export_{ij,t}^{C}$）作为控制变量的回归结果

$\Delta Tech$	(1) $\Delta \ln TFP$	(2) $\Delta \ln TFP$	(3) $\Delta \ln TFP$
估计方法	三年期差分	三年期差分	三年期差分
$\Delta \ln Import_{ij,t}^{C}$	0.0099**	0.0129	0.0088**
	(0.004)	(0.011)	(0.004)
样本周期	2004—2018 年	2004—2013 年	2014—2018 年
Country-year FE	是	是	是
按国家划分的产业数	4 208	1 605	3 991
样本数	214 528	11 333	203 195
$\Delta Tech$	$\Delta \ln Patents$	$\Delta \ln Patents$	$\Delta \ln Patents$
估计方法	三年期差分	三年期差分	三年期差分
$\Delta \ln Import_{ij,t}^{C}$	0.0229*	0.0171	0.0202#
	(0.012)	(0.028)	(0.014)
样本周期	2004—2018 年	2004—2013 年	2014—2018 年
Country-year FE	是	是	是
按国家划分的产业数	1 193	426	1 128
样本数	15 354	2 279	13 075

注：***、**、*和#分别表示在1%、5%、10%和15%的统计水平上显著，括号内的数值为稳健聚类标准误，均聚类在国家—产业维度，其中产业为 SIC 三位码。现存企业指仍然生存的企业。

由于未观测到的生产效率冲击可能导致中国出口与企业技术改进呈正向相关关系,本部分将一系列 SIC 三位代码产业趋势变量加入实证模型,进行稳健性检验。第(1)列 $\Delta \ln Import_{ij,t}^{C}$ 的系数依然显著为正,表明中国出口贸易对"一带一路"参与国企业内部技术升级的促进效应非常显著且稳健,进一步验证了命题 1。此外,第(2)列和第(3)列 $\Delta \ln Import_{ij,t}^{C}$ 的系数与基准回归结果一致,表明"一带一路"倡议的提出有利于中国出口贸易技术溢出的发挥。此外,本部分将 88 个"一带一路"参与国对中国出口贸易额的三年期差值($\Delta \ln Export_{ij,t}^{C}$)作为控制变量引入实证模型,$\Delta \ln Import_{ij,t}^{C}$ 的系数与基准回归结果一致,保障了命题 1 的合理性。

(二) 企业内部技术改善结果:IV 估计

在上文的实证模型中,未观测到的技术冲击可能引起中国出口贸易的增加,从而产生中国出口的潜在内生性。比如,"一带一路"参与国对某一产业的产品需求增加,使得本国该产业企业提高生产效率,并引起中国相应产品的出口贸易额增加,进而可能导致对中国出口贸易技术升级效应的过高 OLS 估计。因此,本部分将中国与"一带一路"参与国签署的双边自由贸易协定规定的从中国进口关税率的三年期差值作为工具变量,引入实证模型。

表 4-3 是以中国与"一带一路"参与国签署自由贸易协议的关税率差值作为工具变量的回归结果。截至 2021 年 4 月,由于中国仅签署了 17 项自由贸易协定,本部分选择智利、哥斯达黎加、格鲁吉亚、韩国、新西兰、新加坡、巴基斯坦、秘鲁、菲律宾的企业为研究对象。OLS 估计结果呈现于第(1)列和第(4)列,$\Delta \ln Import_{ij,t}^{C}$ 的系数都大于 0,且以专利数衡量企业技术水平的 $\Delta \ln Import_{ij,t}^{C}$ 系数通过 10% 的显著性水平检验,表明中国出口贸易对这些"一带一路"参与国企业的生产技术具有一定的影响。第(2)列和第(5)列为使用工具变量的第一阶段估计结果,$\Delta Tariff_{ij,t}$ 的系数都显著大于 0,表明从中国进口关税率的降低有利于中国对"一带一路"沿线国家出口的增长。第(3)列和第(6)列为工具变量估计结果,$\Delta \ln Import_{ij,t}^{C}$ 的系数都大于 0,远高于 OLS 估计结果,并且分别通过 1% 和 15% 的显著性水平检验,说明中国产品出口增加促进了参与国企业的生产效率提升和专利数增加,有利于"一带一路"沿线国家技术升级,再次证实了本节命题 1。①

---

① 此处 $\ln TFP$ 和 $\ln Patents$ 的 Hausman 检验 p 值分别为 0.046 和 0.007。

表 4-3 现存企业内部技术改善工具变量的回归结果

$\Delta Tech$ 方法	(1) $\Delta\ln TFP$ OLS	(2) $\Delta\ln Import_{ij,t}^C$ First stage	(3) $\Delta\ln TFP$ IV	(4) $\Delta\ln Patents$ OLS	(5) $\Delta\ln Import_{ij,t}^C$ First stage	(6) $\Delta\ln Patents$ IV
$\Delta\ln Import_{ij,t}^C$	0.0348		0.2311***	0.0384*		0.1539#
	(0.052)		(0.047)	(0.022)		(0.106)
$\Delta Tariff_{ij,t}$		0.0081***			0.0261***	
		(0.000)			(0.007)	
F-statistic		19.6			16.1	
样本周期	2007—2018年	2007—2018年	2007—2018年	2006—2018年	2006—2018年	2006—2018年
Country-year FE	是	是	是	是	是	是
控制对中国出口	是	是	是	是	是	是
按国家划分的产业数	317	317	317	29	29	29
样本数	4 365	4 365	4 365	310	310	310

注：***、**、*和#分别表示在1%、5%、10%和15%的统计水平上显著，括号内的数值为稳健聚类标准误，均聚类在国家—产业维度，其中产业为SIC三位码。

(三) 企业之间技术优化结果：就业与存续

1. 就业分配效应

表4-4是"一带一路"参与国企业之间就业分配效应的估计结果。第(1)列 $\Delta\ln Import_{ij,t}^C$ 的系数小于0，第(2)列 $\Delta\ln Import_{ij,t}^C$ 的系数也小于0且通过显著性检验，表明中国出口贸易增加对"一带一路"参与国企业的就业人数有显著的抑制作用，降低了企业对劳动力的需求。其原因主要是中国出口贸易推动了参与国企业技术改进，从而减少了企业对劳动力的生产需求，引起了就业人数下降。此外，第(2)列中中国出口贸易和企业滞后三期TFP的交乘项系数显著大于0，说明高技术水平企业能够免于中国出口贸易引起的就业恶化效应。第(3)列和第(4)列是以企业专利累计数衡量技术水平，$\Delta\ln Import_{ij,t}^C$ 的系数为负值，$Tech_{ijk,t-3} \times \Delta\ln Import_{ij,t}^C$ 的系数显著大于0，进一步

证明中国出口贸易会推动企业减少劳动力需求,而且中国出口贸易会保护高技术水平企业。①

表4-4 企业之间就业分配的回归结果

$\Delta \ln Employ$	基准回归结果			
	(1)	(2)	(3)	(4)
	$\ln TFP$	$\ln TFP$	$\ln Patents$	$\ln Patents$
$\Delta \ln Import_{ij,t}^{C}$	−0.0017	−0.0064***	−0.0050	−0.0384*
	(0.002)	(0.002)	(0.017)	(0.023)
$Tech_{ijk,t-3} \times \Delta \ln Import_{ij,t}^{C}$		0.0049**		0.0304**
		(0.002)		(0.013)
$Tech_{ijk,t-3}$	0.0062***	0.0067***	0.0092***	0.0084***
	(0.001)	(0.001)	(0.003)	(0.002)
样本周期	2004—2018年	2004—2018年	2005—2018年	2005—2018年
Country-year FE	是	是	是	是
控制产业趋势	是	是	是	是
控制对中国出口	是	是	是	是
按国家划分的产业数	3 096	3 096	883	883
样本数	140 018	140 018	8 092	8 092
$\Delta \ln Employ$	工具变量法回归结果			
	(1)	(2)	(3)	(4)
	$\ln TFP$	$\ln TFP$	$\ln Patents$	$\ln Patents$
$\Delta \ln Import_{ij,t}^{C}$	−0.4725	−0.9578**	−0.2631***	−1.3217***
	(0.401)	(0.449)	(0.076)	(0.137)
$Tech_{ijk,t-3} \times \Delta \ln Import_{ij,t}^{C}$		0.1784**		0.1409***
		(0.084)		(0.022)
$Tech_{ijk,t-3}$	0.1758***	0.1305*	0.0007	0.0008
	(0.001)	(0.076)	(0.070)	(0.144)

---

① 为检验此结论,本部分将滞后一期企业就业人数、滞后一期企业就业人数与中国进口的交乘项一起加入(4-28)式进行OLS估计。结果显示,中国出口贸易和企业滞后三期TFP交乘项的系数为0.0102,且通过10%显著性检验,中国出口贸易和企业滞后三期专利数交乘项的系数为0.0291,且通过10%显著性检验。

（续表）

$\Delta\ln Employ$	工具变量法回归结果			
	（1）	（2）	（3）	（4）
	$\ln TFP$	$\ln TFP$	$\ln Patents$	$\ln Patents$
F-statistic（$\Delta\ln Import_{ij,t}^C$）		6.1	10.8	60.9
F-statistic（$\Delta\ln Import_{ij,t}^C \times Tech_{ijk,t-3}$）		11.9		40.5
样本周期	2004—2018年	2004—2018年	2004—2018年	2004—2018年
Country-year FE	是	是	是	是
控制产业趋势	是	是	是	是
控制对中国出口	是	是	是	是
按国家划分的产业数	131	131	17	17
样本数	1 013	1 013	58	58

注：***、**、*和#分别表示在1%、5%、10%和15%的统计水平上显著，括号内的数值为稳健聚类标准误，均聚类在国家—产业维度，其中产业为SIC三位码。

与此相对，本部分利用工具变量法对企业就业分配效应进行稳健性检验。表4-4工具变量回归结果中，第（1）列和第（3）列以$\Delta Tariff_{ij,t}$为工具变量，结果显示，$\Delta\ln Import_{ij,t}^C$的系数都小于0，其中以专利数衡量企业技术水平的$\Delta\ln Import_{ij,t}^C$系数通过1%显著性水平检验，表明中国出口贸易增加会引起"一带一路"参与国企业就业人数缩减。第（2）列和第（4）列分别以$\Delta Tariff_{ij,t}$、$\Delta Tariff_{ij,t}\times Tech_{ijk,t-3}$作为两个工具变量进行回归分析，结果发现，中国出口贸易增加与企业滞后三期技术水平交乘项的系数都显著大于0，进一步验证了中国出口贸易的就业抑制效应对"一带一路"参与国高技术水平企业的影响并不显著。

2. 企业存续效应

表4-5是中国出口贸易对"一带一路"参与国企业生存的估计结果。第（1）列$\Delta\ln Import_{ij,t}^C$的系数小于0且通过显著性检验，第（2）列和第（4）列$\Delta\ln Import_{ij,t}^C$的系数也显著小于0，表明中国出口贸易增加会减小"一带一路"参与国企业的生存概率，从第（2）列可知，中国出口贸易引起"一带一路"参与国有企业平均市场退出率为0.86%。同时，第（2）列$Tech_{ijk,t-3}\times\Delta\ln Import_{ij,t}^C$

的系数显著大于 0,说明中国出口贸易对"一带一路"参与国企业有正向的保护作用,即中国出口贸易的竞争使参与国低技术水平企业将面对较为明显的市场退出挑战,而高技术水平的企业能够免于中国的影响。

表 4-5 企业存续回归结果

Survive	基准回归结果			
	(1)	(2)	(3)	(4)
	$\ln TFP$	$\ln TFP$	$\ln Patents$	$\ln Patents$
$\Delta \ln Import_{ij,t}^{C}$	$-0.0008^{\#}$	-0.0013^{*}	-0.0011	$-0.0054^{\#}$
	(0.000)	(0.001)	(0.002)	(0.004)
$Tech_{ijk,t-3} \times \Delta \ln Import_{ij,t}^{C}$		0.0005^{*}		-0.0017
		(0.000)		(0.001)
$Tech_{ijk,t-3}$	$0.0010^{\#}$	0.0010^{*}	$0.0017^{\#}$	$0.0018^{\#}$
	(0.001)	(0.001)	(0.001)	(0.001)
样本平均生存率	0.9913	0.9914	0.9929	0.9929
样本周期	2007—2018 年	2007—2018 年	2004—2018 年	2004—2018 年
Country-year FE	是	是	是	是
控制产业趋势	是	是	是	是
控制对中国出口	是	是	是	是
按国家划分的产业数	3 789	3 789	917	917
样本数	201 250	201 250	13 630	13 630
Survive	工具变量法回归结果			
	(1)	(2)	(3)	(4)
	$\ln TFP$	$\ln TFP$	$\ln Patents$	$\ln Patents$
$\Delta \ln Import_{ij,t}^{C}$	-0.0032	$-0.0013^{\#}$	-0.0469^{**}	$-0.0037^{\#}$
	(0.003)	(0.001)	(0.076)	(0.137)
$Tech_{ijk,t-3} \times \Delta \ln Import_{ij,t}^{C}$		$0.0747^{\#}$		0.0044
		(0.051)		(0.022)
$Tech_{ijk,t-3}$	0.0002	-0.0007	-0.0002	-0.0004
	(0.001)	(0.003)	(0.070)	(0.144)

（续表）

Survive	工具变量法回归结果			
	（1）	（2）	（3）	（4）
	$\ln TFP$	$\ln TFP$	$\ln Patents$	$\ln Patents$
F-statistic（$\Delta \ln Import^{C}_{ij,t}$）	84.2	78.1	6.8	376.7
F-statistic（$\Delta \ln Import^{C}_{ij,t} \times Tech_{ijk,t-3}$）		2.6		6.9
样本周期	2004—2018 年	2004—2018 年	2004—2018 年	2004—2018 年
Country-year FE	是	是	是	是
控制产业趋势	是	是	是	是
控制对中国出口	是	是	是	是
按国家划分的产业数	137	137	22	22
样本数	2 029	2 029	192	192

注：***、**、*和#分别表示在1%、5%、10%和15%的统计水平上显著，括号内的数值为稳健聚类标准误，均聚类在国家—产业维度，其中产业为 SIC 三位码。

此外，本部分利用工具变量法对企业存续效应进行稳健性检验。表 4-5 工具变量法回归结果中，第（1）列和第（3）列是以 $\Delta Tariff_{ij,t}$ 作为工具变量，结果显示 $\Delta \ln Import^{C}_{ij,t}$ 系数都小于 0，且以专利数衡量企业技术水平的 $\Delta \ln Import^{C}_{ij,t}$ 系数通过显著性检验，表明中国出口贸易可能会对"一带一路"参与国企业产生抑制作用。第（2）列和第（4）列以 $\Delta Tariff_{ij,t}$、$\Delta Tariff_{ij,t} \times Tech_{ijk,t-3}$ 作为工具变量进行稳健性检验，结果发现 $\Delta \ln Import^{C}_{ij,t}$ 的系数都显著小于 0，$Tech_{ijk,t-3} \times \Delta \ln Import^{C}_{ij,t}$ 的系数都大于 0，且以 TFP 表示企业技术水平的 $Tech_{ijk,t-3} \times \Delta \ln Import^{C}_{ij,t}$ 系数通过显著性检验，从而进一步证实中国出口贸易的挤出效应对"一带一路"沿线国家高技术水平企业生存的影响并不显著，验证了本节命题 3。

四、扩展分析与稳健性检验

（一）样本稳健性：动态选择偏误

上文实证结果可能存在动态选择偏误，主要源于两方面：其一，样本中部分企业可能正处于技术变革过程，其面临中国出口贸易的冲击，退出市场竞争的可能性较低，从而加重了中国出口贸易增加促进企业技术升级的倾向;其二,部分企业由于数据少于3年而被删除,进而增强了选择偏误。由于企业专利数不可能小于0,本节参考 Blundell et al.(2007)的"Worst case bounds"界限法处理动态选择偏误,对已退出市场的企业 Patents 赋值0并延伸到2018年,以便于检验命题1的稳健性。表4-6第(1)列是"Worst case bounds"界限法的回归结果,而这种界限法使用的样本数比基准回归多249个。① 第(2)列 $\Delta \ln Import_{ij,t}^{C}$ 的系数显著为正,与基准回归结果相似,表明动态选择偏误不会显著影响结论,即本节命题1是稳健的。同时,由于企业专利是计数的,本部分利用负二项式模型进行回归分析,并参考 Bloom et al. (2016),以2004—2018年企业专利数的平均值控制固定效应,结果列于第(3)列和第(4)列。第(3)列和第(4)列中国出口贸易系数都显著大于0,表明中国出口贸易与参与国企业技术水平呈正向关系并具有较强的稳定性。由此,动态选择偏误问题没有导致本节高估中国出口贸易的企业内部技术升级作用。

表4-6 处理动态选择偏误的回归结果

模型	(1) 三年期 差分	(2) 三年期 差分	(3) 负二项式 固定效应	(4) 负二项式 固定效应	(5) 三年期 差分
方法	OLS	Worst case bounds	OLS	Worst case bounds	PPML
$\Delta \ln Import_{ij,t}^{C}$	0.0241*	0.0236*			0.7981***
	(0.013)	(0.014)			(0.242)
$\ln Import_{ij,t}^{C}$			0.0193*	0.0201**	
			(0.010)	(0.010)	
Country-Year FE	是	是	是	是	是
控制对中国出口	是	是	是	是	是
按国家划分的产业数	1 193	1 193	1 209	1 209	1 175
样本数	15 044	15 293	25 349	25 606	15 222

注:***、**、*和#分别表示在1%、5%、10%和15%的统计水平上显著,括号内的数值为稳健聚类的标准误,均聚类在国家—产业维度,其中产业为SIC三位码。

---

① 此处未对TFP实行"Worst case bounds"界限法的原因是企业TFP的下限不等于0。

此外,对 Patents 进行对数化处理可能产生样本选择偏误,本部分参考 Silva and Tenreyro(2006)的做法,利用 PPML 法进行回归分析,结果列于表 4-6 第(5)列,$\Delta \ln Import_{ij,t}^{C}$ 系数显著为正,与基准回归结果相似,进一步验证了本节命题 1 的稳健性。

(二)方法稳健性:以初始条件为工具变量

以中国与"一带一路"参与国签署自由贸易协定的关税率差值作为工具变量仅能对韩国、新西兰、新加坡、菲律宾等 9 个国家的企业展开分析,无法全面衡量中国出口对"一带一路"88 个参与国企业技术升级的作用。因此,本部分制定了第二种识别策略。由于出口惯性的存在,2000—2003 年中国出口贸易额大的行业具备较强的国际竞争力,在 2004—2018 年发生大幅增长的可能性更高,对东道国的经济产生更显著的影响。因此,本部分将滞后一期中国对"一带一路"参与国行业出口额对数的三年期差值与滞后四期中国出口额全球占比的交互项($\Delta \ln Import_{j,t-1}^{C} \times ratio_{ind,t-4}^{C}$)、滞后一期中国对"一带一路"参与国行业出口额对数的三年期差值与滞后一期中国对"一带一路"参与国出口占中国全球出口额比重的三年期差值的交乘项($\Delta \ln Import_{j,t-1}^{C} \times \Delta ratio_{BRI,t-1}^{C}$)分别为(4-24)式、(4-28)式、(4-29)式中 $\Delta \ln Import_{ij,t}^{C}$ 的工具变量。

表 4-7 是以初始条件为工具变量的回归结果,其各变量的系数和显著性与以关税率差值为工具变量的结果相同。在企业内部技术改善模型中,工具变量法估计的 $\Delta \ln Import_{ij,t}^{C}$ 系数都显著大于 0,并大于 OLS 估计的系数。在企业间就业分配模型与企业生存模型中,工具变量法估计的 $\Delta \ln Import_{ij,t}^{C}$ 系数与前文 OLS 估计的符号一致且显著性水平大幅提高,由此进一步验证了前文的结论,即中国出口贸易增加能够重新分配"一带一路"参与国生产资源,加速资源向高技术水平企业转移。

表 4-7 以初始条件为工具变量的稳健性检验结果

	企业内部技术改善($\Delta \ln Import_{j,t-1}^{C} \times ratio_{ind,t-4}^{C}$ 为工具变量)			
	(1)	(2)	(3)	(4)
被解释变量	$\Delta \ln TFP$	$\Delta \ln TFP$	$\Delta \ln Patents$	$\Delta \ln Patents$
估计方法	OLS	IV	OLS	IV
$\Delta \ln Import_{ij,t}^{C}$	0.0100**	0.2742#	0.0248**	0.1236#
	(0.004)	(0.170)	(0.012)	(0.084)

（续表）

	（1）	（2）	（3）	（4）
被解释变量	$\Delta\ln TFP$	$\Delta\ln TFP$	$\Delta\ln Patents$	$\Delta\ln Patents$
估计方法	OLS	IV	OLS	IV
F-statistic($\Delta\ln Import_{ij,t}^{C}$)		18.4		17.0
样本周期	2004—2018年	2004—2018年	2004—2018年	2004—2018年
Country-year FE	是	是	是	是
控制对中国出口	是	是	是	是
按国家划分的产业数	4 208	4 208	1 193	1 193
样本数	214 528	214 528	15 373	15 354

企业之间的就业分配（$\Delta\ln Import_{j,t-1}^{C} \times \Delta ratio_{BRI,t-1}^{C}$ 为工具变量）

被解释变量：$\Delta\ln Employ$	（1）	（2）	（3）	（4）
技术变量	$\ln TFP$	$\ln TFP$	$\ln Patents$	$\ln Patents$
估计方法	OLS	IV	OLS	IV
$\Delta\ln Import_{ij,t}^{C}$	−0.0064***	−0.9661	−0.0384*	−0.5517***
	(0.002)	(0.742)	(0.023)	(0.194)
$Tech_{ijk,t-3} \times \Delta\ln Import_{ij,t}^{C}$	0.0049**	0.2621	0.0304**	0.3776**
	(0.002)	(0.434)	(0.013)	(0.165)
$Tech_{ijk,t-3}$	0.0067***	0.0238***	0.0084***	−0.0002
	(0.001)	(0.002)	(0.002)	(0.005)
F-statistic($\Delta\ln Import_{ij,t}^{C}$)		1.1		8.1
F-statistic($\Delta\ln Import_{ij,t}^{C} \times Tech_{ijk,t-3}$)		2.1		6.3
样本周期	2004—2018年	2004—2018年	2005—2018年	2005—2018年
Country-year FE	是	是	是	是
控制产业趋势	是	是	是	是
控制对中国出口	是	是	是	是
按国家划分的产业数	3 096	3 096	883	883
样本数	140 018	140 018	8 092	8 092

企业存续（$\Delta\ln Import_{j,t-1}^{C} \times \Delta ratio_{BRI,t-1}^{C}$ 为工具变量）

被解释变量：$Survive$	（1）	（2）	（3）	（4）
技术变量	$\ln TFP$	$\ln TFP$	$\ln Patents$	$\ln Patents$
估计方法	OLS	IV	OLS	IV
$\Delta\ln Import_{ij,t}^{C}$	−0.0013*	−0.0307	−0.0054#	−0.0264#
	(0.001)	(0.022)	(0.004)	(0.018)

（续表）

被解释变量：Survive	（1）	（2）	（3）	（4）
技术变量	$\ln TFP$	$\ln TFP$	$\ln Patents$	$\ln Patents$
估计方法	OLS	IV	OLS	IV
$Tech_{ijk,t-3} \times \Delta\ln Import_{ij,t}^{C}$	0.0005*	0.0089	−0.0017	0.0511#
	(0.000)	(0.015)	(0.001)	(0.033)
$Tech_{ijk,t-3}$	0.0010*	0.0008#	0.0018#	0.0006
	(0.001)	(0.001)	(0.001)	(0.001)
F-statistic ($\Delta\ln Import_{ij,t}^{C}$)		2.7		6.6
F-statistic ($\Delta\ln Import_{ij,t}^{C} \times Tech_{ijk,t-3}$)		2.3		6.4
样本周期	2007—2018年	2007—2018年	2004—2018年	2004—2018年
Country-year FE	是	是	是	是
控制产业趋势	是	是	是	是
控制对中国出口	是	是	是	是
按国家划分的产业数	3 789	3 048	917	917
样本数	201 250	173 928	13 630	13 630

注：***、**、*和#分别表示在1%、5%、10%和15%的统计水平上显著，括号内的数值为稳健聚类标准误，均聚类在国家—产业维度，其中产业为SIC三位码。

（三）中国出口贸易技术升级测量

基于上述回归结果证实了中国出口贸易有利于"一带一路"沿线国家的技术升级。因此，本部分参考 Bloom et al.(2016)的生产率分解法，利用前文的回归系数进行部分均衡计算，以便间接衡量中国出口贸易对"一带一路"沿线国家技术变革的潜在重要性。具体分解公式如下：

$$\Delta Up_t^C = \sum_{k=1}^{N} weight_{k,0}\gamma \times \Delta\ln Import_{ij,t}^{C} + \sum_{k=1}^{N}(weight_{k,t}^{E} - weight_{k,0}) \times Tech_{ijk,0} + \sum_{k=1}^{N}(weight_{k,t}^{E} - weight_{k,0})\gamma \times \Delta\ln Import_{ij,t}^{C} - \sum_{k=1}^{N} weight_{k,t}^{V} \times (Tech_{ij,0}^{Exit} - \overline{Tech_{ij,0}}) \quad (4-30)$$

$$weight_{k,t}^{E} = \frac{Employ_{k,0}(1 + \gamma^{E}\Delta\ln Import_{ij,t}^{C} + \xi_{1}^{E} Tech_{jk,0} \times \Delta\ln Import_{ij,t}^{C})}{\sum_{k=1}^{N} Employ_{k,0}(1 + \gamma^{E}\Delta\ln Import_{ij,t}^{C} + \xi_{1}^{E} Tech_{jk,0} \times \Delta\ln Import_{ij,t}^{C})}$$

$$(4-31)$$

$$weight_{k,t}^{S} = \frac{Employ_{k,0}(1 - \gamma^{V} \times \Delta \ln Import_{ij,t}^{C} + \xi_{1}^{V} Tech_{jk,0} \times \Delta \ln Import_{ij,t}^{C})}{\sum_{k=1}^{N} Employ_{k,0} \times (1 - \gamma^{V} \Delta \ln Import_{ij,t}^{C} - \xi_{1}^{V} Tech_{jk,0} \times \Delta \ln Import_{ij,t}^{C})}$$

(4-32)

其中,ΔUp_{t}^{C}是"一带一路"沿线国家技术升级指标,$weight_{k,0}$是2010年企业雇员人数占全部企业雇员人数的比重,γ是(4-21)式中中国出口贸易额的系数,$weight_{k,t}^{E}$是本部分预测的企业之间雇员分配比重,$weight_{k,t}^{V}$是本部分预测的退出企业雇员所占比重。(4-30)式的第一项表示企业内部技术升级效应,第二项表示劳动力从低技术水平企业向高技术水平企业转移引起的整体技术改善效应,第三项表示企业内部技术升级和劳动力分配的交叉效应,第四项表示企业退出导致的技术提升效应。

表4-8显示,2010—2018年中国出口贸易增加引起"一带一路"沿线国家企业的TFP提高14.30%,引起企业专利数增加7.53%;并且通过生产率分解,企业之间的劳动力分配效应是中国出口贸易升级效应的核心来源,企业退出市场的技术改善效用尚未发挥。同时,2013年"一带一路"倡议提出以后,中国出口贸易增加对企业专利数增加的刺激作用更为突出,企业之间的劳动力分配效应也得到进一步强化。

表4-8 中国出口贸易技术升级作用分解

(单位:%)

	2010—2018年			
	企业内部	企业之间劳动力分配	企业退出效应	总效应
ΔTFP	6.10	11.20	0.00	14.30
$\Delta \ln Patents$	0.02	7.45	-0.06	7.53
	2013—2018年			
	企业内部	企业之间劳动力分配	企业退出效应	总效应
ΔTFP	0.81	6.74	-0.01	6.56
$\Delta \ln Patents$	0.01	14.28	2.45	11.84

注:2010—2018年的测量结果是根据表4-2、表4-4和表4-5的变量系数计算得出的,2013—2018年的测量结果是作者根据相关样本数据重新计算得出的。

五、小结

本节从"一带一路"沿线国家的零部件生产、中间品生产、最终品生产三个环节,构建具有进出口贸易网络异质性的多国贸易模型,从双边企业异质性视角,全面探讨中国出口对"一带一路"参与国生产技术优化和生产要素分配的作用机制,并利用"一带一路"88个参与国企业的数据,以企业内部、企业之间为视角切入进行实证检验;同时,以中国与"一带一路"参与国签署双边自由贸易协定的关税率差值和其他初始条件作为工具变量以克服模型的内生性问题,针对国家、产业、企业三个层面的异质性进行稳健性检验,剖析中国与"一带一路"参与国经济高质量协同发展的有效路径。

研究发现:①中国出口贸易增加能够明显推动"一带一路"参与国企业的 TFP 提升及专利数增加,并且对高收入经济体中高技术水平企业的作用尤为显著,其中 2010—2018 年中国出口贸易增加引起"一带一路"沿线国家企业 TFP 提高 14.30%,引起企业专利数增加 7.53%;②中国出口贸易对"一带一路"参与国企业的雇员数有显著的抑制作用,能够减少企业对劳动力的需求,但技术水平较高的非大型企业能够免受中国出口的劳动力挤出效应的影响,即中国出口贸易会引起"一带一路"参与国劳动力向高技术水平的中小型企业转移;③"一带一路"倡议的提出加强了中国出口贸易对"一带一路"参与国技术升级的作用,并且与中国自由贸易协定的签署对"一带一路"参与国企业技术创新也具有显著的推动作用。

第二节 "一带一路"倡议的发展效应:沿线国家出口产品质量视角[①]

一、引言

进入 21 世纪以来,特别是 2008 年全球经济危机之后,中国积极参与到全球化治理中。2012 年党的十八大明确提出,"要倡导人类命运共同体意

---

① 本节作者:李保霞,北京大学经济学院博士后;张辉,北京大学经济学院教授;王桂军,北京理工大学人文与社会科学学院助理教授。本节涉及中国香港地区的部分,"国家"均指"国家(地区)","国"均指"国(地区)","countries"均指"countries(regions)","Countries"均指"Countries(Regions)"。

识,在追求本国利益时兼顾他国合理关切"。随后,2013年习近平总书记在出访中亚和东南亚国家期间先后提出建设"丝绸之路经济带"和"21世纪海上丝绸之路"倡议(以下简称"'一带一路'倡议")。"一带一路"倡议旨在践行"人类命运共同体"的全球发展理念,聚焦发展这个根本性问题,在破解中国发展困境的同时,为各参与国(以下简称"共建国")①的高质量发展谋求应有的权益和福利。这不仅会给中国带来贸易和经济增长的机会,更会赋予众多"一带一路"沿线国家工业化红利。这些工业化红利包括但不限于经济的增长、产业基础的建立和完善、全球价值链位势的攀升、人民生活的改善等。本节将共建国获得的这些工业化红利称为"一带一路"倡议的发展效应。发展效应越强,欠发达国家实现国家富裕、人民幸福和国家安定的可能性就越大。显然,这种发展效应是欠发达国家谋求加入"一带一路"倡议的核心诉求之一。

本节将研究视角聚焦于"一带一路"沿线国家的出口贸易,重点从产品质量视角考察"一带一路"倡议能否给沿线国家带来发展效应。研究动机有两个方面:其一,世界各经济主体利用自身的技术、人力、资源禀赋等进行比较优势合作化、垂直化分工生产,由此产生全球价值链。相关研究表明,"一带一路"倡议的实施促进了沿线国家全球价值链地位的攀升(戴翔和宋婕,2021)。价值链的升级包含流程升级、产品升级、功能升级和跨部门升级四种模式(Humphrey and Schmitz,2002)。那么,全球价值链整体位势的变动到底源于哪一种模式?尚未有研究在"一带一路"视角下对此进行考察。对来源模式进行区分有利于把握一国核心竞争力的现状,这对一国制造业的未来发展方向具有较强的借鉴意义。出口产品质量作为全球价值链的要素,分析"一带一路"倡议是否给其带来了积极影响,有助于识别全球价值链升级的源泉。其二,共建国多由欠发达国家组成,出口的产品往往不具有技术优势,技术领域内的突变式进展很难实现,在技术前沿领域快速地赶超发达经济体也困难重重。但是,若能精益求精、发挥工匠精神,不断更新生产工艺、管理理念,对于原本具有比较优势的产品,共建国企业则很可能在质量上取得突破性进展,进而在国际市场上获得稳定的地位,甚至取得超额回

---

① "共建国"的称谓在"中国一带一路网"(https://www.yidaiyilu.gov.cn/)可以查到,指与中国签署合作协议、合作备忘录、谅解备忘录、其他合作文件的相关国家。

报。共建国企业继而可以积累更多的资金和生产经验,为后续的技术或产业的更新换代积蓄力量;特别地,这对较短时期内欠发达国家人民摆脱贫困更有价值。所以,研究"一带一路"倡议对共建国产品质量的影响,对说明其在推动欠发达国家共同发展、成果共享方面将更有说服力和现实意义。

从已有研究来看,现有两类内容与本节较为相关:第一类为区域贸易协定与产品质量的相关内容。区域自由贸易协定使得区域内的国际贸易更加自由和便利,降低了贸易不确定性,加剧了市场竞争,对产品质量的影响存在抑制和促进双向效应。更多国家参与贸易竞争以及贸易壁垒减少整体上有益于一国出口产品质量的提升(Martin and Mejean,2014;殷德生等,2011),但这种影响效应却可能根据产品本身的质量空间位置、企业效率、企业性质、产业要素密集度水平等呈现显著的异质性特征(Amiti and Khandelwal,2013;刘晓宁和刘磊,2015;Fan et al.,2018;孙林和周科选,2020)。在影响机制方面,现有研究主要从市场竞争、成本优化、东道国经济发展水平、投资、技术溢出等方面展开研究(苏理梅等,2016;李召腾,2020;卢盛峰等,2021)。

第二类内容与本节研究主题的关系更为密切,聚焦于"一带一路"倡议对共建国经济发展的相关良性影响方面。具体而言,又可分为两个子类:其一,部分研究考察了共建国全球价值链分工地位的变动。共建国多为发展中国家,其制造业基础、基础设施等诸多方面较为薄弱。"五通"政策使得共建国贸易、投资、金融、产业等多领域不断发展,并促进了价值链的升级(张亚斌,2017;戴翔和宋婕,2021;马涛和陈曦,2020)。但这种影响也具有异质性,如处于价值链低端和中端的国家受益更大(Peng et al.,2020;Lu and Wolszczak,2020)。其二,其他研究关注"一带一路"沿线国家的技术进步和产业升级。港口、铁路、电力等基础设施水平的逐步改善奠定了交通和物流基础(王永进等,2010;Ramasamy and Yeung,2019),这进一步显著促进了共建国内部的贸易,提升比例可高达2.5%—4.1%(Baniya et al.,2020),对"一带一路"国家投资的领域更是不断向价值链上游和高科技产业演进,这对当地的发展具有直接的知识溢出效应。多方面、多领域的深入合作通过结构优化效应、聚集互动效应、关联扩散效应、优势互补效应和协同创新效应,也给"一带一路"沿线国家带来了积极的产业合作红利(丁阳,2016)。

综上所述,可以发现区域贸易自由协定对产品质量的影响较为丰富,其作用机制的揭示也相对充分。"一带一路"倡议对沿线参与国的全球价值链分工地位、技术进步和产业升级的影响也多有内容可以参考,但鲜有研究直接分析"一带一路"倡议对沿线参与国出口产品质量的可能作用。虽然全球价值链嵌入情况、技术和产业的相关研究与一国的出口产品质量相关,但它们之间仍具有较大的差异性。产品质量更多地衡量了产业内的垂直差异性,这种差异性是出口企业获得市场地位的主要依赖。稳定的出口主体、稳定的国际市场地位和稳定的利润是一国对外贸易健康发展的保证,对外贸易的持续发展又是欠发达国家经济增长和国民收入增加的关键变量之一,而"一带一路"倡议本身的非剥夺性、共享性和包容性对欠发达国家出口产品质量的改善大有裨益。"一带一路"倡议与联合国2030年可持续发展目标一致,始终坚持创新、协调、绿色、开放、共享的可持续发展道路,希望帮助广大的欠发达国家实现共同发展。这种新型目标必然对沿线国家的国际贸易、传统和新型基础设施、技术升级、知识创新产生更大、更广泛的正向影响。这种正向影响会进一步对沿线参与国的出口产品质量产生更加显著的促进作用。与已有研究相比,本节的研究具有以下贡献:

关于"一带一路"倡议对共建国出口产品质量的因果影响效应,本节是系统探讨"一带一路"倡议对共建国出口产品质量的研究之一。"一带一路"倡议提出的愿景即为构建由全人类共享成果的自由贸易协定,并在资金、人员、设备等多方面给予发展中国家大力支持,在发展目标、组织结构、运作方式等诸多方面与传统区域贸易协定不同,这会对共建国的出口产品质量表现出显著的提升作用。在数据方面,本节使用了世界主要进口国2004—2018年的海关协调编码(Harmonised Customs Code,HS)六分位行业贸易数据,并将其与美国企业研究所和美国传统基金会的"中国全球投资追踪"(China Global Investment Tracker,CGIT)数据库、佩恩表10.0、世界银行等多个国别数据进行了匹配。进一步,本节使用信息推断法计算"进口国—出口国—产品"层面的产品质量,然后加权汇总到"出口国—产品"层面,进而使用多期双重差分模型验证了"一带一路"倡议对共建国出口产品质量的积极作用。"一带一路"倡议对共建国的产品、产业发展效应得到证实;但"一带一路"倡议的影响并不均衡,对低收入水平国家的影响更大,而且随着共建国距离中国的地理距离增加而减弱。

本节的研究识别了"一带一路"倡议对共建国产品质量产生影响的三条路径。理论分析认为,第一条路径为来自中国的基础设施投资。"一带一路"倡议进入实施阶段后,中国对多数共建国的基础设施投资稳步增加,促使共建国特别是较为落后国家的基础设施得到持续改善。基础设施的改善会降低出口企业的各种成本、带来创新集聚和溢出效应等,从而使得共建国产品质量得以显著提升,这也是"一带一路"倡议最具特色、最有代表性的特征。第二条路径为出口。作为新型自由贸易协定,"一带一路"倡议为共建国创造了更多的对外贸易机会。实际上,大多数共建国的出口也呈现较大幅的持续性上升趋势,这为企业改善产品质量提供了更多的资金供给。第三条路径为自主创新。中国与共建国在诸多高科技领域展开了合作,科研和管理人员往来密切,中国没有将其他欠发达国家锁定在"低端生产"领域。共建国居民专利申请量与加入"一带一路"倡议之前相比,出现结构性增长变动,为其出口产品质量的提升提供了人力资本和技术支持。机制检验也证实了来自中国的基础设施投资、共建国的出口额及其本国居民专利申请量的显著中介作用。

本节余下部分的结构安排为:第二部分从理论上探讨了"一带一路"倡议对一国出口产品质量的影响效果和作用机制。第三部分为研究设计,介绍了被解释变量的计算、计量模型的设计、数据来源及其处理。第四部分为经验分析,给出了基准模型的回归结果及其在地理距离、收入水平下的异质性分析。第五部分进行了机制检验,研究了来自中国的基础设施投资、共建国出口、共建国本国居民专利申请对"一带一路"倡议的中介作用。最后是研究结论和政策建议。

二、理论分析及假说

"一带一路"倡议为什么会促进共建国产品质量的提升?我们认为可以从两方面对此问题进行解答:一方面,这是由于共建国产品质量的提升根植于"一带一路"倡议本身的目标和愿景。"一带一路"倡议本着共建共商共享的原则,积极推动新型经济全球化,旨在构建惠及"一带一路"沿线所有国家,特别是与发展中国家共享全球化红利的人类命运共同体。中国在与沿线国家合作的过程中,充分践行了这一原则,从政策沟通、设施联通、贸易畅通和资金融通四个方面深入合作。这不仅会助力中国自身的高质量发展,还会提高"一带一路"沿线国家的经济发展水平,使"一带一路"沿线广大的欠发达国家真正实现创新发展、绿色发展、文明发展。

另一方面,这也是由"一带一路"倡议本身具有的鲜明特征所决定的。特征一是来自中国的投资更多是基于长期利润和整体利益考虑,而非单方面地将这些欠发达国家视为原材料供应地和廉价产品销售地。共建国内部经济发展水平差异较大,有的国家还处于极端贫困、中度贫困边缘,解决温饱问题、逐步建立制造业基础为其首选目标。中国对这些国家进行了大量的基础设施投资,虽然基础设施的直接收益并不明显,收益周期往往很长,但基础设施却是一国经济实现长期稳定增长的重要先决条件。另外,中国对当地国家的投资始终坚持开放共享,积极与当地国家开展因地制宜、因项目制宜的务实合作,如设置产业园区、跨境经济走廊等。中国充分尊重当地国家的发展诉求,尽量对接当地国家的发展规划,与当地国家共享发展红利。特征二是"一带一路"倡议始终坚持推动区域自由贸易,将谋求发展和繁荣视为倡议的主要目标,不仅在陆、海、空、网的"硬联通"上着重努力,也在标准化贸易规则、降低有形和无形贸易壁垒等"软联通"方面通力合作。这大大缩短了共建国内部的时空交易距离,降低了企业参与国际贸易的资金门槛,为企业不断提高产品质量节省了成本。特征三是更加开放的技术及创新合作。通过"一带一路"倡议,中国不仅将自身成熟的高铁、网络等基础设施建造工艺溢出到欠发达国家,也主动和其他共建国分享自身发展经验。在当今世界技术更新换代速度加快,数字经济、人工智能、量子计算等新型技术正逐渐引领第四次工业革命的浪潮下,中国与共建国在航天、数字、健康、绿色等领域率先开展务实合作。这些不同于传统区域自由贸易协定的特征,会使得当地企业更加有动力、能力不断改善生产工艺,提升出口产品质量。据此,我们提出理论假说1。

理论假说1:中国的"一带一路"倡议有助于沿线国家出口产品质量的提升。

"一带一路"倡议通过什么机制影响了共建国的出口产品质量?我们认为基础设施改善、出口稳定增加和共建国自主创新能力增强为三条主要路径,图4-2对此给出了示意。具体来看,与其他区域自由贸易协定相比,"一带一路"倡议的主要特点之一是中国对沿线国家进行了大量的基础设施投资,这是"一带一路"倡议助推沿线国家出口产品质量提升的第一条重要路径。一方面,从现实情况来看,图4-3(A)说明了中国对共建国欠发达国家的累积基础设施投资情况。一国已有的基础设施状况将极大地影响其后续的基础设施投资情况。为了对此进行区分,我们根据世界银行公布的2009年各国用电人口的百分比表征共建国期初的基础设施情况,并据此将共建国分为基础设施较差的2/3样本和较好的1/3样本。加入"一带一路"倡议后,中国对期初电力水平较差的2/3国家的累积基础设施投资增长较快,与加入"一带一路"倡议之前形成明显的结构性变化,并超越期初水平较好的1/3的国家;中国对期初电力水平较好国家的基础设施投资则相对稳定。另一方面,从基础设施对产品质量的作用机理来看,共建国90%以上由发展中国家构成,基础设施相对落后,而基础设施是一国经济不断增长、生产效率逐步改进的先决条件,会显著改善当地的福利状况(Donaldson,2018;郭凯明和王藤桥,2019)。完善的基础设施是国内、国际市场生产要素自由流动的基础,并进一步对企业的生产、销售和创新产生深层影响。具体而言,基础设施会影响企业获得生产要素的成本、根据市场变动及时调整库存的成本以及进入出口市场的固定成本(马淑琴和谢杰,2013;马淑琴等,2018;胡再勇等,2019),最终影响到企业的出口利润;并且,基础设施对人力资本的再分配、产业集聚、信息流通提供了必要条件。这些均有利于企业加大研发投入,不断推陈出新,改善产品质量。祝树金和李思敏(2020)、吴群锋等(2021)、李兰冰和路少朋(2021)从高铁开通、中国的交通基础设施、高速公路等视角论证了上述效应。从而,中国对共建国的基础设施投资,典型项目如中欧班列、"六廊六路多国多港",对当地企业出口产品质量的改善将大有裨益。据此,我们提出理论假说2。

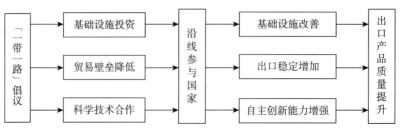

图4-2 "一带一路"倡议对共建国出口产品质量的影响机制

第四章 中国驱动"一带一路"发展路径：基于技术升级视角 125

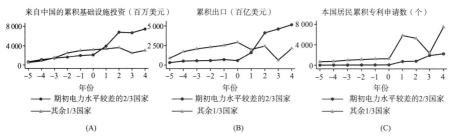

注：共建国的考察范围与后文基准模型一致，更详细的数据说明见后文。年份"0"表示当年加入，年份"-1"表示加入前1年，年份"1"表示加入1年后，其他数字的含义以此类推。

图4-3 共建国来自中国的累积基础设施投资、累积出口和本国居民累积专利申请数（中位数）

理论假说2：中国的基础设施投资促进了"一带一路"共建国出口产品质量的提升，是"一带一路"倡议的重要中介机制。

第二条路径为出口。总的来看，"一带一路"倡议具有较大的贸易创造功能，这为共建国出口产品质量的提升提供了资金、技术、创新以及高素质人力支持。具体而言，自由贸易协定往往会降低区域内的关税和非关税贸易壁垒，降低服务和投资的市场准入限制，进而有效地促进协定内部伙伴国家间的贸易。"一带一路"倡议也有相似的功能，相关表现如准入开放、关税的大幅减免、通关便捷度的提升、开设中国国际自由贸易试验区等。不仅如此，"一带一路"倡议在跨国物流、高层沟通、信贷资金保证等方面进行了很多有益的探索和尝试，大大促进了沿线国家与中国的贸易便利化。这些措施会使得更多公司进入出口市场，也使得在位出口公司的市场份额有机会提升。从现实情况来看，图4-3（B）表明，虽然在加入"一带一路"倡议后，期初电力水平较好的1/3国家的出口变动较大，似乎有所下降；但期初电力水平较差的2/3国家在加入"一带一路"倡议后，出口增长较为迅猛并具有持续的上升势头，从中位数来看，约70%国家的出口出现结构性的正向增长变动。相关研究还表明，"一带一路"倡议使得共建国之间的贸易流量增长了4.1%（Baniya et al.，2020）。国际贸易的便利化和出口的增加具体如何影响产品质量？我们认为"一带一路"倡议的推进，使得共建国企业更易获得质优价廉的中间品，并降低企业进入出口市场的固定成本和各种交易成本。从而，企业可以不断积累资金并用于科研创新、技术更迭以及产品更新（Yeaple，2005；Van Biesebroeck，2005；De Loecker，2007；Bustos，2011）。产品质量往往凝聚了大量的人力资本和技术知识资本,这些都离不开企业资金的不断投入。同时,贸易自由化带来的国际、国内市场竞争加剧,会促使本国企业不断改善产品质量以维持生存或发展市场(钱学锋和龚联梅,2017;陈艳艳,2019)。出口的不断增加体现了"一带一路"倡议作为区域自由贸易协定,在减轻贸易壁垒、促进区域经济繁荣方面的基本功能,也为共建国企业积累了不断进行研发投入、技术升级的资本。这些将最终体现为出口产品质量的提升。据此,我们提出理论假说3。

理论假说3:"一带一路"倡议通过出口的中介作用机制,改善了"一带一路"共建国的出口产品质量。

第三条路径为技术和知识自主创新。"一带一路"倡议会促进共建国居民技术和知识自主创新能力的增强,这主要是因为中国在与"一带一路"沿线国家的合作中,始终坚持开放共享原则,坚持创新驱动,在科技和创新成果向沿线国家转移方面积极作为。这完全不同于西方国家主导的传统区域贸易协议。在传统区域贸易协议下,发达国家依靠雄厚的资本储备和先进的技术水平霸据价值链生产的高附加值环节,而众多发展中国家只能依托劳动力和自然资源禀赋参与低附加值环节的生产,全球价值链由此形成"中心—外围"的不平等格局。这种不平等格局的全球化会导致发展中国家被锁定在全球价值链的低端位置(吕越等,2018),而且在全球价值链位势攀升中容易触及"天花板"(洪俊杰和商辉,2019)。在"一带一路"合作框架下,中国不仅在航天、铁路、通信、核电、智能制造等已经取得突破性进展的先进装备制造业领域与共建国开放合作,而且在人工智能、量子计算、纳米技术、航天等前沿技术领域也与共建国共同探索。从具体表现形式来看,中国先后与多个"一带一路"沿线国家签署科技合作协定、联合发布《关于进一步推动"一带一路"国家知识产权务实合作的联合声明》、成立"一带一路"国际科学组织联盟。中国也积极推进北斗导航系统、卫星通信系统和卫星气象遥感技术为沿线参与国提供服务,推动大数据、云计算、智慧城市和数字丝绸之路建设。另外,科研和管理人员之间交流密切,多次为沿线国家人员提供科研机会和科技培训。这些均有利于沿线落后国家提升技术和知识自主创新能力。而自主创新能力是一国产业升级的关键因素之一,也是一国竞争力的核心体现。落后国家对外开放、积极参与全球化的主要原因就是希望借此提高自身的研发能力,缩小与发达国家的差距(王红领等,2006)。从典型事实来看,若使用累积专利申请数表征一国的创新能力,图 4-3(C)说明加入"一带一路"倡议之后,无论期初电力水平如何,共建国本国居民专利申请数均高于加入"一带一路"倡议之前的增幅;并且,期初电力水平较好的国家的居民专利申请数的增长幅度更大。技术和知识的自主创新效应有利于东道国产业的不断升级,并最终体现为出口产品质量的提升。据此,我们提出理论假说4。

理论假说4:"一带一路"倡议通过技术和知识自主创新效应的中介作用机制,改善了"一带一路"共建国的出口产品质量。

三、研究设计

(一)产品质量的测算

Khandelwal et al.(2013)假设产品质量是指除价格外其他任何可以提高消费者需求的属性,并使用需求侧的信息推断计算产品质量。该测度方法较之传统基于价格进行测度的方法有较大改善,且需要的信息相对容易获得,因而在产品质量领域的相关研究中得到广泛应用。该方法对本节的数据结构也具有较好的适用性,因此本节采用这种方法计算共建国的出口产品质量。

假设消费者在最大化自身效应时,若两种产品价格相等,则需求量越大的产品,其质量越高。计算方法如下:

$$q_{kigt} = p_{kigt}^{-\sigma} \lambda_{kigt}^{\sigma-1} P_{kt}^{\sigma-1} E_{kt} \tag{4-33}$$

其中,q_{kigt} 表示 k 国家在 t 年从 i 国进口的产品 g 的数量,p_{kigt} 为当地货币计价的实际到岸价,λ_{kigt} 表示相应产品质量,σ 为产品的替代弹性,P_{kt} 为 k 国总体的价格水平,E_{kt} 为 k 进口国的总支出。对(4-33)式两边取对数,进行简单整理后可得计量回归方程:

$$z_{kigt} = \ln q_{kigt} + \sigma \ln p_{kigt} = \chi_{kt} + \chi_g + \mu_{kigt} \tag{4-34}$$

其中,$\chi_{kt} = \ln E_{kt} - \ln P_{kt}$,为"进口国—年份"虚拟变量,反映进口国的收入和价格水平。因为价格和数量在产品种类之间不完全可比,模型也包含了产品固定效应 χ_g。$\mu_{kigt} = (\sigma-1)\ln\lambda_{kigt}$ 为残差项,包含出口产品质量。(4-34)式的左侧为已知项,对右侧变量进行回归可以得到 $\hat{z}_{kigt}$。产品 g 的质量则可以表达如下:

$$\ln qua_{kigt} = \ln \hat{\lambda}_{kigt} = \frac{\hat{\mu}_{kigt}}{\sigma - 1} = \frac{z_{kigt} - \hat{z}_{kigt}}{\sigma - 1} \quad (4-35)$$

本节将在出口国—产品层面考察"一带一路"倡议的影响。这涉及将不同进口国的产品质量进行加权汇总的问题。为了避免数量级对加权汇总造成不当影响,参考 Henn et al.(2016)的做法,本节首先对产品质量进行自然指数运算,然后在进口国—行业层面对产品质量使用面积归一化方法将产品质量归于(0,1)区间,进而使用美元价值量权重进行加权汇总,得到"出口国—产品—年份"层级下的出口产品质量,并将最终的产品质量指标扩大100倍,以便于描述性统计和自然对数运算。

在估计质量方程中,σ 使用 Broda et al.(2017)估算出的不同产品的价格弹性值——这些替代弹性允许跨产品间的替代。该研究以 HS-1992 为分类标准,使用 1994—2003 年 WTO 73 个国家的数据,计算得到 HS 三分位码产品下的替代弹性。

(二)计量模型选择

既有文献一般利用双重差分法(DID)考察"一带一路"倡议的经济效应。这是因为,在"一带一路"倡议出台时,将新加坡、马来西亚、印度尼西亚等 65 个国家划为"一带一路"沿线国家。这样,世界各国被自然地划分为两组:一组为"一带一路"沿线国家,受"一带一路"倡议的影响;另一组为其他非沿线国家,不会或无法直接受到"一带一路"倡议的影响。因此,这适合用基于准自然实验的 DID 法进行估计。但需要注意的是,随着"一带一路"倡议的不断推进,中国与越来越多的国家基于"一带一路"平台展开合作,实质上受"一带一路"倡议影响不再局限于最初的 65 个沿线国家。又由于各国与中国签署"一带一路"倡议相关文件的时间存在差异,这样便不能像其他文献那样利用传统 DID 模型进行估计。因此,参考 Beck et al.(2010)、王海成等(2019)的做法,本节使用多期 DID 模型对"一带一路"倡议是否影响、影响的话如何影响参与国的出口产品质量展开考察,基准模型设计如下:

$$\ln qua_{igt} = \alpha_0 + \alpha_1 D_{it} + \sum_n \alpha_n Control_{it} + \lambda_i + \delta_{gt} + \varepsilon_{igt} \quad (4-36)$$

其中,i 表示出口国,g 表示行业,t 表示年份。$\ln qua_{igt}$ 为"出口国—产品—年份"层面的对数出口产品质量。D_{it} 表示国家 i 在第 t 年是否参与"一带一路"倡议,参与前取值为0,参与后取值为1;若某国始终没有与中国签署"一带一路"相关协议,则 D_{it} 始终取 0。如此设置便自动产生了实验组和控制组的单重差异,以及政策前和政策后两组国家出口产品质量的双重差异。$Control_{it}$ 表示国家层面可能影响出口产品质量的特征变量,具体包括:各国的对数实际 GDP、收入水平分组变量与时间趋势的交乘项,以控制当地的经济发展水平及其组别效应;各国当年参加的多边和双边区域贸易协议的总数量,以控制其他区域贸易协议的影响;各国首都距离中国首都的地理距离与时间趋势的交乘项,以控制可能的样本选择性偏误。考虑到产品质量提升中人力资本的重要性,本节还控制了各国的人力资本指数、总雇员数、雇员的平均年度工作时长和每年 25 岁及以上人口的平均受教育年限。λ_i 表示国家层面的固定效应,用以控制不随时间变化的各国固有特征。δ_{gt} 表示行业—时间固定效应,用以控制各行业随时间变化的冲击。ε_{igt} 为随机扰动项。

"一带一路"倡议的共建国大多为欠发达国家。为了使得控制组与实验组更加可比,我们只考察欠发达国家,划分依据为国际货币基金组织(IMF)2012 年发布的《世界经济展望报告》。另外,中国—中东欧合作的实施时间与"一带一路"倡议重合度较大,并且合作领域全面深入,有可能成为重要的混杂因素。因此,本节参考戴翔和宋婕(2021)的做法,在样本内删除东欧 16 国。再者,"一带一路"倡议被一些媒体宣传为中国转移过剩产能的工具或新的殖民主义,本节将在"一带一路"国家样本中排除中国,以更加充分地说明"一带一路"倡议对其他共建国的技术影响。虚拟变量 D_{it} 的系数 α_1 被重点关注,它反映了剔除其他不可观测因素干扰之后"一带一路"倡议对参与国出口产品质量的净效应。根据理论预期,α_1 应该显著为正。

从共建国加入"一带一路"倡议,到该倡议对其出口产品质量产生较大影响,这中间可能存在一定的时间滞后性。因此,本节参考王桂军和卢潇潇(2019)的做法,使用如(4-37)式的计量模型分析"一带一路"倡议的动态影响。D_{it} 的含义与前文相同,但是此处进行了细化和分解,t 依次为 2014—2018 年,如当国家 i 在 2014 年加入"一带一路"倡议后,取值为 1,否则取值为 0。

$$\ln qua_{igt} = \alpha_0 + \sum_{t=2014}^{2018} \theta_t D_{it} + \sum_n \alpha_n Control_{it} + \lambda_i + \delta_{gt} + \varepsilon_{igt}$$

(4-37)

（三）数据来源与处理

本节使用的"一带一路"共建国样本为与中国签署了合作协议、合作备忘录、谅解备忘录、其他合作文件的相关国家。共建国样本及其加入时间根据"中国一带一路网"提供的国家整理[①]，2014—2018年参与"一带一路"倡议国家的数量如表 4-9 所示。另外，计算产品质量所使用的贸易数据来自 WTO，分析对象为美国、中国内地、德国、日本、英国、法国、意大利、荷兰、韩国、印度、西班牙、比利时、加拿大、新加坡、中国香港共 15 个国家和地区。[②]出口国包括所有交易地区。产品为 HS-2007 海关协调编码六分位下的细分种类。数据包含进口国、进口来源国、年份、贸易价值量、交易数量和交易单位。本研究分析的时间范围为 2004—2018 年。

表 4-9 2014—2018 年参与"一带一路"倡议的国家

年份	当年参与	总计
2014	白俄罗斯、哈萨克斯坦、摩尔多瓦、卡塔尔、斯里兰卡	5
2015	亚美尼亚、阿塞拜疆、保加利亚、捷克、格鲁吉亚、匈牙利、伊拉克、北马其顿、波兰、俄罗斯、塞尔维亚、斯洛伐克、南非、韩国、塔吉克斯坦、土耳其、乌兹别克斯坦	17
2016	阿富汗、孟加拉国、柬埔寨、埃及、伊朗、老挝、拉脱维亚、沙特阿拉伯	8
2017	阿尔巴尼亚、波黑、文莱、克罗地亚、东帝汶、爱沙尼亚、黎巴嫩、立陶宛、马达加斯加、马来西亚、马尔代夫、蒙古、黑山、摩洛哥、缅甸、尼泊尔、新西兰、巴基斯坦、巴拿马、罗马尼亚、新加坡、斯洛文尼亚、苏丹、泰国、乌克兰、越南	26
2018	阿尔及利亚、安哥拉、安提瓜和巴布达、奥地利、巴林、玻利维亚、布隆迪、喀麦隆、佛得角、乍得、智利、刚果（布）、库克群岛、哥斯达黎加、科特迪瓦、古巴、吉布提、多米尼加、厄瓜多尔、埃尔萨尔瓦多、埃塞俄比亚、密克罗尼西亚、斐济、加蓬、冈比亚、加纳、希腊、格林纳达、几内亚、圭亚那、印度尼西亚、肯尼亚、科威特、吉尔吉斯斯坦、利比亚、马耳他、毛里塔尼亚、莫桑比克、纳米比亚、尼日利亚、纽埃、阿曼、巴布亚新几内亚、菲律宾、葡萄牙、卢旺达、萨摩亚、塞内加尔、塞舌尔、塞拉利昂、索马里、南苏丹、苏里南、坦桑尼亚、多米尼克、多哥、汤加、特立尼达和多巴哥、突尼斯、乌干达、阿联酋、乌拉圭、瓦努阿图、委内瑞拉、赞比亚、津巴布韦	66

[①] https://www.yidaiyilu.gov.cn/xwzx/roll/77298.htm。
[②] 这些国家和地区 2007—2019 年的进口总量占世界进口总量的 66.8%。

根据 CGIT 数据库,我们整理出中国对"一带一路"共建国的基础设施投资数据。世界银行发布的《1994 年世界发展报告》将基础设施分为经济基础设施和社会基础设施,前者包括公共设施、公共工程和其他交通部分,后者主要指教育和卫生保健设施。由于经济基础设施对产品质量的提升作用相对更加直接,并且中国对"一带一路"沿线国家多为经济基础设施投资。本节将只考虑经济基础设施投资,包括交通、物流、公共事业、能源、电信行业。CGIT 按照直接投资、工程施工和问题投资对中国的投资进行了分类,本节没有包含问题投资,并将直接投资和工程施工项进行了汇总,统一称为基础设施投资。CGIT 的起始披露年份为 2005 年,故本节从 2005 年开始对来自中国的基础设施投资数据进行累积。

专利不仅包含优于现有同类技术的技术方案,并且相较于实际专利持有数量,专利申请数量可以兼顾创新的数量与质量(王雄元和卜落凡,2019)。在国别经济研究中,专利指标常常用来代表一国的自主创新能力,故本节将使用专利申请指标来衡量共建国的技术和知识自主创新能力。世界知识产权组织公开了各国的专利申请总量,包含本国居民和外国居民在该国的所有专利申请。本节意在考察共建国本国的创新水平,而外国居民的申请主要出于保护自身知识产权,以获得一定垄断权益为目的。所以,本节使用共建国本国居民的专利申请量。为了与基础设施投资数据一致,本国居民专利申请同样从 2005 年开始累积。表 4-10 给出了本节所使用变量的含义及其来源。

表 4-10　主要变量含义及其来源

变量缩写或名称	含义及计算	数据来源
控制变量		
rta	各国当年参加的多边和双边区域贸易协议的总数量	世界贸易组织,作者整理计算
$pcgdp$	作者计算的实际人均 GDP(百万美元),使用美国 2007 年为基期的 GDP 平减指数实际化	佩恩表 10.0,作者整理计算
avh	雇员的平均年度工作时长	佩恩表 10.0
hc	人力资本,基于受教育水平和教育回报率计算而得	佩恩表 10.0
emp	总雇员数(百万人)	佩恩表 10.0

（续表）

变量缩写或名称	含义及计算	数据来源
$elec$	用电率,用电人口的百分比。将缺失值使用前向替代法进行了插补	世界银行
yr_sch	每年25岁及以上人口的平均受教育年限	佩恩表10.0
dis	各国首都距离中国首都的地理距离	CEPII,作者整理计算
img	收入水平组别变量,包括低收入国家、中低等收入国家、中高等收入国家、高收入国家和未分类国家	世界银行2021年分类
机制变量		
$infrasFDI_{it}$	2005年以来,来自中国的累积经济基础设施投资,不包含问题投资。使用美国2007年为基期的GDP平减指数实际化(百万美元)	美国企业研究所和美国传统基金会的中国全球投资跟踪数据库,作者整理计算
$export_{it}$	出口国—产品层面的出口总价值量的累积值,使用美国2007年为基期的GDP平减指数实际化。贸易数据起始年份为2009年,故出口额累积值的起始年份设置为2009年(美元)	世界贸易组织,作者整理计算
$patent_{it}$	2005年以来,本国居民专利申请总量的累积值,含直接专利申请和进入国家阶段的专利合作条约申请之和	世界知识产权组织

主要的数据预处理过程为:①通过保留被使用最多的同一计量单位的产品样本,统一世界各国在相同六分位编码下的单位。②删除交易额和交易量的缺失值以及数值低于1的观测。③删除特殊类目商品,如武器弹药(HS 93)和艺术品、收藏品等(HS 97)及未分类商品(HS 98、HS 99)。④使用进口价值除以进口数量得到单位价值,作为商品价格的代理变量,并使用来自佩恩表的汇率将进口价值量和进口单位价格转换为进口国当地货币计价,用以2007年为基期的进口国GDP平减指数对商品价格及价值量进行实际化。⑤删除单位价值和产品质量在进口国—年份层面前后5%的极端值。⑥删除一国复进口的样本。⑦本研究的时间范围为2004—2018年,故在样本范围内仍将2019年及之后加入"一带一路"倡议的国家作为非"一带一路"国家处理。⑧出口国删除发达国家、东欧16国和中国。

主要变量的描述性统计如表 4-11 所示。此处的"一带一路"国家包含 2014—2018 年加入的所有国家,故一带一路国家的样本是非"一带一路"国家的两倍。从被解释变量的描述性统计结果来看,"一带一路"国家和非"一带一路"国家的差异不大。从控制变量均值来看,rta、avh、emp 等变量在"一带一路"和非"一带一路"国家间的差异较大。这恰好说明了本节选择这些控制变量的合理性,实验组和控制组的其他特征得到了较好的平衡。机制变量虽然也存在较大差异,但我们关注的是"一带一路"倡议实施前后控制组和实验组的双重差异,后续的机制分析才更有意义。

表 4-11 描述性统计

	变量	观测值	均值	标准差	最小值	最大值
		"一带一路"国家				
被解释变量	$\ln qua_{igt}$	797 249	−6.3454	2.9187	−46.0279	4.6051
控制变量	rta	797 249	42.9545	26.0127	0.0000	106.0000
	avh	748 642	2 074.4900	196.1274	1 532.5140	2 581.9490
	hc	797 249	2.4818	0.4810	1.1766	6.5142
	emp	797 249	22.3518	26.6717	0.0066	127.0678
	$\ln dis$	796 570	8.8052	0.5591	7.0665	9.8614
	$\ln pcgdp$	797 249	8.3456	1.1103	4.4605	12.9966
	img	797 249	2.0397	1.3416	1.0000	6.0000
	$elec$	796 565	87.4404	21.4842	6.1372	100.0000
	yr_sch	797 249	7.7730	2.3273	1.2139	16.5880
机制变量	$\ln infrasFDI_{it}$	797 249	6.6939	6.2207	0.0000	10.7428
	$\ln export_{it}$	797 249	18.5596	6.8200	6.7316	32.9978
	$\ln patent_{it}$	692 410	6.8371	2.6006	0.0000	12.6031
		非"一带一路"国家				
被解释变量	$\ln qua_{igt}$	349 618	−6.2694	6.2802	−44.0252	4.5985
控制变量	rta	349 618	54.7144	28.6969	0.0000	119.0000
	avh	319 690	1 906.5120	251.4517	1 410.5100	2 228.7320
	hc	349 618	2.5782	0.5351	1.1561	6.5704

（续表）

	变量	观测值	均值	标准差	最小值	最大值
控制变量	emp	349 618	71.7837	146.1141	0.0025	491.0772
	lndis	341 571	9.1656	0.6417	6.6965	9.8677
	lnpcgdp	349 618	8.7670	1.3183	6.5984	11.4890
	img	349 618	2.5808	1.4308	1.0000	6.0000
	elec	348 323	88.8394	20.7833	1.9000	100.0000
	yr_sch	349 618	8.2286	2.5792	1.0823	12.8924
机制变量	$lninfrasFDI_{it}$	349 618	8.2286	2.5792	1.0823	12.8924
	$lnexport_{it}$	349 618	6.6885	6.5758	0.0000	10.6633
	$lnpatent_{it}$	349 618	19.1322	4.1222	6.7554	32.3033

四、经验分析

（一）基准模型结果

本部分给出了基于(4-36)式的DID计量模型结果，以识别"一带一路"倡议对共建国出口产品质量的因果效应，表4-12为回归结果。第(1)列只控制了个体固定效应和时间固定效应，第(2)列删除了中国，第(3)列将时间固定效应扩展为行业—时间固定效应，第(4)列在第(3)列的基础上将样本限定为欠发达国家，第(5)列为进一步删除了东欧16国的回归结果，第(6)列增加了系列控制变量。第(6)列的设置相对更加科学，后文的分析均基于此设定进行展开。变量 D_{it} 的回归系数始终显著为正，验证了本节的理论假说1，即"一带一路"倡议对共建国的出口产品质量具有显著的正向促进作用。进而从产品质量来看，"一带一路"倡议的共同发展效应成立。

第(7)列为(4-37)式的回归结果，用来检验"一带一路"倡议实施的动态效果。此处有两个特征：①D_{it} 项的回归系数逐年稳定增大，表明"一带一路"倡议对共建国出口产品质量具有相对长期的影响。②D_{it} 项的回归系数在前三期的增幅相对平缓，第四期增幅较大，第五期相对第四期降幅较大。这说明从共建国与中国签订"一带一路"倡议，到该倡议对共建国出口产品质量形成实质性影响具有明显的时间滞后性。当后续的合作机制、合作内容逐步落实后，共建国出口产品质量的提升效应逐渐达到最大，之后出现下降。

表 4-12 基准回归结果

变量	(1) $\ln qua_{igt}$	(2) $\ln qua_{igt}$	(3) $\ln qua_{igt}$	(4) $\ln qua_{igt}$	(5) $\ln qua_{igt}$	(6) $\ln qua_{igt}$	(7) $\ln qua_{igt}$
D_{it}	0.0701*** (0.0054)	0.0736*** (0.0054)	0.0637*** (0.0054)	0.1038*** (0.0077)	0.0842*** (0.0090)	0.0622*** (0.0096)	
$D_{i,2014}$							0.0559*** (0.0103)
$D_{i,2015}$							0.0694*** (0.0130)
$D_{i,2016}$							0.0809*** (0.0170)
$D_{i,2017}$							0.1319*** (0.0209)
$D_{i,2018}$							0.0559*** (0.0103)
rta						0.0021*** (0.0005)	0.0021*** (0.0005)
avh						0.0002*** (0.0001)	0.0002*** (0.0001)
hc						−0.1787 (0.3003)	−0.2764 (0.3037)
emp						0.0058*** (0.0011)	0.0063*** (0.0011)
$\ln dis \times trend$						−0.0220*** (0.0018)	−0.0214*** (0.0018)
$\ln pcgdp$						0.0128 (0.0118)	0.0155 (0.0119)
$img \times trend$						0.0035*** (0.0007)	0.0037*** (0.0007)
$elec \times trend$						0.0002** (0.0001)	0.0002** (0.0001)

(续表)

变量	(1) $\ln qua_{igt}$	(2) $\ln qua_{igt}$	(3) $\ln qua_{igt}$	(4) $\ln qua_{igt}$	(5) $\ln qua_{igt}$	(6) $\ln qua_{igt}$	(7) $\ln qua_{igt}$
yr_sch						0.0471	0.0647
						(0.0621)	(0.0627)
常数项	−2.4964***	−2.5372***	−2.5362***	−6.1985***	−6.2642***	−6.2021***	−6.1043***
	(0.0007)	(0.0008)	(0.0007)	(0.0015)	(0.0014)	(0.3339)	(0.3380)
个体固定效应	是	是	是	是	是	是	是
时间固定效应	是	是	否	否	否	否	否
行业时间固定效应	否	否	是	是	是	是	是
样本数	2 392 481	2 348 881	2 348 591	1 282 129	1 067 380	995 023	995 023
拟合优度	0.5910	0.5859	0.5969	0.5511	0.5512	0.5510	0.5510

注：*、**和***分别表示在10%、5%和1%的统计水平上显著，括号内的数值为稳健聚类标准误，均聚类在出口国—产品维度，trend 表示时间趋势项。

（二）异质性分析：地理距离和收入水平

1. 近邻国与非近邻国

有别于其他区域贸易协定，出于构建人类命运共同体的目的，"一带一路"倡议对共建国进行了大量的基础设施投资和建设。中国在高铁、公路、电力等基础设施建设领域拥有比较优势，但后续涉及的大量物资和人员往来会受到地理距离的明显影响。从而，地理距离可能会成为调节"一带一路"倡议影响的重要变量。为此，我们将各国首都与中国首都的地理距离（ds）变量升序排列，将样本等分为两组，分别表示距离中国的较近组和较远组，称为近邻国与非近邻国。通过设置距离组别虚拟变量（ds）与 D_{it} 的交乘项，进行虚拟变量检验。基准组为远距离国家。回归结果如表4-13的第(1)列所示，$ds \times D_{it}$ 显著为正。从而，"一带一路"倡议对近邻国的影响更大，符合我们的预期。既有研究如 Qin(2017)、王雄元和卜落凡(2019)等发现地理距离是影响"一带一路"倡议带来经济增长和创新效应的关键变量。对近邻国的基础设施投资和建设可能对非近邻国产生虹吸效应。① 本部分的发现为相关研究提供了新的证据。

---

① 虹吸效应指由于近邻国设施投资和建设的发展，非近邻国的生产要素向近邻国转移的现象。

表 4-13 区分距离和收入的分析

	（1） 距离虚拟变量	（2） 人均 GDP 虚拟变量
D_{it}	$lnqua_{igt}$	$lnqua_{igt}$
	−0.0048	0.0505***
	(0.0175)	(0.0099)
$ds×D_{it}$	0.0916***	
	(0.0186)	
$img×D_{it}$		0.0833***
		(0.0189)
控制变量	是	是
个体固定效应	是	是
行业—时间固定效应	是	是
常数项	是	是
样本数	995 023	995 023
拟合优度	0.5510	0.5510

注:距离虚拟变量和人均 GDP 虚拟变量已被个体固定效应吸收，*、**和***分别表示在 10%、5% 和 1% 的统计水平上显著。括号内的数值为稳健聚类标准误，均聚类在出口国—产品维度。

2. 较高经济发展水平和较低经济发展水平

后发优势假说认为,经济水平差距、技术差距等对欠发达国家的经济增速、技术进步、制度改善、结构转换等有重要影响。经济发展水平越低的国家的增长潜力越大(Aghion et al.,2009)。产品质量往往凝聚了大量的知识和技术,这使得在后发优势假说下,可能存在经济水平越落后国家的产品质量提升越快的现象。为了对此进行检验,我们将样本国家按照 2009 年各国的实际人均 GDP 从小到大的顺序分为三组,将实际人均 GDP 最低组设置为 1,其余两组设置为 0。将收入组别虚拟变量(img)与倍差项进行交乘检验,回归结果如表 4-13 第(2)列所示,$img×D_{it}$ 显著为正。这说明相较于较高经济发展水平组,"一带一路"倡议对较低经济发展水平组的产品质量的提升作用更大。后发优势假说在产品质量领域同样成立。

(三) DID 模型的有效性：平行趋势检验

在"一带一路"倡议实施之前，可能存在其他外生政策冲击对所有样本国家的出口产品质量产生显著影响。如果本节的计量模型设计没有将这些政策冲击的影响剥离，DID 模型的经验回归结果就会存在偏差。为了对此进行检验，本节参考 Beck et al.(2010)、唐宜红等(2019)的做法，进行平行趋势检验。本节样本时间范围为 2004—2018 年。2014 年开始不断有国家加入"一带一路"倡议，我们以 2014 年为界，设置了政策实施的前 5 年和后 5 年（包含当期），检验方程如下：

$$\ln qua_{igt} = \alpha_0 + \sum_{m=1}^{5} \pi_m FirstD_{i,t-m} + \sum_{s=0}^{4} \pi_s FirstD_{i,t+s} + \sum_n \alpha_n Control_{it} + \lambda_i + \delta_{gt} + \varepsilon_{igt} \tag{4-38}$$

其中，$FirstD_{i,t}$ 表示国家 i 在第 t 年是否新加入"一带一路"倡议，前 m 期和后 s 期分别用 $FirstD_{i,t-m}$ 和 $FirstD_{i,t+s}$ 表示。结果如图 4-4 所示，零值仅穿过前 5 年的回归系数置信区间，模型通过平行趋势检验，说明本节基准模型的设置可以较好地识别出"一带一路"倡议的因果影响效应。[①]

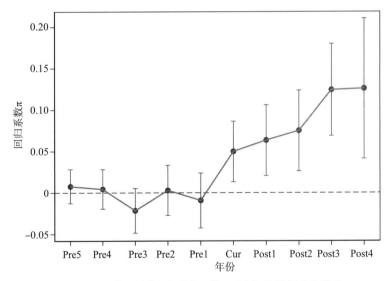

图 4-4 "一带一路"组与非"一带一路"组的平行趋势检验

注：Pre5 表示政策实施前 5 年，Cur 表示政策实施当期，Post1 表示政策实施后 1 年，其他标度含义均类似。平行趋势的回归结果见本章后附表。

---

① 平行趋势检验的回归结果见本章后附录。

（四）内生性问题和稳健性检验

1. 安慰剂检验

为了考察本节倍差项的显著性特征是否由其他遗漏因素导致，本节进行了时间政策和实验对象的双随机性安慰剂检验。其一，政策的时间随机性检验，在样本期内随机选取时间点作为冲击政策发生的伪时间，以考察"一带一路"的显著冲击效应是否由其他非同期的政策引起。其二，在样本国内随机选取国家对象作为实验组，可以考察同期其他政策的混杂影响。传统固定时间点 DID 的安慰剂检验只需要随机选取一个政策时间点和固定样本数量的实验组对象即可进行。对应本节的多期 DID，因政策冲击各年份下的实验组对象会发生较大变化，若继续使用传统固定时间点 DID 的随机抽样方法进行安慰剂检验，可能难以得到真实可靠的检验结果。为解决此问题，本节参考 Li et al.(2016) 的做法，在每个随机政策冲击年份随机抽取一定的国家数量作为实验组。具体做法为，不考虑 2009 年和 2018 年，以使得时间维度下总有实验前和实验后的样本可以比照，在 2014—2017 年随机抽取四年作为政策冲击时间。随机抽取的冲击时间 t_1 下，不放回随机抽取 n_1 个国家作为当年加入"一带一路"倡议的国家；在 t_2 时间下，继续不放回随机抽取 n_2 个国家作为新加入"一带一路"倡议的国家；以此类推，直到 t_4 时间下的样本抽取完毕。n_1、n_2 … 为根据降噪后的实际数据确认的历年加入"一带一路"倡议的国家数量。将上述过程重复 500 次后，我们绘制了伪倍差项的回归系数及其对应的 p 值的分布图。如图 4-5 所示，倍差项的回归系数和 p 值钟形分布在数值 0 周围，形似正态分布。同时，基准模型中倍差项的回归系数值 0.0622 远离伪倍差项系数分布的中心零值。这说明"一带一路"倡议对共建国出口产品质量的影响具有稳定性，模型没有受到遗漏变量偏误的严重影响。

2. 样本选择性偏误问题

"一带一路"国家的样本选择并非完全随机，经济社会落后的国家可能更愿意加入这样一种新型区域贸易协定，以改善自身发展现状。尽管我们只选取了欠发达国家，也控制了各国与中国的地理距离，但为了使得控制组和实验组更具可比性、尽可能地弱化样本自选择的影响，我们还考虑了其他可能影响一个国家是否加入"一带一路"倡议的决策变量。其他决策变量来

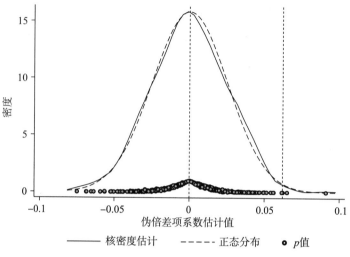

图 4-5　安慰剂检验

自世界银行"国家政策和制度评估"（CPIA）数据库中的 20 项各国发展指标，包含人力资源建设、企业监管环境、公共资源使用公平性、公共部门管理和机构集群、公共部门透明度、问责性和腐败情况、宏观经济管理、社会包容性、经济管理集群、结构政策集群、收入调动效率评级、债务政策、公共行政质量、性别平等、环境可持续性、社会保障、产权和规则治理、财政政策、贸易和金融部门、预算和财务管理质量等，对缺失数据根据其所属的国家收入类别进行了插补。回归结果如表 4-14 第（1）列所示。倍差项仍然高度显著，说明计量模型的设计较为合理，基本剔除了样本选择性偏误的不良影响。

我们还控制了其他可能影响样本选择的特征：①古代丝绸之路（oldsilk）不仅在精神上对"一带一路"倡议具有指引意义，其历经的陆上和海上地点也对当今"一带一路"的形成具有深刻影响。因此，我们将古代丝绸之路历经地点所对应的现代国家进行了控制。① ②尽管"一带一路"倡议坚持开放原则，欢迎任何有意愿加入的国家，但一个地区是否为港口（port）可能会影响其本身的加入意愿，也会影响中国为争取相应地区加入"一带一路"倡议的努力程度，从而对这些地区的加入时间产生影响。③国土面积（area）往往

---

① 我们根据历史和网络资料整理出了古代丝绸之路历经的国家，包含中国、蒙古、俄罗斯、哈萨克斯坦、吉尔吉斯斯坦、乌兹别克斯坦、塔吉克斯坦、土库曼斯坦、阿富汗、巴基斯坦、伊朗、土耳其、越南、柬埔寨、马来西亚、新加坡、印度尼西亚、缅甸、孟加拉国、印度尼西亚、斯里兰卡、马尔代夫、也门、阿曼、沙特阿拉伯、埃及、厄立特里亚、吉布提、索马里、利比亚、意大利、突尼斯共 32 个国家。

与一个地区的发展战略、自然资源禀赋、人口数量、加入"一带一路"倡议的意愿和迫切度等密切相关,也可能成为影响样本选择的重要特征。此处将这三个变量与时间趋势项(trend)进行交乘,以检验其可能造成的偏误影响,回归结果如表4-14第(2)列所示。

因本节数据处理流程为先在出口国—进口国—产品层面计算,后加权汇总到出口国—产品层面,时间跨越2004—2018年前后共十年,其间会涉及出口产品的进入和退出,从而有可能存在这方面的样本选择性偏误。为此,我们还将样本限定为平衡面板进行了考察,回归结果如表4-14第(3)列所示。

表4-14第(1)—(3)列的倍差项估计结果均高度显著,这表明"一带一路"倡议对一国出口产品质量的积极影响并未发生明显变动,回归结果不存在严重的样本选择性偏误问题。

表4-14 针对样本选择性偏误的稳健性检验

变量	(1) 20项各国发展指标 $\ln qua_{igt}$	(2) 其他影响样本选择的变量 $\ln qua_{igt}$	(3) 平衡面板 $\ln qua_{igt}$
D_{it}	0.0480***	0.0534***	0.0386***
	(0.0104)	(0.0097)	(0.0094)
20项各国发展指标	是	否	否
port×trend	否	是	否
oldsilk×trend	否	是	否
area×trend	否	是	否
控制变量	是	是	是
个体固定效应	是	是	是
行业—时间固定效应	是	是	是
常数项	是	是	是
样本数	821 547	995 023	494 130
拟合优度	0.5507	0.5511	0.6166

注:*、**和***分别表示在10%、5%和1%的统计水平上显著;括号内的数值为稳健聚类标准误,均聚类在出口国—产品维度。

3. 其他稳健性检验

本节还给出了其他更多控制变量的稳健性分析,包含控制劳动力报酬占 GDP 的份额(labsh)和自然资源租金(resource)[①],数据来自佩恩表 10.0 或世界银行,回归结果如表 4-15 第(1)列所示。使用生产者货币计价的价值量进行加权汇总的产品质量,回归结果如表 4-15 第(2)列所示。另外,我们将被解释变量的起始年份改为 2010 年和 2011 年,回归结果分别如表 4-15 第(3)列和第(4)列所示。我们进一步使用稳健标准误,回归结果如表 4-15 第(5)列所示。参考吕越等(2019)、王桂军和张辉(2020)的做法,我们将样本范围限定在初始的 65 个国家,并以 2014 年为冲击时间,回归结果如表 4-15 第(6)列所示。结果表明倍差项均高度显著,说明"一带一路"倡议的影响具有稳定性。

表 4-15 其他稳健性检验

	(1)更多控制变量	(2)生产者货币计价	(3)2010 年起始	(4)2011 年起始	(5)稳健标准误	(6)初始 65 国
	$\ln qua_{igt}$	$\ln qua_{igt}$	$\ln qua_{igt}$	$\ln qua_{igt}$	$\ln qua_{igt}$	$\ln qua_{igt}$
D_{it}	0.0626***	0.0622***	0.0563***	0.0601***	0.0622***	0.0506***
	(0.0096)	(0.0096)	(0.0097)	(0.0098)	(0.0090)	(0.0121)
更多控制变量	是	否	否	否	否	否
控制变量	是	是	是	是	是	是
个体固定效应	是	是	是	是	是	是
行业—时间固定效应	是	是	是	是	是	是
常数项	是	是	是	是	是	是
样本数	976 596	995 023	897 081	798 240	995 023	995 023
拟合优度	0.5477	0.5510	0.5577	0.5636	0.5536	0.5510

注:*、**和***分别表示在 10%、5%和 1%的统计水平上显著;括号内的数值为稳健聚类标准误,均聚类在出口国—产品维度。

五、机制检验

"一带一路"倡议的实施显著提高了共建国的出口产品质量,但究竟是通过哪些渠道产生这一影响呢?这是本部分将要探讨的问题。根据理

---

① 在出口国层面,使用时间上最近的后向非缺失值进行了插值。

第四章 中国驱动"一带一路"发展路径：基于技术升级视角

论分析,中国对共建国的基础设施投资、共建国的出口、共建国的自主创新能力可能是三个重要的机制变量。为了进行机制检验,本部分参考 Baron and Kenny(1986)、黎文靖和郑曼妮(2016)、王桂军和张辉(2020)的做法,使用机制变量与倍差项的交乘项进行检验。具体而言,第一步检验(4-39)式,第二步检验(4-40)式:

$$MedX_{it} = \beta_0 + \beta_1 D_{it} + \sum_n \beta_n Control_{it} + \lambda_i + \delta_{gt} + \varepsilon_{igt} \quad (4-39)$$

$$\ln qua_{igt} = \gamma_0 + \gamma_1 D_{it} + \gamma_2 MedX + \gamma_3 MedX \times D_{it} + \sum_n \eta_n Control_{it}^n + \lambda_i + \delta_{gt} + \varepsilon_{igt} \quad (4-40)$$

其中,$MedX_{it}$ 为机制变量,包含 $\ln infrasFDI_{it}$、$\ln export_{it}$ 和 $\ln patent_{it}$,分别表示中国对共建国的对数累积基础设施投资、共建国的对数累积出口额和共建国本国居民的累积专利申请量。累积值可以表征相应变量的长期影响。β_1 表示"一带一路"倡议的实施对相应机制变量的影响,γ_2 则表示"一带一路"倡议是否通过相应的机制变量对共建国产品质量产生显著影响。当这两个系数均为正值且通过5%的显著性水平检验时,相应变量的机制效应成立。

(4-39)式的检验结果如表 4-16 第(1)、(3)、(5)列所示,被解释变量分别为对数累积基础设施投资、对数累积出口额和对数累积居民申请专利量,倍差项均显著为正,从而"一带一路"倡议显著促进了共建国的基础设施投资、出口和专利申请。(4-40)式的检验结果如表 4-16 第(2)、(4)、(6)列所示,$\ln infrasFDI_{it} \times D_{it}$、$\ln export_{it} \times D_{it}$ 和 $\ln patent_{it} \times D_{it}$ 的系数均显著为正。这共同说明来自中国的基础设施投资、共建国的出口额及其本国居民的专利申请量均为"一带一路"倡议的重要机制变量,验证了本节的理论假说 2 至理论假说 4。

表 4-16 基础设施投资、出口和专利申请的机制检验

	(1)	(2)	(3)	(4)	(5)	(6)
	$\ln infrasFDI_{it}$	$\ln qua_{igt}$	$\ln export_{it}$	$\ln qua_{igt}$	$\ln patent_{it}$	$\ln qua_{igt}$
D_{it}	0.1143***	−0.0018	0.0386***	−0.2775***	0.0296***	−0.0395
	(0.0045)	(0.0248)	(0.0044)	(0.0456)	(0.0016)	(0.0302)
$\ln infrasFDI_{it}$		0.0025				
		(0.0022)				

（续表）

	(1)	(2)	(3)	(4)	(5)	(6)
	$lninfrasFDI_{it}$	$lnqua_{igt}$	$lnexport_{it}$	$lnqua_{igt}$	$lnpatent_{it}$	$lnqua_{igt}$
$lninfrasFDI_{it} \times D_{it}$		0.0081***				
		(0.0028)				
$lnexport_{it}$				0.4134***		
				(0.0038)		
$lnexport_{it} \times D_{it}$				0.0161***		
				(0.0021)		
$lnpatent_{it}$						0.0328***
						(0.0127)
$lnpatent_{it} \times D_{it}$						0.0121***
						(0.0034)
控制变量	是	是	是	是	是	是
个体固定效应	是	是	是	是	是	是
行业—时间固定效应	是	是	是	是	是	是
常数项	是	是	是	是	是	是
样本数	995 023	995 023	995 023	995 023	880 304	880 304
拟合优度	0.8829	0.5510	0.9477	0.5656	0.9929	0.5517

注：*、**和***分别表示在10%、5%和1%的统计水平上显著；括号内的数值为稳健聚类标准误，均聚类在出口国—产品维度。

六、小结

"一带一路"倡议的提出和实施，大大扩展了现有国际自由贸易的框架和边界，对参与国家具有一系列更加显著、范围更大的经济社会发展效应。出口产品质量的提升对广大欠发达国家实现温饱、摆脱贫困具有重要的现实价值，是"一带一路"倡议发展效应的关键内容之一。本节通过严谨的理论论证和经验分析，基于2014—2018年WTO各国HS六分位行业出口数据，使用面板数据双重差分法，探究了"一带一路"倡议对共建国出口产品质量的影响效应及其作用机制，从新的视角补充了"一带一路"倡议的国际贡献。主要研究结论包括以下三个方面：第一，"一带一路"倡议显著促进了共建国出口产品质量的提升,而且这种影响具有明显的动态上升趋势,并在第四期后基本保持稳定。第二,这种提升作用随着共建国与中国地理距离的增大而减弱,地理距离的虹吸效应在共建国出口产品质量领域显著存在;同时,具有较低实际人均 GDP 国家的出口产品质量提升幅度更大,后发优势假说在产品质量领域成立。第三,"一带一路"倡议实施后,中国对大多数共建国的基础设施投资不断增加,共建国出口额和本国居民专利申请量也远高于"一带一路"倡议实施前,这些促进了共建国基础设施的改善,企业也有更充裕的资本、更强烈的竞争意识去不断提升产品质量,自主创新能力得到提升,从而基础设施更新、出口增加和自主创新能力增强是"一带一路"倡议提升共建国出口产品质量的三条重要路径。

根据以上结论,我们认为:首先,"一带一路"倡议践行了中国自身的承诺,即在破解自身发展困境的同时,实现与共建国的包容性发展,具有明显的共同发展效应。这驳斥了西方国家的"中国版新马歇尔计划""债务陷阱论""新殖民主义"等有关"一带一路"倡议的种种负面论调,维护了中国的国际声誉,为"一带一路"倡议后续的顺畅实施、吸引更多国家加入提供了学理支撑和数据证据。其次,目前,中国根据共建国经济发展水平、资源禀赋情况和自身发展诉求而采取的合作方式,对当地的经济发展产生了较好的促进作用。我们应继续因地制宜、具体问题具体分析,在处理方式上灵活应变,并在每一个合作项目上精耕细作。这也启示我们不必迫于西方舆论压力,不顾当地国家发展国情而盲目进行所谓高端、高科技项目转移。再次,与传统区域自由贸易协定相比,"一带一路"倡议具有自身鲜明的特点,各共建国地位平等,旨在构建开放包容共赢的人类命运共同体,其组织构造、合作方式等为新型全球化提供了中国经验。因此,我们应该继续在技术扩散和创新领域坚持开放原则和市场化运作,允许当地国家和企业学习中国的先进技术和知识,不设置专门的有形或无形壁垒,而是促进生产要素、技术和资本的跨国自由流动。最后,中国对距离本国较远国家的产品质量提升作用较弱,这受制于"一带一路"倡议的实施进程以及生产要素跨境流动的客观规律,但也启示我们在与非近邻国的合作内容、方式上可以采取其他替代方案,如吸引附近更多其他国家的贸易和投资,特别是资本和技术相对充裕的发达国家。

附录

附表　平行趋势检验的回归结果

	(1)
	$\ln qua_{igt}$
pre5	0.0079
	(0.0105)
pre4	0.0045
	(0.0122)
pre3	−0.0215
	(0.0138)
pre2	0.0030
	(0.0155)
pre1	−0.0093
	(0.0170)
post1	0.0499***
	(0.0186)
post2	0.0634***
	(0.0217)
post3	0.0750***
	(0.0248)
post4	0.1243***
	(0.0283)
post5	0.1259***
	(0.0432)
控制变量	是
个体固定效应	是
行业—时间固定效应	是
常数项	是
样本数	995 023
拟合优度	0.5510

注：*、**和***分别表示在10%、5%和1%的统计水平上显著，括号内的数值为稳健聚类标准误，均聚类在出口国—产品维度。

第五章 外循环助推中国高质量发展：数字经济与进口竞争视角

第一节 "一带一路"推动中国高质量发展路径：数字经济视角①

当今世界正处于百年未有之大变局，人类面临的全球性挑战规模之大、数量之多、程度之深前所未有，不安全、不确定、不稳定因素层出不穷，治理赤字、发展赤字和平赤字凸显。基于此背景，中国提出"一带一路"倡议，推动处于不同经济发展阶段、拥有不同区位特色、具备不同资源禀赋的国家对接彼此，在全球更大范围内整合经济要素和发展资源，逐步完善全球治理体制机制，实现世界共同发展繁荣。同时，2020年新冠肺炎疫情暴发严重冲击了全球公共卫生安全和产业链供应链的稳定。为此，探析"一带一路"长效发展路径不论是对中国经济高质量发展还是参与国经济快速复苏，乃至世界经济发展新格局的塑造均具有重要的理论意义和现实意义。

当前，以人工智能、大数据为代表的新一代信息技术正引起生产方式的变革，对研发、制造直至最终消费等不同环节进行渗透、改造和重构，开启数字化发展的新阶段，而数字经济也成为当前世界各国普遍认可的最具潜力的新经济增长点。2017年，中国、阿联酋、沙特阿拉伯、泰国、老挝、埃及、土耳其和塞尔维亚在第四届互联网大会上共同发起了《"一带一路"数字经济国际合作倡议》。2018年，韩国发布了人工智能研发战略及《创新增长引擎》五年计划，南非颁布了《科学技术与创新》白皮书草案，俄罗斯签署了

---

① 本节作者为姜峰，部分内容摘自姜峰（2021）。

《2024年前俄联邦发展国家目标和战略任务》，都强调促进数字经济相关领域的发展。2019年，习近平主席在第二届"一带一路"国际合作高峰论坛上倡导，紧握智能化、网络化、数字化发展机遇，共同探索新模式、新业态、新技术，寻求经济可持续发展的新路径。因此，在"一带一路"建设过程中，以数字经济带动"一带一路"经济合作、技术交流的趋势日渐显露，数字要素资源高效配置和创新集聚逐渐形成，不断为"一带一路"参与国注入新的动能，助推"一带一路"参与国实现跨越式发展。

那么，数字"一带一路"建设是否推动了中国贸易高质量发展？若该效应得以证实，其作用机制是什么？其空间分布规律又具有何种特点？本节基于"一带一路"沿线国家与中国的双边视角，从中国贸易的"大"和"强"两方面，探究沿线国家数字经济发展水平与沿线国家对中国进口贸易依存度、中国出口产品全球技术附加值、中国全球价值链位置的相关关系，以便准确、全面、科学地论证数字"一带一路"对中国贸易高质量发展的作用，为数字"一带一路"建设及国内国际双循环发展提供理论与现实依据。

一、数字"一带一路"发展水平测算

（一）测算方法

2016年，中国发布的《二十国集团数字经济发展合作倡议》提出，数字经济是指以知识和数字化信息为核心的生产要素，借助信息化网络，利用信息通信与技术（Information and Communications Technology，ICT）促进宏观经济结构优化和效率提升的经济活动。本节参考张伯超和沈开艳（2018）、齐俊妍和任奕达（2020）、赵涛等（2020）的指标体系，根据数据可获得性、科学性和系统性，构建"一带一路"数字经济水平指标体系，涵盖数字经济的基础设施建设、研发创新环境、交易发展动力等三个方面，具体如表5-1所示。

表5-1 "一带一路"数字经济水平指标体系

一级指标	二级指标	数据来源
基础设施建设	通电率	世界银行
	每百万人安全互联网服务器数	世界银行
	拥有计算机家庭百分比	国际电信联盟
	百人移动电话数	国际电信联盟

(续表)

一级指标	二级指标	数据来源
研发创新环境	研发支出占 GDP 比重	世界银行
	技术合作捐助	世界银行
	居民专利申请数	世界银行
	每百万人 R&D 研究人员数	世界银行
交易发展动力	互联网使用率	国际电信联盟
	信息通信技术进出口贸易年增长率	联合国贸易和发展会议
	信息通信技术进出口贸易占服务贸易额比重	联合国贸易和发展会议
	信息通信技术进出口贸易全球占比	联合国贸易和发展会议

本节借鉴 Federici and Mazzitelli(2009),采用动态因子分析(DFA)的双因素模型,具体如下:

$$F = F_t^* + (F_{it} + F_i) = F_t + F_t^* \quad (5-1)$$

其中,F 为样本总体的方差和协方差矩阵;F_t^* 为各时期平均协方差矩阵;F_{it} 是样本各时期平均的方差和协方差矩阵,表明样本独立于时间变量的相对结构变化;F_i 为单独样本的动态差异矩阵,反映单独样本动态变化与总体样本平均动态变化之间的差异;F_t 反映线性回归模型的动态变化。回归方程为:

$$\overline{f_{\cdot it}} = \alpha_i t + \eta_i + \varphi_{it} \quad (5-2)$$

其中,t 为年份,$t = 1, \cdots, T$;i 为指标,$i = 1, \cdots, I$;$\overline{f_{\cdot it}}$ 为第 t 年总样本 i 指标的平均值;α_i 为 t 与 $\overline{f_{\cdot it}}$ 的估计系数;η_i 为常数项;φ_{it} 为干扰项,且满足以下条件:

$$cov(\varphi_{jt}, \varphi_{ks}) = \begin{cases} \omega_j, & j = k; t = s \\ 0, & otherwise \end{cases}$$

动态因子分析的具体计算步骤为:

第一,利用各年份的协方差矩阵 $F(t)$ 计算平均协方差矩阵 F_t^*,公式如下:

$$F_t^* = \frac{\sum_{t=1}^{T} F(t)}{T} \quad (5-3)$$

第二,求解 F_t^* 的特征向量、特征值及其方差贡献率。

第三,测算"一带一路"沿线各国静态指标矩阵,具体计算公式如下:

$$g_{jk} = \left(\frac{\sum_{t=1}^{T} x'_{jt}}{T} - \frac{\sum_{j=1}^{T} \overline{x_j}}{J} \right)' \times \lambda_k \tag{5-4}$$

其中,λ_k 为第 k 个指标的特征向量;$x'_{jt} = (x_{j1t}, \cdots, x_{jIt})$,$j=1, \cdots, J, t=1, \cdots, T$;$x_{ijt}$ 为第 t 年 j 国家 i 指标的数值。

第四,测算"一带一路"沿线各国动态指标矩阵,公式如下:

$$g_{ijt} = (x_{jt} - \overline{x_{\cdot t}})' \times \lambda_k \tag{5-5}$$

其中,x_{jt} 为第 t 年 j 国家的指标值,为 x_{jt} 的转置,$\overline{x_{\cdot t}} = \frac{\sum_{j=1}^{J} x_{jt}}{J}$。

(二) 测算结果

根据以上计算步骤,得到特征值、公因子的方差贡献率及累积方差贡献率,然后基于累计方差贡献率大于 80% 的原则,"一带一路"数字经济水平指标体系提取 6 个公因子的累积贡献率达到 84.07%,可以反映"一带一路"数字经济水平指标体系涵盖的所有现实信息,再计算中国和 60 个"一带一路"沿线国家[1]的静态指标矩阵、动态指标矩阵,以方差贡献率为权重,计算得出 2010—2018 年 61 个"一带一路"沿线国家的数字经济水平及动态变化情况。

从测算结果可以看出,2010—2014 年,"一带一路"沿线国家中,南亚、东南亚国家数字经济水平较低,其中缅甸、柬埔寨、孟加拉国、老挝、不丹、巴基斯坦的数字经济水平最低,这主要源于产业结构固化、基础设施落后、经济增长乏力导致数字经济发展较为滞后;而东欧、北欧、南欧国家凭借大量的研发支出和科研人员数量优势,数字经济处于较高水平,其中斯洛文尼亚、捷克、爱沙尼亚的数字经济水平尤为突出。2015—2018 年,"一带一路"沿线

---

[1] 60 个"一带一路"沿线国家具体指:阿富汗、阿尔巴尼亚、亚美尼亚、阿塞拜疆、巴林、孟加拉国、白俄罗斯、不丹、波黑、保加利亚、柬埔寨、克罗地亚、塞浦路斯、捷克、埃及、爱沙尼亚、格鲁吉亚、希腊、匈牙利、印度、印度尼西亚、伊朗、伊拉克、以色列、哈萨克斯坦、科威特、吉尔吉斯斯坦、老挝、拉脱维亚、黎巴嫩、立陶宛、马来西亚、马尔代夫、摩尔多瓦、蒙古、黑山、缅甸、尼泊尔、北马其顿、阿曼、巴基斯坦、菲律宾、波兰、罗马尼亚、俄罗斯、塞尔维亚、新加坡、斯洛伐克、斯洛文尼亚、斯里兰卡、巴勒斯坦、叙利亚、塔吉克斯坦、泰国、土耳其、乌克兰、阿联酋、乌兹别克斯坦、越南、也门。

数字经济水平较低的国家集中在南亚、西亚地区,其中也门、孟加拉国、巴基斯坦、阿富汗、叙利亚的数字经济水平最低,这主要受限于研发投入、技术人员培养,而以捷克、爱沙尼亚、斯洛文尼亚为代表的欧洲国家数字经济依然保持较高的水平,同时中国、新加坡、以色列的数字经济水平极为突出,远高于其他"一带一路"沿线国家。

此外,2010—2018年,在"一带一路"沿线国家中,中国、阿尔巴尼亚、新加坡、柬埔寨、乌克兰、阿联酋、缅甸、尼泊尔等国家数字经济发展速度较快,其中中国、新加坡、缅甸、乌克兰是由数字服务贸易的快速增长带动数字经济的高速发展,阿尔巴尼亚、柬埔寨、阿联酋和尼泊尔是通过电力及移动电话等数字基础设施的完善刺激数字经济的发展;然而,巴林、也门、塔吉克斯坦、印度、北马其顿、叙利亚、科威特、巴勒斯坦、吉尔吉斯斯坦等国家数字经济水平显著下滑,其中巴林、科威特、也门、塔吉克斯坦、北马其顿、印度、叙利亚的数字经济发展主要受限于服务贸易数字化程度较低,巴勒斯坦、吉尔吉斯斯坦的数字经济恶化则由技术研发人员及专利申请的显著减少引起。

二、数字"一带一路"推动中国贸易高质量发展的理论分析

数字"一带一路"是指数字经济发展与"一带一路"倡议相结合,通过云计算、区块链、大数据、人工智能等新技术联通各类经济主体,有效破除经济体对传统生产要素的路径依赖,推进物流体系构建、智能支付和数字基础设施建设,畅通全球跨区域生产要素多向集聚和流动,共享数字化转型的变革红利,为广大发展中国家提供公平的发展机遇,重塑全球现代化生产网络,是全球经济增长的新引擎。同时,数字"一带一路"也是"一带一路"沿线广大发展中国家为寻求高质量发展而优化生产力、探索新要素的必然结果。此外,本节重点关注中国贸易发展质量,而非美国、日本、德国等发达经济体,是因为2010—2018年,年均从中国进口额占比超过5%的"一带一路"国家为52个,远高于美国(16个)、日本(10个)、德国(34个),并且中国在"一带一路"沿线国家进口贸易占比的平均值为12.20%,高于美国(6.77%)、日

本(2.94%)、德国(6.98%),中国对"一带一路"沿线国家的影响更为明显。①因此,本节主要从国际贸易成本、价格形成与贸易多样性等三个方面论证数字"一带一路"建设对中国贸易高质量发展的影响。

(一)数字"一带一路"与国际贸易成本

数字经济充分发挥互联网技术的优势,加强信息的直接获取与快速流通,使得各类经济体能够更节约、更高效地进行平等的合作、竞争与沟通,推动商业结构扁平化,显著减少各个贸易环节的成本支出。第一,"一带一路"沿线国家数字经济的互联互通保障了信息通信的及时性、全球性和互动性,能够显著拓展交易搜寻范围、汇集贸易产品信息,极大提高了信息的便利化水平,有效缓解了国际贸易中的信息不对称问题,也通过互联网营销释放了更多的需求和供给;第二,数字"一带一路"利用网络化基础设施平台,促进贸易企业摆脱中间分销环节,使得生产与消费匹配更加高效,并且互联网去除了贸易双方的时间制约与空间距离,提高了沟通的效率和频率,降低了贸易双方交流、合作的信息成本及贸易谈判成本;第三,数字经济在"一带一路"沿线国家的快速推广显著改善了沿线国家物流企业对数字技术及大数据的利用、分析能力,逐步向仓储调控、货物分拣、订单处理的智能化方向转变,打破了国际贸易的国别界限,吸纳了更多的发展中国家进入国际市场,基于物流运输效率的提升降低了"一带一路"货物运输成本,促进了"一带一路"包容性增长;第四,随着数字技术的广泛应用,"一带一路"沿线国家相继加快了政府的数字化改革,"互联网+"网络政务系统逐步成为关注的焦点,因而"一带一路"沿线国家贸易通关平台的数字化建设缩短了海关申报、办理的流程和时间,从而减少了中国出口企业开展贸易的制度成本。鉴于此,本节提出理论假说1。

理论假说1:数字"一带一路"发展可以通过减少双边贸易成本对中国贸易发展质量产生积极作用。

(二)数字"一带一路"与价格形成

一方面,数字经济扩展了贸易企业经营边际,增强了市场竞争性,从而贸易价格的透明度大幅提高。数字"一带一路"建设使得沿线各国生产企业

---

① 数据来源:联合国贸易和发展会议。

可以更加便捷地获取全球价格信息、掌握市场竞争动态,导致企业进入或退出国际市场的决定更加迅速,让新的商业机会、新的消费市场以及互联网商业模式吸引大量的跨行业企业参与全球贸易竞争。在同类产品中,融入国际市场的企业越多,竞争越激烈,商品的价格会越来越低。另一方面,不同于传统消费经济,数字经济具有可共享、可复制、无限使用等特点,能够有效降低企业直接转嫁给消费者的部分固定成本、边际成本,从而导致双边贸易产品价格下降,冲击了传统的成本定价范式。同时,数字技术的运用提高了贸易过程中监督、跟踪、评价的效率,增强了价格透明度,间接抑制了产品不合理定价。由此,本节提出理论假说2。

理论假说2:数字"一带一路"发展能够通过降低产品贸易价格推动中国贸易地位攀升。

(三) 数字"一带一路"与贸易多样性

基于社交媒体、5G、云计算等数字技术的发展,数字"一带一路"通过互联网降低了贸易双方联接的难度,冲击了发达经济体大型企业在全球贸易格局中的垄断地位,为"一带一路"沿线发展中国家的中小企业进入国际市场开辟了新渠道,在一定程度上促进了区域协同发展,实现了"一带一路"资源优化配置。同时,数字"一带一路"不仅使沿线各国居民更迅速、更准确地掌握了国际产品和服务的信息,而且直接扩大了可交易产品的种类范围,能够为沿线各国提供更宽泛的选择空间,提高消费者福利(见图5-1)。此外,数字经济的蓬勃发展将适应和激发消费者多样化的产品需求,引起从以往生产者单向产品供给向供需双方的实时、交互流动,从而促进"一带一路"市场产品种类增加,挖掘数字经济对消费的拉动作用。由此,本节提出理论假说3。

理论假说3:数字"一带一路"发展通过扩大国际贸易产品种类加快中国贸易高质量发展。

综上所述,数字"一带一路"发展有利于中国贸易地位的提升。由此,本节提出理论假说4。

理论假说4:数字"一带一路"发展能够显著提高中国贸易发展质量。

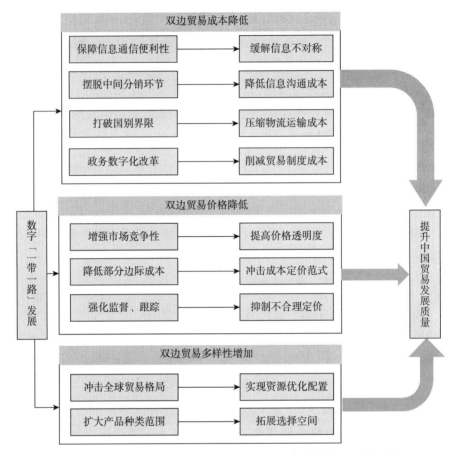

图 5-1 数字"一带一路"发展推动中国贸易高质量发展理论机制

三、实证检验

(一)计量模型构建

本节以"一带一路"沿线 60 个国家为研究对象,检验数字"一带一路"建设与中国贸易地位的相关性,构建如下模型:

$$IMP_{i,t} = \beta_1 Digital_{i,t} + \beta Control_{i,t} + \eta_i + v_t + \epsilon_{it} \quad (5-6)$$

其中,$IMP_{i,t}$ 为时期 t 国家 i 从中国进口占国家 i 进口贸易总额的百分比;$Digital_{i,t}$ 为时期 t 国家 i 的数字经济水平;$Control_{i,t}$ 为控制变量;η_i 为国家固定效应;v_t 为年份固定效应;ϵ_{it} 为随机扰动项;β_1、β 为估计系数。

为消除国家固定效应,本节将模型调整为:

$$\Delta IMP_{i,t} = \beta_1 \Delta Digital_{i,t} + \beta \Delta Control_{i,t} + \Delta v_t + \Delta \epsilon_{it} \quad (5-7)$$

其中，Δ 表示长期（5 年期）差值。为了最大限度地利用数据，本节使用可重叠的 5 年期差值，并且在国家层面进行聚类分析。

（二）变量描述与数据选取

1. 被解释变量

本节的研究目的是探究"一带一路"沿线国家数字经济发展水平对中国进口贸易占比的影响，$IMP_{i,t}$ 作为本节的被解释变量，数据由 UN Comtrade 数据库的 HS 1992 年版进口贸易数据计算所得。

2. 核心解释变量

$Digital_{i,t}$ 为本节的核心解释变量，数据来自前文 DFA 方法计算的数字经济水平指标。根据 UN Comtrade 数据库的 HS 1992 年版进口贸易数据，"一带一路"沿线国家数字经济发展水平与从中国进口贸易额占东道国的比重呈现相关关系。图 5-2 描绘了 2010—2018 年"一带一路"沿线国家数字经济发展水平 5 年期差值与中国进口贸易占比 5 年期差值的关系。"一带一路"沿线国家数字经济水平提高越快，中国进口贸易占比增长越高。

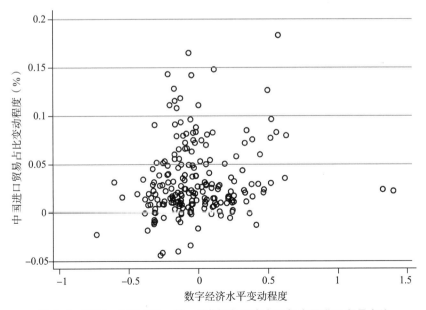

图 5-2　2010—2018 年"一带一路"数字经济水平与中国进口贸易占比

3. 控制变量

控制变量包括资源禀赋（Resource）、经济发展水平（Economy）、外商投资（FDI）、市场潜力（Population）。Resource 选取世界银行发展指标（World Developing Indicators，WDI）数据库中燃料、矿石和金属出口额占总出口额比重来衡量，表示东道国的资源禀赋特征。Economy 以 WDI 数据库中 2010 年不变价美元人均 GDP 来表示，用于控制东道国经济发展水平可能存在的非线性影响。FDI 则采用 WDI 数据库中外国直接投资净流入占 GDP 的百分比来表示东道国的外资依存度。Population 利用 WDI 数据库中劳动力数量来表示东道国的市场发展潜力。为了降低面板数据之间的异方差性和多重共线性，本节在构建模型时对 Population 取自然对数。

（三）实证结果

1. 国家层面

表 5-2 为国家层面"一带一路"数字经济水平与中国进口贸易占比的 OLS 回归结果。第（1）列和第（2）列 $\Delta Digital_{i,t}$ 的系数都大于 0 且通过显著性检验，表明"一带一路"沿线国家数字经济发展对中国进口贸易占比提高有显著的促进作用，验证了理论假说 4。同时，第（3）列和第（4）列引入控制变量，$\Delta Digital_{i,t}$ 的系数依然都显著大于 0，再次证明了数字"一带一路"能够推动中国产品在"一带一路"沿线国家的市场份额。

表 5-2 国家层面"一带一路"数字经济水平与中国进口贸易占比的回归结果

	（1）	（2）	（3）	（4）
$\Delta Digital_{i,t}$	0.0214*	0.0211#	0.0270*	0.0265*
	(0.013)	(0.013)	(0.014)	(0.014)
$\Delta Economy_{i,t}$			-0.0034*	-0.0032*
			(0.002)	(0.002)
控制变量	否	否	是	是
年份固定效应	否	是	否	是
国家数	55	55	55	55
样本数	205	205	205	205
拟合优度	0.025	0.041	0.133	0.145

注：***、**、*和#分别表示在 1%、5%、10%和 15%的统计水平上显著；括号内的数值为稳健聚类标准误，均聚类在国家维度。

参考黄群慧等(2019)、赵涛等(2020),本节利用"一带一路"沿线国家2006年百人移动电话数为"一带一路"沿线国家数字经济水平的工具变量。然而,该工具变量为截面数据,无法直接应用于面板模型中,本节借鉴Nunn and Qian(2014)的方法,加入2010—2018年"一带一路"沿线国家每百万人安全互联网服务器数,使之与2006年沿线国家百人移动电话数形成交乘项,用交乘项的5年期差值作为"一带一路"沿线国家数字经济水平的工具变量,具体结果如表5-3所示。结果显示,$\Delta Digital_{i,t}$的系数都大于0且都通过1%显著性水平检验,表明"一带一路"沿线国家数字经济发展有利于增加中国产品进口占比,促进中国产品在全球消费市场地位的攀升,也证明了本节结论的稳健性。

表5-3 国家层面数字经济水平与中国进口贸易占比的两阶段最小二乘法回归结果

	(1)	(2)	(3)	(4)
$\Delta Digital_{i,t}$	0.1898***	0.1868***	0.1611***	0.1619***
	(0.054)	(0.056)	(0.036)	(0.039)
控制变量	否	否	是	是
F-statistic	21.36	19.82	27.90	24.97
年份固定效应	否	是	否	是
Kleibergen-Paap rk LM	2.319	2.283	6.18	6.09
	[0.1278]	[0.1308]	[0.0747]	[0.0787]
国家数	55	55	55	55
样本数	205	205	205	205

注:***、**、*和#分别表示在1%、5%、10%和15%的统计水平上显著;括号内的数值为稳健聚类标准误,均聚类在国家维度;方括号内为p值。

2. 产品层面

本节以UN Comtrade数据库的中国进口贸易占比为被解释变量,从产品层面检验"一带一路"数字经济水平与中国进口贸易占比的相关关系,结果如表5-4所示。第(1)列和第(2)列$\Delta Digital_{i,t}$的系数都显著大于0,再次证实"一带一路"沿线国家数字经济发展能够带动中国进口贸易占比提高。此外,第(3)列和第(4)列引入控制变量,$\Delta Digital_{i,t}$的系数依然都显著大于0,进一步证明数字"一带一路"能够拓展中国产品的消费市场。

表 5-4　产品层面数字经济水平与中国进口贸易占比的回归结果

	(1)	(2)	(3)	(4)
$\Delta Digital_{i,t}$	0.0146***	0.0157***	0.0216***	0.0222***
	(0.005)	(0.005)	(0.006)	(0.005)
控制变量	否	否	是	是
年份固定效应	否	是	否	是
产品种类数	208 860	208 860	208 860	208 860
样本数	726 095	726 095	726 095	726 095
拟合优度	0.000	0.000	0.000	0.000

注：***、**、*和#分别表示在1%、5%、10%和15%的统计水平上显著；括号内的数值为稳健聚类标准误，均聚类在国家维度。

同时，本节参考 Machado and Silva(2019)，采用分位数回归，对全样本进行多个分位数回归，从而分析不同数字经济发展水平对中国贸易地位的推动作用。表 5-5 汇报了分位数回归结果。根据表中的回归结果，当"一带一路"沿线国家数字经济发展水平增长程度 $\Delta Digital_{i,t}$ 高于 3/10 分位数时，东道国数字经济发展水平能够正向激励中国进口贸易占比升高，并且随着数字经济发展水平增长程度的扩大，其刺激效用不断加强。与此相对，加入控制变量后，第(2)—(5)列 $\Delta Digital_{i,t}$ 的系数也都显著大于 0，这表明基于产品层面，数字"一带一路"发展能够提升中国产品的市场占有率。

表 5-5　产品层面数字经济发展水平与中国进口贸易占比的分位数回归结果

	(1)	(2)	(3)	(4)	(5)
	Q=0.15	Q=0.30	Q=0.50	Q=0.75	Q=0.90
$\Delta Digital_{i,t}$	−0.0092**	0.0094**	0.0114***	0.0232***	0.0678***
	(0.004)	(0.004)	(0.004)	(0.006)	(0.012)
控制变量	否	否	否	否	否
年份固定效应	是	是	是	是	是
$\Delta Digital_{i,t}$	−0.0221***	0.0105**	0.0158***	0.0358***	0.1128***
	(0.005)	(0.005)	(0.006)	(0.007)	(0.016)
控制变量	是	是	是	是	是
年份固定效应	是	是	是	是	是

注：***、**、*和#分别表示在1%、5%、10%和15%的统计水平上显著；括号内的数值为稳健聚类标准误。

四、数字"一带一路"推动中国贸易高质量发展机制检验

(一) 回归模型构建

在实证验证数字"一带一路"对中国进口贸易占比具有显著的促进作用后,为进一步考察"一带一路"沿线国家数字经济发展如何影响中国贸易高质量发展演变,本部分拟借助中介效应模型对第三部分的理论分析进行机制检验,即验证数字"一带一路"发展是否可以通过减少双边贸易成本、降低双边贸易价格、扩大双边贸易产品种类对中国贸易地位提升产生积极作用。以"一带一路"沿线60个国家为研究对象,本部分构建如下中介效应模型:

$$\Delta Medium_{i,t} = \alpha_1 \Delta Digital_{i,t} + \alpha \Delta Control_{i,t} + \Delta v_t + \Delta \epsilon_{it} \quad (5-8)$$

$$\Delta IMP_{i,t} = \gamma_1 \Delta Digital_{i,t} + \gamma_2 \Delta Medium_{i,t} + \gamma \Delta Control_{i,t} + \Delta v_t + \Delta \epsilon_{it} \quad (5-9)$$

其中,Δ 表示长期(5年期)差值;$Medium_{i,t}$ 为时期 t 国家 i 的中介变量;α_1、α、γ_1、γ_2、γ 均为估计系数。数字"一带一路"发展、双边贸易变动与中国贸易高质量发展的中介效应如图5-3所示。

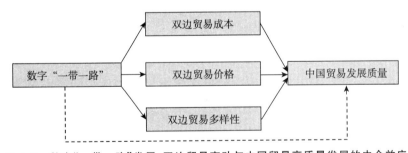

图 5-3 数字"一带一路"发展、双边贸易变动与中国贸易高质量发展的中介效应

本部分分别选取双边贸易成本($Cost$)、贸易产品价格($Price$)、贸易产品类别占比($Product$)作为中介变量,用于分析国际贸易效率、贸易产品价格、贸易多样性对中国贸易发展质量的影响。

本部分参考 Novy and Gravity(2012)的模型,计算"一带一路"沿线各国与中国的双边贸易成本($Cost$),具体为:

$$Cost_{i,t} = \left(\frac{Export_{ii} \times Export_{jj}}{Export_{ij} \times Export_{ji}} \right)^{\frac{1}{2(\theta-1)}} - 1 \quad (5-10)$$

其中，i、j 分别表示"一带一路"沿线各国和中国；$Export_{ij}$ 表示"一带一路"沿线国家 i 对中国的出口贸易额；$Export_{ji}$ 表示中国对"一带一路"沿线国家 i 的出口贸易额；$Export_{ii}$ 表示"一带一路"沿线国家 i 的国内贸易，参考许统生和梁肖（2016）的方法，国内贸易具体为国家 i 国内贸易 = i 国 GDP - i 国总出口；$Export_{jj}$ 表示中国的国内贸易，具体为中国国内贸易 = 中国 GDP - 中国总出口；θ 为产品替代弹性，沿用前人的设置（Anderson and Van Wincoop，2004；Milner and Mcgowan，2013；Novy，2013），将 θ 取值为 8。GDP 数据来自世界银行，出口贸易额数据来自 UN Comtrade 数据库。

双边贸易产品价格（Price）则选取 2010—2018 年"一带一路"沿线国家与中国 UN Comtrade 数据库的 1992 年版 HS 6 分位码产品进口贸易额除以产品净重量计算得出各产品单位重量的价格，然后以各产品进口贸易额占当年中国进口贸易总额的百分比为权重，加权求得"一带一路"沿线国家与中国贸易的综合产品价格。

双边贸易产品类别占比（Product）则参考 Benkovskis and Woerz（2014），用 UN Comtrade 数据库的 1992 年版 HS 六分位码产品贸易数据中 2010—2018 年"一带一路"沿线国家从中国进口的产品种类数占沿线国家从全球进口的产品种类数的百分比来表示。

（二）双边贸易成本减少

表 5-6 是数字"一带一路"对中国贸易成本缩减效应的估计结果。第（1）列 $\Delta Digital_{i,t}$ 的系数小于 0 并通过 5% 显著性检验，表明沿线国家数字经济发展水平提高对"一带一路"沿线国家与中国双边贸易成本有显著的抑制作用。第（2）列 $\Delta Cost_{i,t}$ 的系数也显著小于 0，表明沿线国家与中国双边贸易成本的减少会推动中国进口贸易占比增大。因此，"一带一路"沿线国家数字经济发展会通过减少与中国的双边贸易成本，提高沿线国家对中国的进口贸易依赖度，进而扩大中国产品的市场占有率，即理论假说 1 成立。第（3）列和第（4）列加入年份固定效应，估计结果与第（1）列、第（2）列相同，进一步验证了数字"一带一路"对中国贸易地位提升的效率改进机制的存在。

表 5-6 双边贸易成本的中介效应检验

	(1) $\Delta Cost_{i,t}$	(2) $\Delta IMP_{i,t}$	(3) $\Delta Cost_{i,t}$	(4) $\Delta IMP_{i,t}$
国家层面				
$\Delta Cost_{i,t}$		-0.0304**		-0.0294**
		(0.012)		(0.012)
$\Delta Digital_{i,t}$	-0.2204**	0.0224*	-0.2208**	0.0222*
	(0.109)	(0.012)	(0.110)	(0.013)
控制变量	是	是	是	是
年份固定效应	否	否	是	是
国家数	55	55	55	55
样本数	205	205	205	205
拟合优度	0.189	0.159	0.190	0.170
产品层面				
$\Delta Cost_{i,t}$		-0.0176***		-0.0166***
		(0.002)		(0.002)
$\Delta Digital_{i,t}$	-0.1323***	0.0193***	-0.1349***	0.0200***
	(0.001)	(0.006)	(0.001)	(0.005)
控制变量	是	是	是	是
年份固定效应	否	否	是	是
产品种类数	208 862	208 860	208 862	208 860
样本数	726 106	726 095	726 106	726 095
拟合优度	0.171	0.000	0.177	0.000

注：***、**、*和#分别表示在1%、5%、10%和15%的统计水平上显著；"国家层面"括号内的数值为稳健聚类标准误，均聚类在国家维度；"产品层面"括号内的数值为稳健聚类标准误，均聚类在产品—国家维度。

（三）双边贸易价格降低

表 5-7 是数字"一带一路"对中国贸易产品价格抑制效应的估计结果。第(1)列 $\Delta Digital_{i,t}$ 的系数显著小于0，表明"一带一路"沿线国家数字经济发展水平提高有利于中国进口产品价格下降；第(2)列 $\Delta Price_{i,t}$ 的系数小于0，且通过5%显著性检验，表明沿线国家从中国进口产品价格降低对中国进口

贸易占比增大有显著的推动作用。根据第（1）列和第（2）列的估计结果，数字"一带一路"发展有利于降低中国产品在沿线国家的进口价格，挖掘沿线国家对中国产品的消费需求，激励中国产品扩大市场份额，从而推动中国贸易地位提升，即理论假说2成立。第（3）列和第（4）列加入年份固定效应，估计结果与第（1）列和第（2）列相同，证明了理论假说2的稳健性。

表 5-7　双边贸易产品价格的中介效应检验

	（1） $\Delta Price_{i,t}$	（2） $\Delta IMP_{i,t}$	（3） $\Delta Price_{i,t}$	（4） $\Delta IMP_{i,t}$
国家层面				
$\Delta Price_{i,t}$		−0.0040**		−0.0040**
		（0.002）		（0.002）
$\Delta Digital_{i,t}$	−0.5072#	0.0250*	−0.5115#	0.0244*
	（0.325）	（0.013）	（0.326）	（0.014）
控制变量	是	是	是	是
年份固定效应	否	否	是	是
国家数	55	55	55	55
样本数	205	205	205	205
拟合优度	0.052	0.148	0.055	0.160
产品层面				
$\Delta Price_{i,t}$		−0.0011*		−0.0013**
		（0.001）		（0.001）
$\Delta Digital_{i,t}$	−0.0887***	0.0130	−0.0855***	0.0133
	（0.008）	（0.012）	（0.008）	（0.011）
控制变量	是	是	是	是
年份固定效应	否	否	是	是
产品种类数	109 647	109 646	109 647	109 646
样本数	374 089	374 088	374 089	374 088
拟合优度	0.001	0.000	0.004	0.000

注：***、**、*和#分别表示在1%、5%、10%和15%的统计水平上显著；"国家层面"括号内的数值为稳健聚类标准误，均聚类在国家维度；"产品层面"括号内的数值为稳健聚类标准误，均聚类在产品—国家维度。

(四)双边贸易多样性增加

表 5-8 是数字"一带一路"对中国贸易多样性促进效应的估计结果。第(1)列 $\Delta Digital_{i,t}$ 系数显著大于0,表明"一带一路"沿线国家数字经济发展有利于中国进口产品多样性的提高。第(2)列 $\Delta Product_{i,t}$ 的系数为 0.0548 且通过 5% 显著性检验,表明中国进口产品种类占比每提高 10%,中国进口贸易占比将提高 5.48%。由此可知,数字"一带一路"建设通过刺激中国进口产品多样性,带动中国进口占比增大,助力中国贸易地位向上攀升,理论假说 3 成立。第(3)列和第(4)列纳入年份固定效应,结果与第(1)列和第(2)列相同,进一步证实了理论假说 3。

表 5-8 双边贸易产品类别占比的中介效应检验

	(1) $\Delta Product_{i,t}$	(2) $\Delta IMP_{i,t}$	(3) $\Delta Product_{i,t}$	(4) $\Delta IMP_{i,t}$
$\Delta Product_{i,t}$		0.0548**		0.0543**
		(0.002)		(0.002)
$\Delta Digital_{i,t}$	0.1123#	0.0210*	0.1123#	0.0204#
	(0.325)	(0.013)	(0.326)	(0.014)
控制变量	是	是	是	是
年份固定效应	否	否	是	是
国家数	55	55	55	55
样本数	205	205	205	205
拟合优度	0.052	0.158	0.103	0.160

注:***、**、*和#分别表示在 1%、5%、10% 和 15% 的统计水平上显著;括号内的数值为稳健聚类标准误,均聚类在国家维度。

五、数字"一带一路"对中国贸易高质量发展影响的空间布局分析

本部分根据公式(5-7),模拟 2010—2018 年数字"一带一路"在"理论"状态下对中国进口贸易占比的促进效应。在此基础上,本部分将相应年份的中国进口贸易占比变化的实际值与模拟值进行对比,将实际值与模拟值的比值大于 2.0 的国家称为"市场潜力调整型",这类国家数字经济发展对中国贸易发展质量的推动作用已充分发挥;比值介于 0 和 2.0 之间的国家称为"市场潜力开拓型",这类国家的数字经济发展对中国贸易发展质量提升

还存在发挥的空间;比值小于或等于 0 的国家称为"市场潜力巨大型",这类国家数字经济发展对中国贸易高质量发展的激励效应潜力巨大。本部分从"市场潜力"和"技术潜力"两方面分析各类型国家的地理分布以及中国市场对应的举措,其中"市场潜力巨大型"和"技术潜力巨大型"国家如表 5-9 所示。

表 5-9 数字"一带一路"对中国贸易发展质量提升的空间分布

市场潜力巨大型				技术潜力巨大型			
国家	比值	国家	比值	国家	比值	国家	比值
孟加拉国	0.000	克罗地亚	-0.057	不丹	-0.075	老挝	-1.313
不丹	0.000	越南	-0.080	立陶宛	-0.112	黎巴嫩	-1.837
伊朗	0.000	土耳其	-0.119	土耳其	-0.177	斯洛伐克	-2.151
伊拉克	0.000	黎巴嫩	-0.130	巴勒斯坦	-0.272	也门	-2.347
尼泊尔	0.000	柬埔寨	-0.249	马来西亚	-0.409	乌克兰	-2.483
斯里兰卡	0.000	哈萨克斯坦	-0.650	爱沙尼亚	-0.530	拉脱维亚	-6.053
叙利亚	0.000	斯洛伐克	-0.792	伊朗	-0.566	塔吉克斯坦	-6.237
塔吉克斯坦	0.000	也门	-1.609	阿联酋	-0.777	蒙古	-6.487
乌兹别克斯坦	0.000			巴林	-0.864	尼泊尔	-6.212
塞浦路斯	-0.010			克罗地亚	-1.281	阿塞拜疆	-7.239

从数字"一带一路"对中国进口贸易占比影响方面分析,"市场潜力调整型"国家有吉尔吉斯斯坦、俄罗斯、巴基斯坦、阿富汗、印度尼西亚、马尔代夫、菲律宾、亚美尼亚、阿联酋,这类国家只有通过新的积极措施才能进一步提高中国产品的市场占有率;"市场潜力开拓型"国家集中于中欧和东欧地区,由于数字经济发展水平较高,其对中国进口贸易占比提升还存在余地,双方继续加强数字经济合作能够扩大中国产品的进口需求;"市场潜力巨大型"国家主要分布于南亚和中亚,随着数字技术对这些国家经济、社会、文化的渗透,中国产品的消费市场将迅速拓展。

从数字"一带一路"对中国全球技术附加值影响方面分析,"技术潜力调整型"国家集中于中欧和东欧地区,其中印度、希腊、阿尔巴尼亚等三个国家数字经济发展对中国出口技术附加值的实际推动作用是理论值的十余倍,亟待调整与中国的贸易结构;"技术潜力开拓型"国家有俄罗斯、保加利亚、斯里兰卡、波黑、马尔代夫、阿富汗、黑山、塞浦路斯、阿曼、印度尼西亚、以色列、伊拉克、新加坡,这类国家数字经济发展依然会激励中国产品进行技术改进;"技术潜力巨大型"国家主要分布于南亚和西亚,中国扩大与这类国家数字经济合作范围,也会带动更多中国产品融入"一带一路"沿线国家,进而推动中国产品技术升级。

六、研究结论与政策建议

(一)研究结论

本节首先利用DFA法测算了2010—2018年"一带一路"沿线60个国家的数字经济发展水平,并从沿线国家对中国的进口依存度、中国出口技术附加值、中国全球价值链位置等视角,通过实证分析,证明了"一带一路"沿线国家数字经济发展与中国贸易发展提升具有显著的正相关关系,其中中国制造的中间品和消费品最为显著。同时,通过中介效应模型对数字"一带一路"发展影响中国贸易高质量发展的理论机制进行检验,发现沿线国家数字经济发展能够显著降低中国进口贸易成本及中国进口产品交易价格,并提高沿线国家与中国双边贸易多样性水平,进而提高中国产品在沿线国家的市场占有率,促进中国出口产品技术附加值增长,推动中国贸易地位攀升。此外,中欧和东欧国家数字经济对中国贸易发展质量提升的促进作用已得到充分发挥,而西亚、南亚、中亚地区及俄罗斯周边东欧国家的数字经济发展对中国贸易高质量发展的激励作用尚未得到释放。

(二)政策建议

1. 搭建世界电子贸易平台

在大数据、人工智能和5G技术的强有力支持下,中国应积极推广数字"一带一路"建设,加强与"一带一路"沿线国家高收入经济体中小型企业的合作,共同搭建世界电子贸易平台,并引导中国境外经贸合作区、产业集聚区开展海外仓储信息服务,促进跨境电商与市场采购贸易融合发展,探索"一带一路"贸易合作新渠道,优化中国产品的贸易流通效率。

2. 推广数字基础设施建设

中国应鼓励数字科技企业参与"一带一路"沿线国家数字基础设施建设和数字化商业应用,并且联合亚投行,重点向西亚、南亚、中亚的极端贫困地区提供无偿或低息的数字经济援助,提高互联网普及率,将"一带一路"人口红利转变为消费需求动力,刺激沿线国家数字经济发展。

3. 推动建立数字经济型产业园区建设模式

中国应充分利用在"一带一路"沿线国家设立的境外产业园、经贸合作区,借助中国庞大的消费市场、出色的产业配套,加快工业互联网、智能制造等工业领域与东道国数字经济发展相融合,探究数字经济型产业园区建设模式,推动"一带一路"沿线国家高技术企业的国际化进程,进而推动中国贸易地位提升。

4. 加强数字"一带一路"发展生态的顶层设计

中国应携手世界互联网大会、联合国国际电信联盟、亚太经合组织、世界知识产权组织等国际组织,改善与"一带一路"沿线国家数字经济交流协商机制,注重数字"一带一路"发展生态的顶层设计,并积极开展多边、双边数字经济合作项目,打造"一带一路"共享数字技术平台、数字产品平台,积极构建开放创新、协同共治、公平互尊的数字经济国际合作新秩序。

第二节 进口竞争对中国本土企业创新的影响效应[①]

一、引言

党的十九届六中全会强调"开放带来进步,封闭必然落后",指出我国"必须顺应经济全球化,依托我国超大规模市场优势,实行更加积极主动的开放战略"。当前世界正处于百年未有之大变局,国内外经济环境都经历着深刻的变革。国际方面,国际贸易环境不断恶化,经济全球化遭遇逆流;国内方面,随着人口红利的逐渐消失、工业化步入攻坚克难阶段,我国经济也迎来了重要战略机遇期,增长动力和经济结构均经历着重大的变革和调整。国内供给侧从传统的要素驱动、投资驱动开始向创新驱动转变,需求侧也从过去的模仿型、排浪式消费转向个性化、多样化消费。在科学研判了复杂的国内国际经济形势的基础上,习近平总书记提出,要深化供给侧结构性改革,充分发挥我国超大规模市场优势和内需潜力,构建以国内大循环为主体、国内国际双循环相互促进的新发展格局。

---

① 本节作者:张辉,北京大学经济学院;吴啕啕,北京大学经济学院;王桂军,北京理工大学人文与社会科学学院。

"双循环"新发展格局具有重大意义:一方面,国内巨大的消费潜力为世界各国的贸易出口提供了规模庞大的需求市场,可以有效带动世界经济复苏;另一方面,积极扩大进口也可以满足国内的消费升级,倒逼国内生产的创新驱动,是畅通国内大循环、实现经济高质量发展的重要手段。近年来,尽管国际经贸形势日趋严峻,但我国对外开放的步伐、扩大进口的战略并没有改变。我国自加入WTO以来关税水平不断下降,2015年之后我国政府又着重降低日用消费品进口关税,以满足国内居民日益多元化的消费需求。我国贸易便利化程度也在不断提升,仅2018年我国进口通关整体时间便较2017年压缩了56.36%。[①] 此外,我国依托"一带一路"建设,也在积极地引入和开展贸易新业态、新模式,拓展贸易新平台。截至2022年,我国已在105个城市设立了132个跨境电商综合试验区,2000年中国跨境进口电商的交易额只有不足2亿元,而2019年已达到19 000亿元,占进口总额的比重也从0.01%升至13.49%。2019—2022年中国国际进口博览会成功举办,更是吸引了来自120多个国家的2 900余家企业参与,每年展示的新产品、新技术、新服务达到近400项,累计成交额超过2 700亿美元。作为首个以进口为主题的国家级展会,中国国际进口博览会为世界各国提供了产品展销机会,也为我国进口发展提供了国际公共平台。贸易自由化和扩大进口战略的推进,既可以通过新产品、新技术的引进创造新需求、增加内需市场容量,又可以促进国内供给质量的提升,实现内需市场的提质扩容。而国内市场规模的扩大和消费质量的提升又可以反哺、激励国内相关制造企业实现从无到有、从弱到强的突破和成长。

从供给层面地区进口竞争的经济效应研究来看,目前该领域的文献大多关注进口贸易对当地人力资本、劳动力需求和工资等方面的影响,在实证上大多沿用Bartik的方法,利用劳动力权重计算地区的加权平均进口渗透度(Acemoglu et al.,2016;Helm,2019)或加权关税指标(Dix-Carneiro and Kovak,2015;何冰和周申,2019;赵春明等,2020)来刻画地区层面的进口冲击。其中,Acemoglu et al.(2016)认为地区进口冲击可以通过"资源再配置效应"和"总需求效应"间接地影响地区内本行业的劳动力需求情况。这是因为,

---

① 新华社.超额达标!我国2018年进出口通关时间压缩均超50%[EB/OL].(2009-01-17)[2020-08-01].https://baijiahao.baidu.com/s?id=1622916387727812708&wfr=spider&for=pc.

一方面,进口冲击通过影响最终产品的相对价格影响了投入要素的需求和价格(工资),在劳动力供给弹性较低、劳动力市场摩擦较小的情况下,劳动力等生产要素可以从衰退的部门转移至其他部门以获得新的就业机会,从而缓解进口竞争对地区整体就业情况造成的负面影响;另一方面,进口竞争造成的本国企业经济绩效的下降可能会使国内消费和投资受到一定程度的抑制,从而将就业损失扩大到原本不受进口竞争影响的行业。由于现实社会中劳动力供给弹性和劳动力市场摩擦的存在,进口的"就业再分配效应"并不能很好地体现。因此,进口冲击造成的总收入下降会进一步通过需求关联效应放大对整个经济的负面影响。然而,Helm(2019)认为贸易冲击可能会通过"溢出效应"对当地的就业和经济产生正面影响。这是因为,贸易冲击下劳动力资源在地区间的流动会给劳动力流入地区带来集聚效应,从而会提升当地工人与企业的匹配度和知识外溢等。国内文献中,何冰和周申(2019)、赵春明等(2020)的研究发现,进口冲击对地区内不同技能水平的劳动力、不同类型的劳动力市场(正规就业与非正规就业)均存在异质性影响,虽然会造成当地低技能劳动需求下降和工资差距拉大等负面冲击,但也会通过降低当地居民接受教育的机会成本、提升居民接受教育的预期收益等路径促进我国的人力资本积累。

从市场需求视角研究进口竞争的经济效应的文献则提出,进口竞争对需求市场的影响主要表现在两个方面:一是对市场规模的影响。高质量的中间品和资本品进口提升了产成品质量,进而引发了消费者对企业产品需求的增加(魏浩和林薛栋,2017)。同时,我国有大量的企业在国际贸易中扮演着加工厂的角色,因此企业进口与出口之间具有很强的相关性,我国企业长期存在"出口引致进口"现象。已有文献证明了进口贸易冲击会促使生产率较高的企业进入出口市场,从而扩大企业面对的市场需求规模(Melitz,2003)。市场需求规模的扩大又可以通过改变市场结构(Greenstein and Ramey,1998)、摊薄技术创新风险和成本(范红忠,2007)进一步影响企业的研发创新。二是对消费者偏好的影响。部分学者认为,来自国外尤其是发达国家高质量、多种类的进口产品不仅拓宽了当地消费者的广延边际,而且提升了其集约边际,从而使得当地消费者有机会接触到国内市场上没有的新产品。这样,进口竞争可以通过改变当地消费者对产品质量的偏好,激励本土企业进行创新。比如,Porter(1990)认为国内需求规模的扩大能帮助厂商建立竞争优势,但比市场规模更重要的是国内购买者的性质,老练、苛求的购买者会刺激并迫使厂商不断改进、创新产品。Verhoogen(2008)在 CES 效用函数中增加了一个对质量偏好的外生系数来反映消费者对价格和质量的偏好,从理论上证明了贸易自由化对产品质量的促进作用。

区别于现有文献,本节主要的创新点在于:第一,现有研究进口竞争对本土企业技术进步、研发创新影响的文献大多只从行业视角展开(简泽等,2014;Brandt et al.,2017;Liu et al.,2021),这导致其研究机制存在局限性。事实上,进口冲击除造成竞争效应(Aghion et al.,2005;钱学锋等,2016;Autor et al.,2020)、知识溢出效应(Coe and Helpman,1995;方希桦等,2004)和资源配置效应(简泽等,2014;Bloom et al.,2016)等直接影响外,还会通过影响国内要素供给质量、消费需求结构等途径改变本地企业的创新倾向,但这些机制很难从行业层面得以考察。鉴于此,本节从地区层面考察进口竞争对本地企业创新的影响,从理论机制上为全面评估进口竞争的创新效应提供新的视角。第二,在研究方法上,本节构建了类似于 Bartik 工具变量的地级市层面的进口竞争指标,充分缓解了潜在的内生性问题,同时采用长期差分模型使得实证检验包含了对企业动态更替、资源再配置等长期动态影响的考察,丰富和拓展了现有研究的结论。第三,既有文献虽然从供给端的人力资本、劳动力需求和需求端的市场规模、消费者偏好等视角对进口竞争的经济效应进行了考察,但依托供给和需求视角进一步探讨进口竞争影响企业创新的文献相对较少,本节不仅在理论分析上对此进行了拓展,而且通过量化要素供给质量、消费需求结构等指标对供给端和需求端的影响途径进行了详细检验,这为我国"双循环"新发展格局下实现更高质量的国际循环提供了学理支持。

二、理论机制与研究假设

(一)理论机制

企业创新不能在真空中独自运行,不仅会受到供给层面创新投入的制约,还会受到所处环境、市场预期等需求驱动的影响。不同于企业或行业层面进口竞争的直接影响机制,从区域层面考察进口竞争的创新效应可以将进口竞争对人力资本质量、中间品质量、需求规模、需求结构等外生因素的影响同时纳入分析框架,是对进口竞争的创新影响机制更为全面的考量。

因此,本节将从区域视角出发,从供给和需求两个层面分析区域性进口竞争对企业创新可能产生的影响及其作用机制,并据此提出相应的研究假说。

1. 供给层面:人力资本质量和中间品质量

(1) 人力资本质量。根据内生增长理论,人力资本作为一项重要的创新投入,是影响企业技术创新、经济增长的重要动力源泉。区域内人力资本质量的提升将为本地企业提供更多的高质量劳动力供给,使得企业的研发投入质量得以提升,这将对企业创新成功概率的提升、创新产出的增加带来积极的影响。而进口竞争通过对区域劳动力市场的异质性影响,可以有效提高地区的人力资本质量。这是因为,地区进口竞争的增加对当地低技能劳动力的就业产生了"挤出效应",降低了地区内劳动力市场对低技能劳动力的需求规模,从而抑制了低技能劳动力的积累;相反,进口竞争对高技能劳动力的就业会表现出"挤入效应",进口产品特别是高质量进口产品会对本土产品质量的提升产生"倒逼"作用,强化本土企业对高端人才的追求。从长期来看,区域进口竞争对不同技能水平劳动力的非对称影响会通过不同技能水平劳动力在行业和地区间的动态流动、优胜劣汰机制下低技能劳动力的退出等一系列路径提高区域内的综合人力资本水平。此外,还有研究指出,进口竞争会降低当地居民接受教育的机会成本,提高接受教育的预期收益,从而可以提高居民的整体受教育水平(赵春明等,2020)。综上来看,进口竞争可以通过"倒逼"企业自主淘汰低技能劳动力和提高当地教育水平两条路径改善当地的人力资本。人力资本的改善为当地企业研发创新提供了高质量的创新人才储备,从而会对企业的创新产出产生正向影响。

(2) 中间品质量。地区进口竞争的加剧也将直接或间接地提升地区内企业的中间品投入质量。一方面,通过中间品进口尤其是来自发达国家的中间品进口,企业可以获得质量更高、技术更先进的中间品投入,使得企业所使用中间投入品的质量得到直接的提升;另一方面,即便是自身并不直接参与进口的企业,也可以通过地区内企业间的人员往来、技术交流、生产合作等方式产生的技术溢出效应间接提高其中间品投入的质量。而中间品作为生产投入的重要组成部分,其质量和技术的提升将直接影响企业的生产水平与生产效率,并与企业的研发投入要素形成"互补效应",从而促进企业的创新产出。与此同时,伴随着地区中间品进口的增加,附着于中间品上的新产品设计、新生产工艺、新材料或新技术,甚至新的组织方法的引进也会随之增加,这将为本土企业提供更多学习和模仿创新的机会,从而提升企业的创新激励。

综上,本节提出理论假说1。

理论假说1:区域进口竞争可以通过改变人力资本质量和中间品质量从供给端促进企业创新。

2. 需求层面:消费规模和消费结构

(1) 消费规模。第一,进口竞争可以通过改善当地居民的实际收入、消费品供给种类和质量来扩大当地的消费需求规模。一方面,进口竞争的加剧会引起制造业部门价格水平的下降,进而会提升居民的真实工资水平(Arias et al., 2018),工资水平的提升会进一步提高居民的可支配收入,从而改善居民的消费习惯并扩大市场的消费规模;另一方面,进口竞争的加剧不仅表现为进口规模的扩大,同时也体现为进口产品种类的增加。进口红利可以使得当地居民接触到更多当地之前没有的新产品,新产品的出现将会刺激新型消费的崛起,从而促进地区整体消费规模的扩张。第二,消费规模对企业创新的驱动作用已经得到国内外众多学者的认可。Schmookler(1966)指出,企业的创新主要源于对利润的追求,而消费规模可以通过影响利润,从而直接影响到企业创新的强度。范红忠(2007)的分析也指出,市场需求规模的扩大可以通过改变市场结构、摊薄技术创新风险和成本促进企业研发投入与自主创新能力的提升。综上来看,进口竞争可以通过提高当地的消费规模进一步促进企业创新。

(2) 消费结构。区域进口竞争的加剧不仅可以提升当地市场的消费规模,而且会改变当地的消费结构。Autor et al.(2019)指出,与发展中国家的进口贸易为北美消费者提供了更多价格低廉、工艺简单的产品供给,这将当地消费者的消费偏好从质量取向转向价格取向,致使当地企业通过研发创新改进产品质量的动力减少。我国的情况则恰恰相反,我国企业面临的进口竞争更多的是来自发达国家的高技术、高工艺产品,本地消费者通过进口贸易可以接触到世界最前沿的科技产品和全球顶尖的工艺技术,比如来自北美的先进科技产品、来自欧洲的高端服饰和箱包、来自日韩的美妆日化消费品,等等。这不仅打破了国内居民的消费结构,而且改变了居民的消费习惯和消费偏好,从而使得其在追求产品使用价值的同时更加关注产品的质量和品牌等附加价值。这种差异化、多元化、高端化的消费倾向将倒逼本土企业通过研发创新来"逃离"进口竞争。尽管短期内进口竞争可能会对本土企业产生一定的替代和挤出效应,但从长期来看,当地消费结构的升级最终会驱动市场的优胜劣汰,使得依靠"价格战"等成本节约方式应对竞争、维系生存的企业不断退出市场,而注重研发创新以迎合消费结构变化的企业逐渐占据市场份额,从而实现企业创新升级的良性循环。

因此,本节进一步提出理论假说2。

理论假说2:区域进口竞争可以通过改变市场消费规模和消费结构从需求端促进企业创新。

图5-4对整个理论机制的思路进行了总结。接下来,本节将借助数据和实证对以上机制进行现实层面的检验。

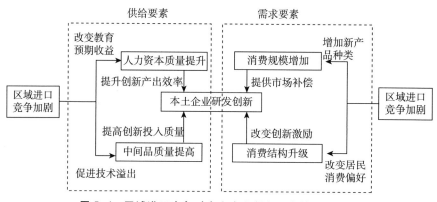

图5-4 区域进口竞争对本土企业创新研发的影响机制

(二)特征事实

1. 我国人力资本质量变化与对外开放

在我国经济转型和对外开放的过程中,我国的人力资本规模也呈现稳步增长的态势。图5-5反映了1996—2019年我国普通高等学校在校学生数规模和全国各城市平均每百人高等学校在校人数比率的变化趋势。从中可以看出,我国高等学校在校学生数无论是规模还是占比均稳步提升,尤其是在2001年之后呈现快速增长趋势,这一时间点同我国加入WTO的时间相契合。自2001年我国加入WTO以来,关税壁垒和非关税壁垒都经历了较大规模的削减,贸易自由化进程推动了我国国内市场的进一步开放,也进一步带动了国内人力资本质量水平的提升。而2008年全球金融危机的爆发,伴随着全球经济环境的恶化和我国对外贸易的衰减,我国高等学校在校学生数规模和全国各城市平均每百人高等学校在校人数比率增长率也开始有所放缓。从趋势上看,我国的人力资本质量变化和对外贸易政策、贸易环境的发展呈现较强的一致性。

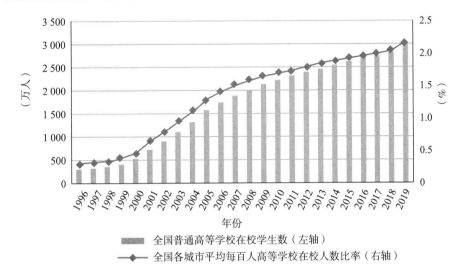

图 5-5　1996—2019 年我国高等学校在校人数规模和占比变化

资料来源:国家统计局。

2. 进口规模和产品种类变化与我国需求市场发展

如图 5-6 所示,随着关税水平的不断降低、贸易便利化程度的不断提升,我国进口规模也实现了历史性的飞跃。加入 WTO 之前的 2000 年,我国的进口贸易总额约为 2 250.94 亿美元,只有当时美国进口贸易总额的 1/3,占世界进口的比重也只有 3.8%。自加入 WTO 之后,我国在世界进口国中的排名迅速由 2002 年的第六提升至 2003 年的第四,成为全球第一大发展中进口国。随后,我国进口份额逐年攀升,在 2018 年已突破 20 万亿美元,到 2020 年我国进口占世界进口总额的比重达到 14.6%,连续 11 年稳居世界第二大进口国地位。同时,我国坐拥世界近 1/5 的人口,拥有世界最大规模的中等收入群体,是世界第二大产品消费国。2019 年我国人均 GDP 超过 1 万美元,对比同等经济发展水平时期的美国、日本、德国、英国和法国等发达国家,我国年均个人消费支出规模和增长率均遥遥领先。我国巨大的内需市场潜力,既是我国新时代的新型战略资源和比较优势,也是世界经济增长的活力之源。激发国内巨大市场潜能,形成内需市场对外贸、外资超大规模的需求,不仅可以促进国内企业创新和资源配置能力的提升,反哺生产转型升级,打通国内大循环,实现经济高质量发展,还可以推动全球经济向更加开放、包容、普惠的方向发展,实现国内大循环与国际大循环的良好互动和相互促进。

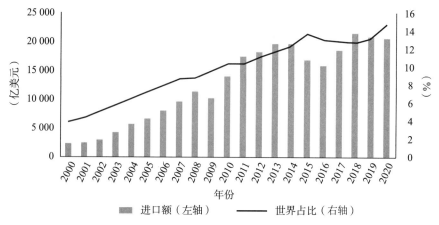

图 5-6　2000—2020 年我国进口贸易规模及世界占比

资料来源:进口额来自国家统计局,世界占比根据世界银行数据计算。

加入 WTO 以来的二十多年里,我国不仅在进口贸易规模上有了飞跃式的发展,进口产品种类也在不断丰富,尤其是在以"惠民生""促经济"的关税贸易政策引导下,随着跨境电商、进口博览会、自由贸易区等鼓励扩大进口贸易的新业态、新模式、新平台的出现,在关乎民生福祉的消费品领域以及促进高新技术产业发展的关键零部件、设备领域,国家引进产品的种类均出现了大幅调整。2000—2013 年我国新增进口产品种类 1 780 项,既有配方奶粉、洗碗机、汽车等满足人民群众消费升级需求的品质消费品和科技生活产品,也有包括医疗设备、智能制造装备、航空航天装备等在内的高端装备和高新技术产品,品类增加范围几乎覆盖了所有国民经济门类。而我国的进口种类不仅在广延边际上有所拓展,也在不断通过进口种类的更新和替代实现进口结构的优化和升级。如表 5-10 所示,2000—2013 年我国有近 1 500 项产品退出进口名单,尤其是在纺织业,纺织服装、服饰业、皮革、毛皮、羽毛及其制品和制鞋业、化工原料及化学制品制造业、化学纤维制造业以及通用设备、专用设备制造业等行业中,我国进口种类呈现"大进大出"的大幅更替趋势。而进口种类更新换代的过程既体现了进口产品质量逐步提升、技术逐渐升级,同时也在一定程度上反映了我国实现进口替代和比较优势转化的过程。

表 5-10 2000—2013 年我国各行业进口种类数量变化

行业	新增种类数量	退出种类数量
农、林、牧、渔业	514	68
农副食品加工业,食品制造业,酒、饮料和精制茶制造业,烟草制造业	73	50
石油、煤炭及其他燃料加工业	10	9
木材加工和木、竹、藤、棕、草制品业	58	45
家具制造业	10	8
造纸及纸制品业,印刷业和记录媒介复制业,文教、工美、体育和娱乐用品制造业	41	60
纺织业,纺织服装、服饰业,皮革、毛皮、羽毛及其制品和制鞋业	233	274
化工原料及化学制品制造业、化学纤维制造业	196	225
医药制造业	15	13
橡胶和塑料制品业	49	36
非金属矿物制品业	58	73
黑色金属冶炼和压延加工业、有色金属冶炼和压延加工业、金属制品业	163	177
通用设备、专用设备制造业	242	276
铁路、船舶、航空航天和其他运输设备制造业	13	10
汽车制造业	31	32
电气机械和器材制造业,计算机、通信和其他电子设备制造业,仪器仪表制造业	48	69
其他	26	39
总计	1 780	1 464

资料来源:中国海关数据库。

近年来,我国市场开放的重心也正逐渐由以往的国内要素市场向产品市场转变。国家不仅将日用消费品、高端装备制造、信息技术产品等作为现阶段减税政策的关注重点,同时诸如汽车、科技生活品、高端装备、医疗器械及医药保健品等高质量产品也进入进口博览会的主要产品展区。高质量产品进口的增长对我国"促进形成强大国内市场,持续释放内需潜力"具有重大意义。图 5-7 展示了 2000 年和 2013 年我国与德国、日本和美国这几个主要发达经济体与世界进口大国的典型高质量产品进口额对比。从中可以看出,自加入WTO以来,我国在医药产品、汽车产品、科技生活产品、高端装备产品等高质量产品的进口规模上实现了飞跃式增长,与主要发达经济体的差距不断缩小甚至有所超越。医药产品、汽车产品和科技生活产品是与人民生活息息相关,直接反映人民对美好生活追求的高质量、高品质消费产品,这三类产品进口规模的扩增是激发内需市场规模潜力、提升消费结构和内需质量的重要手段。而高端装备产品更是关乎国家安全稳定、经济高质量发展的前沿领域和关键产品。装备产品作为"工业之母",处于国民经济生产体系的基础层,高端装备产品的国际引进可以提升国内整体装备制造的质量和技术水平,进而对推动不同产业转型升级、创新驱动和国民经济生产现代化起到重要作用。此外,从国际进口规模对比来看,我国的进口规模还具有较大的增长空间,到2013年在这些典型高质量产品的世界进口规模上,虽然我国已超越日本、与德国基本持平,但与美国相比还有一定的差距,未来我国在这些领域的进口仍有较大的发展潜力。

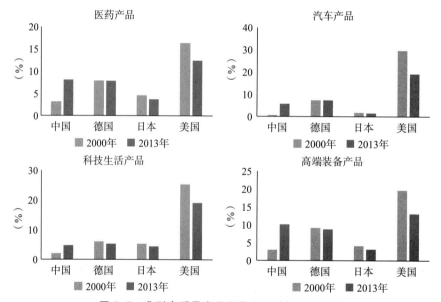

图5-7 典型高质量产品世界进口份额国际对比

资料来源:CEPII BACI数据库。

注:考虑到我国集成电路进口远高于其他高端装备行业(2019年我国集成电路行业进口占我国高端装备行业总进口的比例已超过81%),如果包含集成电路,那么该口径下高端装备产品整体统计数据反映的基本上是集成电路行业的特征,为了更全面地考察整体高端装备产品进口情况,此处采用不包括集成电路的统计口径。

从需求端我国进口产品种类的变化以及与主要发达国家在高端产品进口规模上的国际对比来看,我国进口规模的扩大、种类的增长、结构的升级以及进口需求潜力的释放满足了人民群众消费升级的意愿,有助于我国需求市场的提质扩容,并通过消费驱动促进我国供给质量的提升和本地企业的创新升级。

三、研究方法

(一) 数据说明

本节使用的企业专利数据、企业层面基期控制变量数据以及计算地区层面进口竞争所需的地区行业劳动力数据均来自我国工业企业数据库。细分行业层面进口贸易数据来自中国海关数据库,根据 Brandt et al.(2017)的行业对应代码由 HS 六分位产品层面进口贸易数据加总而成。

考虑到地级市是我国重要的行政区划和经济活动单位,相比省份,地级市能更细致、更准确地刻画地区的经济、地理特征,且从数据可得性的角度,地级市数据比县级数据内容更丰富、更完整,因此本节选取地级市作为地区进口竞争测度的基本单位。本节样本中包含 4 个直辖市在内的 221 个地级及以上城市样本,城市层面基期控制变量数据来自《中国城市统计年鉴》。

(二) 指标构建

本节实证回归中所采用的核心解释变量是根据 Bartik 工具变量思路构建的城市层面的进口竞争变量。具体来说,以不同城市期初的四位数细分行业就业结构为权重,将行业层面进口贸易数据加总至城市层面,如(5-11)式所示:

$$\Delta IMP_{c,\tau} = \sum_j \omega_{cj,t0} \Delta M_{j,\tau} \qquad (5-11)$$

其中,$\omega_{cj,t0}$ 是期初(2000 年)c 城市中 j 行业的劳动力数量占 c 城市中所有劳动力数量的比重;$\Delta M_{j,\tau}$ 是 j 行业 2013 年与 2000 年的进口变化率,由 $(M_{j,2013} - M_{j,2000})/(0.5 \times M_{j,2000} + 0.5 \times M_{j,2013})$ 计算而得;τ 代表时间阶段。由于本节考察的是进口竞争的长期影响,因此这里 τ 代表 2000—2013 年这一时间阶段。采用期初的地区层面结构为权重可以避免部分与贸易无关的因素所导致的内生性问题,比如在企业创新能力较强的地区,可能某些高技术、高研发行业的劳动力数量会进一步扩张,从而导致反向因果关系。

同时,考虑到进口增长率可能会受到国内需求变化的影响,为了避免由此产生的估计偏差,本节参照 Chen et al.(2017)的方法,利用 CEPII BACI 双边贸易数据库信息,构造贸易伙伴的世界供给作为地区进口竞争的工具变量。国内各类产品的进口规模深受全球供给规模的影响,满足相关性条件;在排除对我国的出口后,各国的全球供给变化并不会受到我国需求因素的影响,满足外生性条件。因此,全球供给因素是一个较为理想的工具变量。其具体的构建方法如下:先将 2000 年和 2013 年各贸易伙伴剔除对我国出口后的 HS 六分位产品出口额按照我国各行业从各贸易伙伴的进口份额加总至四位数细分行业层面,再计算其 2000—2013 年的增长率 $\Delta WES_{j,\tau}$,最后按照地区期初劳动力权重加总,从而构建地区进口竞争的工具变量 $\Delta IMP_{c,\tau}^{IV}$。

$$\Delta IMP_{c,\tau}^{IV} = \sum_{j} \omega_{rj,t0} \Delta WES_{j,\tau} \qquad (5-12)$$

(三)模型设定

本节参考 Autor et al.(2019)的研究,在探讨地区进口竞争对本土企业创新的长期影响时,采用长期差分的形式设定基准计量模型,具体形式如下:

$$\Delta Y_{ic,\tau} = \alpha \times \Delta IMP_{c,\tau} + \gamma \times Z_{ic,t0} + \mu_r + \varepsilon_{i,j} \qquad (5-13)$$

其中,$\Delta Y_{ic,\tau}$ 是企业创新产出的代理变量,具体表现为 c 城市中的 i 企业在 2000 年和 2013 年的专利申请存量的长差分值,并进行对数化处理,即 $\ln(1+\Delta Patent_{ic,\tau})$。$\Delta IMP_{c,\tau}$ 是模型的核心解释变量,表示 c 城市在 2000—2013 年的进口竞争变化率,计算方法如上文所述。$Z_{ic,t0}$ 是期初企业层面和城市层面的一系列控制变量。μ_r 为省份固定效应,用以控制各省份不随时间变化的创新影响因素,以避免可能导致的内生性问题。$\varepsilon_{i,j}$ 为残差项。参照虞义华等(2018)的设定,企业层面期初控制变量包括企业年龄($\ln age$)、以总资产度量的企业规模($\ln size$)、是否为国有企业的虚拟变量(SOE)以及企业期初是否有专利申请行为($preinnovator$)等;城市层面期初控制变量包括地区人均 GDP 对数值($\ln GDPpp$)、科学技术支出占比($Techratio$)、人均铺装道路面积($\ln Roadpp$)。

四、实证结果分析

(一)基准回归

表 5-11 是根据(5-13)式运行的基准回归结果,为了控制城市所在省份

层面其他不可观测的因素对结果可能造成的干扰,本节所有回归均加入省份固定效应,并在城市层面聚类。表 5-12 第(1)列是 2000—2013 年城市内企业创新(专利)产出变化率对城市进口竞争进行回归的结果,可以看出,地区进口竞争系数为 0.0203 且在 1% 的统计水平上显著,说明地区进口增长率每增长 1 个单位,当地企业的专利产出将增加 2.03 个百分点。但考虑到不同企业的创新行为还与自身的规模、阶段、性质等企业特征相关,且很大程度上会受到地区经济发展水平、科技政策等城市因素的影响,为了排除遗漏变量对回归结果造成的干扰,第(2)列在第(1)列的基础上进一步控制了企业和城市的特征变量。结果显示,地区进口竞争对当地企业创新产出的促进作用依然显著,与前文理论预期一致。从控制变量结果来看,企业成立时间(企业年龄)和企业规模均对企业创新有着显著的正向影响,说明企业成立时间越长、规模越大,其经营管理也会越成熟,长期的研发战略规划和创新资金链都更为稳定,由此会给企业创新产出带来积极影响。城市人均 GDP 衡量了地区的经济发展水平,经济发展水平越高的地区所具备的高质量创新人才和设备越多、市场规模越大,相应的政策法律保障水平也越高,这些都为当地企业创新提供了良好的支持。城市的科学技术支出占比则代表地区政府对企业创新的补贴,但本节的回归结果显示城市期初科学技术支出占比对企业创新的影响是负向的。这可能是由于信息不对称、创新活动的不确定性以及监管机制的缺位导致企业对政府创新补贴的寻租效应和攫取行为,使得地区的科技补贴非但没有形成促进作用,反而会对企业创新产生挤出效应(庄子银,2007;张杰,2020)。

表 5-11 地区进口竞争对企业创新的基准回归结果

变量	OLS		2SLS	
	(1)	(2)	(3)	(4)
IMP	0.0203***	0.0194***	0.0329***	0.0345***
	(0.0072)	(0.0056)	(0.0109)	(0.0083)
lnage	—	0.0101***	—	0.0101***
		(0.0011)	—	(0.0011)
ln$size$	—	0.0379***	—	0.0380***
		(0.0018)	—	(0.0018)

（续表）

变量	OLS		2SLS	
	（1）	（2）	（3）	（4）
SOE	—	-0.0003	—	-0.0004
		(0.0075)		(0.0076)
$preinnovator$	—	-0.1397***	—	-0.1397***
		(0.0135)		(0.0134)
$lnGDP_{pp}$	—	0.0127***	—	0.0124***
		(0.0024)		(0.0024)
$Techratio$	—	-0.0444***	—	-0.0400***
		(0.0150)		(0.0146)
$lnRoadpp$	—	-0.0103**	—	-0.0106**
		(0.0043)		(0.0042)
省份固定效应	是	是	是	是
样本数	340 167	274 016	340 167	274 016
Kleibergen-Paap rk LM 统计量	—	—	27.962***	28.089***
Kleibergen-Paap rk Wald F 统计量	—	—	90.391	91.304
			[16.38]	[16.38]
拟合优度	0.0015	0.0373	0.0001	0.0358

注：*、**和***分别表示在10%、5%和1%的统计水平上显著；括号内的数值为四位数行业层面的稳健聚类标准误；方括号内为在10%显著性水平上Stock-Yogo弱工具变量识别 F 检验的临界值。

（二）内生性处理

利用贸易伙伴出口供给作为工具变量的2SLS回归结果如表5-11第（3）列和第（4）列所示，其中第（3）列是未控制企业和城市其他影响变量的结果，第（4）列则是加入控制变量后的回归结果。可以看出，2SLS工具变量回归的核心结果与OLS回归基本一致，地区进口竞争的估计系数均为正且通过1%水平的显著性检验，说明地区进口竞争显著促进了当地企业创新产出的增加。但对比2SLS和OLS回归结果可以发现，核心解释变量地区进口竞争的系数值在2SLS回归中要大于OLS回归，造成这种差异的原因可能是OLS计量模型存在内生性问题，导致估计结果产生明显的下偏，从而低估地区进口竞争对当地企业创新的促进作用。因此,在解决了需求等贸易以外的因素可能产生的遗漏变量问题后,地区进口竞争对企业的创新激励会更为明显。

(三)稳健性检验

1. 用发明专利作为创新代理变量

我国专利分类主要包括发明专利、实用新型专利和外观设计专利三种,其中发明专利是指对产品、方法或者其改进所提出的新的技术方案,因此发明专利也是三项专利中质量最好、创造性和技术水平要求最高的专利类型。本节在稳健性检验中用发明专利的增量代替专利总量的增量,进一步验证地区进口竞争对企业创新行为的影响。结果如表5-12第(1)列所示,地区进口竞争对企业发明专利的影响也是正向且显著的,但系数值小于总体专利回归结果,可见相比于发明专利,地区进口竞争对企业实用新型专利和外观设计专利的促进效应更强。这既与现阶段我国企业整体自主创新能力和创新政策环境有关,也深受地区消费者需求因素的影响。目前我国整体创新能力还亟待提高,2019年我国的发明专利申请量在所有专利申请中的比重只有30%左右,远低于欧美国家平均水平。[①] 而发明专利作为一种激进式创新方式,需要当地消费者消费习惯的突破性变革才能获得一定的市场激励,否则企业将更愿意选择更为保守的渐进式创新(张陈宇等,2020)。

表5-12 地区进口竞争对企业创新的稳健性检验

项目	(1) 替换 Y (发明专利)	(2) 替换 X (进口渗透率)	(3) 加入行业 固定效应	(4) 替换工具 变量 (关税变化)	(5) 改变样本 (剔除贸易 中间商)	(6) 考虑地区 出口因素
IMP	0.0089***	0.0049**	0.0071**	0.0377***	0.0227***	0.0185***
	(0.0034)	(0.0020)	(0.0030)	(0.0101)	(0.0059)	(0.0055)
Exp	—	—	—	—	—	0.0022*
						(0.0013)
企业基期控制变量	是	是	是	是	是	是

---

① 数据来自国家统计局。

（续表）

项目	(1) 替换 Y (发明专利)	(2) 替换 X (进口渗透率)	(3) 加入行业固定效应	(4) 替换工具变量 (关税变化)	(5) 改变样本 (剔除贸易中间商)	(6) 考虑地区出口因素
城市基期控制变量	是	是	是	是	是	是
省份固定效应	是	是	是	是	是	是
行业固定效应	否	否	是	否	否	否
样本数	272 345	274 016	274 016	274 016	274 016	274 016
Kleibergen-Paap rk LM 统计量	—	—	—	21.561***	—	—
Kleibergen-Paap rk Wald F 统计量	—	—	—	60.950 [16.38]	—	—
拟合优度	0.0182	0.0462	0.0419	0.0447	0.0462	0.0462

注：表中除第(3)列外其余结果均为 OLS 回归，同时尝试了 2SLS 回归，结果依然稳健，数据备索。*、**和***分别表示在10%、5%和1%的统计水平上显著；括号内的数值为四位数行业层面的稳健聚类标准误；方括号内为在10%显著性水平上 Stock-Yogo 弱工具变量识别 F 检验的临界值。

2. 用进口渗透率作为进口竞争代理变量

进口渗透率不仅能有效地度量进口冲击规模的变化，还能反映进口与国内消费总量的占比情况，能较为全面地反映进口竞争程度。因此，本节参照 Acemoglu et al.(2016)的做法，首先利用匹配后的贸易数据库和工业企业数据库数据计算行业进口渗透变化率，即四位数行业进口贸易变化额与期初国内四位数行业消费额（行业产出额与进口贸易额之和减去出口贸易额）的比值；再根据期初城市—行业劳动力份额对行业进口渗透变化率进行加权，由此得到以进口渗透率表示的地区进口竞争代理指标：

$$\Delta IMP_{c,\tau} = \sum_j \omega_{cj,t0} \frac{\Delta M_{j,\tau}}{Y_{j,t0} + M_{j,t0} - X_{j,t0}} \qquad (5-14)$$

将(5-14)式代入(5-13)式进行稳健性检验，结果如表5-12第(2)列所示，以进口渗透率构造的地区进口竞争系数依然显著为正，说明地区进口竞争显著提高了企业的创新产出，与基准回归结果基本一致。

3. 加入行业固定效应

考虑到不同行业的要素密集度、劳动生产率以及技术偏好等特征差异可能会对企业创新行为造成一定的影响,为进一步排除这些潜在行业因素造成的内生性干扰,我们在基准回归的基础上加入四位数行业的固定效应,并在表5-12第(3)列中汇报具体的回归结果。结果显示,在加入了行业固定效应后,核心解释变量(地区进口竞争)的系数依然显著为正,进一步验证了本节基准回归结果的稳健性。

4. 用关税变化作为工具变量

尽管本节通过构建全球供给要素工具变量和控制企业、城市期初趋势可以在一定程度上解决国内市场需求等遗漏变量以及企业、地区创新期初特征等因素带来的内生性问题,但某些行业的技术变革或特殊重大事件可能会对全球该行业的供给和需求均造成较大冲击,进而影响行业中企业的创新趋势(Autor et al., 2019)。考虑到由此可能产生的内生性问题,本节参考赵春明等(2020)、陈登科(2020)等的研究方法,利用我国加入WTO这一准自然实验,使用Bartik方法构建各城市2001—2002年的关税削减指标作为地区进口竞争变量的工具变量进行稳健性检验,构建方法如下:

$$\Delta Tariff_{c,2001-2002} = \sum_j \omega_{rj,t0} \Delta Tariff_{j,2001-2002} \quad (5-15)$$

其中,$\omega_{cj,t0}$与上文一样是期初c城市中j行业的劳动力占比,$\Delta Tariff_{j,2001-2002}$是$j$行业在我国加入WTO后2001—2002年的关税变化,回归结果如表5-12第(4)列所示。结果显示,在利用关税变化构建的工具变量2SLS回归中,地区进口竞争依然显著促进了本地企业的专利产出,且从显著性和系数值上看均高于基准回归结果。

5. 剔除贸易中间商

考虑到进口数据中包含贸易中间商,而该类企业是专门从事进出口业务的,如果在计算进口贸易额时包含贸易公司的进口额,可能会夸大本土企业实际受到的进口威胁程度。在稳健性检验中,本节借鉴毛其淋和许家云(2016)的做法,剔除海关贸易数据库中的企业名称包含"进出口""经贸""贸易""科贸""外经"等字样的样本,并重新计算地区进口竞争指标。回归结果的方向和显著性均与基准回归一致,在剔除贸易中间商后地区进口竞争对本地企业的创新促进作用有所降低(地区进口竞争系数绝对值减小),

说明贸易中间商的存在一定程度上造成了对地区进口竞争的企业创新促进效应的高估。

6. 考虑地区出口因素

已有较多文献指出我国对外贸易活动存在"出口引致进口"的机制,地区的进口贸易与出口贸易间可能存在较高的相关性;同时,地区整体的出口水平反映了地区内企业国际分工的参与度,国际市场和国外消费者对产品质量、技术的高要求可能会倒逼国内出口企业提高研发创新。因此,本节在稳健性检验中进一步考察了地区出口因素的潜在影响。我们将期初工业企业数据库中企业的出口交货值和总产值数据加总至城市层面,并用其比值表示地区出口占比情况(Exp)。表5-12第(6)列是纳入地区出口占比后的回归结果。可以看出,虽然地区出口因素对企业创新产出产生了一定的正向促进作用,但对本节的核心结论并没有造成明显干扰。在考虑了地区出口因素后,核心解释变量地区进口竞争的系数方向和显著性均与基准回归一致,即地区进口竞争对企业创新的促进作用并没有改变。

（四）机制分析

上述实证结果表明地区进口竞争显著促进了本地企业的创新产出,本节进一步对其作用机制进行分析探讨。从前文的理论分析来看,地区进口竞争可以分别通过提升地区人力资本质量、提高中间品质量、扩大地区消费需求规模、优化本地消费需求结构来促进本地企业的创新产出。因此,本节将采用中介效应模型分别从这四个渠道进行机制检验。

首先通过模型(5-16)验证地区进口竞争是否促进了上述四个效应的产生,其中$\Delta X_{c,\tau}$表示地区人力资本、中间品质量、需求规模和需求结构的代理变量。可以预期,如果地区进口竞争的促进效应存在,那么模型(5-16)中的地区进口竞争系数(β_1)应显著为正。再根据模型(5-17)将中介变量纳入基准回归并对企业创新产出进行回归,如果中介效应成立,那么中介变量系数(β_2)也应显著为正,核心解释变量地区进口竞争系数值(α)应有所减小。

$$\Delta X_{c,\tau} = \beta_1 \times \Delta IMP_{c,\tau} + \gamma \times Z_{ic,t0} + \mu_r + \varepsilon_{i,j,t} \quad (5-16)$$

$$\Delta Y_{ic,\tau} = \alpha \times \Delta IMP_{c,\tau} + \beta_2 \times \Delta X_{c,\tau} + \gamma \times Z_{ic,t0} + \mu_r + \varepsilon_{i,j,t} \quad (5-17)$$

1. 人力资本

根据理论机制分析,地区进口竞争可以通过提高教育的预期收益和降低教育的机会成本促进地区人力资本质量的提升,而人力资本作为一项重要的创新投入,可以促进当地企业创新投入质量的提升,进而给企业创新产出带来积极影响。为了验证这一机制,本节借鉴张辉和石琳(2018)的方法,利用城市不同教育背景人数构建地区劳动力平均受教育年限作为地区人力资本质量的代理变量[①],具体计算方法如(5-18)式所示:

$$HR_c = 0 \times illiterac_c + 6 \times primary_c + 9 \times middle_c + 12 \times senior_c + 16 \times university_c \quad (5-18)$$

其中,$illiterac_c$表示地区内未接受过教育人数,$primary_c$、$middle_c$、$senior_c$和$university_c$分别代表地区内小学、初中、高中和大学本科及以上在校学生数。

从表5-13第(1)列和第(2)列的结果可以看出,地区进口竞争显著促进了当地人力资本质量的提升。而根据模型(5-17),在纳入人力资本变量的回归结果后,人力资本变量的系数为正且在1%统计水平上显著,表明地区人力资本质量的提升显著促进了当地企业的创新产出,而地区进口竞争的系数值则有所减小。因此,实证结果证实了地区进口竞争通过人力资本提升效益影响当地企业的创新产出。

表 5-13 地区进口竞争对企业创新的机制分析

项目	X:人力资本		X:中间品质量		X:消费规模		X:消费结构	
	(1)	(2)	(3)	(4)	(5)	(6)	(7)	(8)
被解释变量	人力资本	专利申请	中间品质量	专利申请	消费规模	专利申请	消费结构	专利申请
IMP	0.2693**	0.0137**	1.4202*	0.0190***	4.0663*	0.0132***	1.7751**	0.0113***
	(0.1019)	(0.0058)	(0.7742)	(0.0062)	(2.1482)	(0.0038)	(0.6926)	(0.0034)
X	—	0.0208***	—	0.0017**	—	0.0027**	—	0.0009*
		(0.0065)		(0.0008)		(0.0012)		(0.0005)
企业基期控制变量	否	是	否	是	否	是	否	是

[①] 为与基准回归一致,机制检验具体回归时所有被解释变量均采用2000—2013年的长差分值并取对数值,下同。

（续表）

项目	X:人力资本		X:中间品质量		X:消费规模		X:消费结构	
	(1)	(2)	(3)	(4)	(5)	(6)	(7)	(8)
被解释变量	人力资本	专利申请	中间品质量	专利申请	消费规模	专利申请	消费结构	专利申请
城市基期控制变量	是	是	是	是	是	是	是	是
省份固定效应	是	是	是	是	是	是	是	是
样本数	91	27 016	47	108 626	87	198 829	58	179 217
拟合优度	0.65	0.0464	0.6429	0.0475	0.3119	0.0491	0.6435	0.0498

注：*、**和***分别表示在10%、5%和1%的统计水平上显著；括号内的数值为稳健聚类标准误。

2. 中间品质量

地区进口竞争的加剧可以通过直接进口或间接溢出效应的影响提升本地企业中间品投入的质量和技术水平。而中间品投入作为生产要素的重要组成，其质量的提升可以进一步提升企业的生产效率和创新激励。为实证检验这一影响机制，本节利用海关贸易数据构造地区进口中间品质量作为地区中间品投入质量的代理变量，具体方法如下：第一，借鉴施炳展和邵文波（2014）的方法测算了经过标准化处理的产品—国家—年份层面进口中间品质量，并取其均值得到2000年和2013年产品层面的中间品质量数据（$avg\_quality_{s,\tau}$）；第二，利用期初各城市对于各产品的进口份额（$\omega_{r,s,t0}$）将2000—2013年各进口产品质量的增长额进行加权，得到城市层面进口中间品质量指标并取对数值：

$$\Delta Quality_{c,\tau} = \sum_{s} \omega_{r,s,t0} \Delta avg\_quality_{s,\tau} \quad (5-19)$$

将由此计算出的各地级市中间品质量代入模型（5-16）和模型（5-17）进行检验，结果如表5-13第（3）列和第（4）列所示。可以看出，地区进口竞争的加剧显著提升了当地的中间品质量水平；在对企业创新产出的回归中，地区进口竞争系数值减小而中间品质量的系数则显著为正，说明改变中间品质量是地区进口竞争促进本土企业创新产出提升的有效途径之一，与前文理论研究中对地区中间品质量的中介效应预期一致。

3. 消费规模

地区进口竞争可以通过提升居民真实工资水平来提高其可支配收入、增加消费产品种类、创造新消费点,从而促进地区消费需求规模的扩大。而地区需求规模的扩大可以为本地企业创新提供市场补偿,从而激发企业的研发创新动力。对于需求规模的度量,本节采用《中国城市统计年鉴》中的社会消费品零售额作为代理变量,并代入模型(5-16)和模型(5-17)进行实证检验。从表5-13第(5)列和第(6)列的结果来看,地区进口竞争显著提升了地区的消费规模,而地区消费规模的提升又进一步增加了企业的创新产出;在控制了地区消费规模后,地区进口竞争的影响有所减弱,表明消费规模这个中介渠道是有效且显著的。实证结果证实了地区进口竞争通过需求规模效应影响企业的创新产出。

4. 消费结构

地区消费结构的变化体现了当地居民消费偏好和消费习惯的改变。地区进口竞争的加剧会促使当地消费者的消费模式不断朝多元化、个性化、高端化的方向发展。市场需求的转变将进一步影响当地企业的生产倾向和竞争格局。为了生存和进一步的发展,当地企业必然要通过不断的研发创新来提升产品的技术含量和工艺水准,以适应市场发展的潮流。为检验这一机制,我们首先要找到一个合适的指标作为需求结构的代理变量。需求结构是一个相对抽象的概念,我们可以近似地用对高科技产业的需求占比来衡量。借鉴孙早和许薛璐(2018)的方法,本节首先根据国家统计局发布的《高技术产业(制造业)分类(2017)》标准将制造业产业划分为高、低技术产业,并分别以地级市为单位对高、低技术产业的产值进行加总;其次,分别按照2002年及2012年[①]各省和直辖市的投入产出表计算出居民最终消费与总产出的比值关系;最后,利用上述两个指标计算出各地级市的高、低技术产业最终消费额,用高技术产业实际消费与低技术产业实际消费的比值作为地区需求结构的代理指标,该比值越大说明地区消费结构越趋于高端化。将其代入模型(5-16)和模型(5-17)中的实证结果如表5-13第(7)列和第(8)列所示。地区进口竞争的加剧显著提升了当地的中间品质量水平,且

---

① 鉴于分省投入产出表数据的可得性,采用与本节研究年份2000年和2013年最接近的可得年份2002年和2012年的投入产出数据进行计算。

在对企业创新产出的回归中,地区进口竞争系数值下降,而中间品质量的系数则显著为正,说明改变中间品质量是地区进口竞争促进本土企业创新产出提升的有效途径之一,与前文理论研究中对地区中间品质量的中介效应预期一致。

五、小结

积极扩大进口是党和国家着眼国内国际发展大局、推动更高水平对外开放的重要战略部署。创新驱动发展战略自党的十八大以来已成为我国提高综合国力的战略支撑。长期以来,国内外学者对于进口与创新二者关系的研究大多偏向于国家、行业或个体层面,而忽略了城市层面供给和需求因素的综合影响。本节从区域经济的视角切入,利用 Bartik 工具变量法构建了城市层面进口竞争指标,对地区进口竞争与当地企业创新活动的关系展开了研究,主要结论如下:

在长期,一方面,地区进口竞争的加剧会通过提高地区人力资本质量、提高地区中间品投入质量来提升当地企业创新产出效率、改变企业创新激励,进而从供给端提升企业的创新产出;另一方面,随着地区进口竞争的加剧,地区消费需求规模会随之扩大、消费需求结构会趋于高端化发展,需求规模的扩大为企业创新提供了有效的市场补偿,消费结构的升级改变了企业间的竞争方向,因此进口竞争将从需求端倒逼企业研发创新水平的提升。这一结论在经过一系列稳健性检验后依然成立。

本节的结论不仅在理论上丰富和拓展了相关研究,同时在当前经济全球化遭遇逆流、世界经济前景低迷的背景下,对我国积极推进扩大进口战略和创新驱动发展战略、实现协同推进全方位对外开放和经济高质量发展、构建国内国际双循环相互促进的新发展格局都具有一定的政策启示。

首先,从地区进口竞争对地区内企业创新的积极影响来看,各地区政府应继续积极响应国家扩大进口战略,通过政策性补贴等手段鼓励地区内企业尤其是高新技术企业扩大进口规模、优化进口结构、增加进口贸易伙伴,鼓励企业参加进口博览会、开展跨境电商业务等,培育地区内贸易新业态、新模式,整合现有物流体系的同时鼓励"海外仓"等新物流模式的发展,加快地区跨境物流基础设施建设,为优化地区进口结构提供有效的渠道和保障。

其次,人力资本作为地区进口竞争推动企业创新的重要渠道,各地区政府要积极贯彻人才强国发展战略,重视和强化地区人才政策,优化包括人才住房、子女入学、医疗保健、交通补贴等多方位的人才服务保障体系;同时,各地区要贯彻落实符合当地经济与人才发展的教育政策,要在完善和保障高等教育基础设施、提升高等教育教学质量的同时加强现代职业教育体系的构建,重视对高素质技术技能人才的培养。

最后,地区进口竞争对企业创新活动的影响效应还受到地区需求规模和消费结构的影响,因此各地区应当不断提升政策对内需的支撑力度和水平,持续释放内需潜力;继续深化收入分配政策改革,合理降低个人所得税税率,减轻居民税费负担,增加居民可支配收入,为消费扩容提质和"双循环"新发展格局的构建奠定基础。

第三篇

全球双环流下的中国与发展中经济体资本协同

第六章 数字经济比较研究与中国对外直接投资形式分析[①]

第一节 "一带一路"沿线数字经济发展水平测算和比较研究

在数字经济全球化高速发展的背景下,"一带一路"沿线国家既迎来技术革新和产业升级带来的新机遇,也面临缺乏技术和资本积累的挑战,沿线不同国家数字经济发展的不同特征也亟须我们深入了解。因此,本节将构建"一带一路"沿线国家数字经济发展水平指标,以衡量和比较沿线国家数字经济发展情况。

一、"一带一路"沿线国家数字经济发展水平指标体系构建

目前,学界和业界关于数字经济发展水平的衡量指标较多,但是国际和国内暂时没有统一的标准,而且现有指标与数字经济实际发展的紧密程度也高低不一。由于数字经济在社会中覆盖广泛,涉及数字技术、基础设施、制度环境、经济环境等诸多因素,使用某一个或某几个特定指标去测算数字经济发展水平,难以准确地衡量东道国和区域的实际数字经济发展情况。通过文献综述的比较研究发现,学术界构建数字经济指标时较多使用世界经济论坛(World Economic Forum, WEF)发布的全球信息技术报告中构建的"网络就绪度指数"(Networked Readiness Index, NRI)。综合来看,NRI指标体系能衡量不同国家和区域的数字经济发展水平,该指标分别从制度及商

[①] 本章第一节和第二节作者为张明哲,系北京大学经济学院博士生。

业环境、基础设施、信息通信技术应用等多个方面衡量某个国家的数字经济，在国际测评中具有相当的权威性。由于"一带一路"沿线国家较多，因此NRI相比其他指标更能够有效地衡量"一带一路"整体数字经济发展情况。

综上所述，本节重点参考NRI的构建方法，借鉴张伯超和沈开艳（2018）、董有德和米筱筱（2019）、齐俊妍和任奕达（2020）关于数字经济发展水平指标的研究方法，并对他们的方法进行完善，主要补充"一带一路"数字治理维度的相关指标，针对"一带一路"沿线国家整体经济与科技发展特征准确选取数字基础设施建设、数字技术应用等相关指标。数字治理是数字经济高质量发展的保障，沿线国家数字治理能力较发达国家仍有较大提升空间，有必要将数字治理能力相关指标纳入数字经济发展水平指标体系构建之中。基于此，本节围绕数字治理环境、数字基础设施建设、数字技术应用3个维度构建"一带一路"数字经济发展水平指标体系，并在这3个一级指标项下细分22个二级指标，多维度且较为全面地衡量"一带一路"沿线国家数字经济发展水平。综合考虑数据的可靠性和研究意义，本节选取的样本区间为2009—2019年，指标的选取如表6-1所示。

表6-1 "一带一路"沿线国家数字经济发展水平指标体系

一级指标	二级指标	数值范围
数字治理环境（G）	信息通信技术法律相关程度（$G1$）	1—7
	信息通信技术对政府发展规划的重要性（$G2$）	1—7
	法律解决纠纷的效率（$G3$）	1—7
	知识产权保护（$G4$）	1—7
	高等教育入学率（$G5$）	0—1
	商学院质量（$G6$）	1—7
	风险资本可获得性（$G7$）	1—7
	最新技术可获得性（$G8$）	1—7
数字基础设施建设（I）	移动网络覆盖率（$I1$）	0—1
	固定网络带宽（$I2$）	0—∞
	互联网用户人数比重（$I3$）	0—1
	拥有个人电脑的居民比重（$I4$）	0—1
	每百人移动电话用户数（$I5$）	0—300
	每百人固定网络用户数（$I6$）	0—100
	每百万人安全互联网服务器数（$I7$）	0—∞

（续表）

一级指标	二级指标	数值范围
数字技术应用 （T）	企业级技术吸收能力（$T1$）	1—7
	自主创新能力（$T2$）	1—7
	每百万人申请专利数量（$T3$）	$0-\infty$
	互联网在商业活动中使用程度（$T4$）	1—7
	互联网在学校接入情况（$T5$）	1—7
	政府推动 ICT 技术应用的成就（$T6$）	1—7
	ICT 技术应用和政府服务效率（$T7$）	1—7

资料来源：根据世界经济论坛（WEF）发布的《全球信息技术报告》整理。

注：ICT 指信息与通信技术（Information and Communication Technology）。

在"一带一路"国别指标数据选取方面，关于沿线国家和区域的划分，到目前为止国内外学者暂未形成统一的结论。由于本节研究关注的焦点是中国在数字经济全球化发展背景下对"一带一路"的投资如何进行区位选择，因此国别数据选取《2019 年度中国对外直接投资统计公报》对"一带一路"沿线直接投资的 63 个国家。以此为基准，对照《全球信息技术报告》中列出的国别信息并将上述国别指标数据进行整理，删除缺失的国家样本。此外，为保证所选取国别数据指标的整体可靠性及其对"一带一路"数字经济的解释力度，删除部分二级指标数据缺失较多的国家样本，减少由于指标数据缺失对整体数据造成的影响。最终，我们筛选出 46 个沿线国家作为构建数字经济发展水平指标体系的国别样本数据集。[①] 本节所选取的国别样本数据能够较为全面地覆盖"一带一路"沿线重点国家，而且沿线每个区域均有有代表性的国别样本，综合来讲国别样本数据具备较强的代表性，能够较好地反映沿线国家数字经济发展情况。

在数据处理方面，本节针对年份二级指标数据缺失的情况，通过趋势预测法，根据现有数据，通过线性回归对年份缺失的数据进行预测补齐。目

---

① 具体国别包括：东南亚（8 国）：柬埔寨、菲律宾、印度尼西亚、越南、泰国、新加坡、东帝汶、马来西亚。南亚（5 国）：巴基斯坦、印度、孟加拉国、斯里兰卡、尼泊尔。中亚（2 国）：哈萨克斯坦、吉尔吉斯斯坦。西亚中东（10 国）：埃及、阿联酋、阿曼、巴林、卡塔尔、科威特、沙特阿拉伯、土耳其、以色列、约旦。中东欧（19 国）：拉脱维亚、立陶宛、斯洛伐克、乌克兰、捷克、爱沙尼亚、匈牙利、波兰、波黑、黑山、保加利亚、阿尔巴尼亚、克罗地亚、阿塞拜疆、塞尔维亚、斯洛文尼亚、亚美尼亚、格鲁吉亚、罗马尼亚。蒙俄（2 国）：蒙古、俄罗斯。

前,《全球信息技术报告》只出版到 2016 年,本节基于 2009—2016 年的二级指标数据对不同国别下 2017—2019 年的二级指标数据进行预测,最终以 2009—2019 年 46 个国别数据以及每个国家的 22 个二级指标数据构成本次分析的基础数据。此外,针对中间某一年份二级指标数据缺失情况,利用线性插值法①进行填充。

二、"一带一路"沿线国家数字经济发展水平指标测算

本节运用因子分析法对上一章构建的"一带一路"沿线国家数字经济发展水平指标进行测算。第一步,通过标准化处理的方式对选取的二级指标数据进行整理,消除数据量纲的影响并整理出统一的规范值。本节研究选取的二级指标均为正向指标,在进行因子分析前使用 SPSS 26.0 软件默认方法对数据进行自动标准化处理,不再额外对数据进行处理。第二步,使用 SPSS 26.0 软件对各指标进行因子分析,通过最大化旋转方差测算得到各项主因子得分及各项主因子对应的方差贡献率,最终合成数字经济发展水平指标。具体步骤如下:

1. 检验数据做因子分析的可行性

使用 KMO 检验和 Bartlett 检验确定本研究是否可以运用因子分析法。

表 6-2 给出了 22 个二级指标 KMO 和 Bartlett 的检验结果,KMO 值为 0.901,接近 1,表明本节选取的数据适合做因子分析;Bartlett 检验的显著性水平小于 0.05,检验结果证明变量之间存在相关关系。

表 6-2 KMO 检验和 Bartlett 检验结果

KMO 检验	KMO 值	0.901
Bartlett 检验	近似卡方值(Chi-Square)	14 050.219
	自由度(df)	231
	显著性(Sig)	0.000

资料来源:根据 SPSS 26.0 软件计算结果整理。

2. 计算主因子

首先,采用因子分析法对因子提取信息量情况进行分析(林海明和杜子芳,2013)。表 6-3 列示了 3 个公共因子的特征值及其方差贡献率情况,通

---

① 线性插值法的最大优点是可以保存数据的变化趋势,从而确保较高的精确度。

过最大旋转法进行因子分析,并根据提取因子特征值大于 1 的原则提取前 3 个公共因子,旋转后的方差贡献率分别为 36.464%、22.436%、16.483%。此外,3 个公共因子的累积方差贡献率达到 74.384%,表明已经提取了 22 个二级指标中高于 70% 的信息量。因此,这 3 个公共因子能够解释原始数据的全部信息。

表 6-3　主因子分析结果

因子	初始特征值			提取载荷平方和			旋转载荷平方和		
	总计	方差贡献率(%)	累积方差贡献率(%)	总计	方差贡献率(%)	累积方差贡献率(%)	总计	方差贡献率(%)	累积方差贡献率(%)
$F1$	11.299	51.360	51.360	11.299	51.360	51.360	8.022	36.464	36.464
$F2$	6.699	16.812	68.172	6.699	16.812	68.172	4.936	22.436	58.900
$F3$	1.367	6.212	74.384	1.367	6.212	74.384	6.406	16.483	74.384

资料来源:根据 SPSS 26.0 软件计算结果整理。

然后,计算得出公共因子的系数矩阵,如表 6-4 所示。

表 6-4　公共因子系数矩阵

	$F1$	$F2$	$F3$
$G1$	0.079	0.057	-0.018
$G2$	0.151	-0.027	-0.087
$G3$	0.147	-0.066	-0.033
$G4$	0.095	0.006	0.015
$G5$	-0.112	0.110	0.142
$G6$	0.085	-0.057	0.090
$G7$	0.139	-0.100	0.025
$G8$	0.070	0.006	0.059
$I1$	-0.025	0.177	-0.111
$I2$	-0.014	-0.113	0.287
$I3$	-0.043	0.235	-0.073
$I4$	-0.042	0.206	-0.036
$I5$	-0.024	0.316	-0.260

（续表）

	F1	F2	F3
I6	-0.075	0.089	0.165
I7	-0.046	-0.032	0.269
T1	0.107	-0.046	0.042
T2	0.051	-0.027	0.109
T3	0.007	-0.246	0.433
T4	0.020	0.151	-0.056
T5	-0.007	0.152	-0.001
T6	0.144	-0.024	-0.076
T7	0.125	0.025	-0.089

资料来源：根据 SPSS 26.0 软件计算结果整理。

观察公共因子系数矩阵可以发现，数字治理环境(G)由第一个公共因子 $F1$ 来表示，数字基础设施建设(I)由第二个公共因子 $F2$ 来表示，数字技术应用(T)由第三个公共因子 $F3$ 来表示。根据公共因子系数矩阵中单个因子得分，用线性函数表达 3 个公共因子 $F1$、$F2$、$F3$ 的得分函数，如下所示：

$$F1 = 0.079G1 + 0.151G2 + 0.147G3 + 0.095G4 - 0.112G5 + 0.085G6 + 0.139G7 + 0.07G8 - 0.025I1 - 0.014I2 - 0.043I3 - 0.042I4 - 0.024I5 - 0.075I6 - 0.046I7 + 0.107T1 + 0.051T2 + 0.007T3 + 0.02T4 - 0.007T5 + 0.144T6 + 0.125T7 \quad (6-1)$$

$$F2 = 0.057G1 - 0.027G2 - 0.066G3 + 0.006G4 + 0.11G5 - 0.057G6 - 0.1G7 + 0.006G8 + 0.177I1 - 0.113I2 + 0.235I3 + 0.206I4 + 0.316I5 + 0.089I6 - 0.032I7 - 0.046T1 - 0.027T2 - 0.246T3 + 0.151T4 + 0.152T5 - 0.024T6 + 0.025T7 \quad (6-2)$$

$$F3 = -0.018G1 - 0.087G2 - 0.033G3 + 0.015G4 + 0.142G5 + 0.09G6 + 0.025G7 + 0.059G8 - 0.111I1 + 0.287I2 - 0.073I3 - 0.036I4 - 0.26I5 + 0.165I6 + 0.269I7 + 0.042T1 + 0.109T2 + 0.433T3 - 0.056T4 - 0.001T5 - 0.076T6 - 0.089T7 \quad (6-3)$$

然后，根据以上 3 个公共因子表达式，并分别以这 3 个公共因子旋转后各个因子方差贡献率所占的权重做加权平均，测算得到数字经济发展水平指标表达式：

$$F = \frac{36.464\% \times F1 + 22.436\% \times F2 + 15.483\% \times F3}{74.384\%}$$

$$= 0.0522G1 + 0.0478G2 + 0.0453G3 + 0.0515G4 + 0.0078G5 + 0.0432G6 +$$
$$0.0432G7 + 0.0484G8 + 0.018I1 + 0.0188I2 + 0.0346I3 + 0.0341I4 +$$
$$0.0294I5 + 0.0244I6 + 0.0238I7 + 0.0473T1 + 0.0395T2 + 0.0194T3 +$$
$$0.0437T4 + 0.0422T5 + 0.0475T6 + 0.0503T7 \tag{6-4}$$

如(6-4)式所示,数字经济发展水平指标表达式的系数为各项二级指标的权重,根据(6-4)式可测算出数字经济发展水平指标以及数字治理环境、数字基础设施建设、数字技术应用等3个公共因子的指标。然后,通过功效得分法对数字经济发展水平指标和3个公共因子指标进行标准化处理,测算公式如下:

$$y_i = \frac{x_i - \min x_i}{\max x_i - \min x_i} \tag{6-5}$$

其中,i表示国家,$i=1,2,3\cdots,46$;x_i为国家i某一个公共因子的实际数值,$\max x_i$表示在这个公共因子在所有国家数值中的最大值,$\min x_i$分别表示在这个公共因子在所有国家数值中的最小值,测算出来的数值表示每个国家某项指标在"一带一路"沿线所有国家中的相对位置。测算出的所有数值均介于0和1之间,数值越接近1表示数字经济发展水平越高。

综合以上分析,最终得出"一带一路"沿线国家数字经济发展水平指标,全部数据见附录B的表B.1。随后,本节将从"一带一路"整体和区域两个视角,通过比较研究的方法对沿线国家的数字经济发展情况进行深度剖析。

三、"一带一路"沿线国家数字经济发展水平指标比较研究

(一)整体视角下的比较研究

基于上述测算出来的数字经济发展水平指标,从"一带一路"沿线国家数字经济整体发展层面来看,沿线国家2009—2019年的数字经济以6.5%的发展增速平稳增长,11年间沿线国家整体数字经济发展水平均值从0.3455上升至0.4886(见表6-5)。虽然"一带一路"数字经济发展速率并不高,但2009—2019年沿线国家整体数字经济发展水平稳步提高。

表 6-5 2009—2019 年"一带一路"沿线国家整体数字经济发展水平(均值)

年份	数字经济发展水平	数字治理环境	数字基础设施建设	数字技术应用
2009	0.3455	0.4338	0.4194	0.2079
2010	0.3665	0.4249	0.4760	0.2014
2011	0.3901	0.4107	0.5280	0.2166
2012	0.4087	0.4199	0.5682	0.1923
2013	0.4124	0.4067	0.5852	0.2036
2014	0.4278	0.4044	0.6085	0.2141
2015	0.4303	0.3925	0.6193	0.2276
2016	0.4413	0.3937	0.6181	0.2523
2017	0.4622	0.3854	0.6795	0.2386
2018	0.4754	0.3797	0.7075	0.2442
2019	0.4886	0.3740	0.7356	0.2498

资料来源:根据 SPSS 26.0 软件计算结果整理。

为研究 2009—2019 年"一带一路"数字经济不同发展阶段情况,我们通过聚类分析发现(见图 6-1),2009—2019 年"一带一路"沿线国家数字经济演进历程主要包含以下三个时期:

第一,2009—2010 年为数字经济起步时期。金融危机之后,世界经济新的增长点亟待挖掘,发展中经济体成为拉动全球经济增长的新引擎。移动互联网技术使得手机等移动端设备与互联网技术紧密链接,移动互联网技术的普及使得经济社会的运转效率大幅提升,沿线国家逐渐吸收移动互联网技术对经济的赋能,2009—2010 年为数字经济发展的起步阶段,沿线国家数字经济发展整体水平普遍较低。

第二,2011—2016 年为数字经济平稳发展时期。沿线国家经历了起步阶段之后,对移动互联网技术已有了初步的积累,由于技术的大规模应用需要一段时间,因此 2011—2016 年沿线国家数字经济发展水平稳步提升。

第三,2017—2019 年为数字经济高速发展时期。数字技术对经济和产业的渗透度不断提高,沿线国家逐渐重视数字经济的发展,在人工智能等新一代技术出现时已经拥有承接新技术的产业基础,2017—2019 年沿线国家数字经济发展水平较高。

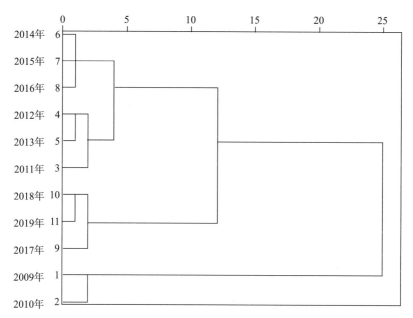

图 6-1　2009—2019 年"一带一路"沿线国家整体数字经济发展水平聚类谱系

资料来源：根据 SPSS 26.0 软件计算结果整理。

从整体国别情况来看，沿线国家的数字经济发展存在不平衡性。沿线国家 2009—2019 年分国别的数字经济发展水平指标均值如表 6-6 所示，新加坡、卡塔尔、阿联酋、爱沙尼亚和以色列位列前五，这些国家在数字治理环境、数字基础设施建设、数字技术应用方面均保持高水平，其中新加坡的数字技术应用得分在所有国家中排名第一，卡塔尔的数字治理环境得分最高，而爱沙尼亚在数字基础设施建设方面表现最为卓越。整体上看，排名前十的国家分布在东南亚、西亚中东和中东欧地区，数字经济在这三个区位呈现空间聚集的特征，数字经济引起的规模经济效应将对这三个区位的国家产生影响。南亚、中亚、蒙俄地区的国家没有进入排行榜前十，数字经济并未在这三个区位呈现空间聚集的特征。从以上分析可以得出，数字经济在沿线国家呈现区域空间聚集的特征，而且沿线国家数字经济发展呈现区域不平衡的特征。排行榜最后四位的国家分别是孟加拉国、吉尔吉斯斯坦、尼泊尔和东帝汶，其中两个国家位于南亚地区，可以看出南亚地区国家的数字经济在所有国家中发展水平较低，区域内国家之间存在较大差异。

表 6-6 "一带一路"分国别数字经济发展水平排名(均值)

排名	国别	数字经济发展水平	数字治理环境	数字基础设施建设	数字技术应用
1	新加坡	0.9385	0.8054	0.5121	0.7794
2	卡塔尔	0.8172	0.8938	0.6724	0.1406
3	阿联酋	0.7901	0.8230	0.7494	0.1107
4	爱沙尼亚	0.7444	0.5827	0.8260	0.3459
5	以色列	0.7378	0.6160	0.4377	0.7549
6	马来西亚	0.7041	0.7807	0.6190	0.1529
7	巴林	0.6468	0.6326	0.7723	0.0984
8	沙特阿拉伯	0.6371	0.6656	0.714	0.0891
9	立陶宛	0.5666	0.4003	0.8171	0.2796
10	阿曼	0.5344	0.6015	0.6569	0.0409
11	斯洛文尼亚	0.5287	0.2850	0.7186	0.5245
12	捷克	0.5129	0.3085	0.7521	0.4036
13	约旦	0.508	0.5592	0.6047	0.1221
14	拉脱维亚	0.4833	0.3097	0.7736	0.3069
15	阿塞拜疆	0.4627	0.5237	0.5906	0.1001
16	斯里兰卡	0.4548	0.6179	0.4160	0.1291
17	黑山	0.4454	0.4196	0.6774	0.1408
18	印度尼西亚	0.4393	0.5502	0.4609	0.1602
19	匈牙利	0.4387	0.2733	0.7442	0.3071
20	土耳其	0.4266	0.3955	0.6022	0.2352
21	斯洛伐克	0.4174	0.2523	0.7751	0.2579
22	哈萨克斯坦	0.4150	0.4082	0.6737	0.0962
23	印度	0.3862	0.5491	0.3280	0.2063
24	菲律宾	0.3860	0.4280	0.5065	0.2025
25	克罗地亚	0.3812	0.2268	0.7205	0.2891
26	泰国	0.3720	0.4007	0.5222	0.2002

（续表）

排名	国别	数字经济发展水平	数字治理环境	数字基础设施建设	数字技术应用
27	波兰	0.3714	0.2007	0.7277	0.3048
28	科威特	0.3692	0.3254	0.7010	0.1071
29	保加利亚	0.3562	0.2248	0.6978	0.2636
30	俄罗斯	0.3412	0.2193	0.7445	0.1810
31	罗马尼亚	0.3371	0.2341	0.6317	0.2856
32	亚美尼亚	0.3353	0.3431	0.5846	0.1426
33	越南	0.3285	0.3941	0.5232	0.1111
34	格鲁吉亚	0.3243	0.3353	0.5721	0.1470
35	阿尔巴尼亚	0.2875	0.2814	0.5785	0.1524
36	蒙古	0.2726	0.2679	0.5340	0.1984
37	乌克兰	0.2722	0.1660	0.6626	0.2215
38	柬埔寨	0.2584	0.3640	0.4279	0.1237
39	巴基斯坦	0.2445	0.3641	0.3345	0.2084
40	埃及	0.2398	0.2742	0.5371	0.1076
41	塞尔维亚	0.2390	0.1443	0.6321	0.2227
42	波黑	0.2124	0.1792	0.5394	0.2139
43	孟加拉国	0.1893	0.3219	0.3330	0.1600
44	吉尔吉斯斯坦	0.1220	0.1174	0.5099	0.1554
45	尼泊尔	0.1148	0.2502	0.2198	0.2604
46	东帝汶	0.0492	0.1909	0.2358	0.1971

资料来源：根据SPSS 26.0软件计算结果整理。

为了更直观地表示沿线国家数字经济发展水平，本节以"一带一路"沿线初始65个国家为基准，结合数据的可获得性，最终得到46个国家的数据，以它们的数字经济发展水平数值画出雷达图（见图6-2），表明沿线国家存在较为明显的"数字鸿沟"。

"一带一路"沿线不同国家之间数字经济发展水平的总得分和排名能够直观地反映其数字经济发展情况，通过3个公共因子进行聚类分析可更

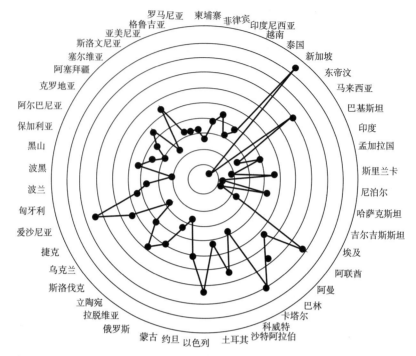

图 6-2 "一带一路"沿线各国数字经济发展水平雷达

资料来源:作者整理。

加深入地研究"一带一路"数字经济发展差异性特征。因此,本节根据"一带一路"沿线不同国家在数字治理环境、数字基础设施建设、数字技术应用三个方面的得分,通过聚类分析将"一带一路"沿线国家分为八类,结果见表 6-7。

表 6-7 "一带一路"分国别数字经济发展水平聚类分析

分类	国家	数字治理环境	数字基础设施建设	数字技术应用
第一类	新加坡	强	较强	强
第二类	卡塔尔、阿联酋、马来西亚、巴林、沙特阿拉伯、阿曼、约旦、阿塞拜疆	强	强	弱
第三类	以色列	较强	弱	强
第四类	爱沙尼亚、立陶宛	弱	强	较强

（续表）

分类	国家	数字治理环境	数字基础设施建设	数字技术应用
第五类	拉脱维亚、匈牙利、斯洛伐克、克罗地亚、波兰、保加利亚、俄罗斯、罗马尼亚、乌克兰、塞尔维亚、捷克、斯洛文尼亚、黑山、哈萨克斯坦、科威特	弱	强	弱
第六类	印度、斯里兰卡、印度尼西亚	强	弱	弱
第七类	土耳其、格鲁吉亚、亚美尼亚、波黑、阿尔巴尼亚、泰国、菲律宾、越南、蒙古	弱	弱	较强
第八类	埃及、柬埔寨、巴基斯坦、东帝汶、尼泊尔、孟加拉国、吉尔吉斯斯坦	弱	弱	弱

资料来源：根据表6-6的数据通过SPSS 26.0软件计算结果整理。

第一类：新加坡。新加坡在数字经济发展水平指标得分中高居榜首，它在数字治理环境、数字基础设施建设、数字技术应用三个方面均获得较高分数。其中，新加坡在数字技术应用方面的得分列沿线国家首位，这离不开新加坡政府推动ICT技术应用的支持力度、优异的自主创新能力、有国际竞争力的数字技术水平、高水平的数字技术与实体经济融合度。此外，新加坡的数字治理能力享誉全球，在数字经济相关领域的法律支持、知识产权保护、数字人力资本、创新环境方面处于顶级水平。新加坡在数字基础设施方面也较为突出，由于数字经济发展需要大量算力和存储能力，近年来新加坡政府加快支持数据中心的建设，为数字经济的快速发展提供了有力支撑。

第二类：卡塔尔、阿联酋、马来西亚、巴林、沙特阿拉伯、阿曼、约旦、阿塞拜疆。这8个国家在数字治理环境和数字基础设施建设方面得分较高，数字技术应用得分较低，表明这些国家良好的制度和创新环境叠加较高的数字基础设施支持并未显著提升数字技术对实体经济的赋能,数字技术的投入产出比不高,因此这些国家的数字技术应用能力有待进一步提升。

第三类:以色列。以色列在数字技术应用方面位列"一带一路"沿线国家第二,仅次于新加坡。以色列拥有大量高水平科技人才,数字技术在商业活动、社会发展和教育等方面渗透度很高,而以色列开放的营商环境和完善的市场秩序、科技创新激励机制均为其数字技术的发展奠定了基础。但是,以色列受地理因素限制,数字基础设施建设相较前两类国家发展程度不高,未来具备较大的发展潜力。

第四类:爱沙尼亚、立陶宛。两国均位于中东欧地区,在数字基础设施建设方面的得分分别位列沿线国家的第一和第二。这两个国家拥有较高的移动网络覆盖率、固定网络带宽、互联网用户人数比重以及较为完善的数字基础设施,在数字技术应用方面得分较高,但数字治理环境有待改善。此外,数字技术在爱沙尼亚政府服务中的应用水平很高,目前爱沙尼亚已将区块链技术广泛应用在大众生活中。

第五类:拉脱维亚、匈牙利、斯洛伐克、克罗地亚、波兰、保加利亚、俄罗斯、罗马尼亚、乌克兰、塞尔维亚、捷克、斯洛文尼亚、黑山、哈萨克斯坦、科威特。在这 15 个国家中欧洲国家占比为 87%,这些国家在数字基础设施建设方面拥有较高水平,但在数字治理环境和数字技术应用上得分不高。这些国家需要进一步完善本国的制度保障和创新环境建设,使本国的数字基础设施得到充分使用,鼓励技术成果的转化,从而激发本国数字技术赋能实体经济的能力。

第六类:印度、斯里兰卡、印度尼西亚。这 3 个国家具有较好的数字治理环境,政府在塑造营商和创新环境方面取得较高成就,但是数字基础设施建设和数字技术应用较差。以印度为例,其庞大的人口规模本应是数字经济发展的优势,但由于数字基础设施不够完善以及数字技术与社会生产生活融合度较低,庞大的人口规模也尚未转化为高质量的数字经济人才禀赋,因此数字基础设施建设水平不足以及数字技术应用程度不高延缓了印度数字经济的发展。

第七类:土耳其、格鲁吉亚、亚美尼亚、波黑、阿尔巴尼亚、泰国、菲律宾、越南、蒙古。这 9 个国家的 3 个公共因子得分均偏低,但是我们深入分析后发现,其数字技术应用方面的得分相对于第六类国家偏高。这 9 个国家需要重点加强顶层设计与制度改革,完善数字治理环境,激发社会科技创新活力,打造适合数字经济发展的制度和创新环境,为数字经济的发展提供动能。

第八类:埃及、柬埔寨、巴基斯坦、东帝汶、尼泊尔、孟加拉国、吉尔吉斯斯坦。这7个国家的3个公共因子得分均严重偏低,位于"一带一路"分国别数字经济发展水平指标排行榜单末尾,数字经济发展所需制度和创新环境、数字基础设施、数字人才禀赋、数字技术应用等重要条件存在严重短板,沿线其他国家在上述决定数字经济发展程度的重要条件上远远超过这7个国家,反映出"一带一路"沿线国家之间数字经济发展的不平衡特征,而且存在相当程度的"数字鸿沟",同时也表明这些国家具备较大的数字经济发展空间,从而更加凸显构建"数字丝绸之路"的重要性。

(二)区域视角下的比较研究

为进一步研究"一带一路"不同区域数字经济发展的差异和趋势,本章将46个国别样本分成东南亚、南亚、中亚、西亚中东、中东欧和蒙俄等6个区域,各区域数字经济发展水平如表6-8所示。

表6-8 2009—2019年"一带一路"沿线数字经济发展水平

区域	年份										
	2009	2010	2011	2012	2013	2014	2015	2016	2017	2018	2019
东南亚	0.3675	0.3813	0.4009	0.4132	0.4233	0.4466	0.4435	0.4509	0.4717	0.4841	0.4965
南亚	0.2216	0.2409	0.2637	0.2869	0.2837	0.2833	0.2734	0.2802	0.3004	0.3079	0.3153
中亚	0.2020	0.1945	0.1914	0.1992	0.2209	0.2684	0.3013	0.3298	0.3285	0.3485	0.3685
西亚中东	0.4849	0.5128	0.5519	0.5734	0.5793	0.5766	0.5706	0.5741	0.6062	0.6180	0.6299
中东欧	0.3261	0.3497	0.3697	0.3888	0.3907	0.4107	0.4149	0.4300	0.4482	0.4623	0.4764
蒙俄	0.1977	0.2209	0.2455	0.2699	0.2544	0.2919	0.3439	0.3617	0.3743	0.3968	0.4192

资料来源:作者整理。

"一带一路"沿线数字经济发展水平存在明显的区域差异性特征。从区域整体数字经济发展水平层面来看,西亚中东地区的整体数字经济发展水平得分最高,2009—2019年数字经济发展水平指标均值达到0.5707。东南亚、中东欧分别列第二、第三位,11年间数字经济发展水平均值分别为0.4345和0.4061,两者之间差距不大。蒙俄、南亚地区分别列第四、第五位,平均得分分别为 0.3069 和 0.2779。中亚数字经济发展水平最低,平均得分仅为 0.2685。从区域数字经济发展增速层面来看,各个区域在 2009—2019 年数字经济发展均呈现增长趋势。其中,蒙俄地区增长最快,增速达到 7.8%;中亚地区紧随其后,年均增速为 6.2%;中东欧、南亚、东南亚年均增速分别为 6.9%、6.6% 和 6.1%;西亚中东仅为 2.7%。总体来看,"一带一路"各个区域数字经济发展水平和增长速率呈现相反的趋势,这表明区域之间数字经济正在向着平衡的方向发展,"数字鸿沟"没有被进一步拉大。

从区域内部来看,同一区域的不同国家之间数字经济发展水平存在差异性特征,东南亚、南亚、中亚、西亚中东和蒙俄的区域内差异明显,中东欧区域内国家之间数字经济发展水平相对平衡。如表 6-9 所示,东南亚区域内(8 国)数字经济发展极不平衡,新加坡以 0.9385 的得分排在东南亚区域第一位,也是全部"一带一路"样本国家排名的榜首,而东帝汶则排在东南亚区域最后一位,也是样本国家的末位。马来西亚以 0.7041 的得分紧随新加坡之后,而印度尼西亚、菲律宾、泰国、越南差距不大,柬埔寨的数字经济发展水平得分在东南亚 8 国中排在第 7 位。除新加坡外,引起东南亚数字经济发展差异性较大的因素主要集中在数字治理环境和数字基础设施建设方面。

表 6-9 东南亚区域不同国家数字经济发展水平指标测算结果

国别	数字经济发展水平		数字治理环境		数字基础设施建设		数字技术应用	
	均值	排名	均值	排名	均值	排名	均值	排名
柬埔寨	0.2584	7	0.3640	7	0.4279	7	0.1237	7
菲律宾	0.3860	4	0.4280	4	0.5065	5	0.2025	2
印度尼西亚	0.4393	3	0.5502	3	0.4609	6	0.1602	5
越南	0.3285	6	0.3941	6	0.5232	2	0.1111	8
泰国	0.3720	5	0.4007	5	0.5222	3	0.2002	3
新加坡	0.9385	1	0.8054	1	0.5121	4	0.7794	1
东帝汶	0.0492	8	0.1909	8	0.2358	8	0.1971	4
马来西亚	0.7041	2	0.7807	2	0.6190	1	0.1529	6

表 6-10、表 6-11、表 6-12、表 6-13 分别显示了南亚、中亚、西亚中东、蒙俄区域内的国别情况,虽然这 4 个地区也存在区域内数字经济发展不平衡

的特征,但是引起发展不平衡的主要因素各不相同。在南亚和中亚地区,国家之间数字治理环境和数字技术应用是引起数字经济发展不平衡的主要因素,区域内数字基础设施的差异性不明显;在西亚中东地区,数字治理环境是决定区域内各国数字经济发展的主要因素,数字基础设施建设得分普遍较高,而数字技术应用得分普遍较低;在蒙俄地区,数字经济发展水平差异性主要来自数字基础设施建设。

表 6-10 南亚区域不同国家数字经济发展水平指标测算结果

国别	数字经济发展水平		数字治理环境		数字基础设施建设		数字技术应用	
	均值	排名	均值	排名	均值	排名	均值	排名
巴基斯坦	0.2445	3	0.3641	3	0.3345	2	0.2084	2
印度	0.3862	2	0.5491	2	0.3280	4	0.2063	3
孟加拉国	0.1893	4	0.3219	4	0.3330	3	0.1600	4
斯里兰卡	0.4548	1	0.6179	1	0.4160	1	0.1291	5
尼泊尔	0.1148	5	0.2502	5	0.2198	5	0.2604	1

表 6-11 中亚区域不同国家数字经济发展水平指标测算结果

国别	数字经济发展水平		数字治理环境		数字基础设施建设		数字技术应用	
	均值	排名	均值	排名	均值	排名	均值	排名
哈萨克斯坦	0.4150	1	0.4082	1	0.6737	1	0.0962	2
吉尔吉斯斯坦	0.1220	2	0.1174	2	0.5099	2	0.1554	1

表 6-12 西亚中东区域不同国家数字经济发展水平指标测算结果

国别	数字经济发展水平		数字治理环境		数字基础设施建设		数字技术应用	
	均值	排名	均值	排名	均值	排名	均值	排名
埃及	0.2398	10	0.2742	10	0.5371	9	0.1076	6
阿联酋	0.7901	2	0.8230	2	0.7494	2	0.1107	5
阿曼	0.5344	6	0.6015	6	0.6569	6	0.0409	10
巴林	0.6468	4	0.6326	4	0.7723	1	0.0984	8
卡塔尔	0.8172	1	0.8938	1	0.6724	5	0.1406	3
科威特	0.3692	9	0.3254	9	0.7010	4	0.1071	7

(续表)

国别	数字经济发展水平		数字治理环境		数字基础设施建设		数字技术应用	
	均值	排名	均值	排名	均值	排名	均值	排名
沙特阿拉伯	0.6371	5	0.6656	3	0.7140	3	0.0891	9
土耳其	0.4266	8	0.3955	8	0.6022	8	0.2352	2
以色列	0.7378	3	0.6160	5	0.4377	10	0.7549	1
约旦	0.5080	7	0.5592	7	0.6047	7	0.1221	4

表 6-13　蒙俄区域不同国家数字经济发展水平指标测算结果

国别	数字经济发展水平		数字治理环境		数字基础设施建设		数字技术应用	
	均值	排名	均值	排名	均值	排名	均值	排名
蒙古	0.2726	2	0.2679	1	0.5340	2	0.1984	1
俄罗斯	0.3412	1	0.2193	2	0.7445	1	0.1810	2

但是,中东欧区域内国家数字经济发展较为均衡。如表 6-14 所示,爱沙尼亚凭借其完善的数字基础设施、开放的营商环境和创新制度以及广泛的数字技术应用,数字经济发展水平列区域内首位。除此之外,其他国家数字经济发展水平整体上相差不大,中东欧区域的数字基础设施建设方面比其他区域得分更高,区域内各国在此项得分上普遍较高,而在数字治理环境和数字技术应用方面也表现得较为平衡。

表 6-14　中东欧区域不同国家数字经济发展水平指标测算结果

国别	数字经济发展水平		数字治理环境		数字基础设施建设		数字技术应用	
	均值	排名	均值	排名	均值	排名	均值	排名
拉脱维亚	0.4833	5	0.3097	7	0.7736	4	0.3069	5
立陶宛	0.5666	2	0.4003	4	0.8171	2	0.2796	9
斯洛伐克	0.4174	9	0.2523	12	0.7751	3	0.2579	11
乌克兰	0.2722	17	0.1660	18	0.6626	12	0.2215	13
捷克	0.5129	4	0.3085	8	0.7521	5	0.4036	2
爱沙尼亚	0.7444	1	0.5827	1	0.8260	1	0.3459	3
匈牙利	0.4387	8	0.2733	11	0.7442	6	0.3071	4
波兰	0.3714	11	0.2007	16	0.7277	7	0.3048	6

(续表)

国别	数字经济发展水平		数字治理环境		数字基础设施建设		数字技术应用	
	均值	排名	均值	排名	均值	排名	均值	排名
波黑	0.2124	19	0.1792	17	0.5394	19	0.2139	14
黑山	0.4454	7	0.4196	3	0.6774	11	0.1408	18
保加利亚	0.3562	12	0.2248	15	0.6978	10	0.2636	10
阿尔巴尼亚	0.2875	16	0.2814	10	0.5785	17	0.1524	15
克罗地亚	0.3812	10	0.2268	14	0.7205	8	0.2891	7
阿塞拜疆	0.4627	6	0.5237	2	0.5906	15	0.1001	19
塞尔维亚	0.2390	18	0.1443	19	0.6321	13	0.2227	12
斯洛文尼亚	0.5287	3	0.2850	9	0.7186	9	0.5245	1
亚美尼亚	0.3353	14	0.3431	5	0.5846	16	0.1426	17
格鲁吉亚	0.3243	15	0.3353	6	0.5721	18	0.1470	16
罗马尼亚	0.3371	13	0.2341	13	0.6317	14	0.2856	8

综上所述,"一带一路"沿线数字经济发展水平存在明显的区域差异性特征,同一区域的不同国家之间数字经济发展也不平衡。一个国家的政治制度环境及经济环境越稳定、创新水平越高,所能提供的数字经济发展所必需的配套数字基础设施越完善,数字技术应用也越广泛。区域性差异的成因主要有以下三方面:

第一,"一带一路"沿线各国政府数字治理水平参差不齐,在数字经济相关政策支持上存在较大差异。在数字经济全球化的背景下,数字资源禀赋是国家竞争力的核心,数字经济政策竞争将成为常态,全球各大经济体陆续发布了政府主导的数字经济发展战略。数字经济发展需要建立在完善的数字化生态基础上,政府主导资源配置的作用更加重要。因此,以政府干预为导向的产业政策将成为当今全球数字经济的重要发展特征。新加坡、以色列等"一带一路"沿线发达国家的数字经济政策主要围绕核心数字技术、数字治理和数字基础设施等方面,根本目的在于通过数字技术驱动本国产业数字化转型。数字经济兼具技术密集和资本密集的特征,所以数字资源禀赋强的发达国家将进一步升至全球领先地位。近年来,"一带一路"沿线发展中经济体纷纷出台数字经济相关政策,试图提升自身的数字治理能力。因此,数字治理能力和政策支持力度是"一带一路"沿线国家数字经济发展的基石,也可以为本国吸引外商投资打造良好的环境。

第二,"一带一路"沿线国家数字基础设施建设存在差异。随着人工智能、云计算、大数据等全球新一轮数字技术革命的迅猛发展,沿线国家愈发重视数字基础设施的建设,努力通过数字基础设施的建设提升国家信息化水平的硬件基础,为发展数字经济创造新机遇。虽然中东欧、东南亚和西亚中东地区的数字基础设施建设优于南亚、中亚和蒙俄地区,但是整体上沿线国家数字基础设施建设仍有较大发展空间,这也是外商投资关注的重点领域。

第三,"数字鸿沟"造成数字经济区域发展不平衡,同时也使得区域内不同国家存在差异。数字经济具有产业集聚效应和规模经济效应,沿线发展中国家由于资本与技术的短缺而长期面临"数字鸿沟"问题,其沿线发展中国家和发达国家之间的"数字鸿沟"主要源于数字基础设施和数字技术应用能力的差异,造成知识获取能力鸿沟。数字经济发展的基础是健全的数字化产业,这就需要夯实数字基础设施的地基,以及培养更多懂数字经济的人才。劳动者受教育水平的差异所带来的"数字鸿沟"造成"一带一路"沿线区域内与区域间国家在数字基础设施和数字技术应用上普遍存在较大差异,同时说明人力资本强的国家或区域的数字经济发展潜力更大,也是资本聚集和投资区位选择关注的重点。

四、小结

本节构建了"一带一路"沿线国家数字经济发展水平指标体系,并通过因子分析法对指标测算结果进行比较研究,研究结果表明:

第一,从整体上看,2009—2019年沿线国家整体数字经济发展水平稳步提高。其中,2009—2010年为数字经济起步时期,2011—2016年为数字经济平稳发展时期,2017—2019年为数字经济高速发展时期。

第二,从区域上看,由于沿线国家数字治理环境、数字基础设施建设、数字技术应用等方面发展程度不同,沿线国别之间和区域之间的数字经济发展存在明显的差异性特征,其中西亚中东地区的整体数字经济发展水平得分最高,东南亚地区、中东欧地区分别列第二、三位,蒙俄地区、南亚地区数字经济发展水平分别列第四、五位,中亚地区数字经济发展水平最低但增长速率最快。"一带一路"各个区域数字经济发展水平和增长速率呈现相反的趋势,表明区域之间数字经济正向着平衡的方向发展,而"数字鸿沟"没有被进一步拉大。在区域内,东南亚、南亚、中亚、西亚中东和蒙俄地区的区域内差异明显,中东欧区域内国家之间的数字经济发展水平相对平衡。

"一带一路"区域内和区域间国家数字经济发展的差异主要由数字治理环境、数字基础设施建设、数字技术应用等方面因素综合决定。数字经济的发展与国家的综合实力息息相关,数字经济通常需要数字生态的建立和数字基础设施的支撑,这就要求东道国必须具备一定的工业化基础以及数字技术在产业上的广泛应用。"一带一路"东道国的政治制度和经济环境越完善、创新程度越高,数字经济发展所必需的数字治理能力将越强,从而为数字经济高质量发展提供保障。此外,本节研究发现,造成区域性数字经济发展差异的原因为:一是沿线国家政府数字治理水平参差不齐,对数字经济相关政策的支持力度不一;二是沿线国家数字基础设施建设存在差异;三是数字技术应用程度在区域内和区域间的国家差异较大。

综上,本节通过因子分析法构建的"一带一路"沿线国家数字经济发展水平指标体系,为进一步从国家层面和企业层面实证研究沿线数字经济是否以及如何影响中国对外投资区位选择提供数据基础,本章接下来的部分和第七章将基于本章构建的数字经济指标开展实证研究。

第二节　中国对"一带一路"沿线直接投资形势分析

在外部环境复杂多变的背景下,中国对"一带一路"沿线国家的投资合作也经受着更多不确定、不稳定因素的冲击,研究并总结中国对沿线国家和区域投资形势具有重要意义,有助于中国对"一带一路"国家主动发挥自身优势,动态合理地进行投资区位布局。随着 2013 年"一带一路"倡议的提出,中国对外直接投资迈向新征程,2019 年对外直接投资流量为 1 369.1 亿美元,占全球当年流量的 10.4%,流量按全球国家(地区)排名第二。① 截至 2019 年,中国对外直接投资存量已达 21 988.8 亿美元,存量位列全球第三。总体而言,中国对"一带一路"沿线国家和区域直接投资形势向着稳步健康的方向发展,但近年来也发生了一些新变化。因此,本节聚焦投资整体情

---

① 数据来自《2019 年度中国对外直接投资统计公报》。

况、区位分布、行业分布、企业特征等四个方面总结中国对"一带一路"沿线国家和区域的直接投资情况。

一、对"一带一路"沿线直接投资整体情况

首先回顾中国对外直接投资历程。改革开放四十多年来,我国从最初限制外商投资到陆续出台各项政策大力吸引外商投资,再到积极推动我国企业的对外投资和跨国经营,在此期间我国充分发挥比较优势进行对外投资,积极参与区域经济合作和全球多边贸易体系。2002年,党中央正式提出企业"走出去"战略,将中国对外直接投资推上新高度,对外直接投资规模迅速扩大。2013年秋,习近平主席开创性地提出"一带一路"倡议,经过多年发展,"一带一路"倡议从顶层设计转化为务实行动,"一带一路"对外直接投资也进入高质量发展的新阶段。

"一带一路"空间经济格局非常广泛,关于"一带一路"沿线国家和区域的划分,到目前为止国内外学者暂未形成统一的结论,政界和学界也没有公开定义完整的"一带一路"国别名单,但是学术研究关于"一带一路"国家的选取现有两种主流做法:一是以"一带一路"倡议提出之初的"一带一路"沿线65个国家作为国别样本;二是以同中国签署合作协议、合作备忘录、谅解备忘录及其他"一带一路"合作文件相关国家作为国别样本,截至2019年已有149个国家。由于本节研究关注的焦点是中国对沿线国家的投资情况而非签署谅解备忘录的情况,因此国别数据选取《2019年度中国对外直接投资统计公报》对"一带一路"沿线直接投资的63个国家,并按照不同地理区域整理为表6-15。

表6-15 按区域划分的"一带一路"沿线直接投资的63个国家

区域	国家
东南亚(11国)	柬埔寨、菲律宾、老挝、印度尼西亚、越南、泰国、新加坡、缅甸、文莱、东帝汶、马来西亚
南亚(6国)	巴基斯坦、马尔代夫、印度、孟加拉国、斯里兰卡、尼泊尔
中亚(5国)	塔吉克斯坦、乌兹别克斯坦、哈萨克斯坦、土库曼斯坦、吉尔吉斯斯坦
西亚中东(17国)	阿富汗、埃及、阿联酋、叙利亚、阿曼、巴林、卡塔尔、科威特、黎巴嫩、沙特阿拉伯、土耳其、也门、伊拉克、伊朗、以色列、巴勒斯坦、约旦

(续表)

区域	国家
中东欧(22国)	摩尔多瓦、拉脱维亚、立陶宛、斯洛伐克、乌克兰、捷克、爱沙尼亚、白俄罗斯、匈牙利、波兰、波黑、黑山、保加利亚、北马其顿、阿尔巴尼亚、克罗地亚、阿塞拜疆、塞尔维亚、斯洛文尼亚、亚美尼亚、格鲁吉亚、罗马尼亚
蒙俄(2国)	蒙古、俄罗斯

中国对"一带一路"沿线国家投资呈现规模上升、增长较快、发展空间较大的整体特征。图6-3描绘了2003—2019年中国对沿线国家直接投资的总体情况。

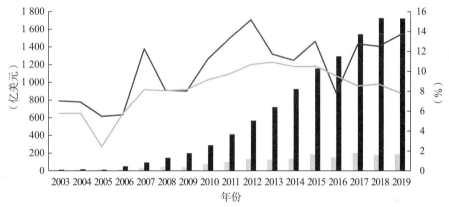

图6-3 2003—2019年中国对"一带一路"沿线国家直接投资总体情况

资料来源:商务部、国家统计局和国家外汇管理局发布的《2019年度中国对外直接投资统计公报》。

以投资存量为视角,中国对"一带一路"沿线国家投资规模不断增大,投资存量从2003年的13.2亿美元增长至2019年的1 723.4亿美元,2019年年底的投资存量是2003年的约130倍,16年间投资存量以36.6%的年均增速增长,印证了中国逐步加大在沿线国家的投资倾向,也从侧面反映了"一带一路"区域拥有较大的投资潜力。

以投资流量为视角,中国投资源源不断地流向沿线国家和区域,投资流量从2003年的2亿美元增至2019年的186.9亿美元,2019年投资流量是2003年的93倍多,16年间年均增长率高达32.8%。值得一提的是,2014—2019年每年的投资流量较2013年"一带一路"倡议提出时至少高出12%。

这证明"一带一路"倡议有效驱动了中国对沿线国家和区域的投资流向。

此外，我们从中国对沿线国家投资存量和流量数据的整理与计算中发现，中国对沿线国家投资增长较快。一方面，2003年中国对沿线国家投资流量占中国对世界总投资流量的7%，之后投资流量呈现周期性变化，2012年升至历史高点15.2%，进入另一个上升周期，并于2019年达到周期性顶点13.7%。另一方面，2003年中国对沿线国家投资存量仅占中国对世界总投资存量的5.8%，之后上升至2015年的10.5%，2015—2019年虽然略有下降但占比依然较高，始终稳定保持在8%左右。具体数据见本章附录A中的表A.1。

值得注意的是，中国对"一带一路"沿线国家的投资存量和投资流量占"一带一路"沿线国家吸收外资比例并不高。截至2019年，来自中国的投资存量占沿线国家吸收外商总投资存量的比重为2.9%，相应的投资流量比重为4.8%。因此，中国对沿线国家直接投资仍有较大发展空间。投资存量具体数据见附录A中的表A.2，投资流量具体数据见本章附录A中的表A.3。

二、对"一带一路"沿线直接投资区位分布

中国对"一带一路"不同区域的直接投资区位选择在空间上主要聚集在东南亚地区，投资区位分布呈现差异性和空间失衡的特征。如前文所述，"一带一路"空间经济格局可以从地理上分为东南亚、南亚、中亚、西亚中东、中东欧和蒙俄六大区域。中国对沿线不同区域直接投资存量的趋势和占比如图6-4和图6-5所示。

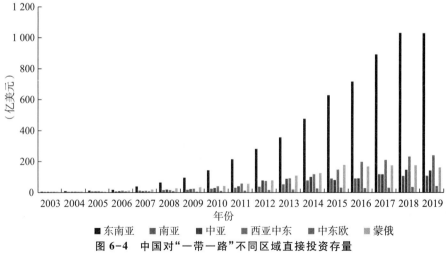

图6-4 中国对"一带一路"不同区域直接投资存量

资料来源：根据2004—2019年《中国对外直接投资统计公报》整理和计算而得。

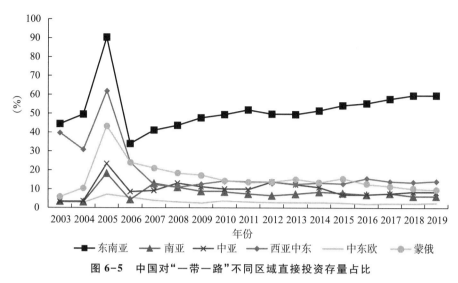

图 6-5 中国对"一带一路"不同区域直接投资存量占比

资料来源：根据 2004—2019 年《中国对外直接投资统计公报》整理和计算而得。

从投资存量区域分布来看，中国对东南亚地区直接投资存量规模最大。东南亚地区（11 国）在 2003—2019 年吸收中国对外直接投资存量始终排在第一位，由 2003 年的 6.9 亿美元上升至 2019 年的 1 028.4 亿美元，年均增速为 38%。中国在 2003—2019 年对东南亚地区的年投资存量占对沿线国家总投资存量的比重始终高居第一，平均每年占比超过 50%。2019 年，东南亚地区聚集中国投资存量规模最大的前五个国家依次是新加坡、印度尼西亚、老挝、泰国、越南，分别为 526.4 亿美元、151.3 亿美元、82.5 亿美元、71.9 亿美元和 70.7 亿美元。东道国区位优势是促成投资空间聚集特征的主要原因。首先，东南亚能源、矿产资源丰富，基础设施建设也具备一定基础，充足的自然资源禀赋和较为完善的基础设施成为吸引中国投资的重要区位因素。其次，相比其他地区，东南亚地区的经济发展水平较高，政治环境相对稳定，科技较为发达，对于外资准入、税收、汇兑自由进出等政策支持力度较大，而且地理距离和文化氛围与中国更相近，由此良好的制度质量、自由的投资和贸易环境以及技术等战略资源禀赋也是该区域能够聚集大量中国投资的主要原因之一。其中，新加坡是东南亚地区吸引中国对外直接投资的核心国家。新加坡具备较强区位优势，政府大力支持科技创新，在 RCEP 签署后，中新双方投资贸易合作将迈向新高度。此外，从劳动力资源禀赋视角来看，东南亚国家的劳动力成本整体上较低且劳动力资源充足，还拥有丰富的自然资源。

总体上看,东南亚地区具备吸引中国对外直接投资的区位优势。

中国对西亚中东地区和蒙俄地区的直接投资存量依次排在第二、三位。①西亚中东(17国)方面,2019年中国对西亚中东的直接投资存量为241亿美元,较2003年存量规模增长46倍,2003—2019年平均直接投资存量占比为19%。2019年,阿联酋、以色列、伊朗、沙特阿拉伯、土耳其是吸引中国对外直接投资存量最大的前五个国家,投资规模分别为76.4亿美元、37.8亿美元、30.6亿美元、26.3亿美元、18.7亿美元。阿联酋是全球最富裕的国家之一,位处海湾地区交通枢纽,经济发达、政治稳定,油气资源、可再生能源、基础设施、通信、金融等多个领域都是中国投资的重点方向。伊朗、沙特阿拉伯是全球重要的油气资源生产国,石油和天然气储量充足,这些国家在油气勘探、开采、冶炼和油气基础设施等领域有较大投资需求。土耳其是世界十大矿产资源国之一,在世界上可以交易的90种矿产资源中,土耳其有77种,丰富的矿产资源和独特的地理位置吸引着中国的投资。值得一提的是,以色列在过去三年逐渐位居中国对西亚中东地区投资存量第二,以色列被誉为创新国度,其科技创新成果举世瞩目,长期以来以色列在科技方面的投入巨大,积累了大量专利。②蒙俄地区(2国)方面,自2003年以来,中国对该区域的投资存量规模基本保持在第三位,到2019年达到162.3亿美元。2003—2019年,中国对蒙俄地区投资存量占比保持在15%左右,俄罗斯在其中发挥了重要作用。2019年,中国对俄罗斯投资存量为128亿美元,占蒙俄地区总存量的79%;对蒙古的投资存量为34.3亿美元,占蒙俄地区总存量的21%。俄罗斯在油气、森林资源开发方面吸引着中国的投资,而蒙古的矿产资源具有一定投资潜力。以上两个地区都是油气资源和矿产资源非常丰富的,中国对外直接投资出于自然资源寻求动因聚集在该区域,但是总体来讲近年来中国对外直接投资动因有从自然资源寻求转向战略资源寻求的趋势。

中亚地区和南亚地区是聚集中国对外直接投资存量较小的两个地区。①中亚方面(5国),由于产业基础较差、政局不稳定等因素,中国对该地区投资存量规模较小,但投资存量的增速在六大区域中最高。截至2019年,中国对中亚地区投资存量为142.2亿美元,仅占"一带一路"总投资存量的8%;但是自2003年以来投资存量年均增速为43%,排在沿线六大区域的首位。中国对哈萨克斯坦投资存量在2003—2019年平均每年占中国对中亚地区总投资存量的约60%。哈萨克斯坦油气资源丰富,开采潜力大,其资源能源的开发也是中国投资的重点。②南亚(6国)方面,由于地缘政治的因素,一定程度上影响了中国对南亚地区的投资。2019年,中国对南亚地区直接投资存量为108.3亿美元,占沿线区域总投资存量的6%。在国别方面,巴基斯坦和印度是南亚地区吸引中国投资的前两大国家,2019年中国对巴基斯坦和印度的投资存量分别为48.0亿美元和36.1亿美元。巴基斯坦政局长期不稳定,印度也并未明确支持"一带一路"倡议,加之印度对南亚地区地缘政治影响力较大,以上综合因素使得中国对南亚地区的投资长期处于低位。但是,南亚地区拥有中巴经济走廊和孟中印缅经济走廊两条战略通道,是重要的战略布局地区,其中中国对巴基斯坦的投资2003—2019年平均每年占南亚投资存量的比重约60%。目前,巴基斯坦暂未实现工业化,基础设施、制造业、水电、通信、建筑业均是中国投资的主要领域。

中东欧地区是吸引中国投资存量规模最小的地区。2019年,中国对该地区直接投资存量仅为41.1亿美元,仅占"一带一路"区域总投资存量的2%,主要涉及不动产、科技、金融等行业。其中,白俄罗斯、波兰、罗马尼亚是中国投资的主要聚集国家,立陶宛等国的投资规模仅有百万美元。中东欧属于多民族地区,政治环境较为复杂,内部保护主义较强,外商投资准入门槛较高,对项目招标、工程施工和技术标准要求严格,由此对中国投资形成了一定限制。

综上所述,中国对"一带一路"沿线投资区位选择在空间上主要聚集在东南亚地区,投资区位分布存在差异性和空间失衡,并且各个区域内部不同国家之间也呈现一定的空间失衡。具备以下几个特点的"一带一路"沿线区域或国家更能够吸引中国对外直接投资的区位选择:①经济发展水平高、市场规模大的区域(如东南亚);②自然资源丰富的区域(如西亚中东、蒙俄、中亚);③劳动力成本低的区域(如东南亚);④拥有科技、专利等战略资源的国家(如西亚中东的以色列、东南亚的新加坡等)⑤地理距离较近的区域(如东南亚)。

从投资流量来看,东南亚是中国对沿线国家投资流向的重点区位。从图6-6可以明显看出,东南亚地区每年聚集的投资流量远高于其他地区。2003—2007年中国对东南亚地区的投资流量从1.2亿美元增长至9.7亿美元,规模增长相对缓慢;2008年之后,中国资本加快流向东南亚地区,截至

2013年中国对该地区的投资流量已升至72.7亿美元。"一带一路"倡议的提出对促进中国对外直接投资作用明显,2014年以后中国对外直接投资整体上升,其中对东南亚的投资流量更是急速增加并于2015年达到历史顶点146.4亿美元,几乎是2014年投资流量的2倍,2016年出现降幅后保持平稳,2019年年底的投资流量达到130亿美元。

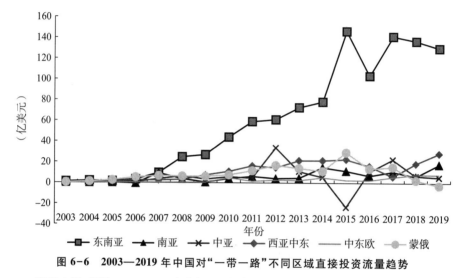

图6-6　2003—2019年中国对"一带一路"不同区域直接投资流量趋势

资料来源:根据2004—2019年《中国对外直接投资统计公报》整理和计算而得。

除了东南亚,2008年金融危机之后到2013年"一带一路"倡议提出之前,西亚中东地区、蒙俄地区也是中国投资区位选择主要流向的区域,如前文所述,此期间中国对外直接投资的动因主要源于自然资源导向。2013—2019年,中国对西亚中东地区的投资流量在2017年有较大下滑,2019年回升至第二位,达到28.4亿美元。蒙俄地区的投资流量在2015年上升至历史最高位,达到29.4亿美元,之后又在2019年下滑至历史低位,呈现投资流量净流出的现状,投资流量排在所有区域最后一位。

中国对南亚地区和中东欧地区的投资流量在2013年之后开始增长,截至2019年南亚地区吸引中国对外直接投资流量达到17.8亿美元,排在所有区域的第三位;中东欧地区投资流量增长至7.9亿美元,排名上升至第四位。

中亚地区在2012年迅速聚集了大量中国资本,随后呈现周期性震荡趋势,在2019年投资流量下降至6.3亿美元,排在第五位。

综上所述,在投资区位分布上,中国对沿线不同区域直接投资的存量和流量的趋势保持一致,整体上处于增长态势,呈现空间差异化布局的特征,东南亚地区是投资区位选择的重点。

三、对"一带一路"沿线直接投资行业分布

中国对"一带一路"沿线国家直接投资呈现较为明显的行业聚集特征,但正在向多元化趋势发展。目前,可供定量研究"一带一路"投资行业分布的数据库较少,China Global Investment Tracker 数据库从行业层面较为全面地统计了中国对沿线国家直接投资项目的情况,经手动收集和整理可得到投资行业分布结构,主要涵盖能源、矿产、不动产、交通、科技、农业、金融、物流等行业。

如图 6-7 所示,能源、交通、矿产等是中国 2005—2019 年对"一带一路"沿线国家投资整体占比较高的行业,对科技、金融行业投资占比则较低。特别是在 2008 年金融危机之前,中国对沿线国家投资的主要领域为能源和矿产,这两个行业在 2005—2007 年投资金额占总投资规模的比重分别为 66.6% 和 24.0%,合计占比高达 90.6%。其中,"一带一路"能源行业主要为石油和天然气,矿产行业主要涵盖铝、铜。

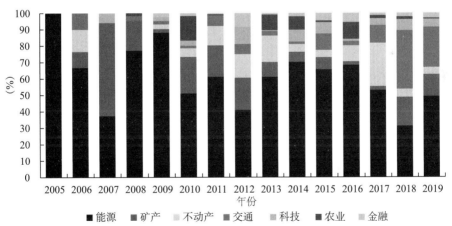

图 6-7 2005—2019 年中国对"一带一路"沿线国家投资项目行业分布占比

资料来源:根据 China Global Investment Tracker 整理和计算而得。

随后,中国向"一带一路"沿线国家投资行业分布向分散化方向发展,2008—2019 年,不动产、交通、科技、农业、金融等行业年投资金额占比的最高值先后达到过 26%、36%、10%、15%、9%。在 2013 年"一带一路"倡议提

出后,能源和矿产的投资占比逐渐减小,行业集中度减弱,整体行业分布的聚集程度明显降低,这意味着中国对沿线国家的投资目标从以能源资源寻求为主,开始向科技创新、产能合作、拓展服务市场等多元化目标转移。从投资的视角来看,科技等行业有较大投资空间,同时也代表沿线国家发展模式可能发生改变。值得注意的是,2013—2019年科技行业在所有行业中投资流量增速最高,年均增速高达51.7%。

因此,从行业布局的现状及发展趋势可以看出,科技行业是未来中国对"一带一路"沿线投资布局的重点领域。从广义来看,以科技为底层基础的数字经济相关领域将会成为中国对"一带一路"沿线行业布局的主要方向,由此中国对于投资区位的选择也将产生深刻变化。以往"一带一路"沿线国家更多地基于自然资源禀赋、劳动力资源禀赋吸引中国投资,从科技行业投资增速发展趋势上判断,未来在科技等数字经济相关行业发展良好的"一带一路"区位或将吸引更多的中国投资,这也应该成为"一带一路"投资区位选择关注和研究的重点方向。

深入分析投资行业布局的原因发现,长期以来能源、矿产是中国对"一带一路"沿线国家投资的重点行业。一方面,沿线国家多为发展中国家,发展水平尚处于工业化初期阶段,自然资源禀赋较为丰富且多以能源出口带动经济增长;另一方面,与中国投资诉求相关,随着中国经济快速增长,支持经济发展的能源资源供给侧问题亟须解决,因此中国过去对沿线国家的投资动因主要基于自然资源寻求。然而,随着"一带一路"建设进入高质量发展新阶段,我国应当重新思考对于沿线国家投资行业布局的调整和供应链重组等深层次问题,必须聚焦重点区域、重点国别、重点行业,统筹考虑东道国自然资源禀赋、劳动力禀赋、市场需求以及中国对外直接投资目标等因素,发挥好中国现有行业的比较优势,适时加强科技、金融、制造、农业、公共事业等行业的投资布局,避免投资行业过度聚集在能源、矿产行业所带来的风险,以稳字当头实现投资行业的多元化、安全可持续发展,提升对沿线国家的投资质量。

在全球数字经济迅猛发展的大背景下,"数字鸿沟"问题很可能制约"一带一路"沿线国家的发展,沿线国家较为迫切希望弥合与发达经济体的"数字鸿沟"。数字经济具有产业集聚效应和规模经济效应,在全球数字经济政策竞赛的背景下,发展中国家因资本与技术的短缺而面临"数字鸿沟"的问题值得重视。此外,中美产生贸易摩擦以来,美欧等发达国家市场对中国在海外的科技类投资审查趋严,发达国家对中国海外科技类投资或科技类企业海外经营高度重视,近年来中国在发达国家进行科技类或数字经济相关领域的投资愈发艰难。"一带一路"沿线国家和区域虽然在整体上仍存在"数字鸿沟",数字经济发展不如发达国家,但是仍拥有发展的重要机遇以及较大的投资空间。因此,从行业发展趋势也可以看出,中国近年来加大投资布局科技等数字经济相关行业,对于科创能力、数字治理、数字基础设施等发展水平相对较高的区域进行投资区位选择是下一步关注的重点。

四、对"一带一路"沿线直接投资企业特征

"一带一路"倡议提出以来,对外投资的中国企业数量不断增加。截至 2019 年,中国已在沿线 63 个国家设立海外机构近 1.1 万家,占中国在全球境外企业总数的比重达 25%。[①] 企业作为微观市场主体,跨国企业的经营行为通常代表着不同国家市场的活跃水平以及国际投资的流向。"一带一路"沿线市场对于中国企业"走出去"的吸引力愈发增强,沿线国家以发展中国家居多,经济发展和投资机会均有潜在空间。从投资企业的类型上看,对沿线国家投资的中国企业以国有大中型企业为主、民营企业为辅。如图 6-8 所示,2005—2019 年,国有企业作为我国对外投资合作的重要市场主体,承担"一带一路"产业投资主要角色,尤其是中央国有企业对"一带一路"市场拓展、项目建设、资金融通起到"压舱石"的作用,在基础设施、能源资源、产能合作、金融合作等领域的投资占比一直处于主导地位。与此同时,2013 年"一带一路"倡议提出后,中国民营企业在沿线国家的活跃度不断提升,2017 年民营企业对沿线国家投资规模甚至超过国有企业。近年来民营企业"走出去"的步伐加大、速度加快,为沿线投资合作带来了新动力。相比国有企业,民营企业能够在更加市场化、国际化的领域与国际跨国企业和东道国本土企业开展投融资或生产经营的深度合作。

[①] 数据来自《2019 年度中国对外直接投资统计公报》。

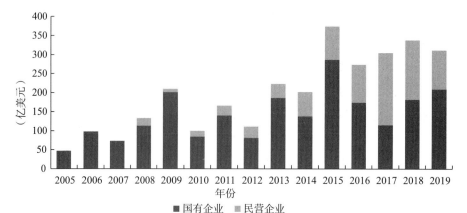

图 6-8 2005—2019 年不同所有制结构的中国企业对"一带一路"沿线国家直接投资整体情况

资料来源：根据 China Global Investment Tracker 数据整理和计算而得。

国有企业投资趋稳、民营企业投资规模增长的原因有两方面：从国有企业视角来看，东道国的警惕和自身经营效率不足是主要原因。其一，随着国有企业并购和绿地建设的规模增大，部分沿线国家对待我国国有资本具有错误的防范和警惕态度，认为有政府背景的企业可能带有政治目的进行对外投资，而且通过财政补贴、低利率贷款等政策支持获得非公平竞争优势。其二，如图 6-9 所示，国有企业多集中在能源、矿产、交通等传统行业，高新技术企业较少，参与国际市场竞争的议价能力低，海外子公司常出现经营效率低下的问题。

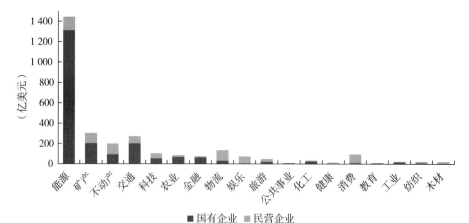

图 6-9 2004—2019 年不同所有制结构的中国企业对"一带一路"沿线国家直接投资总量行业分布

资料来源：根据 China Global Investment Tracker 数据整理和计算而得。

从民营企业视角来看,过去以能源资源为主的对外直接投资需要资金体量大,而且投资回收期较长,难以实现高水平的投资收益。民营企业以投资回报为核心,由于融资能力不足叠加"一带一路"国别风险较高,以至于投资风险与回报难以匹配,从而导致民营企业投资积极性不高。因此,长期以来融资约束问题是民营企业在海外投资时面临的主要挑战之一,自身资金实力不足叠加海外项目的风险与回报难以匹配,使得民营企业只能关注"小而美"的海外项目,并不完全具备在海外市场进行产业投资或行业大型控股并购的能力。近年来,国内龙头民营企业已发展壮大,能够通过一二级市场直接融资获取资金储备,具备较强的资金实力,不仅对发达国家的投资并购次数显著增多,而且开始逐渐拓展"一带一路"海外市场,已成为开拓"一带一路"的"桥头堡"。从行业上看,如图6-9所示,民营企业主要关注科技、物流、娱乐、旅游、健康和消费等行业的投资机会,以最终实现高投资回报。

五、小结

结合本节研究,中国对"一带一路"沿线国家和区域直接投资形势可以概括为:

第一,整体形势上,中国对沿线国家和区域投资呈现规模上升、增长较快、发展空间较大的特征。

第二,区位分布上,中国对沿线不同区域直接投资的存量和流量的趋势保持一致且均处于增长态势,均呈现空间差异化布局的特征,东南亚地区是投资区位选择的重点。

第三,行业分布上,呈现较为明显的行业聚集特征,但正在向行业多元化趋势发展。长期以来,能源、矿产是中国对沿线国家投资的重点,近年来中国对外直接投资布局已经向科技、金融、制造、农业、公共事业等行业倾斜,避免了投资过度聚集在能源、矿产行业所带来的风险,实现了投资行业布局的多元化、安全可持续发展。值得注意的是,2013—2019年科技行业在所有行业中投资流量增速最高。因此,从行业布局的现状及发展趋势可以看出,科技行业是未来中国对"一带一路"沿线投资布局的重点领域。从广义来看,以科技为底层基础的数字经济相关领域将会成为中国对"一带一路"沿线投资行业布局的主要方向,未来对于科技等数字经济相关行业发展良好的"一带一路"区位或将吸引更多中国投资,这也应该成为"一带一路"

投资区位选择关注和研究的重点方向。虽然"一带一路"沿线国家和区域整体上数字经济基础相对薄弱,但是也具有较大的投资合作空间。

第四,企业特征上,国有企业长期以来作为我国对外投资合作的重要市场主体,承担"一带一路"产业投资重要角色。2013年"一带一路"倡议提出后,民营企业在沿线国家的活跃度不断增强,越来越多的民营企业通过海外投资拓宽"一带一路"市场,为推动沿线投资合作带来了新动力。2017年民营企业对沿线国家投资规模甚至超过国有企业,更多民营企业"走出去"将成为"一带一路"投资合作高质量发展的未来趋势。目前,国有企业投资趋稳,民营企业投资规模持续增长,国有企业更多布局油气、矿产等自然资源,而民营企业则关注科技等行业的投资机会。

综上所述,本节通过分析中国对"一带一路"沿线直接投资后发现,从国家层面来看,科技行业等数字经济领域的发展或将成为"一带一路"沿线国家和区域吸引中国投资区位选择的重要因素;从企业层面来看,"一带一路"沿线数字经济发展或影响不同特征企业对外投资区位选择的行为。

第三节 "一带一路"倡议与中国企业海外并购[①]

经济全球化的不断发展推动着全球资本要素加速跨国界、跨区域的重新分配和组合,海外并购作为对外直接投资的重要形式在全球范围内兴起。目前,中国经济发展逐步进入新常态,如何推动中国企业"走出去"、构建国内国际双循环新格局成为推动中国开放型经济发展的重要课题。党的十九大报告提出,要坚持对外开放的基本国策,坚持打开国门搞建设,积极促进"一带一路"国际合作。2013年"一带一路"倡议提出以来,中国对外直接投资取得重大发展,海外并购成果尤为突出。"一带一路"倡议作为深化"走出去"战略的重要倡议,为中国企业海外并购带来了新的发展契机。与此同时,随着中国企业"走出去"布局加快,中国企业海外并购逐步兴起,"海外并购溢价"现象使得中国企业在海外并购过程中面临"如何降低并购成本、提高并购收益"的核心问题。而"一带一路"倡议有利于推动中国与沿线国家投资,为企业国际化提供更优质、便利的投资平台,提供双边企业交易信息,

---

① 本节作者为韦东明、顾乃华、徐扬。本节部分内容摘自韦东明等(2021)。

实现企业层面资源再配置,从而降低企业并购交易成本,促进并购业务顺利开展,提高企业并购收益。因而,对中国企业而言,"一带一路"倡议能否推动企业"走出去"、降低并购溢价成本,成为社会各界关注的焦点。

基于此,本节拟回答以下问题:"一带一路"倡议是否有助于降低中国企业海外并购溢价、提高海外并购成功率?"一带一路"倡议对中国企业海外并购的影响机制如何?未来中国应如何深化"一带一路"倡议推动中国企业海外并购?厘清上述问题,对于夯实"一带一路"倡议的发展成果、深入推进"一带一路"倡议、实现中国构建双循环发展新格局具有重要的现实意义。一般而言,"一带一路"倡议是重要的双边政策表现形式,而现有研究普遍面临政策识别的潜在内生性问题。为解决这些问题,本节以"一带一路"倡议作为准自然实验,采用中国海外并购的企业层面数据,构建基于双向固定效应的双重差分模型,探讨"一带一路"倡议对中国企业海外并购的影响效应。

一、理论分析

"一带一路"倡议作为经济全球化背景下的经济倡议,不仅完善了中国国际经济合作条件,也为中国企业海外并购带来了新的机遇。

第一,"一带一路"倡议有利于降低中国企业在东道国市场的投资风险和不确定性,为企业"走出去"提供融资和信贷便利,减少交易并购成本,从而提高海外并购绩效、降低海外并购溢价水平。当前,中国企业海外并购中因融资困难而中断的现象较为普遍,进而阻碍了企业对外投资。在"一带一路"倡议的背景下,一方面,中国与沿线国家的政府部门牵头推动沿线国家的投资环境改善,成立相关的金融机构缓解企业融资难的问题,通过以中国国家开发银行、中国进出口银行等为主导的政策性银行提供专项贷款支持"一带一路"沿线国家建设,为沿线国家的投资环境和基础设施建设提供信贷与金融支持,从而降低企业在东道国的交易成本,促进海外并购业务开展。另一方面,中国历年来重视与沿线国家的信息机制建设和人民币清算安排,通过与沿线国家构建全方位的金融合作机制和经济信息共享机制,推动区域投资便利化水平提升,从而降低了企业在东道国的融资成本和信息搜寻成本。截至2019年,共有11家中资银行在29个沿线国家设立了79家一级分支机构①,为中国企业融资提供便利化的跨境人民币融资服务和信贷服务。因此,"一带一路"倡议有助于为中国企业提供融资与信贷支持,进而提升中国企业的议价能力,降低并购业务的开展成本,从而促进海外并购。

第二,"一带一路"倡议有利于促进中国与东道国的政治互信,从而降低海外并购溢价水平、提升并购成功率。一般而言,随着中国企业"走出去"的步伐加快,其在海外并购过程中往往承受着较大的政治风险。当前,全球很多国家建立了外资安全审查机制。在政治不确定的情形下,被并购企业可能会对中国企业的并购行为充满顾虑,从而提高并购溢价水平。一般而言,积极的双边政治互动不但可以为母国企业提供投资优先权,而且双边领导人互访所建立的政治外交关系本质上是两国政府间的一种正式制度安排,为母国企业在东道国的投资并购提供了特殊的产权保护。而"一带一路"倡议作为中国与东道国双边合作的重要发展战略,在推动中国与沿线国家形成紧密的双边经济关系的同时,也有助于建立密切的双边政治关系,可以扩大两国的共同利益范围与边界,形成更加一致的价值取向。"一带一路"倡议的提出有助于改变沿线国家政府与民众对中国企业和产品的公共选择偏好,避免由选择性歧视所导致的障碍与风险。由于"一带一路"倡议的相关合作文件具有一定的制度约束力,因此对双边合作施加一定程度的政治和经济压力也可防止沿线国家政府将国内政治成本转移给中国企业,从而为中国企业提供一定程度的非正式安全保护。随着"一带一路"倡议的深化发展,中国与东道国的政治外交互动势必更加频繁,从而有利于增进两国间的政治互信,减少政治冲突与偏见给中国企业带来的影响。因此,"一带一路"倡议的提出有利于双边各种经贸规则的创设,强化双边政治互信和投资安全保护,加强经贸关系的互补互利,降低经贸交往的不确定性和并购溢价,从而提升企业跨国并购成功概率。

第三,"一带一路"倡议通过推动"民心相通",推动双边文化交流,推动双边文化融合发展,从而有利于降低并购溢价、促进企业并购整合。企业文化差异作为企业行为模式和投资决策的重要决定因素,是影响海外并购溢

---

① 中华人民共和国商务部.中资银行在"一带一路"沿线国家设立79家一级分支机构[EB/OL].(2020-05-02)[2021-04-30].http://www.mofcom.gov.cn/article/i/jyjl/e/202005/20200502968549.shtml.

价的因素之一,也是影响海外并购成功与否的关键因素。已有研究认为,文化是影响双边信任的重要条件,文化差异越大,企业并购的交易成本越高(张建红等,2010)。一般而言,被并购企业倾向于选择与自身文化和运营模式更为相像的并购方进行合作。因此,文化差异越大,并购方具有越大的刺激动机提高并购报价。而"一带一路"倡议可以通过推动中国与沿线国家的文化交流,加强人文、教育、科技、智库等各领域往来,建立多国参与的多元交流网络和平台,从而推动文化融合交流,提升沿线国家对中国文化的认同感。当前"一带一路"倡议在强化文化交融、文化互鉴,打造包容的利益共同体方面做出了较大努力。在"一带一路"倡议的推动下,孔子学院和友好城市作为文化交流的重要载体迅速发展,已成为中国与沿线国家进行民族文化交流的重要桥梁,提高了东道国企业对中国企业的文化理解程度,降低了信息不对称导致的高溢价投资行为,对企业并购业务的正常开展具有重要的影响。由此可见,"一带一路"倡议不仅可以传播中华文化、加深中国与沿线国家之间的文化交融程度,而且有助于降低企业海外并购风险和不确定性,提升双边并购文化整合能力。

综上所述,"一带一路"倡议通过为中国企业提供融资与信贷支持,促进中国与东道国的政治互信以及推动双边文化交流,从而减少并购交易成本,增加企业并购绩效,提高企业海外并购完成率。因此,本节提出相关理论假说。

理论假说1:"一带一路"倡议会显著降低中国企业海外并购溢价,显著提高中国企业海外并购完成率。

理论假说2:"一带一路"倡议通过提供融资和信贷支持、增加双边政治互信,进而影响中国企业海外并购。

理论假说3:"一带一路"倡议下孔子学院等文化沟通桥梁通过增强中国与"一带一路"沿线国家的文化互信、激发中国企业并购意愿,进而促进中国企业在沿线国家的海外并购。

二、研究设计

(一)模型设定

为了验证"一带一路"倡议对中国企业海外并购的作用,本节将"一带一路"倡议作为一项准自然实验,运用基于双向固定效应的双重差分(DID)模型进行回归分析。借鉴 Wolff(2014)的经验做法,本节构建以下计量模型:

$$Y_{it} = \alpha + \beta(Treat_{it} \times Post_{it}) + X'_{it}\varphi + \delta_t + \eta_i + \varepsilon_{it} \qquad (6\text{-}6)$$

其中,i 和 t 分别代表企业和年份。Y 代表中国企业海外并购,采用海外并购溢价($Prem1$、$Prem2$)和海外并购完成率($Comp$)衡量。其中,海外并购溢价($Prem1$、$Prem2$)的测量方法为:并购方出价除以交易宣告前一周或前四周的被并购方收盘价再减去 1;海外并购完成率($Comp$)为二元变量,并购事件状态为"完成"时赋值为 1,否则赋值为 0。$Treat$ 代表样本期间对"一带一路"沿线国家有并购行为的中国企业。$Post$ 代表时间分组,虽然"一带一路"倡议在 2013 年提出,但其从顶层设计进入务实推进阶段实则是自 2014 年之后。因而,本节选择 2014 年作为"一带一路"倡议的政策冲击时间,当并购事件处于 2014—2018 年时 $Post$ 赋值为 1,当并购事件处于 2013—2014 年时 $Post$ 赋值为 0。X 代表企业层面、行业层面、国家层面和时间特征的控制变量。δ 代表年份固定效应,η 代表企业固定效应,ε 代表扰动项。由于 $Comp$ 是一个二元变量,直接使用双重差分方法可能难以准确估计"一带一路"倡议的处理效应,因此本节采用基于 Logit 模型的非线性双重差分模型进行检验。

(二)样本和数据来源

本节以中国海外并购的企业数据作为研究样本,时间跨度为 2014—2018 年,参考邹嘉龄等(2015)的样本选择方法选择 64 个"一带一路"沿线国家作为样本。中国企业海外并购交易数据来自 Thomson One 数据库,其优点在于并购数据相对较全、并购事件信息较为全面,可以全面反映中国企业海外并购的状况。我们参考既有研究,对企业样本做如下处理:①剔除并购方和被并购方的所属地为中国香港地区、中国澳门地区、中国台湾地区的企业样本;②剔除避税天堂(如百慕大群岛、开曼群岛等)的海外并购样本;③剔除金融债券类上市公司样本;④剔除主要变量缺失的企业样本。经筛选,本节获得中国企业 2 687 起海外并购案例。此外,为避免变量异常波动的影响,本节对海外并购溢价($Prem1$、$Prem2$)在 1% 分位两端进行缩尾处理。

为了控制影响中国企业海外并购的其他因素,本节加入企业层面、行业层面、国家层面等一系列控制变量。其中,企业层面和行业层面的数据均来自 Thomson One 并购数据库;制度质量、法律体系、经济水平和人口水平来自世界银行 WDI 数据库。其中,根据变量的数据特征,本节对经济水平($Rgdp$)和人口水平(Pop)进行对数化处理。表 6-16 为变量的定义。

表 6-16 变量定义

	变量	符号	计算方法
被解释变量	海外并购溢价	$Prem1$	(并购出价/交易宣告前一周被并购方收盘价)-1
	海外并购完成率	$Prem2$	(并购出价/交易宣告前四周被并购方收盘价)-1
		$Comp$	海外并购是否完成,是赋值为 1,否赋值为 0
解释变量	处理分组	$Treat$	对沿线国家实施并购的企业赋值为 1,否赋值为 0
	时间分组	$Post$	"一带一路"倡议政策冲击前(2013—2014 年)赋值为 0,"一带一路"倡议政策冲击后(2014—2018 年)赋值为 1
控制变量	要约收购	$Tend$	是否要约收购,是赋值为 1,否赋值为 0
	现金收购	$Cash$	交易是否全部使用现金,是赋值为 1,否赋值为 0
	交易股权	$Cont$	交易股权比例是否大于 50%,是赋值为 1,否赋值为 0
	投资状况	Pli	并购方在并购宣告前三年内是否并购过被并购方所在国的其他企业,是赋值为 1,否赋值为 0
	并购经验	Exp	并购方在并购宣告前已完成的海外并购数量
	顾问参与	$Advi$	并购方是否聘请专业顾问,是赋值为 1,否赋值为 0
	行业关联度	$Rela$	并购方与被并购方的行业关联程度,当双方 SIC 四位码相同时赋值为 6,只有前三位码相同时赋值为 4,仅前两位码相同时赋值为 2,否赋值为 0
	制度质量	Ins	东道国的制度质量水平,全球治理指标六个指标的平均值
	法律体系	Law	东道国的法律体系是否为英美法系,是赋值为 1,否赋值为 0
	文化差异	Cul	双边文化差异指数
	经济水平	$Rgdp$	东道国的人均 GDP 水平,对数化处理
	人口水平	Pop	东道国人口总数,对数化处理

三、实证结果

(一)基准回归结果

表6-17为"一带一路"倡议与中国企业海外并购的基准回归结果。在以海外并购溢价($Prem1$、$Prem2$)为被解释变量的模型中,交乘项$Treat \times Post$的系数均显著为负,这表明相较于非"一带一路"沿线国家,中国企业对沿线国家进行海外并购时会支付较低的海外并购溢价。这个结果在经济上也具有显著性,在控制了个体和时间固定效应后,中国对沿线国家平均会少支付13%—23%的海外并购溢价。在以海外并购完成率($Comp$)为被解释变量的模型中,交乘项$Treat \times Post$的系数均显著为正,说明中国企业对沿线国家进行海外并购时受到沿线国家的投资阻力和审查力度相对更小,并购完成率更高。其中,第(6)列交乘项的系数为0.2101,在非线性双重差分模型设定下,这一系数并不能直接解释为"一带一路"倡议对并购完成率的处理效应;根据Winkelmann(2008)的计算方法,得到"一带一路"倡议的边际效应为0.2338,这说明"一带一路"倡议对中国企业海外并购完成率的提升效应达到26.38%[①],对中国企业海外并购完成率上升的贡献度达到9.2%。这一发现具有重要的政策内涵:随着"一带一路"倡议框架下投资合作深化,近年来中国企业的海外并购投资开始转向"一带一路"沿线国家,中国与沿线国家的政治互信、投资合作、文化交流水平不断提升,双边并购投资壁垒和交易成本逐步降低,从而降低了中国海外并购溢价,提高了中国对沿线国家的并购完成率。

表6-17 基准回归检验

变量	$Prem1$		$Prem2$		$Comp$	
	(1)	(2)	(3)	(4)	(5)	(6)
$Treat \times Post$	−0.2534**	−0.2368*	−0.1566**	−0.1376*	0.2114***	0.2101***
	(0.123)	(0.131)	(0.077)	(0.083)	(0.074)	(0.078)
$Tend$	0.0671**	0.0678*	0.2217**	0.2042**	0.3102***	0.3130***
	(0.034)	(0.035)	(0.091)	(0.098)	(0.113)	(0.118)

---

① 由Winkelmann(2008)可以推导双重差分模型的边际效应近似为$exp(\beta)-1$。

（续表）

变量	$Prem1$		$Prem2$		$Comp$	
	（1）	（2）	（3）	（4）	（5）	（6）
$Cash$	-0.0279	-0.0145	-0.0482	-0.0427	-0.2103	-0.2081
	(0.020)	(0.021)	(0.054)	(0.058)	(0.225)	(0.231)
$Cont$	0.0392	0.0397	0.1064	0.1133	0.0394	0.0394
	(0.030)	(0.031)	(0.079)	(0.081)	(0.035)	(0.033)
Pli	-0.0168	-0.0275	-0.0421	-0.0492	0.0207	0.0214
	(0.024)	(0.025)	(0.063)	(0.065)	(0.124)	(0.122)
Exp	-0.0002	-0.0002	-0.0006	-0.0007	0.0014*	0.0014*
	(0.000)	(0.000)	(0.001)	(0.001)	(0.001)	(0.001)
Adv	0.0102	0.0040	0.0674	0.0589	0.0712***	0.0712***
	(0.022)	(0.023)	(0.059)	(0.063)	(0.006)	(0.004)
$Rela$	-0.0004	-0.0025	0.0025	-0.0005	0.0145***	0.0144***
	(0.004)	(0.004)	(0.011)	(0.011)	(0.001)	(0.001)
Ins	-0.0261	-0.0175	-0.3200	-0.2721	0.0105	0.0091
	(0.128)	(0.133)	(0.404)	(0.408)	(0.190)	(0.196)
Law	0.0296	0.0164	0.0784	0.0368	-0.0445	-0.0440
	(0.037)	(0.032)	(0.113)	(0.096)	(0.039)	(0.037)
Cul	0.0190*	0.0200*	0.0941***	0.0936**	0.0002	0.0002
	(0.010)	(0.012)	(0.035)	(0.037)	(0.002)	(0.002)
$Rgdp$	0.0231	0.0212	0.0899	0.0553	0.0222	0.0224
	(0.075)	(0.083)	(0.234)	(0.263)	(0.136)	(0.138)
Pop	0.0008	0.0067	-0.0247	-0.0127	-0.0136	-0.0135
	(0.015)	(0.014)	(0.042)	(0.039)	(0.008)	(0.009)
常数项	0.2721	0.1735	-0.3528	-0.1822	—	—
	(0.505)	(0.586)	(1.515)	(1.807)		
个体固定效应	否	是	否	是	否	是
时间固定效应	是	是	是	是	是	是
样本数	305	305	307	307	2 687	2 687
拟合优度	0.065	0.092	0.104	0.130	0.013	0.013

注：*、**和***分别表示在10%、5%和1%的统计水平上显著，括号内的数值为稳健聚类标准误。

可以预期,在当今逆全球化背景下,中国与沿线国家经济合作加强,优势互补,"一带一路"沿线逐渐成为中国海外并购投资的重要区位。这验证了本节的理论假说1。

在控制变量方面,要约收购($Tend$)对中国企业海外并购溢价和海外并购完成率均具有显著正向作用。并购经验(Exp)对海外并购完成率具有显著正向作用,这意味着企业的海外收购成功经验有利于其将积累的经验应用于往后的海外并购项目,从而提升海外并购完成率。顾问参与(Adv)对海外并购完成率具有显著正向作用,这说明聘用专业顾问可以帮助中国企业熟悉目标国家的制度及经济环境,从而使中国企业更好地评估海外并购业务,提高海外并购完成率。行业关联度($Rela$)对海外并购完成率具有显著正向作用,这说明行业关联度越高,海外并购完成率也越高。文化差异(Cul)对中国企业海外并购溢价具有显著正向作用,这说明双方企业的文化差异越大,并购整合难度也越大,导致被并购企业可能索取越高的溢价。

(二)稳健性检验

1. 平行趋势检验

双重差分模型的重要假定之一为,当不推行"一带一路"倡议时,沿线国家与非沿线国家具有平行变化趋势。本节采用事件分析法进行平行趋势假设检验。假设检验的计量模型为:

$$Y_{it} = \alpha + \sum_{k \geq -4}^{4} \beta_k D_{it}^k + X_{it}'\varphi + \delta_t + \eta_i + \varepsilon_{it} \quad (6-7)$$

其中,D_{it}^k 为"一带一路"倡议推行的当期虚拟变量。X_{it}' 为控制度量,δ_t 和 η_i 分别代表年份固定效应和个体固定效应,ε_{it} 代表随机扰动项。若 k 小于 0,则表示"一带一路"倡议推行前 k 年;若 k 大于 0,则表示倡议推行后 k 年。因为2018年为2014年"一带一路"倡议落地实施后的第4年,因而以"一带一路"倡议执行年份为基准期,并设定前后4期。β_k 为本节关注的回归参数,表征"一带一路"倡议推行前后对中国企业海外并购的影响方向。若 k 小于 0 时 β_k 不显著异于 0,则符合平行趋势假定。

图6-10、图6-11和图6-12分别为前一周海外并购溢价($Prem1$)、前四周海外并购溢价($Prem2$)和海外并购完成率($Comp$)的平行趋势检验结果,呈现回归参数 β_k 的估计值及其95%的置信区间。从中可以看出,回归参数 β_k 基本不能拒绝为 0 的原假设,说明处理组和控制组在"一带一路"倡议推行前后的海外并购水平不存在显著差异,即模型满足平行趋势假设。

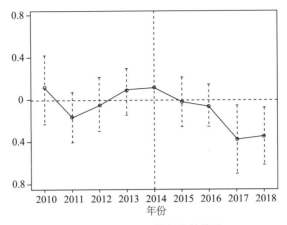

图 6-10　*Prem*1 平行趋势检验

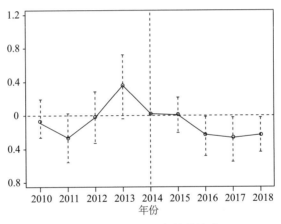

图 6-11　*Prem*2 平行趋势检验

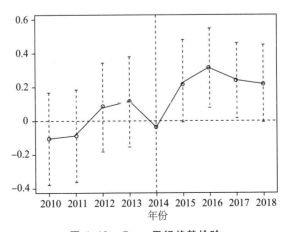

图 6-12　*Comp* 平行趋势检验

从动态效应看,在海外并购溢价($Prem1$、$Prem2$)方面,回归参数 β_k 呈现负向发展趋势,负向效应逐年稳步提升。具体而言,前一周海外并购溢价($Prem1$)在 2015 年和 2016 年未通过 5% 的显著性检验,而在 2017 年和 2018 年显著;前四周外并购溢价($Prem2$)在 2015 年未通过 5% 的显著性检验,而在 2016—2018 年显著。这说明"一带一路"倡议对海外并购溢价具有长期效应,表明"一带一路"倡议的经济效应的显现需要一定的过程,倡议在短期内对海外并购溢价的影响不明显,而随着时间的推移,"一带一路"倡议的经济效应才有所显现。而海外并购完成率($Comp$)在 2016 年和 2017 年显著,在 2015 年和 2018 年不显著,说明"一带一路"倡议提出初期对中国企业成功并购具有显著的短期促进效应,但长期来看"一带一路"倡议的经济效应有所减弱。

2. 安慰剂检验

双重差分模型的另一个重要假定所面临的问题为:不可观测因素会对估计结果产生影响。因此,本节采用间接安慰剂检验的方法,随机产生"一带一路"沿线国家名单,并基于基准模型对海外并购重复做 1 000 次回归模拟。图 6-13、图 6-14、图 6-15 分别为前一周海外并购溢价($Prem1$)、前四周海外并购溢价($Prem2$)和海外并购完成率($Comp$)的 P 值分布图,可知 1 000 次模拟回归的估计值均分布在零值附近,且基本服从正态分布。这说明"一带一路"倡议对海外并购的作用并未受到不可观测因素的影响,即"一带一路"倡议对海外并购的作用具有真实性。

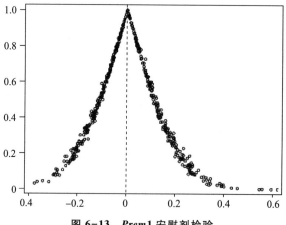

图 6-13　$Prem1$ 安慰剂检验

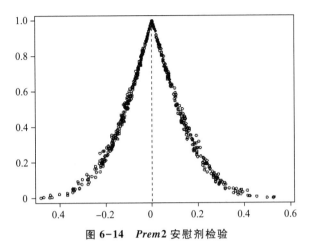

图 6-14 *Prem*2 安慰剂检验

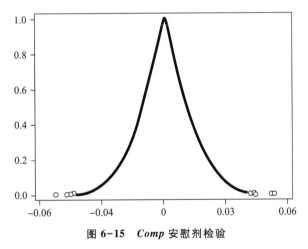

图 6-15 *Comp* 安慰剂检验

（三）异质性检验

1. 企业产权异质性检验

本节根据企业产权将企业分为国有企业与非国有企业进行分组检验，结果如表 6-18 所示。非国有企业样本的交乘项 *Treat*×*Post* 的系数均显著，而国有企业样本的交乘项 *Treat*×*Post* 的系数不显著，这说明"一带一路"倡议在降低非国有企业海外并购溢价的同时，也提升了非国有企业的海外并购完成率，但对国有企业的影响不显著。这可能是因为非国有企业为追求利润最大化从而制订更为理性的投资并购计划，同时随着"一带一路"倡议的深入发展，在"一带一路"倡议支持下非国有企业已然成为中国"走出去"的重要主体;同时,国有企业在在推进"一带一路"倡议过程中既需要确保国家经济效益不受损失,也需要发挥其牵头地位和引领作用,因而市场型投资动机较低。此外,国有企业在海外并购时会遭遇东道国更大力度的审查,并购阻碍更大,从而难以获得较低的并购溢价。

表 6-18 企业产权异质性检验

	国有企业			非国有企业		
	(1)	(2)	(3)	(4)	(5)	(6)
	$Prem1$	$Prem2$	$Comp$	$Prem1$	$Prem2$	$Comp$
$Treat×Post$	−0.1383	−0.1097	0.0540	−0.2173***	−0.1692***	0.2066***
	(0.151)	(0.124)	(0.085)	(0.071)	(0.065)	(0.068)
控制变量	是	是	是	是	是	是
个体固定效应	是	是	是	是	是	是
时间固定效应	是	是	是	是	是	是
样本数	50	50	573	225	227	2 014
拟合优度	0.720	0.890	0.010	0.071	0.112	0.012

注:*、**和***分别表示在10%、5%和1%的统计水平上显著;括号内的数值为稳健聚类标准误。

2. 行业异质性检验

由于企业海外并购主要受战略资源动机和技术寻求动机的影响,因而本节按被并购企业所属行业将企业分为战略资源行业和非战略资源行业,以及高科技行业和非高科技行业。其中,战略资源行业包括金属与非金属矿业、石油及天然气精炼与加工、电力、天然气、水供应等行业,高科技行业包括软件、半导体、互联网、数码产品、电子商务、IT咨询等行业。结果如表6-19所示,"一带一路"倡议对战略资源行业的海外并购溢价具有显著正向效应,对非战略资源行业的海外并购溢价具有显著负向效应。这表明中国企业在"一带一路"沿线国家并购敏感行业的企业时,沿线国家可能出于国家安全的考虑,给中国企业设置一定的阻碍,进而会提高并购溢价。"一带一路"倡议对高科技行业和非高科技行业的作用具有一致性,即"一带一路"倡议对海外并购的影响在高科技行业和非高科技行业不存在明显的分化。

表 6-19 行业异质性检验

	战略资源行业			非战略资源行业		
	(1)	(2)	(3)	(4)	(5)	(6)
	$Prem1$	$Prem2$	$Comp$	$Prem1$	$Prem2$	$Comp$
$Treat \times Post$	0.0336***	0.0272**	0.3112***	−0.2936***	−0.2572***	0.0971*
	(0.010)	(0.013)	(0.069)	(0.105)	(0.066)	(0.053)
控制变量	是	是	是	是	是	是
个体固定效应	是	是	是	是	是	是
时间固定效应	是	是	是	是	是	是
样本数	129	129	439	176	178	2 248
拟合优度	0.211	0.189	0.015	0.090	0.178	0.017
	高科技行业			非高科技行业		
	(7)	(8)	(9)	(10)	(11)	(12)
	$Prem1$	$Prem2$	$Comp$	$Prem1$	$Prem2$	$Comp$
$Treat \times Post$	−0.1825**	−0.1313**	0.1026**	−0.2501**	−0.1698**	0.2525**
	(0.078)	(0.059)	(0.048)	(0.107)	(0.077)	(0.102)
控制变量	是	是	是	是	是	是
个体固定效应	是	是	是	是	是	是
时间固定效应	是	是	是	是	是	是
样本数	35	35	363	270	272	2 324
拟合优度	0.380	0.586	0.011	0.069	0.106	0.018

注:*、**和***分别表示在10%、5%和1%的统计水平上显著,括号内的数值为稳健聚类标准误。

3. 东道国发展异质性检验

本节根据是否为OECD国家将东道国分为发达国家和发展中国家进行分组检验,结果如表6-20所示。可以看到,当东道国为发达国家时,"一带一路"倡议对中国企业的海外并购溢价影响不明显,对海外并购完成率具有提升效应;当东道国为发展中国家时,"一带一路"倡议对中国企业的海外并购具有显著的影响。这说明相较于发达国家,"一带一路"倡议对发展中国家的并购促进作用更为强烈,这可能因为沿线发展中国家对中国企业可能抱有更友好的态度,从而更显著地降低并购溢价水平和提升海外并购完成率,而发达国家对海外投资并购抱有更审慎的态度,因而对并购溢价和并购完成率的影响较小。

表 6-20　东道国发展异质性检验

	发达国家			发展中国家		
	(1)	(2)	(3)	(4)	(5)	(6)
	Prem1	Prem2	Comp	Prem1	Prem2	Comp
Treat×Post	−0.0874	−0.0147	0.1243*	−0.3578***	−0.2050**	0.2367***
	(0.059)	(0.013)	(0.072)	(0.065)	(0.105)	(0.069)
控制变量	是	是	是	是	是	是
个体固定效应	是	是	是	是	是	是
时间固定效应	是	是	是	是	是	是
样本数	271	273	2 065	34	34	622
拟合优度	0.080	0.106	0.013	0.454	0.453	0.018

注：*、**和***分别表示在10%、5%和1%的统计水平上显著，括号内的数值为稳健聚类标准误。

四、影响机制检验

结合本节理论分析和以往文献研究可知，"一带一路"倡议对中国企业海外并购的影响主要有以下三方面：一是为企业提供融资和信贷支持，减少交易并购成本，从而提高海外并购绩效，降低海外并购溢价水平；二是有利于增进双边政治互信，从而降低海外并购的政治成本，提升并购完成率；三是通过推动"民心相通"，推动双边文化交流以及文化融合发展，从而有利于降低并购溢价水平，促进企业并购整合。因此，本节基于理论机制，从融资可得性、双边政治关系、文化交流三方面，综合考察"一带一路"倡议对中国企业海外并购的影响机制，构建以下计量模型来检验"一带一路"倡议对中国企业海外并购的影响渠道：

$$M_{it} = \alpha + \beta_1(Treat_{it} \times Post_{it}) + X'_{it}\varphi + \delta_t + \eta_i + \varepsilon_{it} \tag{6-8}$$

$$Y_{it} = \alpha + \beta_2(Treat_{it} \times Post_{it} \times M_{it}) + \beta_3(Treat_{it} \times Post_{it}) + \beta_4 M_{it} + X'_{it}\varphi + \delta_t + \eta_i + \varepsilon_{it} \tag{6-9}$$

其中，M_{it}代表机制变量，包括企业融资可得性、双边政治关系和文化交流。若回归参数β_1、β_2均显著，说明"一带一路"倡议通过机制变量M对中国企业海外并购产生影响。

第一,"一带一路"倡议有利于推动投资企业获取融资和信贷便利,从而减少企业海外并购的交易成本,提高海外并购绩效。当前,中国与"一带一路"沿线国家政府通过建立相关金融机构(如国家开发银行、亚投行、地方性基金等),为投资沿线国家的企业提供融资便利和金融支持,以资金融通促进经贸畅通,从而推动中国企业"走出去"。本节以企业层面的借款总额($Loan$)、借款总额和债券融资总额占总资产的比值($Asse$)作为企业融资可得性的代理变量,数据来自 Wind。

表6-21为企业融资可得性的影响渠道检验结果。可以看出,第(1)列和第(5)列的交乘项 $Treat \times Post$ 的回归系数显著为正,这意味着对"一带一路"沿线国家投资并购的企业获得的融资额相对更大。在以海外并购溢价($Prem1$、$Prem2$)为被解释变量的模型中,交乘项 $Treat \times Post \times M$ 的回归系数均不显著,这表明对"一带一路"沿线国家进行投资的企业并未通过企业融资可得性这一影响机制降低并购溢价水平。在以海外并购完成率($Comp$)为被解释变量的模型中,交乘项 $Treat \times Post \times M$ 的回归系数显著为正,这表明对"一带一路"沿线国家进行投资的企业通过获得更多的融资额,降低了企业融资成本,进而促进了企业海外并购业务的开展。这表明企业融资可得性在"一带一路"倡议对中国企业海外并购完成率的作用中具有显著的影响效应,验证了企业融资可得性机制。

表6-21 机制检验:企业融资可得性

	借款总额				(借款总额+债券融资总额)/总资产			
	(1)	(2)	(3)	(4)	(5)	(6)	(7)	(8)
	$Loan$	$Prem1$	$Prem2$	$Comp$	$Asse$	$Prem1$	$Prem2$	$Comp$
$Treat \times Post$	0.0622**	-0.2326	-0.1377*	0.1801**	0.0232**	-0.2393*	-0.1375*	0.1901**
	(0.027)	(0.134)	(0.082)	(0.104)	(0.011)	(0.129)	(0.083)	(0.104)
$Treat \times Post \times M$		-0.1560	-0.5422	0.0342***		0.0296	0.0784	0.1367**
		(0.101)	(0.374)	(0.011)		(0.037)	(0.113)	(0.069)
M		0.0707	0.2293*	0.0883		0.0180	0.0247	0.0061**
		(0.060)	(0.121)	(0.073)		(0.012)	(0.042)	(0.003)
控制变量	是	是	是	是	是	是	是	是
个体固定效应	是	是	是	是	是	是	是	是

(续表)

	借款总额				（借款总额+债券融资总额）/总资产			
	(1)	(2)	(3)	(4)	(5)	(6)	(7)	(8)
	Loan	Prem1	Prem2	Comp	Asse	Prem1	Prem2	Comp
时间固定效应	是	是	是	是	是	是	是	是
样本数	2 615	281	281	2 615	2 615	281	281	2 615
拟合优度	0.167	0.093	0.138	0.021	0.092	0.065	0.104	0.019

注：*、**和***分别表示在10%、5%和1%的统计水平上显著；括号内的数值为稳健聚类标准误。

第二，"一带一路"倡议也有利于形成中国与东道国的政治互信，加强双边政治关系，从而降低海外并购溢价水平，提升并购成功率。本节从以下两方面构建双边政治关系变量：

一是采用Bailey et al.(2017)的经验做法，构建中国与东道国在联合国大会投票理想点的绝对距离(Pol)，作为双边政治关系的代理变量。若两国的投票理想点绝对差值较大，则说明两国政治关系处于摩擦冲突状态。此外，本节对绝对距离进行取倒数的同向化处理。

二是整理国家领导人出访和外国领导人来访的数据，以此作为衡量双边政治关系的代理变量(Gov)，数据来自《中国外交》统计年鉴。表6-22为双边政治关系的影响渠道检验结果。可以看出，交乘项 $Treat \times Post \times M$ 的回归系数基本显著，说明"一带一路"倡议主要通过加强双边政治关系推动政治互信，从而降低投资企业的并购溢价成本，促进海外并购完成率提升。

表6-22 机制检验：双边政治关系

	联合国大会投票距离				领导人互访			
	(1)	(2)	(3)	(4)	(5)	(6)	(7)	(8)
	Pol	Prem1	Prem2	Comp	Gov	Prem1	Prem2	Comp
$Treat \times Post$	1.2192***	−0.1521	−0.1031	0.1523	0.1153***	−0.2013	−0.1316	0.1736*
	(0.131)	(0.148)	(0.089)	(0.106)	(0.038)	(0.140)	(0.083)	(0.092)
$Treat \times Post \times M$		−0.0405	−0.0835*	0.0109***		−0.0230	−0.0698*	0.0406**
		(0.039)	(0.047)	(0.003)		(0.023)	(0.041)	(0.017)
M		0.0109**	0.0192*	0.0018		0.0100*	0.0107*	0.0672**
		(0.049)	(0.086)	(0.002)		(0.059)	(0.058)	(0.034)

(续表)

	联合国大会投票距离				领导人互访			
	(1)	(2)	(3)	(4)	(5)	(6)	(7)	(8)
	Pol	Prem1	Prem2	Comp	Gov	Prem1	Prem2	Comp
控制变量	是	是	是	是	是	是	是	是
个体固定效应	是	是	是	是	是	是	是	是
时间固定效应	是	是	是	是	是	是	是	是
样本数	2 687	305	307	2 687	2 687	305	307	2 687
拟合优度	0.472	0.022	0.072	0.023	0.016	0.017	0.059	0.028

注：*、**和***分别表示在10%、5%和1%的统计水平上显著；括号内的数值为稳健聚类标准误。

第三，"一带一路"倡议通过推动"民心相通"，推动双边文化融合发展，从而有利于降低并购溢价，促进企业并购整合。实际上，"一带一路"倡议加强人文、教育、科技、智库等各领域往来，建立多国参与的多个交流网络和平台，如推动孔子学院和友好城市等人文交流，推动文化融合，进而有利于提升双边并购文化整合能力，进而降低企业并购溢价，促进海外并购业务开展。因此，本部分以友好城市缔结数量（Sis）和孔子学院建立数量（$Conf$）作为衡量双边文化交流的代理变量，数据源于《孔子学院年度报告》和中国国际友好城市联合会。表6-23为文化交流效应的影响渠道结果。可以看到，"一带一路"倡议显著推动了双边文化交流，从而促进了海外并购发展，这验证了文化交流效应在"一带一路"倡议的并购效应中的影响机制。

综上而言，"一带一路"倡议通过提供融资和信贷支持、增加双边政治互信、推动文化交流，进而推动中国企业海外并购，即本节的理论假说2得以验证。

表6-23 机制检验：文化交流效应

	友好城市				孔子学院			
	(1)	(2)	(3)	(4)	(5)	(6)	(7)	(8)
	Sis	Prem1	Prem2	Comp	Conf	Prem1	Prem2	Comp
$Treat \times Post$	0.1528**	−0.2303*	−0.1283	0.1667**	0.0233**	−0.1691	−0.1257	0.1912**
	(0.064)	(0.136)	(0.084)	(0.085)	(0.011)	(0.136)	(0.085)	(0.086)
$Treat \times Post \times M$		−0.0038*	−0.0122*	0.0235*		−0.0732**	−0.1131**	0.0158*
		(0.002)	(0.006)	(0.013)		(0.035)	(0.054)	(0.009)

(续表)

	友好城市				孔子学院			
	(1)	(2)	(3)	(4)	(5)	(6)	(7)	(8)
	Sis	Prem1	Prem2	Comp	Conf	Prem1	Prem2	Comp
M		0.0127	0.0120*	0.0050***		0.0248**	0.0516**	0.0114
		(0.008)	(0.007)	(0.002)		(0.011)	(0.025)	(0.036)
控制变量	是	是	是	是	是	是	是	是
个体固定效应	是	是	是	是	是	是	是	是
时间固定效应	是	是	是	是	是	是	是	是
样本数	2 687	305	307	2 687	2 687	305	307	2 687
拟合优度	0.637	0.055	0.096	0.032	0.365	0.019	0.063	0.024

五、结论

随着"一带一路"倡议深化发展，中国企业海外收购兼并活动日益频繁。在"一带一路"倡议背景下，中国企业并购溢价和海外并购完成率对中国"走出去"产生重大影响。本节以"一带一路"倡议作为准自然实验，采用2010—2018年中国海外并购的企业层面数据，构建基于双向固定效应的双重差分模型探讨"一带一路"倡议对中国企业海外并购的影响效应。研究发现，"一带一路"倡议可以显著降低中国企业的海外并购溢价，提升海外并购完成率。从动态效应而言，"一带一路"倡议对海外并购溢价具有滞后的长期政策效应，而对海外并购完成率具有短期政策效应。"一带一路"倡议提高了对战略资源行业的并购溢价，降低了对非战略资源行业的并购溢价，对高科技行业的影响没有明显分化。异质性检验发现，"一带一路"倡议对海外并购的影响效应在非国有企业和发展中国家更为显著。机制检验发现，"一带一路"倡议通过提高企业融资可得性，提高双边政治关系，促进文化交流，进而促进中国企业海外并购发展。

基于上述结论，本节研究具有以下政策含义：第一，推动"一带一路"倡议深化发展，构建完善中国与沿线国家的长期经济合作模式。在贸易保护逆行的背景下，"一带一路"倡议可以推动中国企业海外并购，降低海外并购成本，提升并购绩效。因此，需要继续深化"一带一路"倡议发展，拓展与沿线国家经贸合作交流，促进与沿线国家相互协作往更广范围、更深层次、更高水平发展。此外,完善中国与沿线国家的经济合作机制,构建与沿线国家的区域经济重大项目长期合作模式,发挥"一带一路"倡议的经济长期效应。第二,鼓励和引导民营经济企业"走出去",推动企业深层参与"一带一路"倡议。本节结论为,"一带一路"倡议的海外并购效应在非国有企业更为显著。因此,需要加大对非国有企业的相关投资政策支持,降低民营企业"走出去"的融资门槛,完善"一带一路"企业合作交流平台和市场协同平台,加快构建中国与沿线国家经济信息网络。第三,中国企业应根据自身的竞争优势,强化对东道国市场的调查能力,提升企业投资并购议价能力,降低并购成本。

附录 A 中国对"一带一路"沿线国家直接投资总体现状

表 A.1 2003—2019 年中国对"一带一路"沿线国家和世界的直接投资存量与流量

年份	投资存量			投资流量		
	"一带一路"沿线国家(亿美元)	世界(亿美元)	占比(%)	"一带一路"沿线国家(亿美元)	世界(亿美元)	占比(%)
2003	13.2	229.0	5.8	2.0	28.5	7.0
2004	19.3	332.0	5.8	3.8	55.0	6.9
2005	13.9	572.0	2.4	6.7	122.6	5.5
2006	52.0	906.3	5.7	11.9	211.6	5.6
2007	96.1	1 179.1	8.2	32.5	265.1	12.3
2008	148.4	1 839.7	8.1	45.3	559.1	8.1
2009	200.7	2 457.5	8.2	45.3	565.3	8.0
2010	290.3	3 172.1	9.2	77.4	688.1	11.2
2011	413.2	4 247.8	9.7	99.3	746.5	13.3
2012	567.6	5 319.4	10.7	133.2	878.0	15.2
2013	720.2	6 604.8	10.9	126.3	1 078.4	11.7
2014	924.6	8 826.4	10.5	136.6	1 231.2	11.1
2015	1 156.8	10 978.6	10.5	189.3	1 456.7	13.0

(续表)

年份	投资存量			投资流量		
	"一带一路"沿线国家（亿美元）	世界（亿美元）	占比（%）	"一带一路"沿线国家（亿美元）	世界（亿美元）	占比（%）
2016	1 294.1	13 573.9	9.5	153.4	1 961.5	7.8
2017	1 544.0	18 090.4	8.5	201.7	1 582.9	12.7
2018	1 727.7	19 822.7	8.7	178.9	1 430.4	12.5
2019	1 723.4	21 988.8	7.8	186.9	1 369.1	13.7

资料来源：根据2003—2019年《中国对外直接投资统计公报》整理和计算而得。国别数据选取《2019年度中国对外直接投资统计公报》对"一带一路"沿线直接投资的63个国家的数据。

表 A.2 2003—2019年"一带一路"沿线国家吸收外商直接投资存量

年份	中国对"一带一路"沿线国家直接投资存量（亿美元）	"一带一路"沿线国家吸收外商直接投资存量（亿美元）	中国对外直接投资占"一带一路"沿线国家吸收外资比例（%）
2003	13.2	8 551.6	0.2
2004	19.3	10 449.0	0.2
2005	13.9	12 781.5	0.1
2006	52.0	17 264.5	0.3
2007	96.1	14 336.4	0.7
2008	148.4	14 304.2	1.0
2009	200.7	28 379.3	0.7
2010	290.3	33 708.8	0.9
2011	413.2	34 665.7	1.2
2012	567.6	39 701.9	1.4
2013	720.2	42 160.8	1.7
2014	924.6	42 330.9	2.2
2015	1 156.8	42 473.6	2.7
2016	1 294.1	45 937.7	2.8
2017	1 544.0	53 170.7	2.9

（续表）

年份	中国对"一带一路"沿线国家直接投资存量（亿美元）	"一带一路"沿线国家吸收外商直接投资存量（亿美元）	中国对外直接投资占"一带一路"沿线国家吸收外资比例(%)
2018	1 727.7	54 034.3	3.2
2019	1 723.4	59 180.7	2.9

资料来源："一带一路"沿线国家吸收外商直接投资数据来自联合国贸易和发展会议（UNTCAD）数据库；中国对"一带一路"沿线国家直接投资数据根据 2003—2019 年《中国对外直接投资统计公报》整理和计算而得；国别数据选取《2019 年度中国对外直接投资统计公报》对"一带一路"沿线直接投资的 63 个国家的数据。

表 A.3　2003—2019 年"一带一路"沿线国家吸收外商直接投资流量

年份	中国对"一带一路"沿线国家直接投资流量（亿美元）	"一带一路"沿线国家吸收外商直接投资流量（亿美元）	中国对外直接投资占"一带一路"沿线国家吸收外资比例(%)
2003	2.0	885.5	0.2
2004	3.8	1 380.7	0.3
2005	6.7	1 768.2	0.4
2006	11.9	2 945.9	0.4
2007	32.5	3 567.1	0.9
2008	45.3	3 896.1	1.2
2009	45.3	2 508.6	1.8
2010	77.4	3 164.5	2.4
2011	99.3	3 135.0	3.2
2012	133.2	3 187.5	4.2
2013	126.3	3 128.0	4.0
2014	136.6	3 016.7	4.5
2015	189.3	2 588.3	7.3
2016	153.4	2 987.6	5.1
2017	201.7	3 360.7	6.0
2018	178.9	3 327.8	5.4
2019	186.9	3 924.8	4.8

资料来源："一带一路"沿线国家吸收外商直接投资数据来自联合国贸易和发展会议（UNTCAD）数据库；中国对"一带一路"沿线国家直接投资数据根据 2003—2019 年《中国对外直接投资统计公报》整理和计算而得；国别数据选取《2019 年度中国对外直接投资统计公报》对"一带一路"沿线直接投资的 63 个国家的数据。

附录 B "一带一路"沿线国家数字经济发展水平指标

表 B.1 2009—2019 年"一带一路"沿线 46 个国家数字经济发展水平指标

国别	2009	2010	2011	2012	2013	2014	2015	2016	2017	2018	2019
柬埔寨	0.1278	0.1763	0.2144	0.2945	0.3152	0.3135	0.2312	0.2186	0.3022	0.3168	0.3315
菲律宾	0.3057	0.2899	0.2766	0.3076	0.3404	0.4188	0.4380	0.4226	0.4581	0.4821	0.5061
印度尼西亚	0.2774	0.3449	0.3892	0.3922	0.3938	0.4577	0.4895	0.4570	0.5174	0.5434	0.5695
越南	0.2921	0.3448	0.3572	0.3301	0.3082	0.3215	0.3177	0.3430	0.3317	0.3328	0.3339
泰国	0.3949	0.3778	0.3640	0.3244	0.3537	0.3840	0.3674	0.3997	0.3746	0.3754	0.3763
新加坡	0.9128	0.9128	0.9542	0.9097	0.9268	0.9225	0.9392	0.9676	0.9542	0.9594	0.9646
东帝汶	0.0000	0.0198	0.0328	0.0739	0.0674	0.0619	0.0336	0.0413	0.0648	0.0701	0.0753
马来西亚	0.6292	0.5837	0.6191	0.6731	0.6807	0.6927	0.7315	0.7570	0.7706	0.7928	0.8150
巴基斯坦	0.2215	0.2344	0.2584	0.2550	0.2528	0.2508	0.2455	0.2273	0.2471	0.2479	0.2488
印度	0.4542	0.4564	0.4432	0.4287	0.4266	0.4168	0.3210	0.3527	0.3337	0.3162	0.2987
孟加拉国	0.0333	0.0887	0.1389	0.2054	0.1991	0.1995	0.1959	0.1927	0.2546	0.2763	0.2981
斯里兰卡	0.3746	0.3905	0.4352	0.4541	0.4332	0.4353	0.4611	0.4908	0.4957	0.5093	0.5230
尼泊尔	0.0246	0.0345	0.0425	0.0911	0.1068	0.1142	0.1437	0.1374	0.1708	0.1894	0.2081
哈萨克斯坦	0.3166	0.3119	0.3146	0.3236	0.3722	0.4574	0.4496	0.4620	0.4929	0.5189	0.5449
吉尔吉斯斯坦	0.0875	0.0771	0.0683	0.0748	0.0695	0.0793	0.1531	0.1977	0.1641	0.1781	0.1921
埃及	0.3279	0.3628	0.3474	0.2979	0.2874	0.2196	0.1756	0.2087	0.1625	0.1367	0.1109
阿联酋	0.6568	0.7634	0.7672	0.7048	0.7251	0.7854	0.8327	0.8409	0.8511	0.8715	0.8918
阿曼	0.4354	0.4736	0.5667	0.5941	0.5874	0.5848	0.5314	0.4446	0.5487	0.5535	0.5583
巴林	0.5030	0.6045	0.6305	0.6554	0.6719	0.6396	0.6319	0.6573	0.6918	0.7069	0.7219
卡塔尔	0.5961	0.6239	0.7449	0.8168	0.8111	0.8217	0.8276	0.8571	0.9269	0.9634	1.0000
科威特	0.3526	0.3323	0.3585	0.3784	0.3877	0.3499	0.3471	0.3954	0.3820	0.3863	0.3906
沙特阿拉伯	0.4555	0.4999	0.5840	0.6682	0.6835	0.6516	0.6195	0.6368	0.7116	0.7364	0.7612
土耳其	0.3457	0.3641	0.3799	0.4113	0.4152	0.4500	0.4496	0.4257	0.4696	0.4839	0.4982
以色列	0.6965	0.6180	0.6907	0.7634	0.7508	0.7236	0.7396	0.7587	0.7782	0.7916	0.8051

(续表)

国别	年份										
	2009	2010	2011	2012	2013	2014	2015	2016	2017	2018	2019
约旦	0.4793	0.4849	0.4493	0.4439	0.4732	0.5400	0.5506	0.5160	0.5397	0.5502	0.5608
拉脱维亚	0.3583	0.3570	0.3924	0.4276	0.4322	0.4718	0.5436	0.5369	0.5700	0.5988	0.6277
立陶宛	0.4556	0.4740	0.5148	0.5206	0.5250	0.5663	0.5915	0.6171	0.6337	0.6560	0.6784
斯洛伐克	0.3897	0.3979	0.3872	0.4065	0.4026	0.3927	0.4158	0.4604	0.4386	0.4462	0.4538
乌克兰	0.2812	0.2409	0.2353	0.2752	0.2617	0.2302	0.2701	0.3239	0.2871	0.2920	0.2969
捷克	0.4752	0.5297	0.5193	0.4931	0.4909	0.4850	0.5058	0.5557	0.5250	0.5290	0.5331
爱沙尼亚	0.7445	0.7155	0.7205	0.7136	0.7096	0.7357	0.7641	0.7754	0.7627	0.7700	0.7773
匈牙利	0.3865	0.3993	0.4322	0.4559	0.4435	0.4345	0.4480	0.4311	0.4583	0.4649	0.4714
波兰	0.2871	0.3271	0.3649	0.3698	0.3545	0.3508	0.3636	0.4113	0.4069	0.4187	0.4306
波黑	0.0633	0.0566	0.1353	0.2197	0.2600	0.3488	0.1515	0.1810	0.2830	0.3066	0.3302
黑山	0.2877	0.3596	0.4403	0.4688	0.4666	0.4620	0.4470	0.4237	0.4972	0.5145	0.5318
保加利亚	0.2600	0.3204	0.3382	0.3262	0.3327	0.3496	0.3569	0.3967	0.3983	0.4124	0.4264
阿尔巴尼亚	0.1286	0.2187	0.3050	0.3590	0.3176	0.2755	0.2541	0.2816	0.3274	0.3408	0.3541
克罗地亚	0.3455	0.3594	0.3875	0.3889	0.3807	0.3934	0.3856	0.3670	0.3916	0.3951	0.3986
阿塞拜疆	0.3724	0.3917	0.3469	0.3800	0.4174	0.5094	0.4990	0.5027	0.5332	0.5567	0.5802
塞尔维亚	0.1970	0.2126	0.2211	0.2173	0.2026	0.2375	0.2603	0.2610	0.2648	0.2734	0.2820
斯洛文尼亚	0.5561	0.5975	0.5717	0.5271	0.5348	0.5075	0.5050	0.5392	0.5014	0.4923	0.4832
亚美尼亚	0.0969	0.1492	0.1578	0.2714	0.3115	0.4002	0.3808	0.3684	0.4720	0.5175	0.5631
格鲁吉亚	0.1901	0.2306	0.2462	0.2863	0.2832	0.3257	0.3647	0.3641	0.4001	0.4254	0.4507
罗马尼亚	0.3207	0.3071	0.3083	0.2804	0.2958	0.3268	0.3756	0.3719	0.3647	0.3739	0.3831
蒙古	0.1449	0.1858	0.2012	0.2305	0.2306	0.2592	0.3025	0.3315	0.3464	0.3709	0.3955
俄罗斯	0.2505	0.2560	0.2899	0.3092	0.2782	0.3247	0.3852	0.3919	0.4022	0.4226	0.4429

资料来源：作者整理。

第七章　国际运输通道与国内区域经济高质量发展[①]

伴随着"一带一路"倡议深入发展，推动以基础设施互联互通为核心的发展模式，已然成为中国与"一带一路"沿线国家深化经济合作、构建人类命运共同体的重要方向。2018年，习近平总书记指出，要把"一带一路"打造成为顺应经济全球化潮流的最广泛国际合作平台。这为中国推动开放型经济和经济高质量发展提供了新的契机。中欧班列作为"一带一路"倡议中重要的国际运输通道，有利于降低中国与沿线国家的贸易进出口成本，缩短贸易运输时间，不但提升了双边贸易自由化和便利化水平，促进了中国内陆城市"口岸化"（裴长洪和刘斌，2019），而且加速了亚欧大陆内部要素自由流动和资源配置优化，从而推动了区域产业结构优化升级，对区域经济高质量发展起到了重要作用。理论上，中欧班列的终点站主要为欧洲发达国家，发达国家较高的产品技术准入门槛和产品质量要求将"倒逼"中国企业推动创新发展，推动中国产业发展转型，进而提升区域整体经济发展质量。因此，在经济新常态背景下，深入推动中国与沿线国家基础设施互联互通成为构建开放型经济新体系、推动经济转向高质量发展阶段的重要领域。基于此，研究国际运输通道对中国经济高质量发展的影响，对于加快经济高质量发展、构建"双循环"新发展格局具有重要意义。

一、理论分析

党的十九大报告指出，中国经济已由高速增长阶段转向高质量发展阶

[①] 本章作者为韦东明、顾乃华，部分内容摘自韦东明和顾乃华（2021）。

段。从宏观层面而言,经济高质量发展具有以下特征:一是经济增长的效率源泉来自创新而不只是规模扩张;二是高质量发展要求经济运行不存在重大结构失衡,而是具有协同发展的现代化产业体系;三是保持较低的资源在行业与地区间的错配损失。在新常态的背景下,经济高质量发展不仅取决于经济增长规模的发展,还依赖于技术创新、产业结构、资源配置的影响。2011年中欧班列首次开行,打通了中国内陆地区与欧洲国家的贸易快速轨道,逐渐成为中国与"一带一路"沿线国家最为重要的国际运输通道。从理论上讲,以中欧班列为代表的国际运输通道能够从技术创新、产业结构、资源再配置等方面为经济高质量发展创造新路径。

第一,国际运输通道有助于推动区域技术创新发展,从而促进经济高质量发展,即发挥"技术创新效应"。一方面,对于出口贸易方而言,中国通过中欧班列将产品出口到欧洲发达国家市场,会面临国际市场高标准准入和发达国家消费者高质量需求的双重压力。因此,企业为了达到东道国贸易市场的门槛,会倒逼自己采取更为先进、清洁的生产技术,改变传统高耗能的生产方式,从而提高自身产品的竞争力,进而提升区域整体技术创新水平,实现经济高质量发展。另一方面,对于进口贸易方而言,通过从欧洲发达国家进口具有先进技术和生产理念的产品,可以促进企业以较低学习成本掌握先进的生产技术,提高企业技术研发水平,极大提升企业发展质量。此外,发达国家的中间品进口在一定程度上会对国内中间品市场造成一定冲击,加剧中间品市场的竞争,迫使国内企业采用更先进的技术以提高产品质量,从而推动区域经济高质量发展。

第二,国际运输通道有助于促进区域产业结构升级,从而推动经济高质量发展,即发挥"产业结构效应"。一方面,中欧班列连接了中国内陆与亚欧地区陆上贸易运输通道,突破了海运产品附加值低、运输时间长、内陆参与度低等限制,极大促进了内陆地区贸易增长。国际贸易规模的扩张会推动中国的比较优势产业加速物质资本积累,并向高新技术、高附加值转型,从而推动产业结构升级。另一方面,国际运输通道的开通压缩了经济主体参与国际贸易的物流成本,提高了贸易开放程度,使得生产者或消费者以更低成本从欧洲地区获取优质的产品,极大地刺激了区域间对进出口贸易产品的消费和投资需求,从而推动了需求产品部门的发展,促进了产业结构优化升级。此外,中欧班列作为中国与沿线国家重要的国际运输通道,有利于推动"一带一路"节点城市快速兴起,形成城市经济新的增长点,从而吸引外来投资项目落地和高新技术产业迁移,促进传统产业转型升级,推动区域产业结构高级化发展。

第三,国际运输通道有助于推动区域要素重新配置,促进经济高质量发展,即发挥"资源再配置效应"。中欧班列作为连接中国与欧洲地区的重要国际运输通道,有利于降低贸易货物的运输成本,从而提高中国与境外沿途城市的货运量,加速地区间要素流动与重新整合,促进资本要素重新配置,从而推动经济高质量发展。而且,中欧班列开通是区域基础设施建设水平的重大提升,将会增加区域的物流、资金流、信息流,从而提高区域整体的市场发展潜力,并通过发挥市场规模效应提升区域经济质量的发展激励。通过国际运输通道建设吸引投资规模大、科技含量高、带动能力强的重大投资项目落地,这为推动经济高质量发展提供了基础保障。

基于此,本章提出以下理论假说。

理论假说1:国际运输通道对区域经济高质量发展具有促进作用。

理论假说2:国际运输通道通过发挥技术创新效应、产业结构效应和资源再配置效应促进区域经济高质量发展。

二、研究设计

(一)计量模型

一般而言,中欧班列是重要的基础设施建设表现形式。为缓解潜在的内生性问题,本章以中欧班列开通作为一次准自然实验,采用基于双向固定效应的多期双重差分模型,考察国际运输通道对区域经济高质量发展的政策冲击效应。具体模型设定如下:

$$TFP_{i,t} = \beta_0 + \beta_1 Treat_{it} + \beta \sum X_{i,t} + \lambda_i + \eta_t + Province_c \times \eta_t + \varepsilon_{i,t}$$

$$(7-1)$$

其中,i和t分别代表地级市和年份;TFP代表区域经济高质量发展;$Treat$为中欧班列开通的政策虚拟变量;X代表一系列城市层面的控制变量;λ为个体固定效应;η为时间固定效应;$Province$为省份,ε为干扰项。此外,中欧班列的开通可能具有一定的非随机性:首先,中欧班列是交通基础设施的重要表现形式,会受到每个地区不可观测的地理、气候条件等自然特征因素的影响。这些不可观测的自然特征因素对城市的经济发展存在一定的影响,从而造成内生性问题。本章通过控制个体固定效应 λ 来解决这一问题。其次,中欧班列的开通可能受到国家和省级层面宏观政策的影响,如不同省份和中央政府的"谈判能力"不同,从而导致不同地区修建中欧班列的可能性有差异。本章通过控制省份和时间的交叉固定效应 $Province \times \eta$ 来控制省份随年份的固定效应,从而避免遗漏变量所导致的内生性问题。

(二) 样本与变量

本节选取 2005—2018 年 253 个地级市数据作为研究样本,地级市数据来自各年度的《中国统计年鉴》《中国城市统计年鉴》以及各省市的统计年鉴等,中欧班列数据来自商务部网站、中国一带一路网、中铁集装箱公司网站、地方铁路局网站、官方媒体网站等。

1. 被解释变量

本章采用基于多投入非期望产出 SBM(Slacks-based Measure)模型的 Global Malmquist-Luenberger 生产率指数(GML)作为被解释变量,以全面客观衡量区域经济高质量发展水平(林伯强和谭睿鹏,2019)。其中,投入变量包括资本存量、劳动人口和能源使用量,期望产出为地区生产总值,非期望产出为 SO_2、废水和烟尘的排放量。资本存量采用永续盘存法计算,投资额采用固定资产投资额。由于折旧率存在一定的时变特征,采用固定的折旧率可能难以反映真实的经济发展情况,因此本章以 1996 年作为城市资本存量的估算基期,采用固定资产原价和净值数据计算当年城市固定资产投资的折旧率。城市 GDP 指标采用所在省份的 GDP 平减指数进行平减,并以 2008 年不变价进行处理。劳动人口以全社会从业人员数量衡量。受限于数据的可得性,能源使用量以工业用电量衡量。

2. 解释变量

本章以中欧班列开通作为国际运输通道建设的政策外生冲击变量,考察城市经济高质量发展效应,将中欧班列常态化运营城市所属省份的地级市设为处理组,具体包括重庆、郑州、苏州、成都、东莞、武汉、义乌(金华)、长沙、天津、长春和合肥等。

3. 控制变量

本章选取一系列城市层面的控制变量进行分析。具体包括:政府干预度(Fsr),以地方财政支出占GDP的比例衡量;经济发展水平(Eco),以人均GDP衡量;人口密度(Den),以区域常住人口占区域土地面积的比例衡量;金融发展水平(Fin),以人均金融机构贷款额衡量;互联网水平(Int),以地区国际互联网用户数量衡量;工业占比(Indu),以工业产值占比衡量;对外开放度(Open),以进出口贸易额与GDP的比值衡量;城镇化率(Urb),以常住城镇人口占比衡量。上述变量根据数据特征相应进行对数化处理。

三、实证分析结果

(一) 基准回归

表7-1为基准回归结果。其中,第(1)列和第(2)列是全样本的回归结果,核心变量Treat的系数均显著为正,说明整体上中欧班列开通对区域经济高质量发展具有显著的提升作用,中欧班列发挥了预期的促进效应。这一结果说明,国际运输通道建设有助于推动区域资源要素自由流动,推动要素向中欧班列开通地区聚集,从而形成集聚效应,促进产业结构转型,进而提升区域经济高质量发展水平,理论假说1得以验证。控制变量方面,在控制了个体固定效应和时间固定效应后,经济发展水平(Eco)的系数显著为正,说明较高的经济发展水平有助于营造良好的经济环境,从而推动经济发展质量稳步提升;城镇化率(Urb)的系数显著为负,说明过高的城镇化率不利于区域经济高质量发展,这意味着当前中国城镇化发展水平仍较低,需要转变城镇化发展模式,提升城镇化发展质量。

表7-1 基准回归结果

变量	全样本		非关键城市	
	(1)	(2)	(3)	(4)
Treat	0.0158**	0.0161**	0.0174**	0.0180**
	(0.008)	(0.008)	(0.008)	(0.008)
Fsr	−0.0317	0.0012	−0.0356	−0.0052
	(0.038)	(0.045)	(0.038)	(0.046)
Eco	0.1051***	0.1572***	0.1036***	0.1584***
	(0.025)	(0.038)	(0.027)	(0.041)
Den	−0.0258**	−0.0460	−0.0316***	−0.1060
	(0.011)	(0.073)	(0.012)	(0.083)

（续表）

变量	全样本		非关键城市	
	(1)	(2)	(3)	(4)
Fin	-0.0227	-0.0311	-0.0248	-0.0324
	(0.022)	(0.024)	(0.023)	(0.025)
Int	-0.0239	-0.0361	-0.0250	-0.0315
	(0.018)	(0.022)	(0.020)	(0.022)
Indu	0.0001	0.0001	0.0008	0.0003
	(0.001)	(0.001)	(0.001)	(0.001)
Open	0.6920***	0.7112***	0.5180**	0.5656**
	(0.217)	(0.241)	(0.231)	(0.259)
Urb	-0.0661	-0.1533*	-0.1311***	-0.2458***
	(0.048)	(0.084)	(0.048)	(0.080)
常数项	6.1071	6.3631	2.5834	4.3551
	(4.916)	(9.844)	(6.804)	(6.215)
省份—时间效应	是	是	是	是
个体固定效应	否	是	否	是
时间固定效应	是	是	是	是
样本数	2 783	2 783	2 572	2 572
拟合优度	0.160	0.318	0.158	0.311

注：*、**和***分别表示在10%、5%和1%的统计水平上显著；括号内的数值为稳健聚类标准误。

此外，区域经济高质量发展可能反向影响城市是否开通中欧班列，从而导致内生性问题。因此，本章采用非关键城市法，从研究样本中剔除直辖市、副省级城市、省会城市等关键城市，从而将样本限定为非关键城市，降低可能的内生性问题。结果如表7-1第（3）列和第（4）列所示，可以发现核心变量 Treat 的系数依然显著为正，与基准回归结果较为相似，说明本章主要结论具有真实性。

（二）稳健性检验

1. 平行趋势检验

双重差分模型的重要假设为：若不存在国际运输通道的影响，则控制组

（未开通中欧班列）和处理组（开通中欧班列）的经济高质量发展具有平行趋势。本章采用事件分析法对此进行检验，计量模型设定如下：

$$TFP_{i,t} = \beta_0 + \sum_{a \geq -5}^{5} \beta_a D_{i,t}^a + \beta \sum X_{i,t} + \lambda_i + \eta_t + Province_c \times \eta_t + \varepsilon_{i,t}$$
（7-2）

其中，$D_{i,t}^a$ 为中欧班列开通的当期虚拟变量。本章以中欧班列开通的年份为基准期，并设定前后 $a = 5$ 期。当 a 小于 0 时，若 β_a 不显著异于 0，则符合平行趋势假设。图 7-1 为平行趋势检验结果。可以看出，β_a 的变化趋势验证了平行趋势假设。

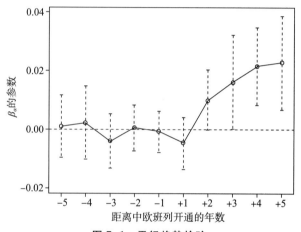

图 7-1　平行趋势检验

2. 安慰剂检验

双重差分模型的另一个重要假设所面临的问题为不可观测的城市特征因素的影响。为排除其他不可观测遗漏变量的影响，本章采用间接安慰剂检验的方法随机产生中欧班列开通城市名单，重复进行 2 000 次和 5 000 次的回归模拟。系数设定为：

$$\hat{\beta}_1 = \beta_1 + \xi \times \frac{\text{cov}(Treat_i, \varepsilon_{i,t} \mid X)}{\text{var}(Treat_i \mid X)}$$
（7-3）

其中，ξ 代表不可观测因素，若中欧班列开通的城市名单随机产生，则 $\beta_1 = 0$。若 β_1 不为 0，则说明估计结果受到不可观测因素的影响。图 7-2 和图 7-3 分别为系数模拟 2 000 次和 5 000 次回归的 P 值分布图。由结果可见，模拟回归的估计值基本服从正态分布，说明中欧班列开通的促进作用并未受到不可观测因素影响。

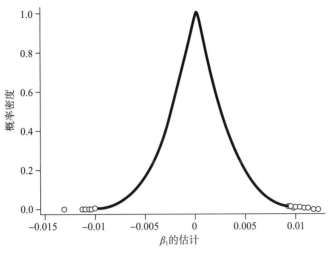

图 7-2　安慰剂检验(2 000 次模拟)

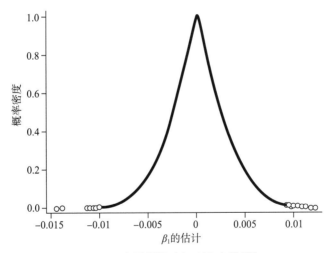

图 7-3　安慰剂检验(5 000 次模拟)

3. 内生性检验

本章的内生性问题主要来自国际运输通道开通的非随机性。位于中欧班列枢纽节点的城市一般被认为拥有区位优势,相对于其他城市可能原本具有经济优势,从而可能存在内生性问题。因此,本章进一步采用两阶段工具变量法进行检验。本章以古代"丝绸之路"途经地区(IV)作为工具变量进行回归估计。结果如表 7-2 第(1)列和第(2)列所示,第(1)列为第一阶段回归结果,F 统计值大于临界值,说明模型不存在弱工具变量问题。第(2)列为第二阶段回归结果,核心变量 $Treat$ 的系数比基准回归略大,可能原因是工具变量解决了现实中交通基础设施建设的非随机性,以至于核心变量的系数值有所增大(Duranton and Turner,2012)。这说明在考虑内生性问题后,本章结果依然稳健。

本章还做了如下稳健性检验:第一,由于城市之间在地理位置、经济社会发展等方面具有较大异质性,导致开通中欧班列的城市并非具有随机性。因此,本章引入城市属性因素与时间趋势的交互项进行检验。城市属性包括直辖市、副省级城市、省会城市、经济特区、南方城市等,结果如表7-2第(3)列所示。第二,本章以常态化中欧班列始发站所属城市作为处理组,其他城市作为控制组进行检验,结果如表7-2第(4)列所示。第三,考虑到区域经济高质量发展的测量方法可能对实证结果产生影响,本章基于超越对数型随机前沿法进行测量,结果如表7-2第(5)列所示。第四,中国经济正处在转变发展方式、优化经济结构、转换增长动力的攻关期。因此,本章从上述三个维度构建经济高质量发展评价体系,并采用熵值法测量,结果如表7-2第(6)列所示。第五,本章引入时间趋势变量和时间趋势的平方项进行检验,结果如表7-2第(7)列所示。第六,为排除异常值的干扰,本章对连续变量进行前后5%的缩尾处理,结果如表7-2第(8)列所示。上述检验结果均支持本章结论。

表7-2 内生性检验

变量	工具变量回归		非随机选择	地级市层面	SFA模型	熵值法	增加时间趋势	排除异常值
	(1)	(2)	(3)	(4)	(5)	(6)	(7)	(8)
Treat		0.0330***	0.0194**	0.0294**	0.0314**	0.0357**	0.0158**	0.0144**
		(0.012)	(0.008)	(0.015)	(0.015)	(0.018)	(0.008)	(0.007)
IV	0.6192***							
	(0.037)							
控制变量	是	是	是	是	是	是	是	是
省份—时间效应	是	是	是	是	是	是	是	是
个体固定效应	是	是	是	是	是	是	是	是
时间固定效应	是	是	是	是	是	是	是	是
样本数	2 783	2 783	2 783	2 783	2 783	2 783	2 783	2 783
拟合优度	0.143	0.450	0.522	0.274	0.310	0.265	0.531	0.455
F	298.66	—	—	—	—	—	—	—

注:*、**和***分别表示在10%、5%和1%的统计水平上显著;括号内的数值为稳健聚类标准误。

(三) 异质性检验

1. 基于 TFP 分解的检验

本章将经济高质量发展分解为技术进步和技术效率以检验国际运输通道的传导渠道,结果如表 7-3 第(1)列和第(2)列所示,国际运输通道主要通过推动技术进步,进而对区域经济高质量发展产生积极作用。这可能是因为,国际运输通道建设促进了要素自由流动,推动了创新技术要素集聚,从而促进了技术创新和高新产业发展,提升了区域经济高质量发展水平。

2. 基于地理区位的检验

本章将样本分为东部、中部、西部和东北部进行区位检验,结果如表 7-3 第(3)—(6)列所示,核心变量 Treat 的系数在中部和西部地区显著为正,而在东部和东北部地区不显著。这说明国际运输通道对中部和西部区域经济高质量发展的边际提升作用更为强烈,意味着中欧班列开通有利于缩小区域发展差距,促进经济协调发展,验证了中欧班列开通对内陆地区经济的促进效应。

表 7-3 TFP 分解和地理区位异质性

变量	技术进步 (1)	技术效率 (2)	东部 (3)	中部 (4)	西部 (5)	东北部 (6)
Treat	0.0280**	0.0033	0.0063	0.0286**	0.0483*	0.0099
	(0.012)	(0.010)	(0.012)	(0.014)	(0.025)	(0.021)
控制变量	是	是	是	是	是	是
省份—时间效应	是	是	是	是	是	是
个体固定效应	是	是	是	是	是	是
时间固定效应	是	是	是	是	是	是
样本数	2 783	2 783	946	847	737	253
拟合优度	0.560	0.704	0.467	0.452	0.619	0.486

注:*、**和***分别表示在 10%、5% 和 1% 的统计水平上显著;括号内的数值为稳健聚类标准误。

3. 基于经济发展的检验

城市经济发展和特定资源禀赋可能会对区域经济高质量发展产生较大影响。在经济发展方面,本章根据 2014 年《国务院关于调整城市规模划分标准的通知》,将样本城市分为特大城市及以上、大型城市、中型城市和小型城市。结果如表7-4第(1)—第(4)列所示,核心变量Treat的系数在大型城市和中型城市显著为正,而在特大城市及以上、小型城市不显著,说明国际运输通道对区域经济高质量发展的促进效应主要集中于大中型城市,这表明中欧班列开通对大中型城市具有较强的经济带动效应。在特定资源方面,本章根据2013年《全国资源型城市可持续发展规划(2013—2020年)》的标准,将样本城市分为资源型城市和非资源型城市,结果如表7-4第(5)列和第(6)列所示,国际运输通道对资源型城市和非资源型城市均具有显著的促进效应,且对非资源型城市更为显著。这说明相较于资源型城市,中欧班列开通对非资源型城市的促进效应更为明显。究其原因,资源型城市主要以传统重工业结构为主,经济转型较为缓慢,从而导致国际运输通道是否开通的影响不明显。

表 7-4 经济发展异质性

变量	城市规模				特定资源	
	特大城市及以上	大型城市	中型城市	小型城市	资源型城市	非资源型城市
	(1)	(2)	(3)	(4)	(5)	(6)
Treat	0.0313	0.0134*	0.0230**	0.0186	0.0146*	0.0224**
	(0.026)	(0.007)	(0.011)	(0.017)	(0.008)	(0.009)
控制变量	是	是	是	是	是	是
省份—时间效应	是	是	是	是	是	是
个体固定效应	是	是	是	是	是	是
时间固定效应	是	是	是	是	是	是
样本数	143	946	781	913	979	1 804
拟合优度	0.590	0.590	0.531	0.479	0.542	0.508

注：*、**和***分别表示在10%、5%和1%的统计水平上显著；括号内的数值为稳健聚类标准误。

(四) 进一步检验

1. 开通状况检验

理论上,中国经济高质量发展不仅受到中欧班列开通的影响,还受到中欧班列开通班次、途经站点以及目的地的影响。本章引入开通班次、途经站

点数量和目的地类型与中欧班列开通的交乘项加以验证,具体模型如下:

$$TFP_{i,t} = \beta_0 + \beta_1 Treat_{i,t} \times Rail_{i,t} + \beta \sum X_{i,t} + \lambda_i + \eta_t + Province_c \times \eta_t + \varepsilon_{i,t} \quad (7-4)$$

其中,$Rail$ 代表中欧班列开通状况,包括开通班次、途经站点数量和目的地类型。其中,开通班次采用中欧班列的年度开行班次衡量,部分缺省数据采用常态化月度开行班次计算而得;途经站点数量采用中欧班列途经境外国家数量衡量;目的地类型以中欧班列的终点站是否为发达国家虚拟变量衡量。

结果如表 7-5 第(1)—(3)列所示,交乘项 $Treat \times Rail$ 的系数均显著为正,说明中欧班列的开通班次、途经站点数量和发达国家目的地对国际运输通道的促进效应具有正向作用。究其原因,随着中欧班列的持续稳定运营和线路区位布局的完善,国际运输通道的改善降低了固定区间的贸易产品通行时间,推动了中国与开通国家国际贸易市场融合,从而通过"竞争效应"与知识溢出引致的"学习效应"共同推动经济高质量发展。

表 7-5 开通状况与辐射范围检验

变量	开通状况			辐射范围				
	开通班次	途经站点数量	目的地类型	$Dist<$ 100	$Dist<$ 150	$Dist<$ 200	$Dist<$ 250	$Dist<$ 300
	(1)	(2)	(3)	(4)	(5)	(6)	(7)	(8)
$Treat \times Rail$	0.0043**	0.0111*	0.0161**					
	(0.002)	(0.006)	(0.007)					
$Treat\_Dist$				0.0268**	0.0171**	0.0209**	0.0124*	0.0078
				(0.013)	(0.008)	(0.009)	(0.007)	(0.009)
控制变量	是	是	是	是	是	是	是	是
省份—时间效应	是	是	是	是	是	是	是	是
个体固定效应	是	是	是	是	是	是	是	是
时间固定效应	是	是	是	是	是	是	是	是
样本数	2 783	2 783	2 783	2 783	2 783	2 783	2 783	2 783
拟合优度	0.518	0.518	0.518	0.518	0.518	0.518	0.518	0.519

注:*、**和***分别表示在 10%、5%和 1%的统计水平上显著;括号内的数值为稳健聚类标准误。

2. 空间效应检验

中欧班列的组织运营服从"轴—辐"模式,虽然本章将中欧班列所属省份纳入处理组,但仍然难以全面合理推算中欧班列的辐射范围。因此,本章进一步根据中欧班列始发站的轴辐距离设定中欧班列开通的政策虚拟变量。一般而言,其他非开通城市要进行中欧班列的物流载货服务,主要通过当地中欧班列物流公司,经过铁路网络将货物运输至中欧班列开通站点。因此,本章依据中欧班列始发站与距离最近城市火车站的经纬度计算两者间的球面最短距离($Dist$),当最近城市火车站到中欧班列始发站的距离依次位于[0,100公里]、[0,150公里]、[0,200公里]、[0,250公里]、[0,300公里]时,该城市火车站所属城市被纳入处理组,并相应形成政策虚拟变量($Treat\_Dist$)。以$Dist<100$为例进行说明,政策虚拟变量取 1 时,表示 100 公里以内的城市进入处理组,100 公里以外的进入控制组。

表7-5第(4)—(8)列为基于不同轴辐距离的回归结果。当轴辐距离为100公里、150公里、200公里、250公里时,核心变量 $Treat\_Dist$ 的系数显著为正,表明国际运输通道对周边区域经济高质量发展具有正向辐射效应;当轴辐距离超过300公里时,国际运输通道的促进作用不再显著,表明中欧班列开通的辐射范围大致在250公里以内。

四、机制检验

国际运输通道对经济发展的作用路径一般表现为推动技术创新、优化产业结构、促进资源再配置等方面。本章构建机制检验模型,探究国际运输通道对区域经济高质量发展的影响机制。具体模型设定如下:

$$IM_{i,t} = \rho_0 + \rho_1 Treat_{i,t} + \rho \sum X_i + \lambda_i + \eta_t + Province_c \times \eta_t + \varepsilon_{i,t} \quad (7-5)$$

$$TFP_{i,t} = \gamma_0 + \gamma_1 Treat_{i,t} + \gamma_2 Treat_{i,t} \times IM_{i,t} + \gamma_3 IM_{i,t} + \gamma \sum X_{i,t} + \lambda_i + \eta_t + province_c \times \eta_t + \varepsilon_{i,t} \quad (7-6)$$

其中,IM代表机制变量,采用变量基期值。模型检验步骤为:基于(7-1)式验证国际运输通道对经济高质量发展的促进作用;对(7-5)式和(7-6)式进行回归,若系数ρ_1和γ_2同时显著为正,说明该机制变量是中欧班列开通提升区域经济高质量发展的作用路径。

第一,技术创新效应。国际运输通道推动了中国与欧洲地区进出口贸易的增长,并通过"学习效应"和"竞争效应"迫使国内企业开展技术创新,从而实现经济高质量发展。由于专利被引量体现为专利技术的有效性和实用性,更能反映区域创新质量,本章收集整理上市公司的专利被引量,并匹配形成城市面板数据进行检验,结果如表7-6第(1)列和第(2)列所示。第(1)列的核心变量 $Treat$ 的关系显著为正,说明中欧班列开通具有显著的区域技术创新效应。第(2)列的交乘项 $Treat×IM$ 的系数也显著为正,说明中欧班列通过推动区域创新,进而提升了区域经济高质量发展。

表7-6 机制检验

变量	技术创新效应		产业结构效应				资源再配置效应	
	专利被引量	TFP	产业转型	TFP	产业高级化	TFP	资本配置	TFP
	(1)	(2)	(3)	(4)	(5)	(6)	(7)	(8)
$Treat$	1.8121**	0.0149*	0.0287***	0.0137*	0.0118***	0.0151*	0.0147**	0.0153*
	(0.828)	(0.008)	(0.009)	(0.008)	(0.003)	(0.009)	(0.006)	(0.009)
$Treat×IM$		0.0223**		0.0757**		0.0230*		0.1163***
		(0.010)		(0.036)		(0.013)		(0.033)
IM		0.0011***		0.0085		0.1400**		0.0389*
		(0.000)		(0.029)		(0.065)		(0.023)
控制变量	是	是	是	是	是	是	是	是
省份—时间效应	是	是	是	是	是	是	是	是
个体固定效应	是	是	是	是	是	是	是	是
时间固定效应	是	是	是	是	是	是	是	是
样本数	2 783	2 783	2 783	2 783	2 783	2 783	2 783	2 783
拟合优度	0.769	0.574	0.441	0.573	0.264	0.575	0.980	0.111

注:*、**和***分别表示在10%、5%和1%的统计水平上显著;括号内的数值为稳健聚类标准误。

第二,产业结构效应。国际运输通道有助于提升贸易开放水平,推动比较优势产业发展,刺激国内消费需求,从而推动需求导向型的产业结构发展,为经济高质量发展提供了条件。本章一方面以第三产业占比与第二产业占比的比率测量产业转型过程,另一方面参考已有文献的做法构建产业高度化指数以测量产业高级化水平(付凌晖,2010)。结果如表7-6第(3)—(6)列所示,可以发现中欧班列通过推动产业转型与产业高级化,从而促进了经济高质量发展。

第三,资源再配置效应。中欧班列开通是区域基础设施建设水平的重大提升,将会加剧区域资本流动,吸引投资规模大、科技含量高、带动能力强的重大投资项目落地,进而实现经济高质量发展。因此,本章参考第四章(4-17)式的测算方法,构建资本配置指标进行检验。结果如表7-6第(7)列和第(8)列所示,实证结果验证了资源再配置效应这一作用路径的存在性。

综上而言,技术创新效应、产业结构效应和资源再配置效应得到验证,理论假说2成立。

五、小结

本章以中欧班列开通作为准自然实验,考察"一带一路"倡议背景下国际运输通道对区域经济高质量发展的影响效应。研究发现:相较于未开通城市,中欧班列开通显著推动了开通城市区域经济高质量发展;中欧班列通过技术创新效应、产业结构效应和资源再配置效应等作用路径,推动区域经济高质量发展,且主要通过区域技术进步的发展效应实现传导作用;基于地理区位和经济发展的异质性检验发现,中欧班列开通的促进效应主要体现在中西部地区,且集中于大中型城市和非资源型城市;中欧班列的开行次数、途经站点数量和发达国家目的地对国际运输通道的促进作用具有正向的调节效应;中欧班列开通对周边区域经济高质量发展产生显著的辐射效应,且中欧班列开通的辐射范围大致在250公里以内。

本章结论对于深化"一带一路"倡议、推动经济高质量发展具有一定的政策含义。

第一,推动全方位对外开放,构建高水平开放新格局。本章验证了国际运输通道对区域经济高质量发展的影响效应。因此,我国应当进一步推动"一带一路"倡议下基础设施互联互通,以中欧班列为重要抓手强化中国内陆城市与欧洲国家的经济联系,推动亚欧大陆国家双向联动的共赢发展,有利于加快形成以节点城市为核心的全球价值链"共轭环流"。

第二,继续深化"一带一路"倡议,加强建设国际运输通道以实现国际贸易互联互通,充分发挥其对内陆城市经济高质量发展的提升作用,加强与欧洲发达经济体的贸易合作与交流,吸引高新产业和推动产业结构转型升级。

第三,推动内陆城市共建"一带一路"倡议,推动技术创新要素自由流动。不同城市应基于自身资源禀赋优势,把握交通基础设施互联互通的发展契机,发挥资源集聚与经济辐射作用,缩小经济发展差距,实现区域创新协调发展,进而提升经济高质量发展水平。

第四篇

全球双环流下的中国与发展中经济体治理及绿色协同

第八章 治理协同:人类命运共同体理念的践行

第一节 "一带一路"倡议的全球治理效应:沿线国家社会稳定视角[①]

一、引言

2018年以来,以美国为首的发达国家贸易保护主义抬头,逆全球化思潮迭起,2020年新冠肺炎疫情在世界范围内的暴发更是给全球化带来了挑战。在这种国际大背景下,习近平总书记于2020年4月首次提出要逐步形成以国内大循环为主体、国内国际双循环相互促进的新发展格局,以期在打通国内生产、分配、流通和消费大循环的基础上,坚持更高质量的对外开放,积极为构建"人类命运共同体"贡献中国力量。作为实现"人类命运共同体"理念的重要抓手,2013年习近平总书记提出的"一带一路"倡议可谓未雨绸缪,在发达国家"去全球化"浪潮中为中国坚持对外开放战略提供了有力保障。

自"一带一路"倡议提出以来,中国政府诸多官方文件均清晰地明确了倡议与全球治理之间的重要关系。国家发展改革委、外交部和商务部2015年3月联合发布的《推动共建丝绸之路经济带和21世纪海上丝绸之路的愿景与行动》便明确指出,"共建'一带一路'符合国际社会的根本利益,彰显人类社会共同理想和美好追求,是国际合作以及全球治理新模式的积极探索,将为世界和平发展增添新的正能量"。此后,2016年4月29日,习近平总书

[①] 本节作者为王桂军等,系北京理工大学人文与社会科学学院助理教授。

记在主持中共中央政治局第三十一次集体学习时强调,"一带一路"倡议唤起了沿线国家的历史记忆,古代丝绸之路是一条贸易之路,更是一条友谊之路,我们提出"一带一路"倡议就是要继承和发扬丝绸之路精神,赋予古代丝绸之路以全新的时代内涵。习近平总书记在 2017 年首届"一带一路"国际合作高峰论坛上进一步强调了"一带一路"倡议对破解全球"三大赤字"的时代意义。

由此可见,"一带一路"倡议不仅是中国推动经济全球化、为世界经济复苏贡献中国方案的重要抓手,而且承载着破解全球发展赤字、构建人类命运共同体的重要使命,是中国积极参与全球治理的伟大战略和具体实践。"全球治理"虽然是近三十多年来兴起的新说法,但其内涵已经有了相当完善的解释。其中,全球治理委员会将全球治理定义为"各种公共或私人领域的个人和机构管理共同事务的诸多方式的总和",能够"使相互冲突的或不同的利益得以调和并采取联合行动"的持续过程(COGG,1995)。中国学者俞可平(2002)也认为,全球治理旨在通过有约束力的国际规制解决全球性的冲突、生态、人权、移民、毒品、走私、传染病等问题,以维持正常的国际政治经济秩序。从以上权威定义中,我们不难发现"冲突"是全球治理的核心关键词。由此可见,全球治理,解决冲突是关键。因此,本节后续部分将以最具解释力的治理暴力冲突和恐怖袭击贡献度刻画一国的社会稳定性,并以此为视角对"一带一路"倡议的全球治理效应展开考察。

目前来看,学术界虽然形成了相对完善的"一带一路"倡议研究框架,但多数研究均集中在对外直接投资(Du and Zhang,2018;金刚和沈坤荣,2019;吕越等,2019)、贸易往来(李笑影和李玲芳,2018;Mao et al.,2019)和中国企业发展(王桂军和卢潇潇,2019;李建军和李俊成,2020;王桂军和张辉,2020)等经济学领域,涉及"一带一路"背景下全球治理的研究相对较少。其中,张文木(2017)、秦亚青和魏玲(2018)等学者详细阐释了"一带一路"倡议下中国贡献新型全球治理观的必要性和先进性;欧阳康(2018)从国内和国际两个视角给出了"一带一路"倡议下中国参与全球治理的努力方向;谢来辉(2019)基于治理体系的制度形态和权力结构构建了一个理论分析框架,对"一带一路"与全球治理的关系进行了类型学分析;陶平生(2020)从全球治理视角系统地评估了共建"一带一路"国际规则的现状、成效及挑战,并提出了完善思路和政策建议。不难发现,以上仅有的几篇关于"一带一路"

倡议与全球治理的文献均是从定性层面对"一带一路"倡议下中国参与全球治理进行解读,不仅没有涉及全球治理中冲突治理这一核心命题,而且缺少"一带一路"倡议下全球治理效应的经济学分析和实证考察。有鉴于此,本节首先从经济学视角对"一带一路"倡议的全球治理效应进行理论分析,然后基于可得数据从实证层面展开考察,从理论和实证两个层面为"一带一路"倡议的全球治理效应补充证据。

理论层面,本节基于中国与"一带一路"沿线国家贸易往来和对外直接投资不断升级的事实,从工业化进程、人均收入和就业水平等视角廓清了"一带一路"倡议对沿线国家社会稳定的作用机理,认为"一带一路"倡议不仅可以提高沿线国家就业水平,而且可以加快其工业化进程,工业化的加速在提高沿线国家人均收入的同时又会对其就业产生"挤入效应",这一系列影响最终会引致沿线国家社会稳定性的提高,从而使得"一带一路"倡议产生正向的全球治理效应。

实证层面,本节视"一带一路"倡议为准自然实验,将"一带一路"沿线国家作为处理组,非"一带一路"沿线国家作为控制组,依托2020年复旦大学社会科学高等研究院发布的《全球正义指数报告》,从中提取2010—2017年全球各国治理暴力冲突和恐怖袭击贡献度的排名数据,利用双重差分法从社会稳定性视角对"一带一路"倡议的全球治理效应展开实证考察。

研究发现,"一带一路"倡议显著地促进了沿线国家的社会稳定,且呈逐年递增的动态变化趋势。这意味着"一带一路"倡议具有显著的正向全球治理效应。上述结论不仅通过了内生性问题和平行趋势问题等双重差分有效性检验,而且在基于机器学习的反事实检验、倾向得分匹配双重差分法和三重差分法等多种稳健性检验之后依然稳健。进一步,本节从工业化进程、人均收入和就业水平三个视角展开机制检验。结果显示:一方面,"一带一路"倡议在加快沿线国家工业化进程的同时,提高了沿线国家的人均收入和就业水平;另一方面,工业化进程、人均收入和就业水平均是"一带一路"倡议促进沿线国家社会稳定的机制变量。这意味着"一带一路"倡议可以通过加快工业化进程、提高人均收入和就业水平等路径显著地促进沿线国家的社会稳定,这为理论分析补充了证据。

最后,本节从社会稳定性排名和沿线国家地理位置两个层面展开异质性分析。研究发现,"一带一路"倡议对沿线国家社会稳定性的促进效应存在国家和地域层面的异质性:一方面,"一带一路"倡议的社会稳定性效应无法对高度动乱的沿线国家产生作用;另一方面,"一带一路"倡议相对来说,更能促进与中国相邻国家的社会稳定性。

本节从沿线国家社会稳定视角有效识别了"一带一路"倡议的全球治理效应,并从工业化进程、人均收入和就业水平等多个视角为"一带一路"倡议的全球治理机制赋予了经济学解释。这不仅有效补充了关于"一带一路"倡议外部效应的研究,而且有力批驳了国际上关于"一带一路"倡议"债务陷阱""新殖民主义"等不实言论,从而具有一定的学术价值和现实意义。

余下部分结构安排如下:第二部分为理论分析与研究假说,第三部分为实证策略,第四部分为实证分析与稳健性检验,第五部分为作用机制检验与异质性分析,最后是研究结论与政策建议。

二、理论分析与研究假说

"一带一路"倡议的全球治理效应是一个以经济学、社会学和国际关系学为主,多学科交叉融合的社会关系问题。本节拟从经济学视角厘清"一带一路"倡议影响沿线国家社会稳定的机制路径,以此提出研究假说并予以计量检验,从而基于经济学分析和实证考察两个层面,从社会稳定视角为"一带一路"倡议的全球治理效应补充理论阐释与经验证据。具体而言,本节基于中国对沿线国家贸易投资升级的事实,分别分析"一带一路"倡议对沿线国家工业化进程、人均收入和就业水平的影响,并进一步廓清工业化进程、人均收入、就业水平与沿线国家社会稳定的关系,从而廓清"一带一路"倡议影响沿线国家社会稳定的机制路径。

在经济领域,作为中国对外开放的重要路径,"一带一路"倡议不仅有效促进了中国与沿线国家的贸易往来,而且为中国和其他发达国家对沿线国家的直接投资带来了机遇。贸易往来方面,在"一带一路"倡议下,沿线国家在与中国的贸易往来中不仅可以通过关税优惠等诸多政策的支持减少交易成本,而且可以依托中国"共商共建,成果共享"的发展理念掌握贸易规则及价格制定权,避免传统"中心—外围"的霸权贸易规则。这一新型贸易规则体系充分激发了沿线国家与中国贸易往来的积极性,数据统计,共建"一带一路"倡议以来,中国与沿线国家贸易规模持续扩大,2014—2019年贸易值累计超过44万亿元,年均增长达到6.1%,中国已经成为沿线国家中25个国家最大的贸易伙伴。对外直接投资方面,"五通"的实现离不开对沿线国家的直接投资,其中设施联通更是直接与投资相关,而政策关联、资金支持和文化交流也会为中国对沿线国家直接投资多方位地提供助力。具体统计,截至2019年,中国企业对沿线国家直接投资已经超过1 000亿美元,年均增长超过5%,这充分体现了中国对沿线国家直接投资的增长活力和美好前景。[①] 在学界,学者们也从多个视角充分肯定了"一带一路"倡议促进中国对沿线国家直接投资的事实(Du and Zhang,2018;金刚和沈坤荣,2019;吕越等,2019)。此外,还应注意到,在"一带一路"倡议稳步推进的过程中,中国秉承"共商共建,成果共享"宗旨积极打造第三方市场合作模式。第三方市场合作是"一带一路"倡议下中国首创的国际合作新模式,旨在通过资源分配的优化将中国的中高端制造能力、发达国家的高端技术和先进理念、沿线国家的发展需求进行多方融合,为中国产业的优化升级、发达国家产能的转移释放和沿线国家工业化的加速提供机遇,截至2019年6月已有法国、意大利、日本等14个发达国家与中国签署相关协议。作为第三方市场合作建设的载体,沿线国家必然会进一步吸引中国甚至发达国家的直接投资。

综上来看,"一带一路"倡议下中国与沿线国家贸易往来和对外直接投资的升级已经成为不争的事实。在此基础上,"一带一路"倡议会进一步对沿线国家产生更多的正向效应。其中,中国由此对沿线国家释放的工业化红利十分值得探讨。这是因为,沿线国家工业化的加速会进一步对其人均收入和就业水平产生影响,而这两个指标被认为是影响一国或地区社会稳定的重要因素(Shemyakina,2015;Cahalan et al.,2020)。

工业化是改善民生的核心力量,任何一个经济体的崛起都离不开工业化的加速。自20世纪末全球生产的"雁阵模式"退出历史舞台后,以发达国家主导的"中心—外围"全球生产模式逐渐形成,全球化生产也由产业间的分工演变为产品内分工的"全球价值链"模式。在这一模式下,发达国家依靠雄厚的资本支持、先进的技术水平和高级的管理理念长期霸据价值链生产的高端环节,而包括中国在内的其他发展中国家则被锁定在价值链的低端位置(吕越等,2018)。这是因为,尽管这种全球化生产模式可以使得众多发展中国家依靠劳动力成本和资源禀赋优势参与其中,但发展中国家从中

[①] 以上数据均整理于中国一带一路网(www.yidaiyilu.gov.cn)。

获得的技术溢出十分有限,在价值链位势的攀升中容易触及"天花板"(洪俊杰和商辉,2019)。2008年世界金融危机之后,各发达经济体相继陷入疲软状态,经济增长乏力的同时对"中心—外围"世界生产格局的把控也逐渐弱化。作为全球经济规模最大的新兴经济体,中国在此时脱颖而出,成为重构全球价值链生产网络的中坚力量。一方面,中国可以依靠丰厚的劳动力和资源禀赋参与发达国家的价值链生产;另一方面,中国可以依托雄厚的资本支持和相对先进的技术水平主导发展中国家的价值链生产。自此,全球生产格局演变为以中国为枢纽,上接发达国家、下连发展中国家的全球价值"双环流"体系(或称"共轭环流"体系)(张辉等,2017;洪俊杰和商辉,2019)。

绝大多数"一带一路"沿线国家作为"下环流"国家参与全球价值"双环流"体系的生产,相对于沿线国家,中国在技术水平高端化和管理理念高级化等方面均具有鲜明的比较优势。如图8-1所示,作为全球价值"双环流"体系的枢纽,中国不但可以承接来自发达国家的高端中间品,而且可以将中端中间品出口至大部分沿线国家,而处于"下环流"的大部分沿线国家囿于技术水平和管理理念的不足,只能向发达国家和中国出口最终品,而不能直接承接来自发达国家的高端中间品。这样,基于"一带一路"倡议下中国与沿线国家贸易和投资不断升级的事实,中国秉承构建"人类命运共同体"理念,通过"共商共建,成果共享"的平等共赢模式与沿线国家进行合作,不仅不会像"中心—外围"霸权主义下发达国家对发展中国家那样对沿线国家实施技术封锁,反而会积极依托贸易往来和对外直接投资主动向沿线国家进行技术溢出。因此,"一带一路"倡议的推进极有可能会向沿线国家释放工业化红利,加快其工业化进程。

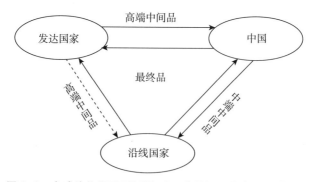

图 8-1 全球价值"双环流"体系下产品国际生产工序的分解

接下来的问题是,沿线国家工业化的加速是否会进一步引致其人均收入水平和就业水平的提升,从而影响到国家内部的社会稳定?

第一,工业化与沿线国家人均收入方面。工业化可以被理解为国民收入和就业人口在三次产业间的重新分配。随着时间的推移,农业国民收入与就业人口占比逐渐降低,工业国民收入与就业人口占比逐渐上升;随着经济社会的进一步发展,服务业国民收入和就业人口占比亦开始逐渐上升(Clark,1940;Kuznets,1957)。工业化可以促进经济增长已是一个几乎被社会各界充分肯定的命题。Kaldor(1967)从三个方面论证了工业化对经济增长的影响,认为工业产出与经济增长、工业劳动生产率及总体经济生产率之间均呈正相关关系;钱纳里等(1995)也充分肯定了工业化(经济结构转变)对经济增长的重要性。由此可知,工业化是一国或地区实现经济增长的核心推动力量。经济增长分解到个人层面便是人均收入的普遍提升。因此,如果"一带一路"倡议对沿线国家的工业化进程存在政策红利,那么沿线国家人均收入水平的提升将是不争的事实。

第二,工业化与沿线国家就业水平方面。工业化对就业的影响同时存在"挤出效应"和"挤入效应"。一方面,资本深化是工业化的重要表征,它在提高劳动生产率的同时,也对就业产生"挤出效应"(Castells,2000);另一方面,资本深化会加速资本存量的扩张,从而可以依托规模庞大的工业体系特别是劳动密集型产业吸收更多的劳动力,对就业表现出"挤入效应"(Galenson and Leibenstein,1955)。对于存在后发优势的沿线国家而言,在"一带一路"倡议的加持下,其工业化进程并不会像传统资本主义大国那样经历几十年甚至上百年的时间。因此,工业化对其就业的"挤出效应"可以被规模迅速扩大的工业生产体系稀释。另外,在中国对"一带一路"沿线国家强而有效的技术溢出效应下,沿线国家的资本和技术密集型产业也将得到快速发展,这将进一步带动沿线国家服务业的发展,从而可以有效吸收从农业流出的劳动力,对就业产生"挤入效应"。

此外,在沿线国家工业化提速的过程中,"一带一路"倡议下中国对沿线国家的贸易投资升级也可以直接促进沿线国家就业水平的提高。首先,从贸易来看,有学者认为贸易往来对就业是否有促进效应在很大程度上取决于贸易自由化程度(Krugan,1986;Greenaway et al.,1999;毛其淋和许家云,2016)。这是因为,贸易自由化可以通过降低进口成本和交易成本等方式促进东道国企业成长,从而为东道国提供更多的就业机会。正如前文所述,"一带一路"倡议下中国与沿线国家的贸易往来不仅具有更多的政策支持和国家政府之间的协调,而且能够打破传统"中心—外围"的霸权贸易,使得沿线国家拥有充分的规则与价格制定权,这体现出中国与沿线国家高度的贸易自由化。由此看来,"一带一路"倡议下中国对沿线国家的贸易往来很有可能会带动这些国家就业水平的提升。其次,从对外直接投资方面来看,目前学术界关于对外直接投资与东道国就业之间的关系并未形成一致观点。部分学者认为对外直接投资可以提高东道国的就业水平(Chen and Ku, 2003;Barrios et al., 2005;毛日昇,2009;许建伟和郭其友,2016);但也有学者持不同观点,认为对外直接投资无法提高甚至会抑制东道国的就业水平(郭克莎,2000;Ernst,2005)。之所以出现以上背道而驰的结论,主要是因为对外直接投资对东道国就业的影响会同时表现出就业创造效应和替代效应。一方面,对外直接投资可以通过企业的扩大再生产直接为东道国创造就业机会;另一方面,对外直接投资也会通过技术外溢效应提高东道国的科技水平,从而对东道国的就业产生替代效应。根据 Chenery and Strour(1996)提出的"两缺口"模型,对外直接投资对一国就业是表现出创造效应还是替代效应取决于该国的经济发展水平。对于大部分发展中国家而言,由于储蓄缺口和外汇缺口的存在,对外直接投资可以通过填补这些缺口有效刺激就业。"一带一路"沿线的 65 个国家绝大部分是尚处于经济赶超阶段的发展中国家,中国对这些国家的对外直接投资极有可能有效促进其就业增长。

贫困是滋生冲突的温床,收入提高和充分就业是解决贫困的重要手段。因此,收入、就业与社会稳定的关系是一个比较浅显且趋于肯定的问题——收入提高和充分就业可以促进社会稳定。这是因为,一方面,从经济学角度讲,收入低人员或失业人员作为无法获得基本生活保障的利益受损者,其主要依靠政府补助维持生计,当社会基本保障制度不健全或存在缺失时,生活困难的加剧可能会导致失业者对社会产生不满,从而选择暴力冲突或参与非法组织等途径获取基本生活保障;另一方面,从社会学角度讲,失业、待业或收入与劳动不符的隐性失业[①]人员由于长期不能融入正常的社会交往环

[①] 隐性失业,指具有劳动能力并在职工作但工作量不足,不能通过工作获得社会认可的正常收入,虽有工作岗位但未能充分发挥作用的失业,或在自然经济里被掩盖的失业。

境而被边缘化,与"主流"社会的疏远导致失业者出现交往障碍,进而可能会出现性格的偏激。从数据来看,"一带一路"沿线国家的整体失业率高达9%左右,远高于中国和其他发达国家,而且基本社会保障制度仍然相对欠缺,譬如医疗保障覆盖率平均仅为38.3%。① 在这样的社会背景下,大量低收入者和失业者的存在很有可能会滋生暴力冲突、恐怖袭击等极端犯罪行为,影响沿线国家的社会稳定。由此来看,解决收入和就业问题无疑是减少暴力冲突和恐怖袭击、提高"一带一路"沿线国家社会稳定的一剂良药。因此,我们认为,"一带一路"倡议可以在中国对沿线国家贸易和投资不断升级的事实下,通过释放工业化红利、提高人均收入和就业水平来减少沿线国家暴力冲突、恐怖袭击等极端事件的发生,最终促进其社会稳定。

综上,本节基本厘清了"一带一路"倡议促进沿线国家社会稳定的作用机制路径。如图8-2所示,首先,"一带一路"倡议在中国与沿线国家贸易和投资升级的事实下,一方面可以显著加快沿线国家的工业化进程,另一方面可以直接提高沿线国家的就业水平。其次,工业化的加速在提高沿线国家人均收入水平的同时会对就业产生挤入效应。人均收入和就业水平的提高可以有效降低沿线国家诸如暴力冲突和恐怖袭击等社会不稳定事件发生的概率,从而使得"一带一路"倡议可以有效促进沿线国家的社会稳定。基于此,本节提出如下理论假说。

理论假说1:"一带一路"倡议可以显著促进沿线国家的社会稳定。

理论假说2:"一带一路"倡议可以通过提高人均收入和就业水平,促进沿线国家的社会稳定。

理论假说3:"一带一路"倡议可以通过加快沿线国家工业化进程,促进沿线国家的社会稳定。

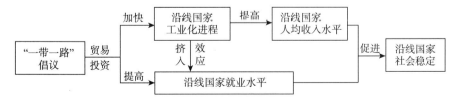

图8-2 "一带一路"倡议影响沿线国家社会稳定的作用机制路径

---

① 数据来自中国一带一路网(www.yidaiyilu.gov.cn)。

三、实证策略

（一）社会稳定性的衡量

一国或地区的社会稳定可以从多个层面来刻画,但最为重要也是最具底线性质的是是否存在社会动荡,而暴力冲突和恐怖袭击是社会产生动荡的根源。因此,本节选择最具解释力的暴力冲突和恐怖袭击来刻画一国或地区的社会稳定性。具体而言,本节依托 2020 年复旦大学社会科学高等研究院发布的《全球正义指数报告》,从中提取全球各国治理暴力冲突和恐怖袭击贡献度的排名数据[①],以此刻画一国或地区的社会稳定性排名。排名越靠前(数值越小)表示发生暴力冲突或恐怖袭击的概率越小,社会稳定性越好;反之,排名越靠后(数值越大)表示发生暴力冲突或恐怖袭击的概率越大,社会稳定性越差。

（二）计量模型的选择

2013 年 9—10 月,习近平总书记在访问中亚和东南亚国家期间先后提出建设"一带一路"倡议。自此,"一带一路"倡议成为我国顶层对外开放合作战略。"一带一路"具体覆盖东亚的蒙古,东盟的新加坡、马来西亚、印度尼西亚、缅甸、泰国、老挝、柬埔寨、越南、文莱和菲律宾,西亚的伊朗、伊拉克、土耳其、叙利亚、约旦、黎巴嫩、以色列、巴勒斯坦、沙特阿拉伯、也门、阿曼、阿联酋、卡塔尔、科威特、巴林、希腊、塞浦路斯和埃及,南亚的印度、巴基斯坦、孟加拉国、阿富汗、斯里兰卡、马尔代夫、尼泊尔和不丹,中亚的哈萨克斯坦、乌兹别克斯坦、土库曼斯坦、塔吉克斯坦和吉尔吉斯斯坦,中东欧的波兰、立陶宛、爱沙尼亚、拉脱维亚、捷克、斯洛伐克、匈牙利、斯洛文尼亚、克罗地亚、波黑、黑山、塞尔维亚、阿尔巴尼亚、罗马尼亚、保加利亚和北马其顿,以及俄罗斯、乌克兰、白俄罗斯、格鲁吉亚、阿塞拜疆、亚美尼亚和摩尔多瓦,共计 65 个国家。"一带一路"倡议的实施与推进将世界各国及地区自然地分成了两组,一组是受"一带一路"倡议直接影响的 65 个沿线国家,另一组

[①] 该排名的测算围绕"正向"指标和"负向"指标两个维度展开。"正向"指标关注一国或地区在多大程度上卷入了暴力冲突或恐怖袭击,是各国暴力冲突和恐怖袭击的增量指标,具体涵盖冲突数量、战争数量、冲突死亡人数、恐怖事件数量和恐怖事件死亡人数五个维度;"负向"指标意指一国或地区为减少暴力冲突和恐怖袭击付出的努力程度,是各国暴力冲突和恐怖袭击的减量指标,具体涵盖达成反暴反恐协议数量和协议具体成果两个维度。

是不受或不能被"一带一路"倡议直接影响的其他非沿线国家。这为本节利用政策评估的有效方法——双重差分法(DID)考察倡议是否以及如何影响沿线国家的社会稳定提供了机会。参考 Lu and Yu(2015)、吕越等(2019)的做法,本节选择 65 个沿线国家为处理组,其他非沿线国家为控制组,具体设计如下 DID 模型展开实证考察:

$$Stability_{it} = \alpha_1 BR_{it} \times Time_{it} + \alpha_2 BR_{it} + \alpha_3 Time_{it} + \alpha_4 X_{it} + \varepsilon_{it} \tag{8-1}$$

其中,i 和 t 分别表示国家和年份。$Stability$ 表示一国的社会稳定性排名,如前文所述,以各国治理暴力冲突和恐怖袭击贡献度排名刻画。BR 表示"一带一路"倡议下的国家分组,$BR=1$ 为沿线国家组,$BR=0$ 为控制组。$Time$ 为"一带一路"倡议的政策冲击时间,$Time=1$ 表示政策实施后,$Time=0$ 表示政策实施前。由于"一带一路"倡议于 2013 年下半年提出,考虑到政策效应存在时间滞后性,本节具体选择 2014 年为政策冲击时间。X 为控制变量集,表示可能影响到社会稳定的国家层面的特征变量,具体包括政府最终消费支出(Gov_spend)、人口密度($Pop\_density$)、公共教育支出(Edu_spend)、难民人数(Ref_num)和入学率(Enr_rate)等;ε 表示随机扰动项。

模型(8-1)可以利用两次差分过程很好地剔除不可观测因素对估计结果的影响,从而可以得到"一带一路"倡议影响沿线国家社会稳定的净效应。然而,需要注意的是,除了上述国家层面的特征变量可能会影响一国的社会稳定,各国自身具有的不随时间变化的固有特征和世界范围内随时间变化的全球性冲击均会对其社会稳定产生影响。由此来看,仅仅依靠模型(8-1)进行回归有可能无法得到倡议影响沿线国家社会稳定的有效估计。因此,十分有必要同时控制国家固定效应和年份固定效应,利用双向固定效应模型进行考察。于是,本节最终使用由模型(8-1)演变而来的双向固定效应 DID 模型进行考察,具体模型如下:

$$Stability_{it} = \beta_1 BR_{it} \times Time_{it} + \beta_2 X_{it} + \mu_i + \lambda_t + \varepsilon_{it} \tag{8-2}$$

其中,μ_i 表示国家层面不随时间变化的固定效应;λ_t 表示随时间变化且能够同时影响世界各国的年份固定效应;其他变量定义与模型(8-1)相同。本节重点关注交乘项 $BR \times Time$ 的系数 β_1,它代表剔除其他不可观测影响因素之后,"一带一路"倡议影响沿线国家社会稳定的净效应。所有变量的具体定义如表 8-1 所示。

表 8-1 主要变量定义

变量	符号	定义
社会稳定性	Stability	以各国治理暴力冲突和恐怖袭击贡献度排名刻画
"一带一路"沿线国家分组	BR	BR=1 表示"一带一路"沿线国家,BR=0 表示非"一带一路"沿线国家
"一带一路"倡议的政策冲击时间	Time	Time=1 表示 2014 年及以后,Time=0 表示 2014 年以前
政府最终消费支出	Gov_spend	以政府最终消费支出占 GDP 的比重表示
人口密度	Pop_density	以每平方公里土地面积人数的自然对数表示
公共教育支出	Edu_spend	以公共教育支出占 GDP 的比重表示
难民人数	Ref_num	以难民数量占人口总数的比重表示
入学率	Enr_rate	以高等教育入学率表示

(三) 数据来源与描述性统计

本节以 2014 年作为"一带一路"倡议的政策冲击时间,选择"一带一路"倡议政策冲击前后各 4 年(2010—2017 年)的数据展开研究。各国治理暴力冲突和恐怖袭击贡献度排名取自 2020 年复旦大学社会科学高等研究院发布的《全球正义指数报告》,计算该指标用到的武装冲突数据来自 UCDP 武装冲突数据库和 UCDP 中与战争有关的死亡情况数据库,恐怖袭击的相关数据来自全球恐怖主义数据库(Global Terrorism Database,GTD),反暴反恐协议基于 UCDP 和平协议数据库整理而得,其他国家层面的特征变量数据以及后文使用的机制变量数据均来自世界银行数据库。最终,本节得到 2010—2017 年全球 192 个国家或地区的 1 520 个观测值。为了规避极端值对估计结果造成的干扰,本节对政府最终消费支出、人口密度等连续型变量进行了 1% 的双端缩尾处理。表 8-2 列示了本节涉及的主要变量的描述性统计特征,各主要变量在样本期间均存在较大差异,这为本节利用 DID 模型考察"一带一路"倡议对沿线国家社会稳定的影响提供了很好的经验素材。

表 8-2　主要变量描述性统计特征

变量	观测值	均值	标准差	最小值	中位数	最大值
$Stability$	1 520	96.807	56.279	1.000	96.500	192.000
BR	1 520	0.342	0.475	0.000	0.000	1.000
$Time$	1 520	0.500	0.500	0.000	0.500	1.000
Gov_spend	1 520	0.139	0.077	0.000	0.150	0.350
$Pop\_density$	1 520	6.900	0.899	0.000	6.085	6.789
Edu_spend	1 520	0.084	0.080	0.000	0.090	0.260
Ref_num	1 520	0.343	1.038	0.000	0.017	8.557
Enr_rate	1 520	0.259	0.294	0.000	0.120	0.960

进一步,表 8-3 汇报了主要变量的 Pearson 相关系数,可以看出,"一带一路"倡议的沿线国家变量 BR 和冲击时间变量 $Time$ 与国家社会稳定代理变量 $Stability$ 的相关系数并不显著,且系数值仅分别为 0.001 和 0.032。这说明,本节的政策冲击变量包含的噪声很小,是比较理想的解释变量。从其他控制变量与 $Stability$ 的相关系数来看,其绝对值最高没有超过 0.2,相关系数值均较小。这说明,本节选择的控制变量也不存在噪声严重问题,是较为理想的控制变量。综上,本节利用这些变量组成的数据样本可以有效估计"一带一路"倡议对沿线国家社会稳定的影响效应。

表 8-3　主要变量的 Pearson 相关系数

	$Stability$	BR	$Time$	Gov_spend	$Pop\_density$	Edu_spend	Ref_num	Enr_rate
$Stability$	1.000							
BR	0.001	1.000						
$Time$	0.032	0.000	1.000					
Gov_spend	-0.164***	0.021	0.038	1.000				
$Pop\_density$	0.074***	-0.005	0.071***	0.024	1.000			
Edu_spend	-0.189***	-0.016	-0.050*	0.151***	0.135***	1.000		
Ref_num	0.075***	0.007	0.108***	0.011	-0.019	-0.071***	1.000	
Enr_rate	-0.133***	0.042	0.244***	0.387***	0.093***	0.148***	-0.057**	1.000

注:*、**和***分别表示在 10%、5% 和 1% 的统计水平上显著。

四、实证分析与稳健性检验

(一) DID 估计结果

本节同时汇报了基准 DID 模型(8-1)和双向固定效应 DID 模型(8-2)的回归结果(即平均效应),如表 8-4 所示。第(1)—(2)列为基准 DID 估计结果,第(1)列只加入了核心解释变量进行回归,可以看出,交乘项 $BR \times Time$ 的系数为负且在 10% 的统计水平上显著;第(2)列在第(1)列的基础上进一步控制了国家层面可能影响社会稳定的特征变量,不难发现,交乘项 $BR \times Time$ 的系数依然为负且在 5% 的统计水平上显著。这些结果初步说明"一带一路"倡议可以显著提高沿线国家的社会稳定性①,即"一带一路"倡议可以显著促进沿线国家的社会稳定。需要注意的是,基准模型(8-1)的回归没有控制国家固定效应和年份固定效应,而这两个固定效应恰恰可能是影响一国或地区社会稳定性的重要因素。因此,本节进一步基于双向固定效应 DID 模型(8-2)进行回归,结果如表 8-4 第(3)—(4)列所示。可以看出,在同时控制国家固定效应和年份固定效应之后,不管有没有加入国家层面的特征变量,交乘项 $BR \times Time$ 的系数均在 1% 的统计水平上高度显著为负。这充分证明"一带一路"倡议确实显著地促进了沿线国家的社会稳定性。因此,本节的理论假说 1 得证。

表 8-4 DID 估计结果

	社会稳定性(Stability)					
	平均效应				动态效应	
	(1)	(2)	(3)	(4)	(5)	(6)
BR	8.7648**	9.6309**				
	(2.0746)	(2.3117)				
$Time$	6.5200	4.3539				
	(1.0073)	(1.2914)				
$BR \times Time$	−10.0431*	−11.4823**	−10.0431***	−9.7433***		
	(−1.6809)	(−1.9924)	(−4.0960)	(−6.9982)		

---

① 本节以各国治理暴力冲突和恐怖袭击贡献度排名刻画社会稳定性,排名位次越高,其数值越小,因此 $BR \times Time$ 的系数显著为负符合预期,表示"一带一路"倡议可以显著降低沿线国家排名的数值,即提高其位次。

(续表)

| | 社会稳定性(Stability) | | | | | |
| | 平均效应 | | | | 动态效应 | |
	(1)	(2)	(3)	(4)	(5)	(6)
$BR \times year_{2014}$					-6.8411	-2.9014
					(-0.9916)	(-0.7552)
$BR \times year_{2015}$					-9.5075**	-8.7874**
					(-2.4544)	(-2.2807)
$BR \times year_{2016}$					-12.8669***	-16.5968***
					(-6.3216)	(-6.5329)
$BR \times year_{2017}$					-16.9568***	-16.6697***
					(-6.6030)	(-6.5601)
Gov_spend		-0.8081***		1.1113***		1.1341***
		(-4.1480)		(4.5999)		(4.6960)
$Pop\_density$		6.5307***		-4.2933		-4.3888
		(4.2347)		(-1.4575)		(-1.4918)
Edu_spend		-1.1714***		-0.1333		-0.1355
		(-6.6875)		(-1.1106)		(-1.1283)
Ref_num		6.0724**		2.7776		2.7771
		(2.3053)		(1.1593)		(1.1603)
Enr_rate		-0.1483***		-0.1152**		-0.1210**
		(-2.8138)		(-2.3630)		(-2.4779)
国家固定效应	否	否	是	是	是	是
年份固定效应	否	否	是	是	是	是
常数项	92.7660***	77.6244***	96.7263***	108.4265***	96.7263***	108.8284***
	(37.5415)	(8.1323)	(58.1903)	(6.4511)	(58.2380)	(6.4835)
样本数	1 520	1 520	1 520	1 520	1 520	1 520
拟合优度	0.0029	0.0765	0.0125	0.0343	0.0164	0.0391

注：*、**和***分别表示在10%、5%和1%的统计水平上显著,括号内为t值。

进一步,本节将"一带一路"倡议的平均效应具体分配到实施后的各个年份以考察"一带一路"倡议影响沿线国家社会稳定性的动态效应和变化趋势。在操作上,参考钱雪松等(2018)、王桂军和卢潇潇(2019)的做法,我们将冲击时间项 $Time$ 分解成四个时间虚拟变量 $year_t$ (t = 2014,2015,2016,2017),并分别与国家分组变量 BR 交乘,然后置入模型(8-2),替换 $BR×Time$ 进行回归。其中, $year_t$ 在第 t 年取值为1,其他年份取值为0。表8-4第(5)—(6)列汇报了上述检验结果,回归时均同时控制了国家固定效应和年份固定效应。不难发现,不管有没有加入国家层面的特征变量, $BR×year_t$ 系数的显著性水平都不断升高,且系数的绝对值逐年增大。这说明"一带一路"倡议对沿线国家社会稳定的影响是非线性的,影响幅度呈明显的递增趋势。出现上述结果的原因可能在于,从谋篇布局的"大写意"到精谨细腻的"工笔画","一带一路"倡议展现的是一个双边多边合作不断深化、贸易投资内容不断丰富的多方位国际合作模式。随着"一带一路"建设的不断加深,"一带一路"倡议对沿线国家的影响也在不断深化。因此,"一带一路"倡议对沿线国家社会稳定性的影响最终表现出的是非线性的、循序渐进的动态过程。

(二) DID 模型有效性检验

DID 模型估计结果的有效性取决于两个条件:一是如果没有政策冲击,处理组与控制组的变化趋势应满足平行性,即平行变化趋势;二是政策冲击具备随机性,即模型(8-2)中的变量 BR 应满足外生性要求。接下来,本节将对上述两个条件进行一一检验或规避。

1. 平行变化趋势检验

借鉴 Liu and Qiu(2016)、吕越等(2019)的做法,本节具体通过绘制"一带一路"倡议实施前后的政策效应的系数走势图对处理组和控制组是否满足平行趋势进行检验。具体检验模型设计如下:

$$Stability_{it} = \eta_1 \sum BR_{it} \times year_t + \eta_2 X_{it} + \mu_i + \lambda_t + \varepsilon_{it} \quad (8-3)$$

其中, $year_t$ 表示年度虚拟变量,本节具体考察基准年(2010年)之后各年政策效应的系数走势,因此 t 的取值为2011,2012,…,2017, $year_t$ 当年取值为1,其他年份取值为0;模型中其他变量定义与模型(8-2)相同。图8-3汇报了检验结果,横轴表示时间,纵轴表示国家分组变量与年度虚拟变量交乘项 $BR×year_t$ 的系数。不难发现,"一带一路"倡议冲击之前(2014年之前),交乘项 $BR×year_t$ 的系数均不显著异于0,这表明"一带一路"倡议之前本节处理组和控制组的变化趋势是一致的,满足平行变化趋势。进一步来看,2014年及以后的系数值逐渐降低且在 2016 年和 2017 年显著异于 0,这说明"一带一路"倡议确实促进了沿线国家的社会稳定,且其政策效果存在逐年增强的动态变化趋势,这与表 8-4 的结果吻合。

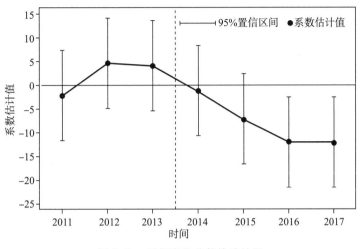

图 8-3　平行变化趋势检验结果

2. 内生性问题:工具变量法

65 个沿线国家被"一带一路"倡议所选择并不是随机事件,原则上无法满足自然实验的随机要求。因此,模型(8-2)中的沿线国家变量 BR 会不可避免地出现内生性问题,需要利用合理的计量方法予以解决。本节借鉴 Tsoutsoura(2015)的做法,在准自然实验研究中引入工具变量处理变量存在的内生性问题。合适的工具变量需要满足相关性和排他性约束两个基本条件:工具变量与内生变量相关,而与随机扰动项不相关。本节认为,世界各国到中国的地理距离是一个合格的工具变量。相关性方面,根据贸易投资的"引力模型",中国与其他国家的贸易和投资、文化交流往往与中国到这些国家的地理距离正相关,我国"一带一路"倡议的发起,本质上也是从地理距离较近的国家和地区开始的,所以"一带一路"沿线国家的选取在一定程度上受到这些国家到中国的地理距离的影响;排他性约束方面,不同国家到中国的地理距离属于典型的外生变量,完全取决于其所在的经度和纬度,无法对这些国家当下的社会、经济和文化等变量产生直接影响,因此与随机扰动项不相关。

基于上述分析,本节选择世界各国到中国的地理距离作为沿线国家变量 BR 的工具变量。由于沿线国家变量 BR 为 4-1 型二值变量,为了保持一致性,本节设置工具变量 IV_dist,若某国或地区与中国的距离小于世界各国与中国距离的中位数,则 IV_dist 取值为 1;反之,取值为 0。需要注意的是,模型(8-2)中内生变量是以交乘项的形式出现的,因此模型(8-2)中的内生变量实则为交乘项 BR×Time,在这里,具体利用工具变量 IV_dist 与冲击时间变量 Time 交乘来构建 BR×Time 的工具变量,即 IV_dist×Time。表 8-5 汇报了工具变量法的估计结果,在回归中均同时控制了国家固定效应和年份固定效应,第(1)—(2)列和第(3)—(4)列的区别在于是否加入国家层面的特征变量。可以看出,第一阶段回归中 IV_dist×Time 的系数均在 1% 的统计水平上显著为正,且 F 统计量远高于临界值 10,这表明本节选择的工具变量是有效的,不存在弱工具变量问题。在第二阶段回归中,BR×Time 的系数均为负且在 1% 的统计水平上高度显著,这与表 8-4 的结果保持了良好的一致性。上述信息充分证明了本节 DID 模型的有效性。也就是说,即使排除了沿线国家变量 BR 可能存在的内生性问题,"一带一路"倡议仍然显著地促进了沿线国家的社会稳定。

表 8-5　内生性问题:工具变量法

	第一阶段回归 $BR \times Time$	第二阶段回归 社会稳定性 ($Stability$)	第一阶段回归 $BR \times Time$	第二阶段回归 社会稳定性 ($Stability$)
	(1)	(2)	(3)	(4)
$IV\_dist \times Time$	0.6088***		0.6153***	
	(11.1456)		(11.3782)	
$BR \times Time$		−12.3981***		−12.6662***
		(−6.2406)		(−6.3640)
Gov_spend			−0.0022	1.1028***
			(−0.4233)	(4.5597)
$Pop\_density$			0.0986***	−4.1468
			(4.6925)	(−1.4053)
Edu_spend			−0.0016	−0.1407
			(−1.4916)	(−1.1696)

（续表）

	第一阶段回归 $BR \times Time$ （1）	第二阶段回归 社会稳定性 （Stability） （2）	第一阶段回归 $BR \times Time$ （3）	第二阶段回归 社会稳定性 （Stability） （4）
Ref_num			−0.0637	2.6689
			（−1.2952）	（1.1122）
Enr_rate			0.0002	−0.1150**
			（0.2774）	（−2.3573）
国家固定效应	是	是	是	是
年份固定效应	是	是	是	是
常数项	0.0000	96.7263***	−0.5205***	107.7743***
	（0.0000）	（58.1700）	（−7.0053）	（6.4042）
样本数	1 520	1 520	1 520	1 520
拟合优度	0.6125	0.0118	0.6203	0.0332
第一阶段 F 统计量		261.21		166.53

注：*、**和***分别表示在10%、5%和1%的统计水平上显著,括号内的数值为稳健聚类标准误。

（三）稳健性检验

1. 反事实检验：机器学习

包括 DID 法在内的大多数政策效应评估方法都期望通过寻找有效的控制组来构建处理组的反事实。但在现实中,特别是在经济学领域的研究中,很难找到一个与处理组同质的控制组,这是政策效应评估面临的一大难题。随着大数据（big data）的出现,利用机器学习（machine learning）分析并解决经济学问题逐渐兴起（陈小亮等,2021）。在大数据的支持下,与其直接计算处理组和控制组在政策介入后的差异,不如利用控制组的样本构建某种函数（比如样本的加权平均）,使得函数的取值与处理组足够相似,从而将该函数在政策介入后的取值作为处理组的反事实进行政策效应检验。

根据上述思路,本节通过世界银行数据库收集并整理出国家层面近 2 000 个特征变量作为特征集,并采用线性模型（LM）、因果随机森林（RF）和神经网络（NN）三种机器学习算法对"一带一路"是否影响沿线国家社会稳定进行反事实检验。在操作上,本节只选择 65 个"一带一路"沿线国家作为研究样本,首先针对"一带一路"倡议冲击之前(2010—2013 年)和之后(2014—2017 年)的样本,分别随机抽取 80% 和 20% 的观测值作为训练集和预测集,然后基于特征集进行训练并检验"一带一路"倡议冲击前后的模型效果。我们发现在对预测值和实际值进行线性回归时,"一带一路"倡议冲击之前和之后的拟合优度分别为 0.90 和 0.81,这说明机器学习的预测效果较好,适合以此进行"一带一路"倡议政策效应的反事实检验。图 8-4 汇报了基于机器学习的反事实检验结果,可以看出,在三种机器学习算法得出的结果中,存在"一带一路"倡议政策冲击的实际效果值均比预测值要低。这说明"一带一路"倡议可以有效地提高沿线国家的社会稳定性排名(平均约为 6 个名次),与本节 DID 估计结果保持了良好的一致性。

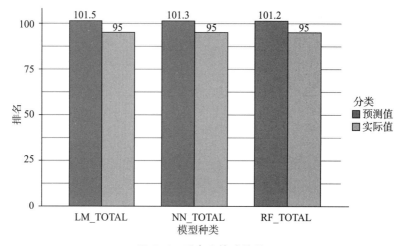

图 8-4 反事实检验结果

2. 倾向得分匹配双重差分法

本节选择"一带一路"沿线国家作为处理组、非"一带一路"沿线国家作为控制组进行 DID 估计。由于控制组中同时包含发达国家和发展中国家,这可能使得两组国家存在部分特征上的差异,从而出现处理组的"选择性偏差"。为了减少这一问题对估计结果造成的干扰,本节进一步利用倾向得分匹配双重差分法(PSM-DID)进行估计。具体来讲,首先对沿线国家变量 BR 和国家层面的特征变量进行 Logit 回归以获得倾向得分,然后利用核匹配对处理组和控制组国家进行匹配以消除两组国家之间的显著差异,最后基于

DID模型的思想进行估计。图8-5汇报了控制组和处理组国家在倾向得分匹配之前和之后倾向得分核密度的分布差异,可以发现,两组国家倾向得分的核密度在匹配前确实存在一定差异,而在匹配后得到了很好的拟合,这说明了PSM-DID的有效性。表8-6进一步汇报了PSM-DID的估计结果,不难发现,DID的系数为负且在5%的统计水平上显著,这说明即使规避了处理组和控制组样本的选择性偏差,本节的结论依然相当稳健。

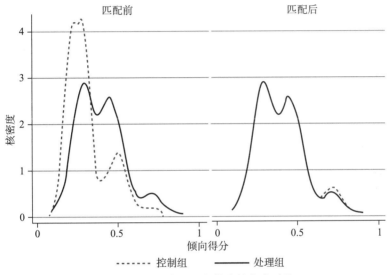

图 8-5 匹配前后倾向得分核密度对比

表 8-6 稳健性检验:倾向得分匹配双重差分的估计结果

结果变量	"一带一路"倡议冲击前			"一带一路"倡议冲击后			DID
	控制组	处理组	差异	控制组	处理组	差异	
社会稳定性(Stability)	94.247	101.385	7.138*	97.166	96.222	−6.994	−11.082**
|t|			1.83			1.01	2.01

注:*和**分别表示在10%和5%的统计水平上显著。

3. 三重差分法

前文用较为直观的平行趋势图检验了处理组和控制组的平行趋势问题,在既有研究中,还有部分学者利用三重差分(DDD)的方法缓解或规避可能存在的非平行趋势问题(王桂军和卢潇潇,2019)。截至2020年1月底,中国已经同138个国家签署共建"一带一路"政府间谅解备忘录和其他合作文件。中国将依托"一带一路"倡议与签署谅解备忘录国家共同制订合作规划,逐步开展各项合作工作。由此来看,"一带一路"倡议的作用效果会在沿线国家和签署谅解备忘录国家两个维度上出现变化,这为本节使用 DDD 模型进行检验提供了机会。因此,参考范子英和彭飞(2017)的做法,本节具体设计如下 DDD 模型展开考察。

$$Stability_{it} = \chi_1 DDD_{it} + \chi_2 X_{it} + \mu_i + \lambda_t + \varepsilon_{it} \quad (8-4)$$

其中,i 和 t 分别表示国家和年份;DDD 为三重差分变量,在"一带一路"倡议冲击后(2014—2017 年),若一国属于"一带一路"沿线国家且签署了谅解备忘录,则 DDD 赋值为 1,其他国家以及在"一带一路"倡议冲击前(2010—2013 年)的所有国家 DDD 赋值为 0;其他各变量定义与模型(8-3)相同。DDD 变量的系数 χ_1 需重点关注,它反映了三重差分法下"一带一路"倡议对沿线国家社会稳定的影响效应。表 8-7 汇报了三重差分法的估计结果,可以看出,在同时控制国家固定效应和年份固定效应之后,不管有没有加入国家层面的特征变量,三重差分 DDD 变量的系数均在 1% 的统计水平上高度显著为负。这说明即使采用 DDD 模型进行回归,"一带一路"倡议依然显著地促进了沿线国家的社会稳定,本节结论稳健。

表 8-7 平行趋势问题:三重差分法

	社会稳定性($Stability$)	
	(1)	(2)
DDD	−10.0431***	−9.7433***
	(−4.0960)	(−6.9982)
Gov_spend		1.1113***
		(4.5999)
Pop_density		−4.2933
		(−1.4575)
Edu_spend		−0.1333
		(−1.1106)
Ref_num		2.7776
		(1.1593)
Enr_rate		−0.1152**
		(−2.3630)
国家固定效应	是	是

（续表）

	社会稳定性(Stability)	
	（1）	（2）
年份固定效应	是	是
常数项	96.7263***	108.4265***
	(58.1903)	(6.4511)
样本数	1 520	1 520
拟合优度	0.0125	0.0343

注：*、**和***分别表示在10%、5%和1%的统计水平上显著,括号内的数值为稳健聚类标准误。

4. 改变计量回归方法

由于本节的被解释变量(社会稳定性排名)具有计数性特征,因此也适合采用泊松回归进行分析。泊松回归要求数据分布"均等分散",若数据存在"过度分散"则可能会出现估计偏误,但负二项回归可以在一定程度上予以缓解。为了保证计量方法选择的严谨性,本节同时利用泊松回归和负二项回归进一步对"一带一路"倡议是否影响沿线国家社会稳定展开考察。表8-8汇报了上述回归结果,可以看出,在同时控制国家固定效应和年份固定效应的泊松回归和负二项回归的结果中,不管是否控制国家层面的特征变量,交乘项 $BR \times Time$ 的系数均在1%的统计水平上高度显著为负。这说明即使改变计量回归方法,本节的结论依然稳健。

表 8-8 稳健性检验：改变计量回归方法

	社会稳定性(Stability)			
	泊松回归		负二项回归	
	（1）	（2）	（3）	（4）
$BR \times Time$	−0.1036***	−0.1021***	−0.1230***	−0.1177***
	(−9.4343)	(−9.2574)	(−6.1731)	(−6.2586)
Gov_spend		0.0097***		0.0048
		(9.6839)		(1.4090)
Pop_density		−0.0386***		0.4619***
		(−2.5789)		(9.6869)
Edu_spend		−0.0015***		−0.0020
		(−2.5919)		(−1.1267)

(续表)

	社会稳定性(Stability)			
	泊松回归		负二项回归	
	(1)	(2)	(3)	(4)
Ref_num		0.0258***		-0.0226
		(2.6092)		(-0.8394)
Enr_rate		-0.0011***		0.0001
		(-6.0920)		(0.1502)
国家固定效应	是	是	是	是
年份固定效应	是	是	是	是
常数项	—	—	2.1039***	-0.5122*
	—	—	(39.3063)	(-1.7801)
样本数	1 520	1 520	1 520	1 520

注：*、**和***分别表示在10%、5%和1%的统计水平上显著，括号内的数值为稳健聚类标准误。

五、作用机制检验与异质性分析

（一）作用机制检验：收入与就业机制

本节在理论分析部分提出，人均收入和就业水平的提高是"一带一路"倡议促进沿线国家社会稳定的直接机制。本节将进一步从实证视角对此展开考察。具体地，参考黎文靖和郑曼妮（2016）、范子英和彭飞（2017）的做法，本节将机制变量纳入模型（8-2），构建调节效应模型展开实证分析。具体模型设计如下：

$$Stability_{it} = \delta_1 BR_{it} \times Time_{it} \times Med_{it} + \delta_2 BR_{it} \times Time_{it} + \delta_3 Med_{it} + \delta_4 X_{it} + \mu_i + \lambda_t + \varepsilon_{it} \tag{8-5}$$

其中，i和t分别表示国家和年份；Med表示机制变量，具体包括"一带一路"沿线国家的人均收入水平和就业水平。在代理变量的选择上，人均收入水平以人均GDP（$\ln perGDP$）表示，就业水平以就业人员总数占15岁以上总人口的百分比（Lab_rate）表示。以上数据均取自世界银行数据库，其他变量定义与模型（8-2）相同。在模型（8-5）中，通过对交乘项$BR \times Time$求偏导可得公式（8-6），不难发现，"一带一路"倡议对沿线国家社会稳定的促进效应由

系数 δ_1 和机制变量 Med 决定。在社会稳定性排名为被解释变量的前提下，若机制变量 Med 的系数 δ_1 显著为负，表明机制变量 Med 增大会使"一带一路"倡议更能降低排名数值（排名数值越小，位次越靠前，社会稳定性越强），即机制变量 Med 增大会提高"一带一路"倡议对沿线国家社会稳定的促进效应；反之，机制变量 Med 减小则会降低"一带一路"倡议对沿线国家社会稳定的促进效应。同理，若机制变量 Med 的系数 δ_1 显著为正，表明机制变量 Med 增大会降低"一带一路"倡议对沿线国家社会稳定的促进效应，机制变量 Med 减小会提高"一带一路"倡议对沿线国家社会稳定的促进效应。根据理论预期，在以人均收入水平和就业水平为机制变量的检验中，系数 δ_1 应该显著为负。

$$\frac{\partial Stability_{it}}{\partial BR_{it} \times Time_{it}} = \delta_1 Med_{it} + \delta_2 \qquad (8-6)$$

模型(8-5)本质上考察的是人均收入水平和就业水平对"一带一路"倡议影响沿线国家社会稳定的调节效应，要想廓清"'一带一路'倡议→人均收入和就业水平→沿线国家社会稳定"这一机制路径，还需对"一带一路"倡议是否会提高沿线国家的人均收入和就业水平进行考察。本节具体设计如下模型加以检验：

$$Med_{it} = \varphi_1 BR_{it} \times Time_{it} + \varphi_2 X_{it} + \mu_i + \lambda_t + \varepsilon_{it} \qquad (8-7)$$

其中，变量定义与模型(8-5)相同。交乘项 $BR \times Time$ 的系数 φ_1 需要重点关注，它代表"一带一路"倡议对沿线国家人均收入和就业水平的影响效应。

综上，本节首先通过模型(8-7)考察"一带一路"倡议对沿线国家人均收入和就业水平的影响，然后基于模型(8-5)进一步考察人均收入和就业水平对"一带一路"倡议促进沿线国家社会稳定的调节效应，以此确定"一带一路"倡议促进沿线国家社会稳定的作用机制。表8-9同时汇报了模型(8-7)和模型(8-5)的估计结果，所有回归均同时控制了国家固定效应、年份固定效应和国家层面的特征变量。第(1)列和第(3)列汇报的是模型(8-7)的估计结果，可以看出，交乘项 $BR \times Time$ 的系数均在10%的统计水平上显著为正。这说明，"一带一路"倡议显著提高了沿线国家的人均收入和就业水平，符合理论预期。第(2)列和第(4)列汇报了模型(8-5)的估计结果，由交乘项 $BR \times Time \times \ln perGDP$ 和 $BR \times Time \times Lab\_rate$ 的系数分别在1%和5%的统计水平上显著为负可知，人均收入和就业水平的提高使得"一带一路"倡议更能促进沿线国家的社会稳定。综上信息表明,"一带一路"倡议可以通过提高人均收入和就业水平促进沿线国家的社会稳定,理论假说2得证。

表 8-9　机制检验:人均收入和就业水平

	收入机制		就业机制	
	人均收入水平 (ln *perGDP*) (1)	社会稳定性 (*Stability*) (2)	就业水平 (*Lab_rate*) (3)	社会稳定性 (*Stability*) (4)
BR×Time	0.0317*	51.6483**	0.3613*	27.0445
	(1.7991)	(2.2872)	(1.6808)	(1.6337)
*BR×Time×*ln *perGDP*		−6.9487***		
		(−2.6353)		
BR×Time×Lab_rate				−0.6112**
				(−2.4569)
ln *perGDP*		−32.4835		
		(−1.4773)		
Lab_rate				−0.4929
				(−0.5238)
Gov_spend	−0.0047	0.9944**	0.0028	1.1863***
	(−1.3620)	(2.1428)	(0.2000)	(2.8718)
Pop_density	−0.4530	139.4273	−0.1254**	−4.5969***
	(−1.1327)	(1.3715)	(−2.1049)	(−2.6836)
Edu_spend	0.0002	−0.0534	0.0067	−0.1251
	(0.4530)	(−0.3977)	(0.8632)	(−0.8286)
Ref_num	−0.0197	9.1688*	0.1659	6.3594
	(−0.5051)	(1.9192)	(1.0152)	(0.5013)
Enr_rate	0.0004*	−0.0902	0.0065**	−0.0994
	(1.8313)	(−1.4133)	(2.1963)	(−1.5385)
国家固定效应	是	是	是	是
年份固定效应	是	是	是	是
常数项	11.2579***	0.0000	58.4316***	137.1217**
	(0.9834)	(−0.6900)	(0.7369)	(2.4630)
样本数	1 520	1 520	1 520	1 520
拟合优度	0.2815	0.0767	0.0206	0.0434

注:*、**和***分别表示在10%、5%和1%的统计水平上显著,括号内的数值为稳健聚类标准误。

（二）作用机制检验：工业化加速机制

上文充分证明了"一带一路"倡议可以通过提高人均收入和就业水平促进沿线国家的社会稳定。在理论分析部分，本节认为"一带一路"倡议下沿线国家工业化的加速是其人均收入得以提高的重要原因，同时又可能会对其就业水平产生"挤入效应"。由此看来，工业化加速同样是"一带一路"倡议促进沿线国家社会稳定的重要路径，本节将从实证视角给予检验。与前文思路相同，本节首先考察"一带一路"倡议对沿线国家工业化进程的影响，然后考察工业化进程是否为"一带一路"倡议促进沿线国家社会稳定的机制变量。

1."一带一路"倡议与沿线国家工业化进程

"一带一路"倡议作为中国参与国际循环的重要路径，其目的不仅在于实现中国更高水平的对外开放，更在于以构建"人类命运共同体"为目标，积极推进中国与沿线国家的共赢发展，加速沿线国家的工业化进程。劳动力在三次产业间的重新分配是工业化的重要表征，随着工业化的实现，第一产业的劳动力相对比重会逐渐下降，而第二、三产业的劳动力相对比重会逐渐上升（Kuznets，1957）。因此，本节通过考察"一带一路"倡议前后沿线国家三次产业间就业结构的变化，检验"一带一路"倡议是否会加速沿线国家的工业化进程。具体地，本节通过世界银行数据库收集并整理出全球各国农业就业人口比重（Emp_agr）、工业就业人口比重（Emp_ind）和服务业就业人口比重（Emp_ser），以此作为被解释变量纳入双向固定效应 DID 模型进行检验。表8-10 汇报了上述检验结果，所有回归均同时控制了国家固定效应、年份固定效应和国家层面的特征变量。第（1）列是对农业就业人口比重的回归，可以看出，交乘项 $BR \times Time$ 的系数在5%的统计水平上显著为负，这说明"一带一路"倡议显著降低了沿线国家农业就业人口比重；第（2）—（3）列分别是对工业就业人口比重和服务业就业人口比重的回归，容易发现，交乘项 $BR \times Time$ 的系数均在1%的统计水平上显著为正，这表明"一带一路"倡议同时提高了沿线国家工业和服务业就业人口比重。综上信息意味着，"一带一路"倡议确实加快了沿线国家的工业化进程，促进了劳动力从农业向工业和服务业的转移。

表 8-10　机制检验:"一带一路"倡议与沿线国家工业化进程

	农业就业人口比重 (Emp_agr) (1)	工业就业人口比重 (Emp_ind) (2)	服务业就业人口比重 (Emp_ser) (3)
BR×Time	−0.4407**	0.2861***	0.3989***
	(−2.5743)	(2.7616)	(2.9347)
Gov_spend	−0.0330*	0.0118	0.0152
	(−1.9452)	(1.1450)	(1.1282)
Pop_density	0.0894	−0.0808	0.0248
	(0.4321)	(−0.6456)	(0.1512)
Edu_spend	−0.0030	−0.0014	−0.0003
	(−0.3524)	(−0.2816)	(−0.0478)
Ref_num	−0.2197	0.1166	0.1708
	(−1.3054)	(1.1447)	(1.2779)
Enr_rate	0.0050	−0.0014	−0.0032
	(1.4742)	(−0.6766)	(−1.1702)
国家固定效应	是	是	是
年份固定效应	是	是	是
常数项	27.4514***	11.4348***	47.0661***
	(26.2480)	(16.0052)	(50.2040)
样本数	1 520	1 520	1 520
拟合优度	0.2397	0.0269	0.3479

注:*、**和***分别表示在10%、5%和1%的统计水平上显著,括号内的数值为稳健聚类标准误。

2. 工业化进程的机制检验

上文从劳动力在三次产业间的转移视角证明了"一带一路"倡议可以显著加快沿线国家的工业化进程。那么,工业化的加速是否为"一带一路"倡议促进沿线国家社会稳定的机制路径? 这里将进行进一步检验。具体地,本节将农业就业人口比重(Emp_agr)、工业就业人口比重(Emp_ind)和服务业就业人口比重(Emp_ser)分别纳入模型(8-5)进行回归,考察以三次产业就业结构变动为表征的工业化加速是否为"一带一路"倡议促进沿线国家社会稳定的机制变量。表8-11给出了回归结果。不难发现,在第(1)列以农业就业人口比重为机制变量的回归中,交乘项 $BR×Time×Emp\_agr$ 的系数在5%的统计水平上显著为正,根据前文所述的模型(8-5)的工作原理,这表明降低农业就业人口比重可以显著提高"一带一路"倡议促进沿线国家社会稳定的作用幅度;进一步,在第(2)—(3)列分别以工业就业人口比重和服务业就业人口比重为机制变量的回归中,交乘项 $BR×Time×Emp\_ind$ 和 $BR×Time×Emp\_ser$ 的系数分别在1%和10%的统计水平上显著为负,这表明提高工业和服务业就业人口比重可以显著提高"一带一路"倡议促进沿线国家社会稳定的作用幅度。

表 8-11 机制检验:工业化进程机制

	社会稳定性(Stability)		
	(1)	(2)	(3)
$BR×Time×Emp\_agr$	0.2252**		
	(1.9817)		
$BR×Time×Emp\_ind$		−0.9860***	
		(−6.3223)	
$BR×Time×Emp\_ser$			−0.2249*
			(−1.6906)
Emp_agr	0.2427		
	(0.6115)		
Emp_ind		2.0593***	
		(6.1995)	
Emp_ser			−1.0484**
			(−2.1263)
$BR×Time$	−14.6733***	6.6595	2.7673
	(−4.1872)	(0.7531)	(0.3663)
Gov_spend	1.1218***	1.0260***	1.1262***
	(4.6398)	(4.2627)	(4.6690)
$Pop\_density$	−4.3100	−6.9694	−4.2503
	(−1.4642)	(−1.3568)	(−1.4459)
Edu_spend	−0.1315	−0.1299	−0.1332
	(−1.0967)	(−1.0900)	(−1.1121)

(续表)

	社会稳定性(Stability)		
	(1)	(2)	(3)
Ref_num	2.6467	2.9715	2.7914
	(1.1041)	(1.2466)	(1.1657)
Enr_rate	-0.1139**	-0.1191**	-0.1166**
	(-2.3354)	(-2.4588)	(-2.3952)
国家固定效应	是	是	是
年份固定效应	是	是	是
常数项	101.6919***	84.8172***	157.6904***
	(6.0789)	(4.6506)	(6.5073)
样本数	1 520	1 520	1 520
拟合优度	0.0372	0.0495	0.0397

注：*、**和***分别表示在10%、5%和1%的统计水平上显著，括号内的数值为稳健聚类标准误。

综上可以得出如下结论："一带一路"倡议显著地加快了沿线国家的工业化进程，在降低沿线国家农业就业人口比重的同时，提高了沿线国家工业和服务业就业人口比重，这同样是"一带一路"倡议促进沿线国家社会稳定的重要路径。也即，"一带一路"倡议可以通过加快沿线国家的工业化进程显著地促进沿线国家的社会稳定性。因此，理论假说3成立，其原因在于"一带一路"倡议强调依托"五通"理念搭建中国与沿线国家的合作平台，加强与沿线国家的贸易投资往来。在"政策沟通"和"民心相通"的政治社会基础下，中国与沿线国家的"设施联通""贸易畅通"和"资金融通"从广度与深度两个层面不断加深、强化。首先，"设施联通"加强了中国对沿线国家的基础设施投资，基础设施建设归属第二产业范畴，在"一带一路"倡议下，基础设施的建设扩大了沿线国家的工业化规模，加速了沿线国家就业人口从第一产业向第二产业转移，这不仅为沿线国家创造了更多的就业机会，而且明显提升了沿线国家人民的收入水平；其次，"贸易畅通"使得中国更多的中高端中间品流向沿线国家，依托技术溢出效应，沿线国家不仅实现了工业化加速，而且参与全球价值链的深度得到强化，这同样可以优化沿线国家的产业结构、缓解资源错配，从而创造更多的就业岗位并提高人均收入水平；最后，

"资金融通"从金融合作、信贷畅通、金融环境三方面实现了中国与沿线国家的融资互通,在此基础上,沿线国家的生产性服务业等第三产业得到了长足发展,第三产业规模的扩大一方面扩充了沿线国家的就业容量,另一方面也使得更多的劳动力流向第三产业,从而优化了沿线国家的就业结构,整体提升了人民的社会福利。综上,在"五通"理念的加持下,"一带一路"倡议在加快沿线国家工业化的同时,为沿线国家人均收入和就业水平的提升创造了新的空间,从而显著地促进了沿线国家的社会稳定。

(三) 异质性分析

1. 不同社会稳定性排名的区分考察

本节利用治理暴力冲突和恐怖袭击贡献度刻画各国的社会稳定性,并以此考察"一带一路"倡议的全球治理效应及作用机制。需要注意的是,这种经济层面的实现路径可能存在一定的局限性:一方面,长期处于动乱或频发暴力冲突和恐怖袭击的国家很有可能会因忙于国家安全治理而减少与中国的贸易投资往来;另一方面,具有根源性特征的民族层面或宗教层面的冲突也不太可能因实现收入和就业增长而得到缓解。因此,我们既要看到通过经济路径实现社会稳定的有效性,也不应忽视经济路径存在的局限性。由此来看,十分有必要基于不同社会稳定性排名进行分样本回归,从而验证是否符合上述定性分析结论以及已有经验证据。为此,本节根据社会稳定性变量 $Stability$ 的 1/4、2/4、3/4 分位数将研究样本分成四组子样本进行分样本检验。

检验结果如表 8-12 所示,所有回归均同时控制了国家固定效应、年份固定效应和国家层面的特征变量。可以看出,0—1/4 分位数样本中交乘项 $BR×Time$ 的系数在 5% 的统计水平上显著为负;1/4—2/4 和 2/4—3/4 分位数样本中交乘项 $BR×Time$ 的系数均在 10% 的统计水平上显著为负;3/4—1 分位数样本中交乘项 $BR×Time$ 的系数不再显著。综上说明,随着社会稳定性排名位次的降低,"一带一路"倡议对沿线国家社会稳定性的促进效应逐渐减弱。这意味着,对于那些社会稳定性排名位次很低、频发暴力冲突或恐怖袭击的国家,"一带一路"倡议并不能对其社会稳定性产生显著的影响效应。这一方面证实本节上述的定性推断,另一方面也从侧面表明中国实施"一带一路"倡议从未干预他国内政,仅以促进经济共赢发展、构建"人类命运共同体"为目的,这有力抨击了个别西方国家对"一带一路"倡议的不实言论。

表 8-12 异质性分析:不同社会稳定性排名的区分考察

	社会稳定性(Stability)			
	0—1/4 分位数	1/4—2/4 分位数	2/4—3/4 分位数	3/4—1 分位数
	(1)	(2)	(3)	(4)
$BR \times Time$	−6.1037**	−6.1427*	−6.8983*	2.3190
	(−2.2608)	(−1.8428)	(−1.6665)	(1.6399)
Gov_spend	−0.6064**	−0.0428	0.2566	0.2368***
	(−2.0993)	(−0.1238)	(0.8281)	(2.6627)
$Pop\_density$	30.2306	0.7356	81.0408*	26.3868
	(0.4849)	(0.3020)	(1.7702)	(0.7911)
Edu_spend	−0.0214	−0.1513	−0.1401	0.0704
	(−0.2400)	(−1.1681)	(−1.2431)	(0.9422)
Ref_num	6.8929	6.2658	7.0221**	−2.3648*
	(0.7089)	(1.2440)	(2.3899)	(−1.8943)
Enr_rate	0.1048**	−0.0196	0.0061	0.0233
	(2.4339)	(−0.3856)	(0.1206)	(0.9955)
国家固定效应	是	是	是	是
年份固定效应	是	是	是	是
常数项	0.0000	72.2012***	0.0000	8.1914
	(−0.3930)	(6.8291)	(−1.3270)	(0.0407)
样本数	384	376	380	380
拟合优度	0.1533	0.0407	0.1397	0.0939

注:*、**和***分别表示在 10%、5%和 1%的统计水平上显著,括号内的数值为稳健聚类标准误。

2. 邻近国与非邻近国的区分考察

本节梳理的"一带一路"倡议促进沿线国家社会稳定性的理论机制依托于"一带一路"倡议下中国对沿线国家贸易往来和对外直接投资的升级。根据引力模型,地理位置是国际贸易和对外直接投资的重要影响因素。有理由相信,"一带一路"倡议对沿线国家社会稳定的促进效应有可能会因沿线国家地理位置的不同而表现出影响差异。为此,本节根据沿线国家与中国的地理位置关系展开实证考察。具体地,本节按照是否与中国相邻将处理组样本("一带一路"沿线国家样本)分成两组进行分样本分析。其中,与中国相邻的"一带一路"沿线国家包括缅甸、老挝、越南、印度、尼泊尔、不丹、哈萨克斯坦、吉尔吉斯斯坦、塔吉克斯坦、阿富汗、巴基斯坦、俄罗斯和蒙古。表 8-13 汇报了基于沿线国家是否与中国相邻的分样本回归结果,可以看出,在同时控制国家固定效应和年份固定效应之后,不管是否加入国家层面的特征变量,交乘项 $BR \times Time$ 的系数均在 1% 的统计水平上显著为负。这说明"一带一路"倡议同时促进了近邻国与非近邻国的社会稳定性。但从表 8-13 中第(2)列和第(4)列交乘项 $BR \times Time$ 的系数值来看,"一带一路"倡议对与中国相邻的沿线国家社会稳定的促进效应为 12.8059,而对与中国不相邻的沿线国家社会稳定的促进效应只有 10.6597。这说明与非近邻国相比,"一带一路"倡议更能促进与中国相邻的沿线国家社会稳定性。这是因为,"一带一路"倡议本质上是依托地理距离开展的,随着地理距离的增大,中国对沿线国家的贸易往来和对外直接投资也逐渐减少(吕越等,2020),从而使得"一带一路"倡议促进沿线国家社会稳定的机制路径逐渐弱化。这一结果同时也意味着,"一带一路"倡议的全球治理效应仍然受地理距离的限制,在"一带一路"倡议的高质量发展阶段,中国政府应关注打破区域束缚的政策制定,进一步扩大"一带一路"倡议的全球治理效应。

表 8-13 异质性分析:近邻国与非近邻国的区分考察

	社会稳定性($Stability$)			
	近邻国		非近邻国	
	(1)	(2)	(3)	(4)
$BR \times Time$	-12.8662***	-12.8059***	-9.0962**	-10.6597**
	(-2.7620)	(-2.7774)	(-2.0481)	(-2.1795)
Gov_spend		0.8613***		2.8058***
		(6.3843)		(6.2846)
$Pop\_density$		-6.9458		250.6159**
		(-1.3390)		(2.1922)
Edu_spend		-0.1952		0.0652
		(-1.4437)		(0.2574)
Ref_num		9.6471***		-4.2396
		(2.6983)		(-1.3139)

(续表)

	社会稳定性(Stability)			
	近邻国		非近邻国	
	(1)	(2)	(3)	(4)
Enr_rate		−0.1137*		−0.1920**
		(−1.9412)		(−2.1947)
国家固定效应	是	是	是	是
年份固定效应	是	是	是	是
常数项	96.4928***	106.7752***	101.6538***	−0.0000**
	(48.5844)	(6.4017)	(32.3699)	(−2.1152)
样本数	1 104	1 104	1 416	1 416
拟合优度	0.0145	0.0411	0.0446	0.1230

注：*、**和***分别表示在10%、5%和1%的统计水平上显著,括号内的数值为稳健聚类标准误。

六、研究结论与政策建议

(一) 研究结论

近些年,特别是新冠肺炎疫情在全球暴发以后,全球经济增速下行明显,世界经济发展愈发疲软,世界各国暴力事件频发。在此背景下,全球治理问题受到国内外社会各界的广泛关注。"一带一路"倡议作为中国参与国际循环的合作平台,是中国引领构建"人类命运共同体"、参与全球治理的重要途径。然而,现阶段学术界鲜有考察"一带一路"倡议全球治理效应的相关文献。有鉴于此,本节基于治理暴力冲突和恐怖袭击相关数据,从"一带一路"沿线国家社会稳定性出发,系统考察了"一带一路"倡议的全球治理效应。研究发现,"一带一路"倡议可以通过加快工业化进程、提高人均收入和就业水平等路径显著促进沿线国家的社会稳定,且呈逐年递增的动态变化趋势。但与此同时,"一带一路"倡议对沿线国家社会稳定的影响也表现出局限性:其一,"一带一路"倡议对那些频发暴力冲突或恐怖袭击的国家的社会稳定影响有限;其二,相较于与中国毗邻的沿线国家,"一带一路"倡议对其他沿线国家的社会稳定促进效应相对较弱。

(二) 政策建议

本节的研究不仅有效补充了"一带一路"倡议全球治理效应的相关文

献,而且从侧面有力抨击了西方个别国家对"一带一路"倡议的不实言论。与此同时,本节研究也具有重要的政策启示:

第一,充分肯定了"一带一路"倡议的全球治理效应,认为"一带一路"倡议可以有效促进沿线国家的社会稳定。一方面,中国应该继续加快推进中巴、孟中印缅等经济走廊的建设力度,推动"一带一路"倡议与相关国家的战略规划相对接,让"一带一路"建设为沿线国家带来经济红利的同时,最大限度地缓解暴力冲突和恐怖袭击在沿线国家的蔓延,确保"一带一路"国家的安全和社会稳定;另一方面,中国应依托"一带一路"倡议进一步打造多层次国际合作平台,积极推动世界各国彼此间经济、政治和文化等各方面的联系,提高各国之间的政治互信、经济融合和文化包容,帮助不同宗教信仰群体提高彼此间的包容性,打造利益共同体、命运共同体和责任共同体,依托构建"人类命运共同体"理念尝试弱化甚至解决个别国家或民族之间的矛盾,为治理暴力冲突和恐怖袭击贡献中国方案。

第二,本节的理论机制意味着"一带一路"倡议下中国向沿线国家释放出工业化红利,在加快沿线国家工业化进程的同时优化了沿线国家的产业结构,创造了更高的 GDP 和更多的就业岗位,从而有效促进了沿线国家的社会稳定。其一,中国应继续加强对沿线国家的贸易和投资,在向沿线国家输送高中端产能的同时,依托"技术溢出"效应进一步促进沿线国家的产业结构升级,促进沿线国家农业就业人口向工业和服务业转移,提高沿线国家全民福利。其二,中国应继续深化"五通"建设,在"政策互通"和"民心相通"的基础上,依托"设施联通""贸易畅通"和"资金融通"加快完善沿线国家工业生产体系和金融服务保障体系,进一步扩大沿线国家工业和服务业就业容量,优化沿线国家就业结构,改善沿线国家的经济状态和人民生活水平,进一步放大"一带一路"倡议对沿线国家社会稳定的经济治理效应。

第三,本节异质性检验结果显示,"一带一路"倡议在促进沿线国家社会稳定上存在一定的局限性,对暴力冲突或恐怖袭击发生概率较大以及与中国不相邻的沿线国家影响有限。因此在后续"一带一路"倡议的推进中,应关注并侧重以下几个方面:其一,应主观强化"一带一路"倡议的全球治理效应。现阶段"一带一路"倡议的推进与实施主要涉及经济领域,在综合引领全球治理范式与格局重构方面仍需加深与强化,特别是要通过"和平合作、开放包容、互学互鉴、互利共赢"的丝路精神强化"一带一路"倡议的社会稳定效应,促进全球治理模式破旧立新,营造世界范围内的和平发展氛围,积极为世界和平贡献中国方案。其二,要积极打造超越空间的"互联互通",丰富"一带一路"倡议全球治理效应的机制路径。囿于贸易投资的区域局限性,"一带一路"以贸易和投资为实现路径的全球治理效应仍受空间距离的限制,要想放大"一带一路"倡议的全球治理效应便需要打破传统传导路径,打造超越空间距离的"互联互通",可以尝试依托数字经济突破空间束缚的先进特性打造数字"一带一路",为"一带一路"倡议全球范围内的治理提供新的动力和引擎。

第二节 第三个奇迹:中国—东盟命运共同体[①]

2021年是中国与东盟建立对话关系30周年。三十多年来,中国与东盟实现了从建立对话关系到战略伙伴关系,再到共建命运共同体的共同演化。中国与东盟国家在双边层面、东盟组织层面以及在东亚合作框架内,形成了多元复合的合作局面。虽然南海问题长期难解,但基本保持在可控范围。中国与东盟面向和平与繁荣的制度性合作升级,逆转了冷战期间中国与该地区的对抗、冲突甚至战争局面,堪称奇迹。中国与东盟在后冷战时代创造的总体上"和平繁荣"的局面,源于各自的正向发展与良性互动,也就是"东盟奇迹"和"中国奇迹"的融合共进。"东盟奇迹"是指东盟成立五十多年来所创建的"地区和平生态系统"(马凯硕和孙合记,2017),"中国奇迹"是指中国四十多年来的改革开放与和平发展。因此,以中国—东盟命运共同体为标志的双方关系的良性发展,就是本节所提的"第三个奇迹"(翟崑,2019)。本节的立意是探究第三个奇迹何以形成,受何制约以及如何维护其良性发展。主要结论如下:第一,中国—东盟命运共同体是双方关系在后冷战时代的提质升级,是中国人类命运共同体建设与东盟共同体建设这两个战略体系的对接;第二,中国—东盟命运共同体建设本质上是双方制度化合作的延续和升级,从区域内外比较来看,取得了不错的成效;第三,中国和东盟之所以能克服障碍并保持升级合作,是因为双方借势后冷战时代国际战略格局演变,创造性地克服内外合作困境,促进了地区系统的优化;第四,中

[①] 本节作者为翟崑、陈筱琦,部分内容摘自翟崑和陈筱琦(2020)。

国—东盟命运共同体的发展也面临体系性、结构性和策略性挑战,面临天花板效应,但仍有发展空间,其共建方向应该是"通而不统",以"通"(互联互通)而不是以"统"(一体化或结盟)为目标,追求多元复合、四通八达、多方舒适的制度化合作。

一、中国—东盟命运共同体的由来

冷战结束以后,亚太地区蕴育了多个地区共同体建设的构想,成效各异。进入 21 世纪以来最成功的是东盟共同体的建设。东盟自 1967 年成立以来,一直致力于一体化建设。早在 1992 年的东盟第四次首脑会议上,东盟就提出了要建立自由贸易区以增强整体实力,产生了共同体设想的雏形(上海国际问题研究所,1993)。1997 年东南亚遭遇金融危机重创后,东盟在推进一体化建设的同时创建了东亚地区合作机制,致力于东盟共同体和东亚共同体建设。2003 年,第九届东盟首脑会议宣布 2020 年要建成东盟共同体。2007 年,东盟领导人将东盟共同体的建成时间提前至 2015 年。2015 年第 27 届东盟峰会宣布当年年底正式建成东盟共同体,并启动后 2015 东盟共同体建设进程。美国也曾提出亚太范围的共同体建设构想,但难以落实。1993 年,时任美国总统克林顿提出建立新太平洋共同体的设想,但其离任后该设想无人问津。基辛格在其著作《论中国》中提出中美应共同推进亚太共同体的共同演进。时任澳大利亚总理陆克文在 2007 年倡议亚太命运共同体构想,但遭遇巨大阻力,不了了之。印度也曾经提出亚洲经济共同体等构想,但应者寥寥。中国的人类命运共同体建设于 2012 年正式提出,属于后来者,至今已经十年有余。2013 年 10 月,习近平主席在印度尼西亚国会演讲时正式提出推进中国—东盟命运共同体建设的倡议①,这是将中国的人类命运共同体建设与东盟共同体建设对接的一个合作纲领,是后冷战时代中国与东盟整体合作的提质升级。总的来看,东盟共同体提出时间早,建设时间长,比较成功。中国的人类命运共同体理念紧随其后,在一定意义上也受到本地区各种共同体建设的启发。

(一) 中国—东盟命运共同体是中国与东盟合作的最新发展阶段

中国与东南亚国家友好交往源远流长。在历史上,中国与东南亚之间

---

① 习近平在印度尼西亚国会的演讲[EB/OL].(2013-10-03)[2019-05-06]. http://www.gov.cn/ldhd/2013-10/03/content_2500118.htm.

的民间贸易频繁,在佛教文化方面有着密切往来,明代航海家郑和更是七下西洋,促进了海外贸易。与东南亚国家的友好往来,成为"海上丝绸之路"的重要内容。中华人民共和国成立后,党中央高度重视与东南亚国家建立友好关系,开展了一系列卓有成效的周边外交。无论是亚非国家共同倡导以和平共处、求同存异为核心的万隆精神,还是中国几代领导人与东南亚国家领导人结下的深厚友谊,都像沃土般使中国与东盟的合作生根发芽、成长壮大。

冷战结束后,中国与东盟关系的发展经历了从对话合作伙伴关系到战略合作伙伴关系,再到命运共同体建设的三个阶段。第一阶段是建立对话合作伙伴关系阶段(1991—1997)。冷战结束后,世界格局重组,亚太地区主要战略力量积极调整内外战略。在双边层面,中国与所有东南亚国家都建立或恢复了外交关系,如与新加坡、文莱等国建交,与印度尼西亚、越南等国实现关系正常化等。1991年,时任中国外长钱其琛应邀出席在吉隆坡举行的第24届东盟外长会议,开启中国与东盟的对话。1996年在杭州举行的第29届东盟常设委员会第六次会议上,中国升级为东盟全面对话伙伴国。第二阶段是建立战略伙伴关系阶段(1997—2012)。1997年亚洲金融危机重创了东南亚,中国坚持人民币不贬值,防止危机恶化,赢得了东盟国家的信任和尊重,并与东盟共同开启了东亚合作进程。2001年中国与东盟谈判建立自贸区,2003年中国与东盟致力于建设面向和平与繁荣的战略伙伴关系,开启中国与东盟合作的"黄金十年"。① 第三阶段是构建中国—东盟命运共同体(2012年以后)。2013年10月,习近平主席在访问印度尼西亚时倡议共建中国—东盟命运共同体。2019年,中国与老挝和柬埔寨分别达成共建命运共同体的协定。② 2019年年底,中国领导人与东盟领导人达成《中国—东盟关于"一带一路"倡议与〈东盟互联互通总体规划2025〉对接合作的联合

---

① 李克强在第十七次中国—东盟(10+1)领导人会议上的讲话[EB/OL].(2014-11-14)[2019-05-06].http://www.gov.cn/guowuyuan/2014-11/14/content_2778300.htm.
② 中国共产党和老挝人民革命党关于构建中老命运共同体行动计划[EB/OL].(2019-05-01)[2020-03-21].http://www.xinhuanet.com/2019-05/01/c_1124440753.htm. 共同构建牢不可破的中柬命运共同体[EB/OL].(2019-05-15)[2020-02-22].http://www.xinhuanet.com/globe/2019-05/15/c_138054870.htm.

声明》。① 2020年1月,中国与缅甸达成共建命运共同体的协定。2020年11月,习近平主席在第十七届中国—东盟博览会和中国—东盟商务与投资峰会开幕式上致辞,充分肯定了七年来双方所取得的合作成绩,指出中国与东盟互联互通不断加速,经济融合持续加深,经贸合作日益加快,人文交往更加密切,中国—东盟关系成为亚太区域合作中最为成功和最具活力的典范,成为推动构建人类命运共同体的生动例证,中国多项倡议得到了东盟国家的积极回应。特别是新冠肺炎疫情暴发以后,中国与东盟进一步加强医疗卫生合作,实施中国—东盟公共卫生合作倡议,用实际行动诠释了守望相助、休戚与共的命运共同体精神,为推动构建更为紧密的中国—东盟命运共同体凝聚了共识和信心。由此可见,中国—东盟命运共同体建设是中国和东盟合作关系的升级,在亚太地区的共同体实践中后来居上。

(二)中国—东盟命运共同体建设的合作层面丰富

中国—东盟命运共同体建设的合作框架是多层次的,在中国与东盟组织、次区域、双边等层面展开。中国—东盟自贸协定升级,区域全面经济伙伴关系协定签署和生效,中国—东盟东部增长区、澜湄合作以及泛北部湾合作机制等次区域合作进一步发展,中国与东盟国家双边战略合作也日益丰富,务实合作框架不断完善升级。

1. 中国与东盟组织层面

中国与东盟是兴衰相伴、安危与共、同舟共济的好邻居、好朋友、好伙伴,充分利用山水相连的地理优势,形成了物理、制度和人员之间的联接,通过全面的基础设施建设,推进了中国与东盟在海陆空天网等地理空间的广泛连接。中国和东盟根据《联合国宪章》的宗旨和原则以及三十多年来双方达成的战略共识和协议框架,在东盟主导的地区合作机制中加强对话与协调,维护开放、透明、包容和基于规则的区域架构。双方通过对话协商妥善解决争议,特别是有效落实《南海各方行为宣言》并积极推进南海行为准则磋商,实现传统安全制度化合作的提质升级;同时,通过东盟防长扩大会机制深化务实防务合作,海上联合演习和安全对话沟通都逐步实现了机制化。2021年11月,RCEP保管机构东盟秘书处宣布文莱、柬埔寨、老挝、新加坡、

---

① 李克强在第22次中国—东盟领导人会议上的讲话[EB/OL]. (2009-11-04)[2020-03-07]. http://www.xinhuanet.com/2019-11/04/c_1125187703.htm.

泰国、越南等六个东盟国家与中国、日本、新西兰、澳大利亚已正式提交核准书,RCEP 于 2022 年 1 月 1 日对上述十国开始生效。近年来,中国和东盟在夯实传统经济领域合作以及加强"互联互通"战略性对接的同时,积极拓展数字经济、电子商务、智慧城市等领域的合作,推进中国—东盟蓝色经济伙伴关系。同时,中国和东盟不断深化在文化、科技、环保、旅游等领域的合作,在这一层面建立起高级别的合作机制,将青年、媒体、智库与地方交流常态化和制度化,厚植中国—东盟友好合作的民意基础,让命运共同体意识更加深入民心。

2. 次区域层面

通过澜湄命运共同体,加强中国与越南、老挝、柬埔寨、缅甸、泰国等东南亚陆上国家的制度性合作。2015 年 11 月,六国建立了澜沧江—湄公河对话合作机制,在 2016 年 3 月首次澜湄合作领导人会议上发表了《三亚宣言》并确定了合作发展的"3+5"框架,又在 2018 年 1 月第二次澜湄合作领导人会议提出了《澜湄合作五年行动计划(2018—2022)》和"3+5+X"合作框架,以政治安全、经济和可持续发展、社会人文为三大合作支柱,优先在互联互通、产能合作、跨境经济、水资源、农业和减贫等领域开展合作。这是截至 2020 年中国最成功的次区域合作,不仅建立了多层次的会议机制,成立了一系列协调机构,而且合作资金切实到位,多个早收项目实质推进。澜湄国家本着平等协商的精神,致力于维护地区和平稳定,缩小发展差距,携手打造团结互助、平等协商、互惠互利、合作共赢的澜湄国家命运共同体。这一命运共同体已经成为构建中国—东盟命运共同体、人类命运共同体先行先试的高阶基础。

中国与海上东盟国家的合作也在持续推进,比如中国—东盟海上互联互通建设、中国与东盟东部经济增长区的合作、中国—东盟蓝色伙伴关系等。泛北部湾经济合作也是中国—东盟合作框架下的重要次区域合作。自 2006 年 7 月在广西南宁举办的首届泛北部湾经济合作论坛提出泛北部湾经济合作构想以来,泛北部湾经济合作得到了中国领导人的高度重视与支持,也得到了东盟各国的积极响应和大力支持。截至 2020 年已经成功举办了 11 届泛北部湾经济合作论坛,成功举办了 6 届泛北部湾智库峰会,并成立了泛北部湾经济合作联合专家组和泛北部湾经济合作中方秘书处。近年来,中国还与相关东盟国家在泛北部湾经济合作论坛框架下举办了中国—中南半岛经济走廊发展论坛。通过泛北部湾经济合作论坛、泛北部湾经济合作联合专家组、泛北部湾智库峰会以及中国—中南半岛经济走廊发展论坛等合作机制,相关国家在中国—东盟互联互通建设、中国南宁—新加坡经济走廊建设、城市合作、贸易投资合作、港口物流合作、产业合作、金融合作、海洋合作、环境合作、文化交流等领域取得了丰硕的成果,成为深化中国—东盟合作、构建中国—东盟命运共同体的"试验田"。

3. 双边层面

中国采取务实稳健的做法,致力于与东盟国家推进双边的命运共同体建设,成熟一个发展一个。2019年到2020年年初已经达成中国—老挝命运共同体、中国—柬埔寨命运共同体、中国—缅甸命运共同体的政府间协定。随着命运共同体意识的巩固,中老、中柬、中缅命运共同体也由理念转化为行动,由愿景转变为现实,双边层面的制度化合作取得了实质性进展。中国和老挝2019年启动了《中国共产党和老挝人民革命党关于构建中老命运共同体行动计划》,推进战略沟通与互信、务实合作与联通、政治安全与稳定、人文交流与旅游、绿色与可持续发展"五项行动"。中老命运共同体围绕政治、经济、安全、人文、生态五个方面的合作做出了制度性安排:实施《中老两国外交部关于加强新形势下合作的协议》,执行并编制新的两党合作计划;实施《关于共建中老经济走廊的合作框架》,落实《中老经贸合作五年规划》,开展村级减贫试点项目;依托现有两军合作协调委员会会议机制,统筹协调两军各领域交往合作事项,推动两军"和平列车"卫勤演训暨义诊活动机制化;实施"中老边境医疗卫生服务合作体建设项目",推进跨境疫情疫病联防联控合作,制定中老环境合作战略并打造双边合作示范项目,还通过围绕环境监管和执法体系建设等互学互鉴,实现了各自国家治理制度化水平提升以及双方战略合作的制度化对接。

中国和柬埔寨也在2019年签署了《中华人民共和国政府和柬埔寨王国政府关于构建中柬命运共同体行动计划(2019—2023)》,这是中国与不同社会制度国家签署的首份命运共同体行动计划,也是中柬全面战略合作伙伴关系深化的制度化成果。中柬命运共同体的建设涵盖政治、安全、经济、人文、多边等五大领域,仅经济合作就覆盖了经贸投资、交通与基础设施建设、能源、金融、产能和工业、农业、水利等13个子领域。2020年新冠肺炎疫情暴发,柬埔寨首相洪森在中国抗疫最艰难的时刻"逆行"访华,表达对中国的坚定支持；中方投桃报李，向柬埔寨派出周边首个政府抗疫医疗专家组和全球首个军事抗疫医疗专家组，提供抗疫物资并分享诊疗经验。患难与共、共克时艰让中柬传统友谊得到了升华，使构建中柬命运共同体的理念更加深入人心。

继中国与老挝和柬埔寨达成共建命运共同体的协定之后，2020年1月中国与缅甸也达成了共建命运共同体的协定。"一带一路"倡议与缅甸发展战略的"互联互通"对接则成为中缅命运共同体建设的主要目标：中缅经济走廊从概念规划转入实质建设阶段，皎漂经济特区、中缅边境经济合作区、仰光新城和公路铁路、电力能源等互联互通骨架建设不断推进，通过制度安排、机制设计搭建起北起中国云南，经中缅边境南下至曼德勒，再分别延伸到仰光和皎漂的"人字形"合作格局。这些双边层次的命运共同体构建都为中国—东盟命运共同体的构建注入了强大动力。

4. 其他层次

中国从区域、省级层次，一直到边界甚至村寨层次，都与东盟国家建立了合作关系。过去，中国东部沿海和西南地区是与东南亚对接的主要省区。2019年8月，国家发展改革委印发《西部陆海新通道总体规划》（以下简称《规划》），旨在促进中西部13省区与东盟的对接。[①] 比如，云南与缅甸接壤的地区（如普洱市）就与缅甸的对应地方不仅建立了友好城市关系，而且一直下沉到友好村寨之间的合作。广西壮族自治区作为《规划》的在列省级行政区，同样认真贯彻落实文件精神，把《规划》实施作为深化开放的重要举措，尤其是加快与东盟国家之间的通道和物流设施建设，促进交通、物流、商贸、产业深度融合，助力中国—东盟命运共同体建设。

特别地，自2004年中国—东盟博览会永久落户广西南宁以来，独特的"南宁渠道"有力地服务了中国—东盟自由贸易区建设，促进了中国与东盟政治经济、人文外交等全方位的交流合作（黄志勇等，2019）。"南宁渠道"作为"一带一路"互联互通的生动实践，为中国—东盟命运共同体建设积累了丰富的经验，特别是中国—东盟博览会和中国—东盟商务与投资峰会所形成的高层对话平台、专业合作平台及相关合作机制等已经相对比较成熟。

---

① 国家发展改革委关于印发《西部陆海新通道总体规划》的通知[EB/OL].（2019-08-15）[2019-12-22]. http://www.gov.cn/xinwen/2019-08/15/content_5421375.htm.

东博会框架下共举办了200多个会议论坛，涵盖40多个领域，建立起多领域合作机制，推动建设面向东盟的金融开放门户、中国—东盟信息港等一批重大项目落地。截至2022年东盟已连续21年成为广西的最大贸易伙伴。可见，畅通的"南宁渠道"能够促进中国与东盟关系的发展和全方位、多领域合作的深入开展，更好地服务于中国—东盟命运共同体的建设。

经过十几年的实践，"南宁渠道"被证明是积极有效的，对于中国的区域、省级等层次扩大开放而言，不失为可以复制推广的成功模式。总而言之，相较于其他大国与东盟的合作情况，中国与东盟命运共同体建设的空间覆盖面大、层次清晰细密、连接度逐步提高，将地理邻近优势转化为共同发展优势，假以时日必有所成。

（三）中国—东盟命运共同体建设的最大公约数是互联互通

东盟共同体建设包括经济、社会文化、政治安全三个共同体建设，同时推进东盟内部以及与区域外的互联互通。东盟早在2010年就提出《东盟互联互通总体规划》，欢迎域外大国协助东盟推进人员互通、实物互通、制度互通、资源流动的互联互通。东盟在2015年宣布建成东盟共同体后，又于2016年提出《东盟互联互通总体规划2025》，具体内容是加强东盟内部的五大联通，即可持续基建、电子创新、无缝物流、卓越监管、人口流动性。人类命运共同体建设的主要内容是从政治、安全、经济、文化、生态五个方面推动"坚持对话协商，建设一个持久和平的世界；坚持共建共享，建设一个普遍安全的世界；坚持合作共赢，建设一个共同繁荣的世界；坚持交流互鉴，建设一个开放包容的世界；坚持绿色低碳，建设一个清洁美丽的世界"[①]。两个共同体建设的内容具有很大契合性。为推进人类命运共同体建设，中国推出以"五通"为主要合作框架的"一带一路"倡议。五通的核心是互联互通，与东盟的互联互通在内容上高度一致。近年来，中国与东盟加快对接"一带一路"倡议与《东盟互联互通总体规划2025》，双方务实合作不断深入开展。习近平主席在印度尼西亚国会的演讲中表示，致力于加强同东盟国家的互联互通建设，并在2019年4月第二届"一带一路"国际合作高峰论坛上提出建

---

① 携手建设更加美好的世界——在中国共产党与世界政党高层对话会上的主旨讲话[EB/OL].（2017-12-02）[2018-11-03]. http://politics.people.com.cn/n1/2017/1202/c1024-29681216.Html.

设全球互联互通伙伴关系。马来西亚时任总理马哈蒂尔也曾在第33届亚太圆桌会议上称,"一带一路"是东盟互联互通的加强版。2019年11月,中国与东盟在泰国曼谷举行的第22次中国—东盟领导人会议上,就"一带一路"倡议与东盟互联互通规划对接等返面合作达成共露。中国槐鱼叮盟寸沉了《中国—东盟战略伙伴关系2030年愿景》,以政治安全合作、经济合作、人文交流为三大支柱,确立了中国—东盟命运共同体建设路线图。国家和地区发展的阶段决定了互联互通的优先性。与欧美发达地区相比,中国和东盟之间仅削弱壁垒和加强开放是不够的,真正阻碍要素流动的是基础设施的落后、制度法规的不一致、人员流动的不通畅,互联互通因此成为中国—东盟命运共同体建设的底色和目标。中国—东盟命运共同体建设的核心目标是进行"互联互通"对接,"推动海陆空联运通道的畅通,加强通信、电力、网络等领域的联通规划和建设,着力改善通关便利、市场监管、标准规范等互联互通的软环境"①。

二、中国—东盟命运共同体建设的本质

冷战后中国与东盟关系的三次升级,实际上也是双方制度化合作的升级。1991年冷战结束为双方制度化合作创造了条件,1997年亚洲金融危机创造性地推进了中国与东盟以及在东亚地区合作框架内的制度化合作,2013年"一带一路"倡议则为人类命运共同体与东盟共同体的对接创造了条件。本质上,中国—东盟命运共同体建设是多年来双方制度化合作的累积叠加,整体性、全方位的制度化对接升级。这也是后冷战时代双方合作的主要特点。

(一) 中国和东盟的制度化合作渐成体系

近三十年来,中国和东盟双方的制度化合作在顶层引领、政策协调、领域合作、项目管理、资金配套、行动指导等方面日益完善,即使在南海问题等争议领域,也建立了相应的协调机制和危机管理机制。具体表现为:

1. 顶层战略方面

从全局和战略的高度,中国和东盟通过《东南亚友好合作条约》《中华人

---

① 李克强在第十七次中国—东盟(10+1)领导人会议上的讲话[EB/OL].(2014-11-14)[2019-02-08]. http://www.gov.cn/guowuyuan/2014-11/14/content_2778300.htm.

民共和国与东盟国家领导人联合宣言》《中国—东盟面向和平与繁荣的战略伙伴关系联合宣言》及相关行动计划、《中国—东盟战略伙伴关系 2030 年愿景》等勾勒出制度化合作的路线图,明确了战略对接的方向,形成了以面向和平与繁荣的战略伙伴关系、中国—东盟命运共同体为主要标志的顶层设计。几十年来,中国与东盟不断增强战略互信,打造高水平的战略伙伴关系,共同维护本地区繁荣发展的良好势头。2021 年是中国和东盟建立对话关系 30 周年,中国同东盟国家举办了特别外长会,中国国务院总理李克强 10 月出席了以视频形式举行的第 24 次中国—东盟领导人会议,就中国与东盟深化政治互信、推进抗疫和复苏合作、推动双方关系提质升级等广泛深入交流,并达成了重要共识。可见,双方在构建命运共同体过程中的顶层引领和战略协调是持续的、渐进的。

2. **具体合作领域方面**

中国—东盟命运共同体建设形成经济、安全、社会三大支柱,其中经济是最有活力的方面。经济支柱以 2002 年签署的《中国—东盟全面经济合作框架协议》为引领,不断改进升级,包括中国—东盟自贸区建设及其升级版,基础设施互联互通建设,数字经济合作,中国—东盟蓝色经济伙伴等。互联互通上,中老铁路、中泰铁路、印尼雅万高铁、中新共建国际陆海贸易新通道等一批标志性的重大基础设施项目顺利推进。投资合作上,泰国罗勇工业园、印度尼西亚青山工业园、柬埔寨西哈努克港经济特区已成为中国与东盟国家园区合作的新样板,产业链和供应链融合进一步加深。经贸合作上,中国已经连续十年成为东盟第一大贸易伙伴,2020 年中国—东盟进出口贸易总额逆势上扬,东盟成为中国第一大贸易伙伴。[①] 2020 年还是中国—东盟数字经济合作年,双方积极拓展数字丝绸之路建设,如数字经济、电子商务、智慧城市等合作,共享机遇、共迎挑战、共同发展。2021 年举办的第 24 次中国—东盟领导人会议发表了《中国—东盟关于合作支持〈东盟全面经济复苏框架〉的联合声明》和《关于加强中国—东盟绿色和可持续发展合作的联合声明》,还将启动中国—东盟自贸区升级后续谈判联合可行性研究和制订《关于落实中国—东盟数字经济合作伙伴关系的行动计划(2021—2025)》,

---

① 中国发布[EB/OL]. (2019-07-31)[2021-10-02]. http://news.china.com.cn/txt/2019-07/31/content_75051127.htm.

进一步促进经济增长,更好地建设中国—东盟命运共同体。

3. 安全方面

中国与东盟国家共同努力,使南海局势整体保持了稳定。中国与东盟2002年签订的《南海各方行为宣言》(DOC),2003年中国加入《东南亚友好合作条约》(TAC),中国和东盟已就尽早达成有效、富有实质内容的地区规则达成共识,正在全面有效落实《南海各方行为宣言》。双方实质性恢复并积极推进《南中国海行为守则》(COC)磋商,以推进争端解决和危机管理。在非传统安全方面,面对卫生健康、气候变化、海洋环境等挑战,中国与东盟的利益密切相关,不能独自应对,双方主要是根据2002年双方签署的《中国与东盟非传统安全领域合作联合宣言》以及2004年1月的《中国—东盟非传统安全领域合作谅解备忘录》推进合作,包括东盟地区论坛(ARF)框架下维护非传统安全的联合军事演习等。2020年新冠肺炎疫情暴发以后,中国和东盟携手抗击疫情,加快推进"中国—东盟公共卫生合作倡议",加快"10+3"应急医疗物资储备中心建设,提升地区公共卫生尤其是疫情应对能力,尊重东盟中心地位和东盟主导的地区合作框架,促进地区和世界的和平与繁荣。

4. 社会文化方面

中国和东盟双方重视科学、环境、教育、文化、媒体、医疗卫生、旅游等方面的交流。2017年是中国—东盟旅游年,2018年双方互访人数已经达到5 700万人次;2018年在中国出境旅游目的地前15位中,东南亚国家占据了7席,其中泰国和越南位居前列。① 新冠肺炎疫情期间,东南亚旅游业低迷,中国与东盟之间的旅游首当其冲,但双方促进旅游业复苏的努力也提供了共同推动中国—东盟旅游在安全保障、产品服务等方面提质升级的契机。2021年11月,以"守望相助,融合创新"为主题的第三届中国—东盟电视周刚落下帷幕,第十届中国—东盟音乐周就在广西盛大开幕。丰富多样的科教文卫合作架起了交流的桥梁,促进民心相通,助力中国—东盟命运共同体建设。

---

① 中国—东盟致力构建更为紧密的命运共同体[EB/OL].(2019-09-21)[2020-03-23]. http://www.xinhuanet.com/2019-09/21/c_1125023414.htm. 中国旅游研究院:2019年中国出境旅游年度报告[EB/OL].(2019-08-04)[2020-06-13]. http://www.199it.com/archives/917075.html.

（二）中国—东盟命运共同体制度化合作卓有成效

为监测"一带一路"互联互通的进展情况，北京大学"一带一路"五通指数研究课题组构建了一套评价指标体系，通过量化分析来评估中国与"一带一路"合作国家和地区的互联互通水平。五通指数指标体系以"政策沟通""设施联通""贸易畅通""资金融通""民心相通"为一级指标，再下设15个二级指标和45个三级指标，并将互联互通水平分为"畅通型"（70分及以上）、"连通型"（60—70分）、"良好型"（50—60分）、"潜力型"（40—50分）和"薄弱型"（40分以下）五个等级。以2017年为例，中国与东南亚、中亚与蒙古、欧亚地区、欧洲、南亚、西亚北非、大洋洲等区域的互联互通程度差异比较显著（见图8-6）。东南亚地区的互联互通平均分为63.76，远高于各区域的平均得分55.39，整体属于连通型地区，高出"一带一路"整体良好型联通度一个等级。这一结果反映了中国—东盟命运共同体的互联互通建设处于领先的水平。

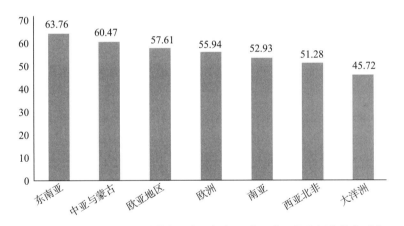

图8-6　2017年"一带一路"建设中国与各区域互联互通总评分均值对比

进一步具体分析94个国家2017年的五通指数发现，新加坡、马来西亚、泰国和印度尼西亚都是畅通型国家，在所有畅通型国家中占比36.4%，连通型国家有4个，互联互通程度处于较高档次的国家占该地区国家数达72.3%（见表8-14）。可见，中国—东盟命运共同体在双边层面也取得了较大的进展和较多的成果。与其他地区和国家相比，东盟国家与中国的互联互通程度更高，制度化合作水平更高。

表 8-14 2017 年东盟国家五通指数及排名

域内排名	等级类型	东盟国家	政策沟通	设施联通	贸易畅通	资金融通	民心相通	总分合计	总体排名
1	畅通型	新加坡	16.18	11.72	19.83	18.86	16.33	79.94	2
2	畅通型	马来西亚	12.02	11.57	18.40	16.28	16.31	74.59	3
3	畅通型	泰国	16.74	10.30	14.57	16.63	18.31	76.56	6
4	畅通型	印度尼西亚	11.69	9.60	14.18	18.13	16.73	70.33	11
5	连通型	柬埔寨	17.97	8.62	14.32	16.39	14.73	69.04	12
6	连通型	越南	12.88	10.38	14.60	16.18	17.17	68.21	16
7	连通型	菲律宾	11.79	9.49	14.59	12.79	16.00	66.66	23
8	连通型	老挝	16.32	7.83	16.02	11.49	14.31	62.96	25
9	良好型	缅甸	12.57	14.02	11.61	6.33	12.85	57.38	40
10	潜力型	文莱	6.43	8.80	9.96	8.16	11.60	46.96	78

按照"五通指数测算"方法，测算 2022 年东盟国家五通指数①，总体来看，东盟地区与中国互联互通建设情况较好，但是分领域和国别来看仍存在不均衡情况。东盟国家政策沟通平均得分 12.76，高于"一带一路"沿线国家平均得分 10.96，属于连通型地区。其中，柬埔寨、老挝属于畅通型国家，泰国、新加坡、越南、缅甸属于连通型国家，马来西亚、菲律宾、印度尼西亚属于良好型国家，文莱属于薄弱型国家。东盟国家设施联通平均得分 10.23，高于沿线国家平均得分 9.71，属于潜力型地区。其中，缅甸、新加坡、马来西亚、越南、泰国属于良好型国家，印度尼西亚、菲律宾、文莱和柬埔寨属于潜力型国家，老挝属于薄弱型国家。东盟国家与中国贸易畅通程度属于畅通型，是沿线唯一达到畅通型标准的地区。其中，新加坡、马来西亚、越南、菲律宾、泰国、柬埔寨和印度尼西亚属于畅通型国家，老挝属于连通型国家，缅甸属于良好型国家；只有文莱属于潜力型国家。东盟国家与中国资金融通处于连通型水平，高于沿线地区平均的潜力型水平。其中，新加坡、印度尼西亚、泰国、马来西亚属于畅通型国家，柬埔寨、越南、菲律宾属于连通型国家，老挝和文莱属于潜力型国家，缅甸属于薄弱型国家。东盟国家与中国民

---

① 具体计算方法详见北京大学"一带一路"五通指数研究课题组出版的"一带一路"沿线国家"五通"指数系列报告。

心相通指数分值较高,属于畅通型水平。其中,属于畅通型的国家有泰国、越南、印度尼西亚、新加坡、马来西亚、菲律宾、柬埔寨、老挝,缅甸属于连通型国家,文莱属于良好型国家。

上述分析表明,中国与东盟之间的互联互通总体水平领先于其他区域,从合作的连续性、合作的覆盖面、层次的丰富性以及五通指数等指标综合来看,双方开展了全方位、多层次、多领域的制度化合作,中国—东盟命运共同体是中国在全球范围内推进人类命运共同体建设的高地。

(三) 中国与东盟的制度化合作增强了双方合作的韧性

从非制度化合作到制度化合作是合作层级的重大进步,中国与东盟整体的制度化合作持续了近三十年。理论上,国际合作机制可以弥补国际自助体系的缺陷,通过改善信息质量、降低交易成本、增加博弈次数、汇聚行为预期、协调政策行动等缓和无政府状态造成的阻碍,促进国际合作。中国和东盟的制度化合作,在一定程度上将传统的现实主义的权力博弈转化为制度合作,以及基于双方共同制定的规则的合作行为,并形成一种合作的习惯和交流文化,不断增强双方合作的韧性。与中国和其他地区、国家的关系相比,中国和东南亚国家关系的发展具备更加突出的韧性和更好的连续性,这正是因为中国和东盟通过创造性的制度设计来共同抵御外部冲击和解决内部争端,保持了战略合作连贯发展。比如,即便南海争端一度使得中国与部分东盟国家关系紧张,中国和东盟也能坚持舒适度和灵活度原则,通过双边和地区层面的对话协商,确保《南海各方行为宣言》的有效落实,利用东盟防长扩大会机制深化防务合作,并推动海上联合演习和安全对话沟通机制化,保持中国与东盟合作的局面、合作的基本盘和合作的持续,甚至在危机和冲突解决中孵化出中国与东盟制度化合作的升级版。

又如,2004年起,中国和东盟为了推进自贸区建设,每年在南宁举办中国—东盟博览会和中国—东盟商务与投资峰会,从未间断。这一机制秉承推动中国与东盟的全面经济合作、推进中国—东盟自由贸易区建设的宗旨,积极搭建中国与东盟各国政府部门合作的平台,极大地增进了中国与东盟工商界的相互交流与务实合作。近年来,该合作机制举办了大量的论坛,这些论坛由双方的多个部委支持,针对中国和东盟合作的新形势、新问题、新政策、新举措等进行研讨,为推进和调整双方的合作政策做准备,形成促进中国—东盟合作、"一带一路"建设的"南宁渠道"。① 中国和东盟在这种机制化的习惯交往中逐渐形成一种交流文化,长此以往则有利于形成一种建立在"共商、共建、共享"原则上的新商业文明,在发展共同体、利益共同体的基础上建立更加顺畅有效的沟通协调机制,通过更高水平的互联互通真正形成安全共同体、责任共同体、命运共同体。

三、中国—东盟命运共同体建设的成功缘由

中国与东盟的制度化合作是长期性的,这是个克服合作困境、超越分歧、形成共识、达成合作、不断升级、共同演进的过程。那么,这种合作缘何而成呢?这涉及四个问题:一是合作的起点如何形成,二是如何克服外部环境对双方合作的制约,三是如何克服双方不对称关系对双方合作的制约,四是如何克服大国竞争博弈对双方合作的制约。

(一)中国与东盟制度化合作的缘起

中国与东盟能否形成整体性的制度化合作首先受制于国际和地区格局的变化。第二次世界大战结束后到冷战结束期间,全球与地区格局的演变总体上制约着中国与东盟的合作,但也碰撞出双方合作的初步意识。一方面,美苏争霸格局导致中国与东盟国家分属两大阵营,在越战等问题上针锋相对,不可能合作,也不会有共同体意识;另一方面,20世纪60年代末70年代初,中美关系缓和的情况下,东盟国家也随之调整对华战略,在尼克松访华之后纷纷与中国建交。1975年越战结束以及1978年越南入侵柬埔寨以后,中国与东盟的关系进一步缓和。中国通过柬越战争改变了对东盟的敌对态度,"一次重大事件的发生让东盟和中国的关系变得异常亲密,即1978年12月越南入侵柬埔寨"(马凯硕和孙合记,2017)。1991年冷战结束后,中国与东盟整体上走向合作之路。1991年中国能与东盟建立对话关系,应源于以下要素的综合作用:

(1)冷战结束后国际环境的根本性变化。两极格局解体,本地区从对抗走向合作,给本地区带来和平红利,中国和东盟需要进一步改善关系;两个市场逐渐统一,中国和东南亚都进入全球化的市场体系,成为全球产业链的

---

① 畅通"南宁渠道"抢占开放制高点[EB/OL].(2019-08-15)[2020-09-25]. http://gxrb.gxrb.com.cn/html/2019-08/15/content_1620320.htm.

有机组成部分,来自全球以及东南亚的贸易和投资也有利于中国的改革开放。

(2)中国—美国—东盟战略关系的变化。冷战结束后,美国在本地区成为主导力量。苏联这个敌人消失后,美国不再重视东南亚地区(马凯硕和孙合记,2017),这就迫使东南亚借势转而拉中国进入本地区,这给中国与东盟关系的发展创造了机会。1989年之后,中国需要在周边打开外交封锁的缺口,东盟国家成为主要选择。东盟作为地区合作组织,在越战和柬越战争期间发挥集体作用,自信心上升,希望能与主要大国建立更加均衡的关系。

(3)中国在1989年加入亚太经合组织(APEC)有利于培育地区合作意识,东盟成员也是APEC成员,双方初步具备了在地区框架下合作的条件。因此,中国在与所有东南亚国家建立及恢复双边关系后,具备了与东盟整体建立对话关系的基础。

(二)中国—东盟的制度化合作是两大战略体系的系统对接

中国—东盟命运共同体是中国的人类命运共同体与东盟共同体的对接。中国—东盟命运共同体是后冷战格局系统的重要组成部分。后冷战时代的亚太地区是多种力量博弈的战略场,是典型的复杂适应系统,各方相互适应、学习、调整,以应对各种挑战,实现共同演进。这个大的系统包括美国的同盟体系、东盟的大国平衡战略体系、中国的人类命运共同体体系,等等。如果各方在这一复杂适应系统里协调得好,就会出现正向的共同演进,反之亦然。中国—东盟命运共同体是该复杂适应系统的一部分,是几大体系或者子系统相互适应磨合的结果。中国的人类命运共同体建设是基于地区、覆盖全球的。2012—2016年,中国提出多个地区性的命运共同体的倡议,具体包括:2013年3月在坦桑尼亚提出中非命运共同体,2013年10月在印度尼西亚提出中国—东盟命运共同体,2014年3月在布鲁塞尔提出中欧命运共同体,2015年4月在博鳌亚洲论坛提出亚洲命运共同体,2014年6月在中阿合作论坛上提出中阿命运共同体,2014年7月在中国—拉美和加勒比国家领导人会晤上提出中拉命运共同体,2014年11月在中央外事工作会上提出周边命运共同体,2016年3月在澜湄合作首次领导人会议上提出澜湄命运共同体,2018年6月在上合组织青岛峰会上提出上合组织命运共同体。从中国方面看,中国—东盟命运共同体是中国在东南亚地区的人类命运共同体建设。东盟共同体是地区性的,其成员仅限于东南亚国家。但东盟在后冷战时代发展出了以其为核心的"东盟+"结构,与全球主要战略力量建立制度性的合作关系。比如,通过多个"10+1"合作,与中国、美国、日本、韩国、印度、澳大利亚、新加坡、俄罗斯建立了制度性合作;通过东盟加中日韩合作建立了东亚地区合作机制,通过东亚峰会将上述几国拉入东亚合作平台,从而形成东盟与大国合作并且制衡大国的地区架构。从东盟方面看,中国—东盟命运共同体是"东盟+"结构的一个主要支柱。因此,中国—东盟命运共同体就是两大战略体系的耦合,是各自战略体系中的一环,加固了各自在大系统内的地位,相互促进、相互制约、相互平衡,必然对中国推进的其他命运共同体、"东盟+"结构中的其他支柱以及中美战略关系等产生影响。

(三)中国与东盟创造性地解决了不对称合作的难题

中国和东盟是如何克服内部合作困境、形成长期合作的?中国与东盟的合作具有典型的不对称性:中国是超大规模国家,东盟则是一个以多样性著称的地区;中国是实力仅次于美国的世界第二大经济体,东盟是由中小国家构成的区域合作组织;中国具有中央—部委—地方管理结构的运作模式,东盟的运作模式则为组织行为—国家行为,组织行为要得到国家层面的认可。同时,中国与东盟合作还受到南海争端问题的制约,中国实力明显强于对方。以上的不对称性容易使东盟国家产生合作的疑虑,如担心合作不对等、在经济上依赖、在安全上受损等,难以形成共识并落实为行动。对此,双方逐渐形成一套合作的办法,如领导人引领、政府主导等。

(1)领导人引领,显示出推进合作的决心,超越分歧和意识形态因素,制定长远合作的规划和安排。自1997年年底东亚合作系列领导人会议机制建立以后,中国领导人从未缺席,并且通过召开纪念峰会、特别峰会、博鳌论坛、"一带一路"国际合作高峰论坛、进博会等机会,不断邀请东盟领导人来华参会,其见面频率要高于其他大国。

(2)国家在国际合作中的地位和作用毋庸置疑,合作需要政府间推动,形成制度化的长期安排、务实协商。中国大部分部委都与东盟建立了合作机制。在此过程中,双方发展出注重共同利益、互惠互利、合作共赢、义利统一、情理交融、休戚与共等交往原则。

(3)中国还采取部分让渡合作主导权的方式来消解东盟的合作疑虑。中国加入东盟倡导的地区合作机制,尊重东盟方式和东盟在东亚合作中的中心性地位,合作内容尽量按照东盟的框架来开展,如抓住可持续发展的道义制高点、加强互联互通建设等。

(4)通过扩大共同利益和管控冲突利益,尽量不让争议和冲突影响其他合作。中国与东南亚国家都认识到自己实力和能力的限度,避免采取过度刺激的行为(周士新,2020),在过去三十多年的合作尤其是在2012—2016年南海问题升温的阶段,双方能将安全冲突和经济合作分开,比较克制,不触及底线,没有让安全问题影响经济发展。

(四)中国与东盟的制度化合作促进了地区的整体演进

中国和东盟的合作对外受中美、中日战略博弈等矛盾的制约。进入21世纪以来,中国和东盟的制度化合作在本地区形成传播和复制效应,各大国纷纷效仿中国,与东盟建立战略伙伴关系、洽商自由贸易协定(FTA)、加入东南亚友好合作条约和东亚合作平台等。比如,日本、美国、中国、韩国等均建立了邀请东盟国家领导人一起到本国参加特别峰会的制度。2011年美国和俄罗斯加入东亚峰会。这是因为,中国和东盟的合作多数是放在"10+1""10+3""东亚峰会"等框架内,中国与东盟的合作模式可以在东盟与其他大国的关系中复制应用,形成一种相互适应学习、并行不悖的局面。这一方面能满足东盟大国平衡的需求,另一方面也能满足其他大国介入东亚合作的需求。也就是说,在大国竞争相互刺激的动力下,中国—东盟的制度化合作加强了东盟与各大国的制度连接性,东盟成为制度化合作的汇集点,加强了东盟在本地区的中心性地位,促进了地区系统的制度化合作,缓解了传统的大国权力竞争的战略压力,形成了各方共同演进的局面。东盟于2019年提出"东盟印太展望",作为平衡大国并与大国进行新一轮制度化合作的动力。其背景是,美国、日本、澳大利亚、印度等提出印太战略,除了针对中国的"一带一路"倡议和中国—东盟命运共同体建设,也削弱了东盟作为印太中心区及其在现有东亚地区合作机制中的中心性地位。"东盟印太展望"(ASEAN Outlook on the Indo-Pacific,AOIP)是对大国战略举措的积极回应及对东盟中心性的主动捍卫(刘阿明,2020)。"东盟印太展望"强调包容性、可持续发展、互联互通,希望美国、日本、澳大利亚、印度继续在其主导的"东盟+"结构内加强对东盟的投入,同时激励中国进一步加强在东盟的投入,这也就为中国—东盟命运共同体加注了新动力。

四、中国—东盟命运共同体面临的系统性制约

中国—东盟命运共同体建设堪称继马凯硕提出的"东盟奇迹"、中国改革开放四十多年形成的"中国奇迹"之后的第三个奇迹,加强了中国与东盟的连接性,史无前例、规模巨大、影响深远,也在一定程度上改变和优化了地区系统的互动。这种合作展现出巨大的发展潜力,并不容易被打破,但也有限度和边界,不可能无限升级。因此,有必要进一步揭示中国与东盟命运共同体建设的限度,维护其可持续发展。中国—东盟命运共同体是在后冷战时代的地区系统内成长起来的,仍然受制于系统性因素的影响。

(一) 中美战略博弈加剧中国—东盟命运共同体建设的体系压力

中国—东盟命运共同体建设得益于较为平衡稳定的地区形势以及东盟能够在"东盟+"地区结构中发挥中心地位,推进各组"东盟+1"平衡发展、平行发展,形成一种良性竞合。但是,中美战略博弈的加剧,恶化了地区整体形势,制约了中国—东盟命运共同体建设。中美实力接近使得本地区格局快速演变,接近于两极格局。中美战略博弈成为地区秩序发展的主要矛盾,有可能打破"东盟+"地区结构的平衡,制约中国—东盟命运共同体建设优化地区系统的作用。主要表现为:

(1)中美两国都在争取东盟国家的支持,在双边层面迫使一些关键国家面临选边站的抉择,加大东盟内部矛盾。[①] 敌人的朋友是敌人。在零和博弈状态下,有些东盟国家加强对华关系就意味着反对美国,中国—东盟命运共同体建设也被美国视为支持中国、反对美国的标识。随着美国推出"印太战略"以及中国实力和地区影响力提升,东盟也在2019年提出自己的"东盟印太展望",力图在外部力量博弈中维护东盟的统一性与中心地位。国际和地区地缘政治经济环境发生着系统性的复杂变化,东盟一方面担心大国相争导致自身地区地位的削弱,另一方面又希望通过"大国平衡术"的实施从中获利,这对中国—东盟关系产生了深刻的影响。

(2)美国介入南海问题,炒作湄公河水资源问题,加剧了本地区的多重安全困境,使得南海问题和湄公河水资源问题成为中国—东盟命运共同体

---

① ISEAS-YusofIshak Institute. The State of Southeast Asia: 2020[EB/OL]. (2020-01-08)[2022-04-30]. https://www.iseas.edu.sg/wp-content/uploads/pdfs/TheStateofSEASurveyReport_2020.pdf.

建设的痼疾,双边关系难以取得真正突破。2020年美国同时在南海问题和湄公河水资源问题上兴风作浪,加剧了中国在东南亚的陆海联动困境,从亚太安全问题演变为印太安全问题,这在一定程度上制约了中国—东盟命运共同体建设。

(3)中美贸易摩擦加剧双方贸易脱钩,引发全球产业链断链的风险,也在本地区造成两个市场、两种体系、两种供应链对立的风险。同时,美国担心中国在东南亚的人工智能和数字经济等占据先机,压制东盟国家购买华为的5G产品等,并出台蓝点网络(Blue Dot Network)计划等予以制衡和替代。

(4)美国奥巴马政府与特朗普政府先后发起亚太再平衡战略和印太战略,拜登政府亦将东盟视为遏制中国战略的关键。对于美国政府"示好"的举动,东盟国家深知其背后的战略意图,故而心态复杂:既对美国重视东南亚表示欢迎,同时也对地区潜在的战略竞争风险表示担忧。中国则主导"一带一路"进程,实力的不对称性使东盟在地区合作中对自身中心地位和"东盟+"结构感到不安,给中国—东盟命运共同体建设带来一些挑战。

(二)中国—东盟关系中的结构性矛盾制约中国—东盟命运共同体建设

冷战结束至今,中国逐渐发展出"亲诚惠容"的周边外交政策及共建命运共同体的外交倡议以主动塑造和经营与东南亚的关系,促进了彼此互动范围的扩大及相互依赖程度的加深。然而,高下相召,升降相因。中国经营与东南亚关系的历程是进阶之路,同时也是入困之行。中国与东南亚的系统性困局逐渐显现,日益激烈的博弈、动荡和冲突,造成风险和矛盾系统性升级,抵消了合作效应。系统性困局是指中国与东南亚国家之间存在的新老问题不再是单个存在、各自发挥作用,而是相互连接联动,或此起彼伏,或同时爆发,是系统性的长期风险。经济社会方面,围绕湄公河水资源、债务陷阱、劳工、环境破坏、腐败及社会公平公正等问题的争议也越来越多,并在内外势力的干扰操弄下"被安全化",成为安全问题。政治安全方面,南海问题也不再只是中国与菲律宾、越南等领土声索国之间的主权争端,而是随着地区格局的变化而沦为大国博弈、海洋经济开发权及地区规则制定权竞争的主要领域,更成为国家之间争夺国际话语权、抢占道义制高点、建构国家形象的主要战场。政治风险、环境社会风险等又对中国对外投资及双边经济合作关系构成了重大挑战,如缅甸密松水电站等问题。中国在东南亚地区的主动塑造在取得显著成效的同时也面临诸多挑战,其经济矛盾、安全矛盾及社会矛盾显著增强,制约着中国—东盟命运共同体建设。

(三) 中国仍需加强与东盟不对称合作的智慧和技巧

如上所述,中国与东盟合作除了需要克服外部环境制约,还需要克服不对称合作的难题。近年来,东盟国家也出现对华合作意愿有所降低、行动迟缓、效果变差等一系列现象,产生"合作疲劳"的症状。这是因为:

(1) 关于合作主导权问题。过去,在东亚合作框架下,中国通过尊重东盟的中心地位——让渡一定主导权的方式,以打消东盟国家的疑虑并引导合作。但是近年来,中国在对东盟合作方面越来越积极主动,不断提出各种倡议、措施和项目,令东盟国家应接不暇,担心中国早晚掌握合作主导权,导致东盟国家失去平等地位。因此,中国越积极,有的东盟国家就会越消极,在中美战略背景下就越小心谨慎。

(2) 关于合作的相对利益和核心利益问题。中国政府在与东盟展开"10+1"合作时,采取了让利、多予少取的原则,因而在中国—东盟自贸区谈判方面取得快速进展。但是政策原则与市场行为不同,中国在产业链分工、投资贸易、市场规模和活动方面均占有优势,东盟国家越来越担心相对收益降低。尤其是在南海问题如南海各方行为准则谈判问题上,因为涉及国家主权,中国不可能让步。

(3) 为了合作而合作。中国一些部委和地方为了撑起合作机制,为了每年都有新倡议、新进展、新成果,不断推出各项合作计划,有的不切实际,有的不符合东盟国家的需求,成为中国一厢情愿的合作,造成为了合作而合作的局面,欲速而不达。

(4) 合作的智慧和技巧问题。东盟是个松散的整体,东盟国家则是多样性和异质性极强,中国既需要针对东盟的整体合作策略,又需要以双边为基础实施"一国一策"。中国还需要在合作的心态、机制、内容、手段和落实等方面加强国内外的协调,不能把在中国国内的做法转移到东盟国家。另外,国家间的关系既有合作也有竞争,不能迷信合作能解决一切问题。

(四) 中国—东盟命运共同体仍有发展空间

中国与东盟合作历经三十多年,确实带来了地区和平与繁荣,具有惯性、生命力和可持续性,但也存在上述体系性、结构性和策略性的制约。但是,双方都有进一步增进合作的意愿,中国将中国—东盟命运共同体作为人类命运共同体建设的高地和样板,而东盟通过中国—东盟命运共同体维护其在地区架构内制度化合作的中心性地位。当下,亚太与印太逐渐成为一个新的地区复杂适应系统,东盟只有不断加强与中国的制度化合作,才能刺激其他大国加强与东盟的制度化合作,形成围绕东盟的你追我赶的态势。除非中国放弃当前的外交战略或"东盟+"结构崩溃,否则中国—东盟命运共同体构建不会中断。以新冠肺炎疫情为例,2020年2月20日,中国与东盟的外长齐聚老挝万象,召开了中国—东盟关于新冠肺炎问题的特别会议,发表了《中国—东盟关于新冠肺炎问题特别外长会联合声明》,表明了中国和东盟合力应对新冠肺炎疫情的坚定信心。这也是疫情暴发以后,中国和周边国家之间围绕疫情防控和卫生合作治理的主题召开的第一场多边国际会议。正如中国驻东盟大使邓锡军在接受媒体采访时所说,本次会议彰显了双方患难与共的邻里情谊和手足情深,也为全球应对疫情合作树立了标杆。很明显,这次峰会是复制了2003年中国与东盟在"非典"疫情暴发后召开特别峰会的做法,说明了制度化合作可复制、可延续的特点。一周后的2月27日,第十二次东盟与中日韩(10+3)大使级会议在雅加达东盟秘书处举行,各方呼吁"10+3"机制应进一步提升公共卫生合作水平,为共同防控疫情传播发挥更大作用。为什么中国和东盟之间虽然医疗卫生发展水平有差异,但依然能够迅速且合力做出反应?双方的卫生合作究竟是"一时兴起"还是"一以贯之"?2003年"非典"肆虐时,中国与东盟也是第一时间迅速做出反应,并召开了领导人特别会议。历史和现实证明,中国和东盟双方通过长期稳定的卫生合作破除了发展水平差异给合作治理带来的困境,这一长期性与应急性兼具的卫生合作模式给地区和国际卫生合作提供了范例。这也说明,新冠肺炎疫情的确对地区合作与全球化进程带来巨大冲击,但中国和东盟以往形成的制度化合作能够减缓冲击、续接合作。

五、中国—东盟共同体建设的黄金法则是"通而不统"

中国—东盟命运共同体建设面临系统性的制约和风险,未来发展方向是"通而不统",即以"通"(互联互通)而不是以"统"(一体化或结盟)为目标,追求全方位、多层次、多领域、高质量的制度化合作,加强彼此以及在更大系统范围内的互联互通,而不是以走一体化的道路或结盟为目标。这是因为,双方制度化合作有非常好的基础与巨大的发展潜力以及创造性的空间。在地区复杂的战略博弈中,中国与东盟在不对称互动中寻求平等合作和动态平衡,合作有限度、有边界,不可能无限升级去追求统合。如果突破"通"的限度,以"统"为目标,追求两个共同体的合一或结盟,就会突破上限、打破游戏规则,合作的成本将大于收益,甚至出现破局。因此,"通"是中国—东盟命运共同体最好的发展路径。中国—东盟命运共同体建设应注意遵守以下原则:

（1）认识到后冷战时代的地区复杂系统是造就中国与东盟合作的大环境和基本条件。国际体系和地区架构不断演变,力量对比发生变化,战略博弈依旧复杂,但在复杂适应系统中相互学习、共同探索的中国和东盟逐渐将制度合作常态化,制度本身亦不断扩展和深化。中国在系统的整体互动中尊重并突出东盟,保持谦虚审慎,不能过于自信;要注意东盟及其成员与美国、日本等其他大国战略关系的协调,保持开放性,相互学习适应。

（2）特别注重中国与东盟制度化合作发展的渐进性、平等性、简洁性、均衡性、平等性、引导性,避免操之过急、过于烦琐而造成多方不适应。同时,要注意到"五通"的均衡化发展问题,改善双方经济合作好于社会合作和安全合作的局面。双方在社会文化合作领域中还缺少类似于政治、安全和经济领域的纲领性文件,应加紧制定,以加强民心相通。中国和东盟要在恐怖主义、环境保护等治理问题上树立更加强烈的共同命运意识,建立更加顺畅有效的政策沟通协调机制。

（3）建立一个政府主导、多利益相关方发挥创造性作用的共同体。中国—东盟命运共同体建设不可能实现"去国家中心化",但更加多元的推进力量可以加强双方关系的网络适应性、自我组织能力和功能性。

（4）提供力所能及的公共产品。人类命运共同体所蕴含的"共享未来"理念表明,互联互通旨在创造超越单一国家边界、跨越不同世代、超越不同人群的福利。所以,要大力推动互联互通在地区、次区域、双边等层面的制度化合作,把公路、铁路、通信等联通网络建立起来,并确保基础设施建设在环境、社会、经济等方面的可持续性。

（5）重视警示信号,开放对待各种怀疑的声音,有效管理冲突。中国和东盟双方目前仍对对方存在一定误解,中国—东盟命运共同体成为东盟在中美战略博弈中谋求利益的战略工具(翟崑,2019)。双方应尽快完成"南海行为准则"谈判,在新安全观基础上构建安全共同体。

中国—东盟命运共同体建设需要长远目光、审慎态度、系统性的战略思维,以及具有舒适度的策略。中国—东盟命运共同体建设是各大国围绕东盟的制度性竞争与合作,若这种局面能够继续维持,则有助于形成各方参与、共同优化地区系统的态势。进而言之,东南亚地区深受印度文明、中华文明、伊斯兰文明和西方文明"四波浪潮"的影响,形成了独特的吸纳融合方式和强大的自主性与创造性(马凯硕和孙合记,2017)。可见,古往今来,本地区的演进是多种浪潮共同适应演进的复合浪潮。中国—东盟命运共同体建设是后冷战时代本地区新一波复合浪潮的重要组成部分,可称"第三个奇迹"。

第九章　绿色协同：绿色金融与数字化赋能

第一节　绿色金融赋能"一带一路"高质量发展①

2019年4月27日,习近平总书记在第二届"一带一路"国际合作高峰论坛圆桌峰会上指出要将共商、共建、共享原则落到实处,本着开放、绿色、廉洁理念建设"一带一路"。在这一精神的指引下,绿色金融将同"一带一路"深度融合,通过不断完善顶层的设计,拓展绿色金融服务需要,建立起经济社会和生态环境二者和谐共生、相互促进的新格局。

一、绿色金融与"一带一路"倡议的推进

绿色金融是指支持环境改善、应对气候变化和节约高效利用资源的经济活动,强调对经济发展的"绿色"职能作用,即对环保、节能、清洁能源、绿色交通、绿色建筑等领域的项目投融资、项目运营、风险管理等所提供的金融服务,是全球环境治理的产物。绿色金融可以凭借自身充分发挥、调动社会金融经济资源的核心功能,对接"一带一路"沿线国家相应的资金需求,撬动社会资本,稳妥有序地引导更多金融经济资源流向绿色投资项目,特别是清洁能源技术、交通等基础设施的项目,提升相关国家和地区经济发展水平的同时改善生态环境,形成经贸合作与生态保育相融合的发展格局。

"一带一路"沿线国家对于绿色金融发展有着强烈的现实需求,部分沿

---

① 本节作者为蓝庆新、唐琬,部分内容摘自蓝庆新和唐琬(2022)。

线国家和地区脆弱的生态环境和发展需求多样化的特点,突出了绿色发展对于该国家或地区应对改善当地生态环境、完善全球环境治理、实现经济发展的重要性。此外,沿线大部分国家发展比较落后,经济体量较小,金融体系建设尚不完善,发展本国绿色金融市场能力不足。在当前全球国际形势复杂、经济增长面临巨大不确定性的情况下,基础设施将再次成为刺激"一带一路"沿线经济复苏、拉动经济增长的引擎。全球对于基础设施建设的资金缺口在未来20年将达到94万亿美元,然而基础设施修建以及设施运营过程所产生的二氧化碳占到全球碳排放量的七成,并且具有顽固的"碳锁定效应",沿线脆弱的生态环境已无法承受巨大的能源消耗及气候环境污染风险。如何应对保障能源供应安全以及推动经济社会可持续发展已成为高质量共建"一带一路"面临的主要挑战。

绿色"一带一路"致力于提升的清洁能源、交通运输等基础设施建设,目前中国在可再生能源等绿色产业方面已取得巨大成就,在技术、设备和项目建设方面可以为"一带一路"沿线国家提供支持和服务,同样也需要积极地参与和推动绿色融资机制。截至2019年,"一带一路"清洁能源和可再生能源项目总价值达到1 089.5亿美元,项目数量为102个(见表9-1)。

表9-1 2013—2019年"一带一路"清洁能源和可再生能源项目

年份	光伏		核能		风电		总项目	
	项目价值(10亿美元)	项目数量(个)	项目价值(10亿美元)	项目数量(个)	项目价值(10亿美元)	项目数量(个)	项目价值(10亿美元)	项目数量(个)
2013	0.51	5	26.00	1	2.43	9	27.94	15
2014	0.24	4			2.12	7	2.35	11
2015	1.57	4			6.47	10	6.04	14
2016	2.20	11			1.43	6	6.63	17
2017	49.12	14	7.46	1	4.84	9	61.42	24
2018	2.33	6			0.58	2	2.91	8
2019	1.46	12			0.20	1	1.66	13
总计	57.43	56	33.46	2	18.07	44	108.95	102

资料来源:路孚特(Refinitiv)。

二、绿色金融

(一)绿色金融体系

近年来,中国金融机构坚持秉承可持续发展理念,并积极践行低碳循环的绿色金融实践,将国际绿色金融发展经验和国内金融市场发展实际情况有机结合,坚持创新引领,主动开展多项绿色金融业务,加快传统金融业务绿色转型,并提供相应的配套服务,促进实现高效可持续的良性发展。目前,中国在金融市场上已经建立起较为完善健全的绿色投融资机制,具体如图9-1所示。

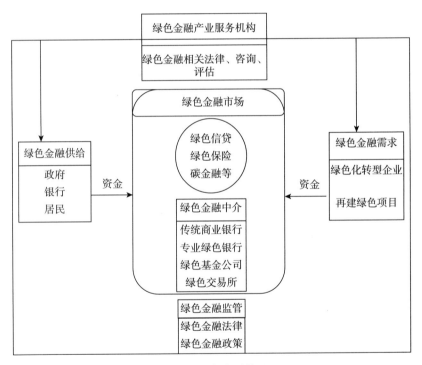

图 9-1 绿色金融体系

在"一带一路"倡议框架下推进绿色金融机制的建立和应用,提高沿线国家绿色投资质量,引导绿色、可持续投资是形势所需,也是形势所迫,而各方金融机构的积极参与是绿色金融发展不可或缺的环节。目前中国参与"一带一路"国际合作项目的金融机构主要包括国家政策性金融机构、商业银行、专项基金和国际多边金融机构(见图9-2),业务区域几乎覆盖"一带一路"沿线的所有国家。国家政策性金融机构主要包括中国进出口银行、国家开发银行、中国出口信用保险公司，为项目前期开发阶段提供金融支持和服务，发挥指引、导向作用，积极鼓励各方资金投向绿色投资领域，齐心协力为建设绿色"一带一路"添砖加瓦。

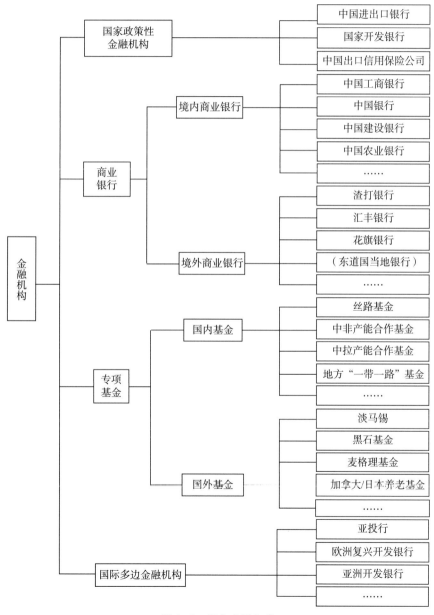

图 9-2　绿色金融机构

(二)绿色金融的影响机制

绿色金融赋能"一带一路"高质量发展主要体现在两个方面:绿色融资与环境管理。一是通过绿色投融资刺激经济增长。资金的有效供给支撑"一带一路"行稳致远,作为一种以市场为导向的制度安排,绿色金融会减少经济发展对碳密集和污染型产业的路径依赖,充分发挥自身的金融杠杆作用,指引各方资本流入绿色发展的新产业、新技术、新产品和新业态,减少资金自由流动的障碍,提高资金利用率,放大资本分配效应。绿色金融对经济增长的影响机制如图9-3所示。

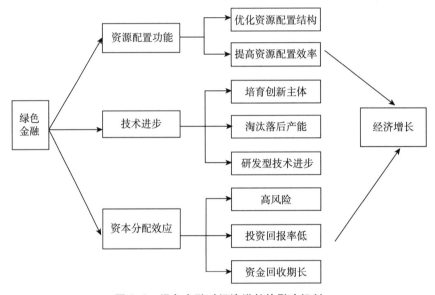

图 9-3 绿色金融对经济增长的影响机制

二是通过绿色金融降低环境风险。绿色金融是降低环境风险的重要手段,金融机构将可持续发展作为机构战略布局重点与实施机制是环境管理最实质性的表现。绿色金融通过结构、技术进步和规模三种效应作用于生态环境,影响机制如图9-4所示。一方面,在绿色金融结构效应和技术进步效应的影响下,资金流向绿色经济领域,环保产业得到扶持,产业结构得以调整,绿色技术进步也随之加快;同时,能源消耗减少,污染情况得到改善,环境质量随之提升,环境污染风险降低。另一方面,在绿色金融发展的规模效应影响下,能源消耗提高且污染程度加重,致使环境质量下降,环境污染风险上升。

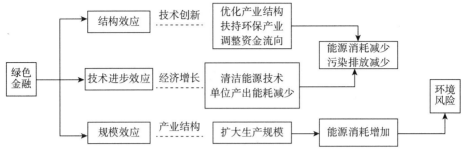

图 9-4　绿色金融对环境风险的影响机制

(三) 绿色金融(投资)指数

"一带一路"绿色金融(投资)指数从两个维度分析各国当前的绿色发展水平,并通过本国与各国未来经济发展的资源环境压力对比分析得出最终的政策建议,总体框架如图 9-5 所示。

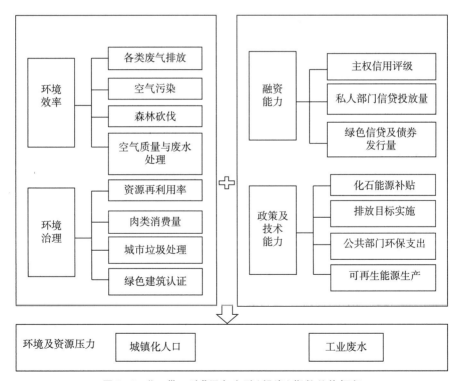

图 9-5　"一带一路"绿色金融(投资)指数总体框架

表 9-2 给出了"一带一路"绿色金融(投资)指数具体情况,该指数能够很好地区分沿线各地区的绿色金融发展程度。由表中可以看出,各个地区间

的绿色金融发展水平参差不齐,绿色发展能力差异较大,绿色金融整体发展水平较低,与各国发展绿色经济、改善生态环境所需的绿色投资规模之间存在矛盾。

表 9-2 "一带一路"绿色金融(投资)指数

地区	绿色经济表现得分		绿色发展能力得分	
	环境效率	环境治理	融资能力	政策技术能力
中东欧地区	71.4	58.9	43.2	60.8
中东和北非地区	66.2	62.2	45	30.6
拉美地区	62.2	37.3	25.9	37.0
南亚地区	60.8	54.8	27.3	37.2
独联体	51.5	33.7	24.6	32.7
亚太地区	47.0	43.4	59.3	42.4
撒哈拉以南非洲	33.1	33.4	12.3	51.1
"一带一路"国家平均	56.4	47.2	35.9	43.7

资料来源:中国工商银行带路绿色指数课题组,"'一带一路'绿色金融(投资)指数研究",《金融论坛》,2020年第25卷第6期,第3-10页。

三、绿色金融发展现状和问题

(一)绿色金融发展现状

绿色金融追求的是金融活动与环境保护、生态平衡的协调发展,随着人们对环境保护的日益重视,绿色金融必然成为主流的金融工具和基本的金融信条。金融机构坚持创新引领,主动开展多项绿色金融业务,积极研发绿色金融产品,绿色金融市场现有产品包括绿色信贷、绿色保险、绿色债券、碳金融及衍生品等,为投资者提供了多样灵活的融资方式选择空间,使得机构和个人投资者可以有效地规避潜在的环境风险和社会风险。绿色信贷、绿色保险和绿色债券是传统金融的延伸,目的是促进生态文明建设。金融机构通过采取绿色债券、绿色贴息等方式降低清洁项目的投资成本,通过绿色保险和绿色银行的环境责任控制非绿色型项目的投资成果,提高"一带一路"沿线绿色项目的投资质量。绿色信贷和绿色债券在国内较早地进行了市场实践,两者发展迅速、规模比较大,其他几种产品在中国实践时间较晚,发展较为缓慢。

1. 绿色信贷

绿色经济领域目前是银行业金融机构投融资支持的主要战略方向。在绿色信贷政策引导下,金融机构不断推动绿色信贷业务的发展,对绿色信贷领域的资金投放量不断增加,绿色信贷余额占总贷款的比重稳步上升,银行业务"含绿量"得以大大提升。如图9-6所示,2020年年底中国本外币绿色信贷余额达12万亿元,占比达到6.9%,存量规模世界第一;截至2021年3月,绿色信贷余额达13万亿元,较上个季度增长9%。

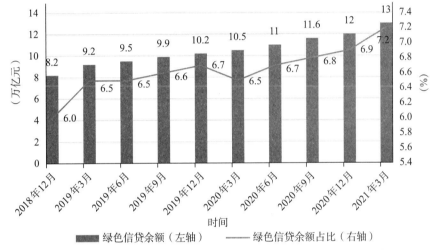

图9-6　2018年12月至2021年3月绿色信贷余额及占比

资料来源:Wind。

金融机构在践行绿色信贷实践的过程中,要统筹协调社会效益、经济效益和融资风险,合理平衡三者关系,保障绿色信贷资金健康运行。从信贷投放主体来看,商业银行是绿色信贷的参与主体。2020年年底部分大中型商业银行的绿色信贷规模总额已达7.4万亿元,较上年同期平均增幅超过23%(见图9-7)。从投放行业来看,绿色信贷主要集中在交通运输、仓储和邮政业,以及电力、热力、燃气及水生产和供应业两大行业,占比之和超过50%(见图9-8)。商业银行大力推动绿色信贷业务发展能推动本国经济和绿色发展,助力生态文明建设,同时也有助于自身培育新的业务增长点。

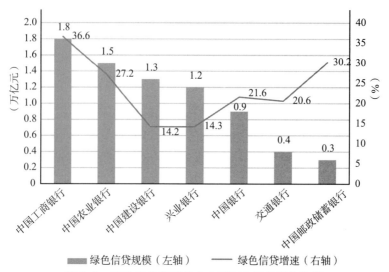

图 9-7　2020 年年底部分大中型商业银行绿色信贷

资料来源:中国工商银行、中国农业银行、中国建设银行、兴业银行、中国银行、交通银行、中国邮政储蓄银行 2020 年年报。

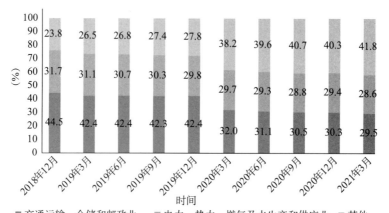

图 9-8　2018 年 12 月至 2021 年 3 月我国主要金融机构绿色贷款余额结构分布

资料来源:Wind。

以中国工商银行绿色信贷环境绩效为例,截至 2020 年,中国工商银行投向节能环保、清洁生产、清洁能源、生态环境、基础设施绿色升级、绿色服务等绿色产业的绿色贷款余额为 18 457.19 亿元(见表 9-3),体现了我国绿色信贷环境绩效的良好表现,通过绿色金融实践体现出中国生态文明和绿色、低碳的可持续发展思想,为推动经济社会绿色发展提供了重要保障,为国际社会积极共建绿色"一带一路"提供了思考、借鉴和方向。

表 9-3 中国工商银行绿色信贷环境绩效

年份	绿色信贷余额（亿元）	折合减排量（万吨）						
		二氧化碳	标准煤	化学需氧量（COD）	氨氮	二氧化硫	氮氧化物	节水
2016	9 786.60	7 336.64	4 110.82	28.70	2.30	38.31	6.08	6 126.49
2017	10 991.99	7 561.87	4 247.26	16.83	1.61	12.43	6.15	3 286.45
2018	12 377.58	8 958.79	4 646.97	26.31	6.93	4.33	6.72	4 290.42
2019	13 508.40	8 986.96	4 627.23	26.85	4.91	6.94	6.34	5 906.63
2020	18 457.19	8 524.63	4 924.74	281.71	31.10	2 189.30	1 424.62	8 931.02

资料来源：中国工商银行《绿色金融专题报告》。

2. 绿色债券

得益于绿色金融政策的加码布局，绿色债券迎来快速发展。截至 2021 年 3 月底，符合我国国内绿色认证标准的绿色债券发行规模累计超 1.3 万亿元人民币（见图 9-9），规模位列全球第二。2016 年以来绿色债券连续 5 年发行规模超 2 000 亿元，无违约案例。绿色债券作为相对更加长期和稳定的融资来源，可降低绿色产业项目期限错配风险。"一带一路"沿线国家的绿色债券市场已经成为拉动本国绿色投融资的一个重要驱动力，许多国家（如黎巴嫩、泰国、塞舌尔、印度尼西亚等）都发行了绿色债券。

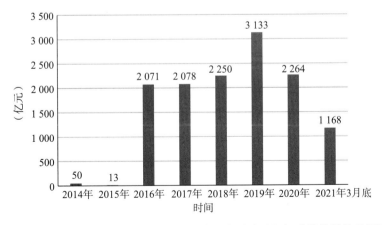

图 9-9 2014 年至 2021 年 3 月底符合国内绿色债券认证标准的债券发行规模

资料来源：Wind，CBI。

截至 2021 年 7 月 8 日,我国已发行还未到期的绿色债券共 1 171 只,所属行业广泛,主要集中在工业和公共事业部门(见图 9-10)。其中,隶属工业的发行人主要集中于工业机械、建筑工程和电气设备行业,而公共事业类的发行人主要为水、电力、燃气等能源行业,募集资金(按资金额度)主要投向清洁交通、清洁能源、公用事业(城市轨道交通、水力发电、风力发电、污染治理)等领域(见表 9-4)。

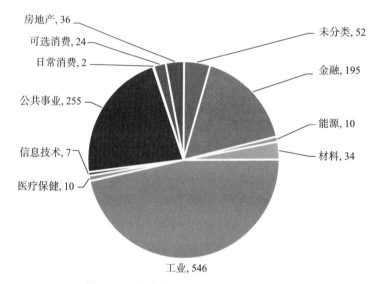

图 9-10 债券发行人所属行业(单位:只)

数据来源:Wind,CBI。

表 9-4 募集资金投向最多的领域

(单位:亿美元)

绿色债券类型	金融债(640)		公司债(1 170)		企业债(110)		中期票据(70)	
募集资金投向最多的领域	污染治理	39	水力发电	54.0	城市轨道交通	9.4	风力发电	9.0
	城市轨道交通	33	城市轨道交通	8.7	工业节能	7.7	污染治理	6.6

中国绿色债券带来了显著的环境效益,包括可每年减排 5 260 万吨二氧化碳,实现总功率 11 197 兆瓦的清洁能源装机容量等(见表 9-5)。

表 9-5 中国境内债券披露的环境效益情况

领域	指标	效益	单位
气候	二氧化碳年减少量	5 260	万吨
	化石燃料使用年减少量	20.2	百万吨标准煤当量
清洁能源	装机容量	11 197	兆瓦
	能源年产量	80 903 228	兆瓦时
污染防治	二氧化硫年减排量	1 413	千吨
	颗粒物年减排量	54 653	吨
资源保护	污水年处理量	128 068	千吨
	水资源年减少使用量/保护量	250 990	千吨
清洁交通	年载客量	19.3	百万人
	铁路/地铁修建长度	3 022	千米
废物处理	废物年处理量	1 280 680	千吨

3. 绿色保险

我国绿色保险起步较晚,目前仍处于摸索和优化阶段。2018—2020 年间绿色保险保额持续增长,绿色保险的风险保障功效持续加强:三年间保险行业累计提供绿色保险(包括绿色能源、绿色交通、绿色建筑、绿色技术、天气、绿色资源、环境污染等领域)保额共计 45.0 万亿元(见图 9-11)。

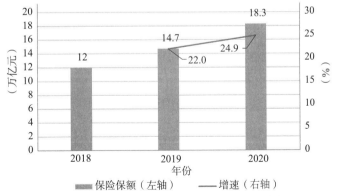

图 9-11 2018—2020 年绿色保险保额及增速

资料来源:中国保险业协会。

此外,我国保险资金对绿色领域的投资力度也在持续加大,为产业绿色经济转型提供了融资支持。保险资金用于绿色投资从 2018 年的 3 954 亿元增长至2020年的5 615亿元,涉及城市轨道交通建设、高铁建设、清洁能源、污水处理、生态农业等多个领域(见图9-12)。

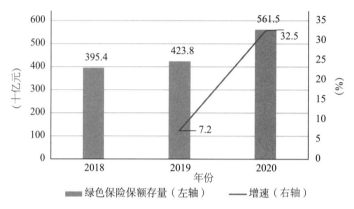

图9-12　2018—2020年绿色保险投资余额及增速

资料来源:中国保险业协会。

4. 碳交易市场

碳交易市场是绿色金融的重要组成部分,是最市场化的节能减排方式。绿色信贷、绿色债券和绿色保险等传统金融工具致力于弥补企业低碳转型的资金缺口,而碳交易市场则利用市场化交易机制重新分配碳配额资源,从而达到减少碳排放的目的。碳交易市场以其独有的金融属性,成为碳排放配额、碳税和补贴政策三种碳减排措施中最市场化的方式。我国碳交易市场主要分为配额交易市场和国家核证自愿减排量(China Certified Emission Reduction, CCER)交易市场,以配额交易为主,以CCER交易市场为辅。中国碳交易市场主要框架如图9-13所示。

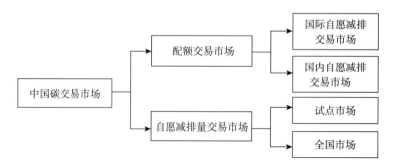

图9-13　中国碳交易市场主要框架

2013—2014年我国启动了广东、湖北、天津、北京、上海和重庆六大试点碳市场,开启了我国碳交易市场的探索,2021年起正式实施全国性碳市场建设。各试点地区碳价格分化较大,广东地区碳市场分配机制相对更细致,碳市场交易量占比最高。我国地区性碳交易市场整体交易规模有限,六大试点地区截至2021年4月碳交易累计成交量约3亿吨(见表9-6),试点地区碳成交均价分化较大,最高的北京和最低的重庆分别为61.87元/吨和4.22元/吨。多年的运营为我国建设统一的全国性碳交易市场提供了制度建设方面的经验,增强了对绿色低碳发展等的支持力度。

表9-6　2013年8月至2021年4月六个试点碳交易市场累计线上交易情况

地区	成交均价(元/吨)	碳交易量		碳交易额	
		总量(万吨)	市场占比(%)	总额(万元)	市场占比(%)
上海	30.22	1 689.9	56.1	51 071.5	6.9
北京	61.87	1 452.8	4.4	89 880.3	12.1
广东	18.24	15 671.2	47.3	285 856.2	38.5
天津	20.19	1 486.2	4.5	30 006.3	4.0
湖北	22.66	7 441.8	22.5	168 616.2	22.7
重庆	4.22	887.5	2.7	3 748.4	0.5

资料来源:Wind。

(二)绿色金融赋能"一带一路"的现实困境

1. 绿色金融市场、标准体系不健全

虽然绿色金融相关体系制定在不断完善,但是我国绿色金融发展仍处于探索初期,存在许多亟待解决的问题。比如,对于激励绿色项目投保、提高绿色投资的使用效率等方面尚处于探索阶段,如绿色金融保障体系不完善、环境法规和制度尚不健全、监管不到位、公众与金融机构存在信息不对称等。绿色金融标准制定也滞后于绿色金融实践,现有绿色金融标准体系尚未充分考虑国际关切和国情需要,气候变化、污染治理和节能减排三大领域制约了市场主体对绿色金融的有效需求与金融机构业务发展。与此同时,缺少统一的绿色金融产品和项目认定标准,可能导致不同机构采用不同的方法和体系而得出不同的认定结果,也由此降低了项目间的可比性,增加了绿色项目与产品的认定成本和难度,不利于绿色金融业务的顺利开展,从而导致企业绿色信贷和绿色发债动力不足。"一带一路"沿线许多国家绿色金融发展势头正强劲,已各自出台本国的绿色金融标准,并鼓励采用部分或者全部担保等激励措施促进本国绿色金融的发展,但在针对内容精细度、标准执行力方面呈现较大的差异性。我国亟须建立与国际成熟水平相接轨,同时满足中国特色的信息披露标准。

2. 信息披露不够完整、及时

准确、及时地获取投资国家的政策、金融、基础设施等相关信息,对于开展绿色投资至关重要。绿色项目信息不足,绿色金融信息披露不够及时、透明是绿色融资所面临的问题之一。由于很多企业对资源环境风险认知能力有限,绿色实践经验不足,尚不能严格制定环境信息披露准则,履行环境信息披露职责更是难上加难。目前中国企业和金融机构在开展"一带一路"沿线国家绿色项目时,信息获取渠道有限、信息更新不及时,投资者没有投资先例和一定时间长度的项目绩效记录作为投资参考标准,难以对风险进行度量,由此产生包括项目建设成本、技术可靠性和政策不确定性在内的多种不确定性因素。因投资者不愿承担过多的风险,导致绿色行业的投资不足。现有绿色金融信息披露的完整性、准确性不足,披露内容缺乏标准化示范,披露信息缺乏统一平台,致使绿色金融信息散乱。另外,目前信息披露内容主要集中在绿色信贷、企业对于气候环境的贡献等方面,但是在碳排放等方面存在短板,相关负面信息尚未进行披露,为投资带来一定风险。

3. 绿色金融产品市场相对单一

绿色金融的发展需要构建多元化的金融体系。从金融主体的角度来看,当前我国在绿色信贷和绿色债券方面相对领先,但是在绿色保险,环境,社会和公司治理(Environment, Social and Governance, ESG)投资以及碳市场等领域发展较为缓慢,未来还有较大发展空间。目前我国绿色保险的政策主要以规范性文件和指导建议为主,企业投保意愿有限,产品类别较为单一。国内碳市场尚处于初级发展阶段,但是推进速度在加快。由于我国碳市场规模有限,开展碳金融业务尚未引起多数金融机构的重视,试点碳市场交易大多局限于现货业务,而围绕期货、期权等衍生品开展的业务不足。另外,基于企业生命周期发展角度,特定的生命阶段匹配特定的金融工具,处于不同发展阶段的企业适应不同的业务模式,针对各个阶段的企业开发适应性更高的金融产品和金融服务有助于加快全产业链的低碳转型。

4. 绿色金融需求与供给未能有效对接

"一带一路"沿线国家环境承载能力不同,在环境外部性和资源利用效率方面存在较大差异,绿色金融发展缺乏严格的绿色金融项目认定与绿色金融支持审核,欠缺有针对性的绿色金融产品和服务与之相匹配,绿色项目与金融机构的对接效率低下,导致融资主体获取资源困难,无法满足"一带一路"沿线国家的异质需求(见图9-14)。同时环境信息披露不完全、信息传导途径不畅在很大程度上影响了环境和绿色项目信息转化成绿色金融信息的有效性,导致绿色金融产品和服务没能有效服务绿色经济发展,金融机构的绿色金融项目供给数量、质量以及效率发生错配,致使供给与需求衔接的轨道发生偏离,金融资源不能有序高效地配置到相关绿色发展项目的关键领域,不利于支撑绿色"一带一路"稳行致远。

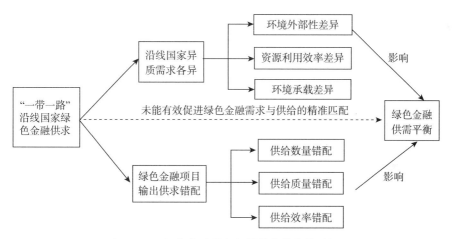

图 9-14 绿色金融需求与供给未能有效对接

四、推进绿色金融赋能"一带一路"的建议

(一)加强绿色金融市场体系建设,统一绿色标准

建立健全绿色金融市场体系是绿色金融顶层设计的重要一环。金融机构要提升绿色金融的战略认知,推动绿色金融成为全球经济金融的主流,建立起清晰明确的绿色金融战略布局与实施机制,推进绿色融资机制,提供绿色金融落地生根的土壤。将可持续发展理念和社会责任融入自身机构的各个环节之中,确立指导方针,形成一套金融机构自身行之有效的绿色金融长

效发展机制,确保规划执行落实,强化绿色金融各个环节的管理,提高绿色投资的执行效率。规则"引导绿"是绿色金融的关键,而不是事后"统计绿"。遵循"国内统一,国际接轨"的原则,制定绿色金融和绿色技术通用标准。建立国内统一的绿色金融标准体系,包括通用基础标准、信用评估、产品服务和共享标准,完善各项标准、规划的设立及执行,逐步在资源节约与循环利用、生态环境污染防治等重点领域制定一系列绿色技术标准,加快投资的绿色转型;明确技术关键性能和技术指标,确保标准能兼顾产业特点和国际规则;持续优化绿色项目认定标准,破解标准不一的匹配难题;完善绿色评级和认证制度,促进市场公平竞争和规范发展。通过加强国际合作,规范全球绿色金融发展秩序,不断完善绿色金融标准体系,进一步为符合我国国情的统一标准的制定和完善建言献策。

(二)形成绿色金融信息体系,公开信息披露

绿色金融投资机构可以通过建立透明的信息公开机制,通过分享项目数据和开发行业准则,建立一个非政府机构的投资市场支撑服务系统,增加企业获取资源交流的机会,明确合作方向,提高投资准确性,增加行业透明度和投资者信心,同时推动合理安排同类同质企业在同一地区的项目投资建设活动。这一方面能够履行其专业义务和社会责任,有助于提高机构本身的透明度和公信力;另一方面能够提高行业透明度,促使企业提高治理水平,打造"绿色标签",传递企业"绿色名片"。同时,信息公开有助于社会投资者理解新的资产类别,降低绿色项目融资成本,提高投资效率。未来在碳中和目标下对于企业和金融机构强化气候相关的财务信息披露将会呈现越来越严格的趋势:探索强制性金融机构环境信息披露试点,有序地开展环境信息披露;鼓励金融机构在投资流程中全面嵌入ESG评价;建立鼓励性的绩效考核、激励约束机制,保证信息公开的准确性和及时性;健全完善的风险管理和信息披露机制,有效促进绿色金融需求与供给的精准匹配。

(三)创新绿色金融产品,优化投资结构

在"双碳"目标的推动下,金融机构的绿色转型是未来发展的必选项。金融机构应当主动调整并优化自身投资结构,持续"绿化"信贷结构,优先支持绿色经济领域的优质项目,如环境改善、清洁能源、绿色交通、绿色建筑等节能环保领域,逐步扩大绿色优质项目的投融资比例;增加绿色债券配置的

同时控制高碳资产,推动绿色债券增量扩面;鼓励发展多样绿色保险产品,加强绿色保险的环境责任,控制非绿色型项目的投资效果,探索差异化的保险费率机制;开展环境权益融资,积极推动碳中和资产支持商业票据融资;"挤入"而非"挤出"社会资本,保障绿色项目的资金供给,在支持本国绿色经济发展的同时助推"一带一路"项目海外落地。与此同时,金融机构要基于全局,全方位考虑"一带一路"沿线投资项目的社会效益和经济效益,坚持并积极践行绿色投融资理念、价值观,管理自身环境和社会表现;针对不同主体和不同绿色发展需求开发绿色金融创新产品与服务,提供"量身定做"等融资方案;充分考虑环保指标,合理设计融资结构,利用金融产品进行环境污染防范与治理;以绿色金融、生态环境影响评价等机制引导绿色投资,确保项目社会效益的实现。与此同时,关注政策与市场走向、重视来自市场的反馈,及时调整投资方向与投资策略,做到与时俱进。

(四) 融合数字技术,提升绿色金融效率

绿色金融与金融科技的融合发展正日益成为各方关注的焦点领域,人工智能、大数据、区块链等科技手段,在推动投资决策绿色化、投融资方式多元化等方面可以发挥积极的作用,更好地促进绿色金融项目的繁荣发展。通过发展绿色金融科技来应对绿色金融发展的痛点、难点,从而助力绿色金融发展,逐渐成为业内的共识。推动数字经济与绿色金融市场合作和联动,将金融科技与绿色金融基础设施建设紧密结合,推动金融机构开展碳核算,建立覆盖面更广的、强制性的环境信息披露制度,尤其是针对"碳排放"和"碳足迹"的信息披露,为绿色金融业务的发展提供方向指引。在各类金融产品服务当中,大数据信息平台能够帮助机构在众多业务场景中及时为客户查询信息并办理业务,提升绿色金融的交易和服务效率。在投融资业务操作当中,投资者可以利用数字技术建立绿色评级数据库、绿色评级模型、绿色定价模型等,综合评估绿色资产与相关绿色项目的风险和收益,帮助其更为准确地做出投资判断,降低绿色金融产品的投资风险。绿色金融信息统计平台、绿色信用评价平台等的建设,能够帮助绿色融资需求者与供给者准确对接,以解决两者难以找到目标项目、信息不对称的问题。在绿色金融的监管环节,数据信息平台也能够帮助解决监管层与被监管机构之间的信息沟通问题,提高监管效率。

第二节　数字化赋能绿色"一带一路"建设[①]

绿色"一带一路"是促进"一带一路"高质量发展的关键领域,数字化发展是拉动绿色"一带一路"建设的重要引擎。当前,以人工智能、云计算、大数据、区块链、物联网等为代表的新一代信息技术深入发展,不断拓宽数字化应用场景,成为产业变革的主旋律和经济复苏的新引擎,为推动绿色"一带一路"建设提供了新渠道、新选择,极大丰富了绿色"一带一路"的治理手段,创新了绿色"一带一路"的治理模式。面对日益突出的资源环境约束和气候变化,应加快推进"一带一路"沿线国家数字化与绿色发展的深度融合,助力"一带一路"沿线国家的绿色、低碳、可持续发展,为全球"碳达峰、碳中和"目标的实现积极贡献力量。

一、数字融合为绿色"一带一路"建设带来重大契机

"一带一路"沿线国家多为发展中经济体和新兴经济体,经济发展水平参差不齐,经济增长方式较为粗放,部分国家与地区经济增长模式与保护自然资源、生态环境的要求存在相对尖锐的矛盾,具体表现为该部分国家与地区的环境承载力较低、减排压力较大,迫切寻求应对和治理资源环境问题的新思路、新方法。2017年5月14日,习近平总书记在第一届"一带一路"国际合作高峰论坛上强调,要践行绿色发展的新理念,倡导绿色、低碳、循环、可持续的生产生活方式,加强生态环保合作,建设生态文明,共同实现2030年可持续发展目标;要坚持创新驱动发展,加强在数字经济、人工智能、纳米技术、量子计算机等前沿领域合作,推动大数据、云计算、智慧城市建设,连接成21世纪的数字丝绸之路。2019年4月26日,在第二届"一带一路"国际合作高峰论坛上,习近平总书记再次强调,要坚持开放、绿色、廉洁理念,把绿色作为底色,推动绿色基础设施建设、绿色投资、绿色金融,保护好我们赖以生存的共同家园。2020年,突如其来的新冠肺炎疫情肆虐全球,叠加日益严峻的气候危机,全球绿色治理升级,绿色含量更加凸显,绿色"一带一路"建设逐渐成为引领全球生态文明建设和推动人类命运共同体建设走深

[①] 本节作者为蓝庆新、汪春雨,部分内容摘自蓝庆新和汪春雨(2021)。

走实的纽带,在全球经济复苏和可持续发展中发挥了重要作用。

面对百年未有之大变局,数字经济日渐成为推动世界经济发展的重要因素和动能,数字化发展所释放出来的巨大潜力,成为各国关于推进未来全球产业与科技融合渗透甚至走向更加现代化和更加高级化的共识。要打造绿色"一带一路",必须借助数字化发展才能加快实现由要素驱动型向创新驱动型转变,形成以数字为支撑力量的绿色治理路径。作为数字经济大国,中国数字经济进入快速发展期,成为全球数字经济中心,数字人才储备丰富,又有"互联网+"行动计划和国家大数据战略等一系列国家政策支持,随着数字经济规模的不断扩张,对经济发展的贡献不断增强,在国民经济中的地位进一步凸显。中国众多世界领先的数字企业和互联网企业,正在引领全球数字化发展潮流。从目前有明确提出"零碳"或"碳中和"气候目标与进展的国家和地区来看,有些已立法或处于立法状态,有些则发布政策宣示对数字化发展趋势的支持。应势而谋铸大成,中国应充分释放数字经济优势和数字发展效应,加快推动绿色"一带一路"建设,这不仅高度契合绿色"一带一路"建设的现实需求,更是弥补"数字鸿沟"和加快推动数字丝绸之路建设的必然要求,彰显中国在推进生态文明建设的理念与全球生态治理中的科学情怀和大国担当。

二、数字化赋能绿色"一带一路"建设的重点领域

(一)以数字化发展完善绿色基础设施

"一带一路"建设,基础设施先行。基础设施的互联互通,既是"一带一路"的合作重点,也是沿线国家的切实利益诉求。"一带一路"基础设施建设不仅需要投入大量的资金,更要消耗大量能源、资源,将加速能源消耗、资源利用与各种废弃废物排放,显著加剧"一带一路"沿线国家环境的恶化。通过资金和技术援助等方式推动"一带一路"沿线国家向以数字经济等新基建转型发展,在数字丝绸之路建设框架下,推动互联网普及计划、推动数字化产业和产业数字化,不仅有利于弥合"数字鸿沟",而且将加快推动基础设施互联互通。新型基础设施的核心是数字化基础设施,工业互联网、数据中心、物联网、5G、人工智能等不仅是新型基础设施"硬联通",而且利用数字化技术进行的交通、电力等传统基础设施的网络化和智能化融合及改造,是绿

色基础设施"软联通"建设的重点,绿色基础设施建设将日渐成为推进绿色"一带一路"建设的重点领域,是持续发挥效能、降低环境污染、实现绿色发展的价值所在。

(二)以数字化发展推进传统产业转型

数字化发展为传统产业转型升级带来"智"变,通过智能化改造,传统产业将形成企业新优势、产业新优势和创新新优势。"一带一路"沿线国家在全球生产网络中加大绿色低碳发展力度,能够在较大程度上降低全球碳排放总量。要在绿色制造领域积极推进人工智能、"互联网+"对"一带一路"沿线国家生产组织方式的变革,推进重点行业低碳技术转型,加速数字化与制造业融合、将智能制造作为未来制造业的重点发展方向。推进5G、互联网、大数据、区块链、云计算、人工智能等数字技术在沿线国家传统产业领域的全面渗透和深度融合应用,推动更多企业采用智能化生产、网络化协同、个性化定制的绿色生产模式,打破"一带一路"传统生产要素对产业结构的黏性效应和低端锁定以及由此产生的长期路径依赖,推动沿线国家传统产业由低水平、粗放型向高水平、集约型转变,全面提升全产业链数字建设水平,实现传统产业的高端化、智能化、绿色化和服务化,赋予绿色"一带一路"建设更加强大的动能和产业基础保障。

(三)以数字化发展驱动绿色能源建设

"一带一路"沿线国家传统能源行业转型升级任务紧迫,大数据、云计算等推动能源数字化革命呼之欲出,对于沿线国家的环境污染与能耗降低发展效率,数字化技术拥有的明显优点可以弥补,不仅可以降低环境污染、实现可持续发展,而且可以提升资源利用效率。因此,数字化既符合"一带一路"能源转型降本的核心要求,又是实现绿色能源的重要途径。通过推动数字技术在能源产业链各个环节的广泛应用,构筑全新的能源生态体系,以传统能源和新型能源生产的数字化改造来提升能源全产业链效能,构建清洁低碳安全高效的能源体系。利用数字化技术搭建"一带一路"能源互联网平台,实现"特高压电网+智能电网+清洁能源"三位一体发展,解决绿色能源的大规模开发、配置和利用;建立智能高效的生产计划执行体系,全方位实时感知和远程操控,转变传统能源生产运营方式。区块链技术与能源行业的结合,也将加快传统能源迈向绿色能源、共享能源甚至智慧能源的步伐,还可让原本无法利用的分布式新能源潜力链接到传统能源系统之中,加速"一带一路"能源革命。

(四)以数字化发展引领新型贸易增长

跨境数字贸易将数字技术、互联网经济和国际贸易深度融合,是传统国际贸易在数字经济时代的拓展与延伸,是全球产业价值链与现代化数字信息技术融合发展的成果,代表着传统国际贸易发展转型的方向,是绿色发展的最直观体现。中国与"一带一路"沿线国家以产业间贸易为主,贸易互补大于竞争,贸易潜力较大,贸易结构主要以电器机械设备及原油及矿物燃料等能源大宗商品为主,进出口贸易中的隐含碳排放对自然资源利用及生态环境变化产生较深的影响。以互联网、现代通信技术为依托和以数字交换技术为手段的绿色贸易或数字贸易等新型贸易,是数字时代的象征,是大数据赋能的标志,是绿色"一带一路"建设的催化剂。新型贸易的发展更离不开"一带一路"跨境数据的自由流动,我们要推动移动互联网、物联网、大数据、人工智能、区块链等数字技术与传统国际贸易各个环节的有机融合和深度渗透,完善新型贸易规则,发展出一条影响世界贸易格局的新型贸易之路。

(五)以数字化发展扩大绿色投资规模

基于"互联网+"和大数据积极打造绿色"一带一路"投资信息综合服务平台以及生态环保大数据服务平台,引入市场化运营机制,强化对"一带一路"沿线国家投资项目的科技支撑和信息服务以及对绿色投资项目的信息监管,面向社会公众充分披露项目涉及的绿色指标、预期达到的各种社会效益指标;搭建包含绿色项目信息和绿色认证信息的"一带一路"绿色项目库,为项目与资金方提供对接平台,并通过利用人工智能、卫星监测、大数据等信息技术对"碳排放"开展实时监测,深度挖掘绿色投资项目的相关数据,对所存储信息进行详细的分析与解读,为企业在相关国家和地区进行绿色投资提供更加完善科学的投资方案,进而有效引导海内外项目和投资进入绿色低碳领域;加强"一带一路"沿线国家的生态环境、资源情况、环保法律及有关政策解读、绿色投资程序咨询等服务,为企业提供多方位、全流程的支撑;积极发挥中介组织作用,通过绿色主题展会、项目对接、国际交流合作、媒体宣传等为企业提供推广绿色技术和产品的机会。

（六）以数字化发展激发绿色金融活力

绿色金融是发展绿色经济的核心,有助于环境保护和资源利用效率提高,有效应对环境损害问题。中国始终将发展绿色金融作为实现绿色低碳发展的重要措施。"一带一路"沿线国家基础设施的建设、运营和维护需要更多资金的投入和配套的金融产品及服务,发展绿色金融成为趋势,而大数据、人工智能、区块链等新一代数字技术作为绿色金融体系的重要支撑,在绿色金融领域的应用前景非常大,尤其是区块链技术所具有的去中心化、开放透明、智能合约、不可篡改等特性能够为绿色金融发展带来新的契机。可将数字化技术更好地应用于跨国界、低成本的资产交易和转移,实现资产流通,帮助金融机构更加科学、高效、精准和快捷地进行绿色识别;推动绿色金融科技深度应用,将区块链技术应用于环境效益数据的采集、溯源、处理和分析,支持绿色资产交易平台等;在低碳资产识别和碳资产信息披露等方面提供工具和方法,在可预见的未来实现全流程实时信息采集。同时,"区块链技术+互联网"的应用可为绿色"一带一路"建设提供真实、规范的绿色企业库和绿色项目库,更有效地抑制污染型投资,让投资项目的运营最大限度地降低由生态引发的不可控性。

三、充分发挥"一带一路"沿线国家政府间、企业间的协同联动作用

"一带一路"沿线国家和地区面临着共同的生态环境和气候变化的严峻挑战。应对气候变化、打造绿色丝绸之路,是"一带一路"可持续发展的必由之路。一方面,要积极推进绿色发展理念的普及与传播;另一方面,要借助数字化技术将绿色发展理念贯穿于生产和生活的全过程,推进数字化与绿色化深度融合发展。中国要抢抓新一轮科技革命和产业变革的机遇,以数字化发展为牵引,发挥"一带一路"政府间、企业间协同联动作用和叠加效应。加快推动绿色"一带一路"建设,为"一带一路"高质量发展提供强有力支撑。政府层面,加强顶层设计和政策沟通,在数字发展布局、数字战略对接、数字平台建设、数字项目统筹等方面持续发挥指导和推动作用;建立数字"一带一路"产品认证体系,鼓励国内数字化领先企业和引导更多数字元素投入绿色"一带一路"的建设;探索数字化赋能绿色"一带一路"建设的实

施路径,制定相关发展战略。企业层面,要紧扣绿色发展趋势,践行绿色发展理念,强化绿色环保意识,积极履行"一带一路"环境社会责任,在项目投资和项目运营的全生命周期利用数字化手段、智能化管理推动绿色"一带一路"建设;加快释放数字化潜力,利用数据捕捉、信息采集等大数据优势,主动加强与"一带一路"沿线国家的企业合作,择优建设一批数字化支持绿色发展的重点项目,发挥绿色示范带动作用。

第十章　新冠肺炎疫情下的逆全球化？再全球化？[①]

自 2020 年年初新冠肺炎疫情暴发以来,疫情传播已呈现出全球"大流行"的特征,从医疗水平先进的欧美国家到偏远落后的欠发达地区均被波及。据 WHO 数据显示,截至 2022 年 4 月 19 日,全球已有 229 个国家和地区受到疫情影响,累计确诊病例数超过 5.03 亿例,累计死亡病例数超过 620 万例。[②] 毫无疑问,新冠肺炎疫情已然"全球化",成为进入 21 世纪以来全人类面临的最大危机。然而,疫情不仅是"全球的危机",也是一场"全球化的危机"。

随着疫情在全球范围蔓延扩散,对未来全球化发展的悲观看法开始增多,不少人认为新冠肺炎疫情会给全球化带来沉重打击,无论是疫情流行本身抑或是各国各自为政的抗疫措施,都标志着全球化的终结,世界已经进入"逆全球化"阶段。然而,我们认为逆全球化不会成为未来的发展趋势。经济的规律和技术的进步决定了全球化不仅不会终止,相反,以原有的全球化扩容升级为标志的"再全球化"(re-globalization)将加速来临,对此我们需要做好准备。

一、疫情的冲击:进入"逆全球化"阶段？

冷战结束后,人类社会迎来了真正的全球化时代。"全球化"(globalization)概念产生于西方社会,其被国际社会接受和使用的过程本身也是一个

[①] 本章作者为王栋、王怡旺,部分内容摘自王栋和王怡旺(2020),本章对新冠肺炎疫情的讨论为截至 2022 年的情况。

[②] 数据引自世界卫生组织网站:https://www.who.int/emergencies/diseases/novel-coronavirus-2019。

独特的全球化过程。狭义上的全球化主要是指经济活动的国际化过程,是一种资本、商品、服务、劳动以及信息超越市场和国界进行扩散的现象,即"经济全球化"。广义下的全球化则包含经济全球化、政治全球化、文化全球化、社会全球化等各个方面,是现代性在全球范围内不断扩张、传统时空被打破、本地社会关系获得重建的表现。从这一角度看,全球化影响并塑造了当今世界的面貌,使得整个世界成为"你中有我,我中有你"的地球村。

然而,自诞生之日起,受其双重性与反身性的影响,围绕全球化的争议从未停止。因此,也有人将全球化形容为"双刃剑",其中的负面因素逐渐催生了"逆全球化"浪潮。"逆全球化"(deglobalization)是指世界各国及地区因全球化而导致的相互依赖及整合出现回退的过程。这一概念最早由反全球化运动的领军人物瓦尔登·贝洛(Walden Bello)提出。实际上,伴随新冠肺炎疫情而来的逆全球化声音并不是第一次出现。1999年,在西雅图发生的抗议WTO事件标志着逆全球化运动的诞生。2001年,"9·11"事件给全球化带来了意外打击,直接推动了逆全球化概念传播流行。此后关于逆全球化的声音日益增多,如"全球主义已经死亡""正在沉没的全球化""全球化意外地结束了"等。[①] 2008年,美国金融危机使得逆全球化概念进一步扩大了传播范围。而随着特朗普上台、英国"脱欧"等黑天鹅事件的发生,逆全球化再次成为世界焦点。

以新冠肺炎为代表的流行性传染病本身便是全球化的突出表现。作为一种非传统安全威胁,流行疾病问题具有跨国性、不确定性和协作性的特征,对人类社会肌体健康与国家地区安全稳定产生巨大冲击,是全人类面临的共同挑战。然而在万物互通互联的全球化时代,任何突发重大风险的影响都不会只局限于自身,而是具有强烈的外溢与扩散作用。新冠肺炎疫情在世界各地的蔓延不仅仅是一场严重的全球公共卫生危机,对全球化的其他领域也产生了明显的"蝴蝶效应",牵一发而动全身。

新冠肺炎疫情暴发以来,首当其冲受影响的是经济贸易的全球化。突出表现为世界经济增长乏力,国际资本流动减缓,商业贸易持续萎缩,全球制造业与产业供应链遭受打击,各大国际组织所进行的疫情影响评估也印

---

① Jayshree B. The Danger of "deglobalization"[EB/OL]. (2009-03-16)[2020-04-28]. http://www.cfr.org/,immigration/dangers-deglobalization/p18768.

证了上述观点。2022年10月5日,WTO发布报告称,多重冲击导致全球经济增长承压,预计全球贸易将在2022年下半年失去动力,并在2023年持续低迷。① 世界银行2022年6月8日发布的《全球经济展望》预计,2023年全球产出将比疫情前的预测低大约3.3%,并且指出,在大多数地区,经济前景仍面临重大的下行风险。② IMF 2023年1月发布的《世界经济展望》报告预测,预计2023年全球经济复苏进程受阻,通货膨胀率较2022年进一步上升,全球经济增速预计从2022年的3.2%降至2023年的2.7%。③

在新冠肺炎疫情对经济全球化的影响中,舆论讨论最多的是全球供应链所受的重创。全球供应链是支撑经济全球化不断拓展与深化的重要支柱,不同国家、不同行业的企业依据自身的比较优势与规模效应在其中发挥作用,成为链条上不可或缺的组织节点。正是这样一个连接众多国家与企业的复杂网络,使得全球经济交织成为一个紧密相连的"命运共同体"。因此,在相互关联的经济环境中,任何供应链关键节点上的风吹草动,如各国生产停摆、美国贸易限制等"灰犀牛""黑天鹅"事件的出现,都会对整个链条上的经济体造成巨大的外部扰动,导致全球经济的脆弱性问题。当新冠肺炎疫情席卷全球时,各国为应对疫情扩散而采取的防控措施限制了原料、产品、人员、技术等生产要素的自由流动。工厂停工、航运限制、原料转产、订单推迟,全球无数商品和服务的国际供应被迫放缓甚至暂停。新冠肺炎疫情不仅扰乱了全球供应链的正常运转,给产业供应安全与经济秩序稳定带来了威胁,同时还暴露了全球供应链的脆弱性,加剧了人们对经济全球化的忧虑与不满。

新冠肺炎疫情造成的另一巨大冲击还体现在人员流动的全球化方面。疫情暴发之初,许多国家和地区纷纷颁布"居家令",实行"封城封国"等隔绝措施来阻断病毒的传播。这些措施虽然是防止疫情传染扩散、保障民众生命健康的必要之举,但也不可避免地限制了世界范围内的人员流动,减缓了全球化发展进程。国际航空运输协会(IATA)2020年航空业数据显示,新冠

---

① World Trade Organization. World trade growth to slow sharply in 2023[EB/OL]. (2022-02-21) [2022-08-09]. http://en.people.cn/n3/2022/1006/c90000-10154874.html.

② World Bank Group. Global economic prospects[EB/OL]. (2021-06-08) [2022-03-24]. https://openknowledge.worldbank.org/bitstream/handle/10986/35647/9781464816659.pdf.

③ Gita Gopinath. A disrupted global recovery[EB/OL]. (2022-01-25) [2022-03-24]. https://blogs.imf.org/2022/01/25/a-disrupted-global-recovery.

肺炎疫情对全球航空运输业造成了破坏性影响，2020年全球航空客运量为18亿人次，比2019年的45亿人次减少60.2%，是自1965年以来的最低值。① 2021年，随着疫苗接种工作的全球性开展，各国逐步取消旅行限制，全球航空业有所复苏，但受疫情反复的影响，全球客运增长态势仍不容乐观。国际民航组织（ICAO）预测，2018—2050年全球收入客公里（RPKs）复合年增长率（CAGR）仅为3.6%，将低于疫情暴发前预测的4.2%。② 托马斯·弗里德曼（Thomas Friedman）在《世界是平的》一书中将1492年哥伦布发现新大陆视为全球化的开端，而后几百年的全球化历史也是人类将足迹遍布世界的历史。从帆船到飞机再到网络，每一次科技革命的出现都是为了帮助人类实现更快地环球的梦想。全球化归根结底是人的全球化，而当疫情来临时，人们不得已重新回归居所，全球人员流动进入"冰冻期"。

总之，在疫情阴霾的笼罩下，全球化遭遇了前所未有的严峻挑战：疫情在全球范围蔓延扩散，经济全球化受挫放缓，人员流动的全球化受阻隔绝。加之逆全球化在经历"9·11"事件、2008年金融危机等后不断发酵酝酿，有舆论认为，新冠肺炎疫情给全球化带来的巨大冲击将最终导致全球化走向终结，并标志着世界进入"逆全球化"阶段。疫情伊始，美国著名政治风险分析公司欧亚集团总裁伊恩·布雷默（Ian Bremmer）就曾经在《2020年重大风险报告》中警告，2020年是一个重大转折点，全球化将发生历史性转变，新冠肺炎疫情迫使各国更加关注自身，加速了地缘政治衰退和逆全球化的进程。③ 另一位著名美国地缘政治分析家罗伯特·卡普兰（Robert Kaplan）则撰文表示，冲击了经济和地缘政治的新冠肺炎疫情，标志着后冷战时期倡导自由贸易、加强全球团结的乐观主义的"全球化1.0"阶段的结束，并进入大国割据、民粹兴起、社会分裂的悲观主义的"全球化2.0"时代。④

---

① 国际航协发布2020年航空业数据史上最糟年份[EB/OL].（2021-08-03）[2022-03-26]. https://www.iata.org/contentassets/84b4eef61a8e4d46b658458d5dac9e98/2021-08-03-01-cn.pdf.

② Montréal. 2021 Global air passenger totals show improvement from 2020, but still only half pre-pandemic levels [EB/OL].（2022-01-17）[2022-03-26]. https://www.icao.int/Newsroom/NewsDoc 2022/COM.01.22.EN.pdf.

③ Ian B, Cliff K. Top risks 2020:Coronavirus edition [EB/OL].（2020-03-19）[2022-04-29]. https://www.eurasiagroup.net/live-post/top-risks-2020-coronavirus-edition.

④ Kaplan D. Coronavirus ushers in the globalization we were afraid of [EB/OL].（2020-03-20）[2020-04-29]. https://www.bloomberg.com/opinion/articles/2020-03-20/coronavirus-ushers-in-the-globalization-we-were-afraid-of? srnd=opinion.

二、疫情不会导致"逆全球化"

逆全球化起源于全球化发展过程中出现的贫富差距扩大、经济风险加剧、生态环境恶化、跨国威胁增加等问题。纵观人类发展的历史,出现了多次全球化之后的逆全球化时期,包括第一次世界大战之后、两次世界大战之间等。当前全球化的逆动是美欧等西方大国对其推动的全球化的主动收缩,是基于全球化进程中利益分配不满的反映,正是这种经济问题与政治问题、国内问题与国际问题之间的相互交织和相互渗透,给全球化的未来发展带来了诸多不确定性。然而,从历史经验看,每一次危机后,整个人类社会与全球化都会加速发展,本次疫情危机也不会例外。经济的规律和技术的进步阻止了逆全球化的发展,全球化和全球合作才是时代潮流,可以肯定的是,疫情不会导致逆全球化的到来。

(一) 经济规律决定"脱钩"不会成为现实

在中美贸易摩擦中,美国超级鹰派与对华强硬派极力鼓吹推动中国经济与西方脱离的"脱钩论"。新冠肺炎疫情暴发后,特朗普政府试图进一步推动中美全面"脱钩",将疫情中全球供应链的脆弱性归咎于中国,以国家安全为借口推动美国在华企业回归或向外转移生产线以分散风险。拜登上任后,减少了特朗普"脱钩"政策中的任意性和不稳定性,执行了更为制度性的"脱钩"路线。2021 年 6 月,拜登发起一项百日供应链审查计划,目标是通过审查降低对全球供应链的依赖,尤其是对中国供应链的依赖。① 2021 年,民主党和共和党共同推出《2021 年美国创新与竞争法案》,试图通过对尖端技术研发的大额投入减少美国对中国进口关键产品的需求。② 2022 年 3 月 4 日,拜登政府推出加强版的"买美国货"规则,进一步引领制造业回流,推动

---

① Jake Sullioan Brian Deese. Building resilient supply chains, revitalizing American manufacturing, and fostering broad-based growth [EB/OL]. (2021-06-08) [2022-03-27]. https://www.whitehouse.gov/wp-content/uploads/2021/06/100-day-supply-chain-review-report.pdf.
② Jeffrey K, Rajan M. Can The United States really decouple from China? [EB/OL]. (2022-01-11) [2022-03-27]. Foreign Policy, 2022-01-11, https://foreignpolicy.com/2022/01/11/us-china-economic-decoupling-trump-biden/.

美国企业从中国迁出。① 然而,中国作为"世界工厂",在全球供应链中处于关键地位,是全球许多国家的最大出口目的国和最大商品进口国。与中国"脱钩",就是与全球供应链"脱钩",与全球化"脱钩"。

在未来全球抗疫过程中,逆全球化并非主流。根本原因在于,全球化本质上是经济一体化、全球化,背后的核心价值在于其基于比较优势分工和规模报酬递增的经济发展规律。中国与世界经济的挂钩、全球产业链的国际分工都是顺应经济发展规律而产生的自然结果,而非人为局面。一方面,对于中国而言,经过七十多年的工业化建设,中国已拥有全世界工业门类最完全的工业体系,具有规模庞大、功能完善的产业链和供应链网络,是全球最大的商品生产国与消费国之一,处于全球生产网络的枢纽位置。疫情会对中国与世界经济造成短暂冲击,但经历长期复杂演变而形成的全球供应链格局不可能被一次疫情所颠覆,中国在其中的优势更不可能消失。另外,中国在疫情防控中展现出来的动员与执行能力,在复工复产中展现出来的责任感与恢复力,进一步验证了它相对于其他新兴市场的制造业优势。另一方面,对于其他地区而言,许多国家在经历"阵痛"后会加深与中国的紧密联系,或许它们会通过多元化策略分散风险,但分散不是分离,不可能实现与中国"脱钩"。同时,跨国企业要衡量短期内转移生产链的成本、收益以及可能性,它们不愿意也没有能力抛弃现有全球供应链去重构一条全新且完整的供应链。至于中国以外的拉丁美洲、东欧、东南亚等新兴市场,它们不乏薄弱环节,在疫情、汇率、债务等多重影响下易形成多米诺骨牌,因此跨国企业未来一段时间的重中之重是保留现金而非新建投资。

虽然在特朗普和拜登两任政府回流政策的引导下,一些美国企业将生产转移回国,但这是在美国减税政策刺激下的反应,难以达到真正的预期效果。因为美国以服务业为主的产业结构早已成型,其在全球产业链中的位置也已固定,华尔街资本的逐利性决定了它们不会为了响应美国政客的口号而违背经济规律。制造业回归是特朗普为满足部分选民利益而捞取的政治筹码,具有明显的孤立主义、保护主义与民粹主义色彩。美国国家安全委员会亚洲事务前高级主任、美国乔治城大学教授麦艾文·梅代罗斯(Evan

---

① Sam F, Kate S. Biden announces strengthened buy American Rule to help boost domestic manufacturing as he touts February Job Numbers [EB/OL]. (2022-03-04) [2022-03-27]. https://www.cnn.com/2022/03/04/politics/biden-buy-american-domestic-manufacturing/index.html.

Medeiros)就认为,美国企业回流作为一种周期性现象可能会发生改变。美国的高科技企业无法轻易复制中国现有的供应集群协同效应,而对那些在中国生产和销售的资本密集型企业来说转移成本太高,无法实现。事实上,诸如波音、特斯拉和埃克森美孚等企业正在扩大在华投资。所以,有关供应链大规模转移的预测并未实现。[①] 由此可见,"脱钩论"所体现的逆全球化违背了全球经济资源有效配置与生产有效组织的基本原则,并不会成为现实。

(二) 技术创新促进全球化进步

技术的发展进步构成了否定逆全球化的另一个重要因素。技术创新将促进全球化不断向前发展,从而削弱逆全球化趋势。每一次逆全球化过后都是新一轮全球化的进步,其中一个深层原因在于技术的突破会助推全球经济的增长。蒸汽机推动的第一次工业革命使人类进入蒸汽时代,第二次工业革命中电的出现与使用又使人类在电气时代获得更多的发明创造,而以计算机与信息技术为标志的第三次工业革命真正实现了人类地球村的梦想。当前,科技发展的趋势是第四次工业革命或数字全球化的出现。全球下一波创新的风口将以先进自动化、人工智能、量子通信等形式出现,将实现生物、物理与数字技术的大融合、大发展。大数据、云计算的爆炸性增长带来了无人化机器与新智能系统的更新换代,例如无人驾驶汽车、人脸识别、商用机器人等。随着人口老龄化加重,世界将更加依赖智能化的机器劳动力。数字化有望推动生产力迈上新台阶,全球化可能将迎来新的发展升级。据麦肯锡全球研究院报告评估,人工智能的应用将为经济全球化带来新动力,预计将促进全球 GDP 增长 13 万亿美元。[②]

而在此轮技术革命中,中国已从以往的追赶者一跃成为领跑者。疫情虽然对中国经济存在阶段性的负面影响,但实际上也逆向促使中国社会的数字化转型。第 48 次《中国互联网发展状况统计报告》数据显示,我国已经形成全球最庞大的数字社会,互联网应用和服务的广泛渗透构建起数字社

---

① Evan M. The Changing Fundamentals of US-China Relations[J]. The Washington Quarterly, Fall 2019:110.
② McKinsey Global Institute. Notes from the AI Frontier:Modeling the impact of AI on the world economy [EB/OL]. (2018-09-20) [2020-04-29]. https://www.mckinsey.com/featured-insights/artificial-intelligence/notes-from-the-ai-frontier-modeling-the-impact-of-ai-on-the-world-economy.

会的新形态。① 在民众生活方面,疫情期间中国民众广泛享受了多领域覆盖的"云生活"服务,在家进行线上教育、远程办公、在线问诊、网络娱乐等活动,数字化全民参与的格局初具雏形。在政府治理方面,各级政府普遍利用"非接触式"信息技术,在锁定确诊病例及其密切接触人员、查看疫情信息、监测人流体温、分析疫情变化趋势等防疫各环节发挥了作用。在企业发展方面,一些传统线下企业及时转变经营模式,加速线上化经营,得以逆势飞扬,如上海原生护肤品牌"林清轩"利用网络直播成功实现业绩从暴跌90%到同比增长22%的V形反弹。② 同时,疫情还助推了中国制造业的信息化转型。疫情期间,中共中央政治局常务委员会召开会议研究疫情防控工作和经济运行工作,提出加快5G网络、数据中心等新型基础设施建设进度。③ 当前市场普遍认为新型基础设施主要包括5G基建、特高压、轨道交通、充电桩、数据中心、人工智能、工业互联网等七大领域。其中,中国的5G技术与高铁建设水平已处于世界领先地位;新能源汽车行业新兴崛起,吸引了特斯拉等品牌在华建厂投资;云计算、人工智能等领域也在蓬勃发展,不断刷新世界纪录。新基建不仅是中国在全球产业链中的重要优势,更是中国推动经济转型、提升产业价值的窗口契机。据中国信息通信研究院发布的《5G产业经济贡献》,预计2020—2025年,中国5G商用直接带动的经济总产出将达10.6万亿元,间接拉动的经济总产出约24.8万亿元。④ 综上所述,中国在全球产业链中的地位与话语权在后疫情时代将有望进一步提升。

(三) 全球化与合作是大势所趋

疫情防控与秩序恢复呼唤全球合作,为全球化注入新动能,全球化和全球合作是历史发展进程中不可阻挡的时代潮流,代表着人类未来发展的方向。习近平总书记曾指出:"经济全球化进入阶段性调整期,质疑者有之,徘

---

① 中国互联网信息中心.第48次中国互联网发展状况统计报告[EB/OL].(2021-08-27)[2022-03-27].http://n2.sinaimg.cn/finance/a2d36afe/20210827/FuJian1.pdf.
② 林清轩:三个月里,业绩从暴跌九成到V反弹[EB/OL].(2020-04-28)[2020-04-29].http://www.xinhuanet.com/fashion/2020-04/28/c_1125905407.htm.
③ 中共中央政治局常务委员会召开会议,研究当前新冠肺炎疫情防控和稳定经济社会运行重点工作[EB/OL].(2020-03-04)[2020-04-29].http://www.xinhuanet.com/2020-03/04/c_1125663518.htm.
④ 张春飞,左铠瑞,汪明珠.5G产业经济贡献[EB/OL].(2019-03-05)[2020-04-29].http://www.caict.ac.cn/kxyj/caictgd/201903/t20190305_195539.htm.

徜者有之。应该看到,经济全球化符合生产力发展要求,符合各方利益,是大势所趋。"①在全球化深度融入人们日常生活的今天,将疫情起因归结于全球化,以疫情扩散否定全球化,都是因噎废食之举。疫情虽然扰动了全球化,但也为全球合作提供了新的机遇与平台。在疫情预防上,世界各国积极共享疫情信息、防疫资源和抗疫经验;在疫情应对上,各国合力启动医药防护等领域的全球产业链效能,联合进行医疗科研攻关,共同研制新药与疫苗,帮助处于跨国联防联控薄弱环节的欠发达地区增强抵御系统风险的整体能力;在疫后恢复上,国际社会通力合作,携手推动全球秩序回归正轨,努力促进经济复苏。不难看出,面对疫情挑战,国际社会在国际联防联控上存在巨大合作空间。二十国集团(G20)召开领导人峰会、外长会、财长和央行行长会等各级别会议,以协调各国宏观经济政策。② 联合多次呼吁促进疫苗在全球的合理分配、推进可持续复苏、反对病毒与特定国家种族关联。WHO通过"新冠肺炎疫苗实施计划"(COVAX),向140多个国家和地区运送超过5.3亿剂疫苗。③ 2022年3月22日,中国还与南非、巴西、俄罗斯、印度携手启动金砖国家疫苗研发中心,共商金砖国家疫苗研发合作之策,为全球抗疫贡献"金砖力量"。④ 从这一角度看,美国难以利用疫情推动脱钩,国际社会不会追随,因为疫情更加需要全球合作来共同应对。疫情不会导致"逆全球化",反而将会通过新的全球合作推动"再全球化"的转型。

三、中国推动国际抗疫合作,引领"再全球化"

解铃还须系铃人,"全球化的危机"需要"再全球化的处方"。新冠肺炎疫情暴发并不代表着全球化的终结。相反,全球化没有停止或逆转,而是转换一种新形态,进入"再全球化"时代。在再全球化时代,中国将成为推动全球化扩容升级的主要引领者之一。中国秉持人类命运共同体理念,积极应

---

① 习近平在亚太经合组织第二十四次领导人非正式会议上的发言[EB/OL]. (2016-11-20) [2020-04-30]. http://www.xinhuanet.com/world/2016-11/21/c_1119953815.htm.

② 加强G20财金合作,为全球抗疫作出中国贡献——财政部有关负责人详解G20财长和央行行长会议成果[EB/OL]. (2020-04-17) [2020-04-30]. http://www.xinhuanet.com/2020-04/17/c_1125872195.htm.

③ 同住地球村,我们命运与共(年终专稿之五)[EB/OL]. (2022-01-04) [2022-03-28]. http://world.people.com.cn/n1/2022/0104/c1002-32323115.html.

④ 金砖国家疫苗研发中心上线 外交部:期待为全球抗疫贡献"金砖力量"[EB/OL]. (2022-03-23) [2022-03-28]. https://world.gmw.cn/2022-03/23/content_35607834.htm.

对疫情,体现了中国作为负责任大国的担当。疫情既带来了前所未有的全球性危机,同时蕴藏了再全球化进程加速发展的新机遇。中国需要把握机会窗口,以采取一系列重大改革开放举措,促进更高水平对外开放,进一步推进再全球化进程。

(一)全球抗疫中的中国担当

再全球化是指以中国为代表的新兴国家对全球化进程的改革,以及这种改革所产生的模式升级与扩容效应。原有的全球化以"中心—外围"的经济结构为基础,形成了中心发达国家与外围边缘国家在经济贸易往来中的"剪刀差",是进一步造成全球不公平的根源之一。而当新兴国家全面崛起,中国成为多数发达国家和发展中国家的最大贸易伙伴时,全球化的"二元格局"逐渐演变成"三元格局",即"发达国家—新兴国家—外围国家"三者间相互联通的状态。三者的互联互通将超越高层全球化与低层全球化的对立,缩小"中心—外围"的等级差距,使得"再全球化"更加普惠均衡、开放包容,可持续性也更强。首先,再全球化的形态由经济导向的全球化走向政治导向的全球化,由高层全球化格局走向低层全球化格局;其次,西方大国参与全球化的意愿和能力下降,再全球化的动力由传统大国转向新兴国家;最后,新兴国家通过主动供给公共产品,发挥全球治理的桥梁作用,填补低层全球化与高层全球化之间的鸿沟。[①]

疫情流行下逆全球化出现的一个重要原因在于民粹主义大行其道。新冠肺炎疫情会给全球化带来冲击,也势必会对民粹主义者造成更大刺激。美国等少数西方国家政客挑动民粹主义,借防范疫情的名义反对全球化,排斥外国人员、抵制外国商品、煽动种族矛盾、呼吁保护主义。然而,在全球化时代,各国命运相连、休戚相关,民粹主义不是独善其身,而是画地为牢。因此,应对新冠肺炎疫情需要的不是自私自利的民粹主义,而是同舟共济的"人类命运共同体"精神。疫情当前,中国在全面有力防控本国疫情的同时,向其他国家和地区提供力所能及的援助,积极参与全球公共卫生治理,努力推进跨国联防联控的国际合作,体现了"再全球化"引领者的责任与担当。据统计,截至 2021 年,中国已累计向国际社会提供了约 3 720 亿只口罩、超

[①] 关于"再全球化"的详细论述可参见王栋、曹德军:《再全球化:理解中国与世界互动的新视角》,北京:社会科学文献出版社,2018 年。

过42亿件防护服、84亿人份检测试剂,向120多个国家和国际组织提供了超过20亿剂新冠肺炎疫苗,成为对外提供疫苗最多的国家。① 美国前助理国务卿库尔特·坎贝尔(Kurt Campbell)和耶鲁大学学者杜如松(Rush Doshi)在《新冠肺炎可能重塑世界秩序》一文中也提到,美国应对疫情的糟糕表现可能会导致下一个"苏伊士时刻"②的到来,而中国政府则积极向意大利、塞尔维亚、伊朗等国家提供援助,通过视频会议向许多国家和数百名政府官员分享病毒信息与抗疫经验,正逐渐填补美国作为全球领导者在疫情中的空缺席位③。

(二)更高水平改革开放加速推动"再全球化"

在疫情面前,"再全球化"将加速来临,中国需要为此做好准备,通过更高水平的改革开放,抓住疫情防控契机引领"再全球化"扩容升级。一方面,全面深化改革,面对改革深水区的困难与重大风险的挑战,我们需要借力深化改革,以破除各种利益樊篱并化解潜在危机隐患。党的十八届三中全会通过了《中共中央关于全面深化改革若干重大问题的决定》,指出经济体制改革是全面深化改革的重点,要使市场在资源配置中起决定性作用并更好地发挥政府作用,市场与政府的关系成为改革的关键点。十九届四中全会通过了《中共中央关于坚持和完善中国特色社会主义制度 推进国家治理体系和治理能力现代化若干重大问题的决定》,围绕社会制度与国家治理,为深化改革规划蓝图与道路。本次疫情是对中国改革成果和治理能力的一场严峻考验,中国各级政府在以习近平同志为核心的党中央的坚强领导下,果断决策、迅速行动、因地制宜、精准施策,有效利用数字化、人工智能等现代化治理手段,转危为安、化险为夷,成功经受住了这次考验,为中国积攒改革经验、弥补治理短板提供了难得的实战演练。"打铁还需自身硬",无论是市场化改革,还是治理能力提升,都不难看出疫情逆向促使中国不断改革完善自身各项制度,可以预计中国必将能够在不断深化改革的征途中赢得疫情

---

① 李庆四. 后疫情时代命运与共的人类未来[EB/OL]. (2022-02-14) [2022-03-28]. https://www.gmw.cn/xueshu/2022-02/14/content_35515396.htm.

② "苏伊士时刻"指的是第二次世界大战后1956年的苏伊士运河危机中,为了阻止埃及收回苏伊士运河主权,英国、法国、以色列三国武力进攻埃及并取得军事胜利,却在美国和苏联的共同压制下被迫放弃对苏伊士运河的权力从而败走中东的事件。

③ Kurt, Rush Doshi. The coronavirus could reshape global order [EB/OL]. (2020-03-18) [2020-04-30]. https://www.foreignaffairs.com/articles/china/2020-03-18/coronavirus-could-reshape-global-order.

防控阻击战的完全胜利,以更好姿态引领再全球化向前发展。

另一方面,加快扩大开放,将中国与世界更加紧密地联系在一起,推动更高质量、更高水平的对外开放。疫情暴露出全球公共卫生治理体系的缺陷与短板,国际机构影响力不足、各国应对疫情各自为政,这些也导致对全球化的批评与质疑。面对危机,中国可借力参与完善全球公共卫生治理体系,为扩大开放探索新方向,为再全球化指引新道路。第一,不断加强与国际组织的沟通与合作,坚定支持其在专门领域发挥专业作用。疫情暴发后,中国与WHO保持密切沟通,第一时间测定病毒基因组序列,成功研制快速检测试剂盒,研究确定诊治方案,并及时向WHO通报,和全世界科研机构分享。[①] 中国还与77国集团共同发表声明支持和赞赏WHO为发展中国家有效应对疫情提供信息、进行技术指导、开展培训等,呼吁各国应保持并尽可能增加对WHO的支持。同时,中国还抓住时机与东盟、欧盟等地区组织加强沟通联络。未来,中国可加大发掘上海合作组织、亚洲相互协作与信任措施会议等国际安全组织的合作潜力,开拓在生物安全、公共卫生安全等领域的合作。第二,继续展现"再全球化"引领者的责任担当,加大全球公共卫生产品供给。自疫情发生以来,中国以开放负责的大国形象,多次在国际公开场合倡导全球抗疫合作。2022年1月17日,习近平主席在世界经济论坛上发表了《坚定信心 勇毅前行 共创后疫情时代美好世界》的主题演讲,呼吁世界各国共同加强国际抗疫合作,积极开展药物研发合作,共筑多重抗疫防线,加快建设人类卫生健康共同体。[②] 中国还全面落实二十国集团"暂缓最贫困国家债务偿付倡议",总额超过13亿美元,是二十国集团成员中落实缓债金额最大的国家。[③] 第三,探索建立严密的全球联防联控网络,加强信息沟通、政策协调、行动配合。中日韩三国官方与民间在疫情应对中同舟共济、守望相助,涌现出"山川异域,风月同天"的抗疫佳话,展现了互谅友好、协调合作的国际道义,可借助抗击疫情进一步推动三方经贸和政治合作,助力东亚区域经济一体化建设。中国也与意大利、巴基斯坦等"一带一路"合

---

① 武晓娟.分享经验 为世界防疫作贡献[EB/OL].(2020-03-04)[2022-03-29].http://views.ce.cn/view/ent/202003/04/t20200304_34394160.shtml.
② 习近平.坚定信心 勇毅前行 共创后疫情时代美好世界[EB/OL].(2022-01-07)[2022-03-28].http://www.gov.cn/gongbao/content/2022/content_5672662.htm.
③ 李嘉宝.中国为全球抗疫作出重大贡献[EB/OL].(2021-06-17)[2022-03-28].http://www.gov.cn/xinwen/2021-06/17/content_5618548.htm.

作伙伴在政治、医疗等各个方面相互支持与相互帮助,还积极将抗疫合作纳入中国与中东欧国家"17+1"合作内容,这些举措体现了"一带一路"的生命力和活力,借此势头应继续抓住机会促进"一带一路"合作倡议在更多地区延伸与落地。

总而言之,中国是全球化的受益者,面对新冠肺炎疫情对全球化的挑战,中国挺身而出,推动再全球化进程的进一步发展。未来,中国将继续不断深化改革、扩大开放,坚定践行人类命运共同体理念,积极参与全球公共卫生治理,共同应对非传统安全威胁,在再全球化的新机遇中与世界各国深度合作、展现担当,为推动新一轮更加公平、开放、包容、普惠的再全球化进程做出"中国贡献"。

参考文献

[1] 白羽洁.绿色金融发展及其经济环境影响分析[D].中国社会科学院,2020.

[2] 白云真."一带一路"倡议与中国对外援助转型[J].世界经济与政治,2015,11:54—71+158.

[3] 蔡海亚,徐盈之.贸易开放是否影响了中国产业结构升级?[J].数量经济技术经济研究,2017,34(10):4—22.

[4] 陈登科.贸易壁垒下降与环境污染改善——来自中国企业污染数据的新证据[J].经济研究,2020,55(12):95—114.

[5] 陈虹,杨成玉."一带一路"国家战略的国际经济效应研究——基于CGE模型的分析[J].国际贸易问题,2015,10:4—16.

[6] 陈胜蓝,刘晓玲.公司投资如何响应"一带一路"倡议?基于准自然实验的经验研究[J].财经研究,2018,44(4):20—36.

[7] 陈万灵,何传添.海上丝绸之路的各方博弈及其经贸定位[J].改革,2014,3:74—86.

[8] 陈万灵,杨永聪.全球进口需求结构变化与中国产业结构的调整[J].国际经贸探索,2014,30(9):13—23+48.

[9] 陈雯,苗双有.中间品贸易自由化与中国制造业企业生产技术选择[J].经济研究,2016,51(8):72—85.

[10] 陈向阳.金融结构、技术创新与碳排放:兼论绿色金融体系发展[J].广东社会科学,2020,4:41—50.

[11] 陈小亮,刘玲君,肖争艳,等.生产部门通缩与全局性通缩影响因素的差异性研究——机器学习方法的新视角[J].中国工业经济,2021,7:28—44.

[12] 陈晓佳,徐玮,安虎森.交通结构、市场规模与经济增长[J].世界经济,2021,44(6):72—96.

[13] 陈艳艳.区域贸易协定对中国出口产品质量的影响研究[D].武汉大学,2019.

[14] 程大中.中国参与全球价值链分工的程度及演变趋势——基于跨国投入—产出分析[J].经济研究,2015,50(9):4—16+99.

[15] 迟福林.抓住全球服务贸易快速发展机遇[N].人民日报,2017-06-15(7).

[16] 崔健,刘伟岩."一带一路"框架下中日与第三方市场贸易关系的比较分析[J].现代日本经济,2018,37(5):24—38.

[17] 戴翔,宋婕."一带一路"倡议的全球价值链优化效应——基于沿线参与国全球价值链分工地位提升的视角[J].中国工业经济,2021,6:98—117.

[18] 戴翔.服务贸易能够成为全球贸易增长新引擎吗?[J].国际经贸探索,2016,32(10):4—15.

[19] 翟崑,陈旖琦.第三个奇迹:中国—东盟命运共同体建设进程及展望[J].云南师范大学学报,2020,52(5):134—144.

[20] 翟崑,王丽娜.一带一路背景下的中国—东盟民心相通现状实证研究[J].云南师范大学学报,2016,48(6):51—62.

[21] 翟崑.探索后冷战时代东南亚地区的演进之道[J].东南亚研究,2019,6:1—10.

[22] 丁梦.中国与西班牙第三方市场合作研究[J].国际论坛,2022,24(2):100—120+158—159.

[23] 丁阳."一带一路"战略中的产业合作问题研究[D].对外经济贸易大学,2016.

[24] 董有德,米筱筱.互联网成熟度、数字经济与中国对外直接投资——基于2009年—2016年面板数据的实证研究[J].上海经济研究,2019,366(3):65—74.

[25] 范红忠.有效需求规模假说、研发投入与国家自主创新能力[J].经济研究,2007,3:33—44.

[26] 范鑫.数字经济发展、国际贸易效率与贸易不确定性[J].财贸经济,2020,41(8):145—160.

[27] 范子英,彭飞."营改增"的减税效应和分工效应:基于产业互联的视角[J].经济研究,2017,52(2):82—95.

[28] 方虹,彭博,冯哲,等.国际贸易中双边贸易成本的测度研究——基于改进的引力模型[J].财贸经济,2010,5:71—76.

[29] 方慧,赵甜.中国企业对"一带一路"国家国际化经营方式研究——基于国家距离视角的考察[J].管理世界,2017,7:18—26.

[30] 方希桦,包群,赖明勇.国际技术溢出:基于进口传导机制的实证研究[J].中国软科学,2004,7:55—64.

[31] 方行明,鲁玉秀,魏静.中欧班列开通对中国城市贸易开放度的影响——基于"一带一路"建设的视角[J].国际经贸探索,2020,36(2):35—56.

[32] 弗里德曼.世界是平的:第二版[M].何帆,肖莹莹,郝正非,等,译.长沙:湖南科学技

术出版社,2006.

[33] 付凌晖.我国产业结构高级化与经济增长关系的实证研究[J].统计研究,2010,8:79—81.

[34] 高志刚,刘伟."一带"背景下中国与中亚五国贸易潜力测算及前景展望[J].山东大学学报(哲学社会科学版),2015,5:24—34.

[35] 葛纯宝,于津平."一带一路"沿线国家贸易便利化与中国出口——基于拓展引力模型的实证分析[J].国际经贸探索,2020,9:22—36.

[36] 耿鹏,赵昕东.基于GVAR模型的产业内生联系与外生冲击分析[J].数量经济技术经济研究,2009,26(12):32—45.

[37] 顾露露,Reed.中国企业海外并购失败了吗?[J].经济研究,2011,46(7):115—129.

[38] 郭道玥."一带一路"倡议下绿色金融的可持续发展[J].时代金融,2020,23:14—16.

[39] 郭宏宇,竺彩华.中国—东盟基础设施互联互通建设面临的问题与对策[J].国际经济合作,2014,8:28—31.

[40] 郭家堂,骆品亮.互联网对中国全要素生产率有促进作用吗?[J].管理世界,2016,10:34—49.

[41] 郭凯明,王藤桥.基础设施投资对产业结构转型和生产率提高的影响[J].世界经济,2019,42(11):51—76.

[42] 郭克莎.外商直接投资对我国产业结构的影响研究[J].管理世界,2000,2:34—45+63.

[43] 郭烨,许陈生.双边高层会晤与中国在"一带一路"沿线国家的直接投资[J].国际贸易问题,2016,2:25—36.

[44] 韩永辉,罗晓斐.中国与中亚区域贸易合作治理研究——兼论"一带一路"倡议下共建自贸区的可行性[J].国际经贸探索,2017,2:72—84.

[45] 韩永辉,韦东明,戴玲."一带一路"产能合作中的贸易投资竞合联动研究[J].广东社会科学,2019,4:24—34.

[46] 韩永辉,韦东明,黄亮雄.中国与"一带一路"沿线国家产能合作的耦合效应研究[J].国际贸易问题,2021,4:143—158.

[47] 韩永辉,韦东明,谭锐."一带一路"沿线国家投资价值评估研究——基于GPCA模型的测算分析[J].国际经贸探索,2019,12:41—56.

[48] 韩永辉,邹建华."一带一路"背景下的中国与西亚国家贸易合作现状和前景展望[J].国际贸易,2014,8:21—28.

[49] 何冰,周申.贸易自由化与就业调整空间差异:中国地级市的经验证据[J].世界经济,2019,42(6):115—142.

[50] 何骏,郭岚.中国服务贸易竞争力提升研究[J].山西财经大学学报,2013,3:44—55.

[51] 何文彬.全球价值链视域下数字经济对我国制造业升级重构效应分析[J].亚太经济,2020,3:115—130.

[52] 贺灿飞,金璐璐,刘颖.多维邻近性对中国出口产品空间演化的影响[J].地理研究,2017,36(9):1613—1626.

[53] 贺灿飞,余昌达.多维邻近性、贸易壁垒与中国——世界市场的产业联系动态演化[J].地理学报,2022,2:275—294.

[54] 赫尔德,等.全球大变革:全球化时代的政治、经济与文化[M].杨雪冬,等,译.北京:社会科学文献出版社,2001.

[55] 洪俊杰,商辉.中国开放型经济的"共轭环流论":理论与证据[J].中国社会科学,2019,1:42—64+206.

[56] 洪俊杰,詹迁羽."一带一路"设施联通是否对企业出口有拉动作用——基于贸易成本的中介效应分析[J].国际贸易问题,2012,9:138—156.

[57] 胡杨,李郁.多维邻近性对产学研合作创新的影响——广州市高新技术企业的案例分析[J].地理研究,2017,36(4):695—706.

[58] 胡再勇,付韶军,张璐超."一带一路"沿线国家基础设施的国际贸易效应研究[J].数量经济技术经济研究,2019,36(2):24—44.

[59] 黄亮雄,韩永辉,王佳琳,等.中国经济发展照亮"一带一路"建设——基于夜间灯光亮度数据的实证分析[J].经济学家,2016,9:98—104.

[60] 黄梅波,唐露萍.三方合作:推进全球伙伴关系的可行路径[J].国际经济合作,2013,8:55—60.

[61] 黄群慧,余泳泽,张松林.互联网发展与制造业生产率提升:内在机制与中国经验[J].中国工业经济,2019,377(8):5—23.

[62] 黄裕辉.后疫情时代国际工程承包企业的战略变革[J].施工企业管理,2020,10:38—39.

[63] 黄志勇,等.畅通"南宁渠道":广西抢占新时代全面扩大开放制高点研究[M].广西:广西师范大学出版社,2019.

[64] 贾晶.我国服务贸易竞争力水平研究[D].河北大学,2011.

[65] 简泽,谭利萍,吕大国,等.市场竞争的创造性、破坏性与技术升级[J].中国工业经济,2017,5:16—34.

[66] 简泽,张涛,伏玉林.进口自由化、竞争与本土企业的全要素生产率——基于中国加入WTO的一个自然实验[J].经济研究,2014,49(8):120—132.

[67] 姜峰,蓝庆新,张辉.中国出口推动"一带一路"技术升级:基于88个参与国的研究[J].世界经济,2021,12:3—27.

[68] 姜峰."一带一路"长效发展路径研究[R].北京大学,2021.

[69] 姜跃春,张玉环.新冠疫情不会中断经济全球化进程[J].世界知识,2020,7:17—20.

[70] 蒋冠宏,蒋殿春.中国企业对外直接投资的"出口效应"[J].经济研究,2014,49(5):160—176.

[71] 金碚.关于"高质量发展"的经济学研究[J].中国工业经济,2018,4:4—18.

[72] 金刚,沈坤荣.中国企业对"一带一路"沿线国家的交通投资效应:发展效应还是债务陷阱[J].中国工业经济,2019,9:75—97.

[73] 金玲."一带一路":中国的马歇尔计划?[J].国际问题研究,2015,1:88—99.

[74] 荆文君,孙宝文.数字经济促进经济高质量发展:一个理论分析框架[J].经济学家,2019,2:66—73.

[75] 康晓玲,宁艳丽.外国对华实施技术性贸易壁垒问题的博弈分析[J].经济体制改革,2005,2:145—148.

[76] 孔庆峰,董虹蔚."一带一路"国家的贸易便利化水平测算与贸易潜力研究[J].国际贸易问题,2015,12:158—168.

[77] 蓝庆新,梁伟,唐琬.绿色"一带一路"建设现状、问题及对策[J].国际贸易,2020,3:94—96.

[78] 蓝庆新,唐琬.绿色金融赋能"一带一路"高质量发展[J].油气与新能源,2022,34(1):49—56.

[79] 蓝庆新,汪春雨.数字化赋能绿色"一带一路"建设[J].中国经济评论,2021,8:34—36.

[80] 黎文靖,郑曼妮.实质性创新还是策略性创新?——宏观产业政策对微观企业创新的影响[J].经济研究,2016,51(4):64—73.

[81] 李兵,颜晓晨.中国与"一带一路"沿线国家双边贸易的新比较优势——公共安全的视角[J].经济研究,2018,53(1):183—197.

[82] 李海舰,田跃新,李文杰.互联网思维与传统企业再造[J].中国工业经济,2014,10:135—146.

[83] 李佳,闵悦,王晓.中欧班列开通对城市创新的影响研究:兼论政策困境下中欧班列的创新效应[J].世界经济研究,2020,11:55—74+136.

[84] 李佳,闵悦,王晓.中欧班列开通能否推动产业结构升级?——来自中国285个地级市的准自然实验研究[J].产业经济研究,2021,3:65—86.

[85] 李建军,李俊成."一带一路"倡议、企业信贷融资增进效应与异质性[J].世界经济,2020,43(2):4—24.

[86] 李敬,陈旎,万广华,等."一带一路"沿线国家货物贸易的竞争互补关系及动态变化——基于网络分析方法[J].管理世界,2017,4:10—19.

[87] 李俊.全面准确理解"双循环"新发展格局的深刻内涵[J].人民论坛,2021,2:

12—15.

[88] 李兰冰,路少朋.高速公路与企业出口产品质量升级[J].国际贸易问题,2021,9: 34—50.

[89] 李青,韩永辉,韦东明.文化交流与企业海外并购——基于"一带一路"孔子学院的经验研究[J].国际经贸探索,2020,8:81—96.

[90] 李向阳."一带一路"的高质量发展与机制化建设[J].世界经济与政治,2020,5:51—70+157.

[91] 李晓,李俊久."一带一路"与中国地缘政治经济战略的重构[J].世界经济与政治,2015,10:34—59+155—157.

[92] 李笑影,李玲芳.互联网背景下应对"一带一路"贸易风险的机制设计研究[J].中国工业经济,2018,12:98—114.

[93] 李轩,李珮萍.数字贸易理论发展研究述评[J].江汉大学学报(社会科学版),2020, 37(5):44—57+125—126.

[94] 李玉辉.我国制造业在"一带一路"沿线国家的贸易竞争性和互补性的分析[J].经济论坛,2020,8:52—59.

[95] 李召腾.自由贸易协定对中国出口产品质量的影响研究[D].中南财经政法大学,2020.

[96] 李忠民,周维颖,田仲他.数字贸易:发展态势、影响及对策[J].国际经济评论,2014, 6:131—144+8.

[97] 林伯强,谭睿鹏.中国经济集聚与绿色经济效率[J].经济研究,2019,54(2): 115—132.

[98] 林海明,杜子芳.主成分分析综合评价应该注意的问题[J].统计研究,2013,30(8): 25—31.

[99] 林梦瑶,张中元.区域贸易协定中竞争政策对外商直接投资的影响[J].中国工业经济,2019,8:98—117.

[100] 刘阿明.东盟对美国印太战略的认知与反应[J].南洋问题研究,2020.2:15—27.

[101] 刘爱兰,王智烜."一带一路"背景下中国对非洲直接投资的"第三方效应"——基于空间面板数据的实证检验[J].对外经济贸易大学学报,2017,4:100—112.

[102] 刘红光,张婕,朱忠翔,等.金融危机前后全球产业贸易转移定量测度分析[J].经济地理,2019,39(1):96—103.

[103] 刘洪愧.数字贸易发展的经济效应与推进方略[J].改革,2020,3:44—52.

[104] 刘靖.全球援助治理困境下重塑国际发展合作的新范式[J].国际关系研究,2017, 4:30—47.

[105] 刘青,陶攀,洪俊杰.中国海外并购的动因研究——基于广延边际与集约边际的视

角[J].经济研究,2017,52(1):25—46.

[106] 刘晓丹,张兵."一带一路"倡议能否提升企业投资效率?[J].世界经济研究,2020,9:115—134+137.

[107] 刘晓宁,刘磊.贸易自由化对出口产品质量的影响效应——基于中国微观制造业企业的实证研究[J].国际贸易问题,2015,8:14—26.

[108] 刘志彪,凌永辉.结构转换、全要素生产率与高质量发展[J].管理世界,2020,36(7):14—29.

[109] 卢光盛,金珍.超越拥堵:澜湄合作机制的发展路径探析[J].世界经济与政治,2020,7:97—119+158—159.

[110] 卢光盛,罗会琳.从培育期进入成长期的澜湄合作:新意、难点和方向[J].边界与海洋研究,2018,3(2):18—28.

[111] 卢盛峰,董如玉,叶初升."一带一路"倡议促进了中国高质量出口吗? 来自微观企业的证据[J].中国工业经济,2021,3:84—98.

[112] 鲁晓东,连玉君.中国工业企业全要素生产率估计:1999—2007[J].经济学(季刊),2012,11(2):541—558.

[113] 路乾乾.基于区域产业关联的京津冀区域产业结构优化升级[D].首都经济贸易大学,2017.

[114] 罗伯逊,肖尔特.全球化百科全书[M].王宁,译.南京:译林出版社,2011.

[115] 罗圣荣,杨飞.澜湄次区域合作与大国关系[J].复旦国际关系评论,2020,1:201—215.

[116] 吕越,陈帅,盛斌.嵌入全球价值链会导致中国制造的"低端锁定"吗?[J].管理世界,2018,34(8):11—29.

[117] 吕越,陈泳昌.互联网发展与全球价值链嵌入[J].江南大学学报(人文社会科学版),2021,20(1):78—91.

[118] 吕越,谷玮,包群.人工智能与中国企业参与全球价值链分工[J].中国工业经济,2020,386(5):80—98.

[119] 吕越,陆毅,吴嵩博,等."一带一路"倡议的对外投资促进效应——基于2005—2016年中国企业绿地投资的双重差分检验[J].经济研究,2019,54(9):185—202.

[120] 吕云龙,吕越.上游垄断与制造业出口的比较优势——基于全球价值链视角的经验证据[J].财贸经济,2017,38(8):98—111.

[121] 马凯硕,孙合记.东盟奇迹[M].翟崑,王丽娜,等.译.北京:北京大学出版社,2017.

[122] 马淑琴,谢杰.网络基础设施与制造业出口产品技术含量——跨国数据的动态面板系统GMM检验[J].中国工业经济,2013,2:74—82.

[123] 马淑琴,邹志文,邵宇佳,等.基础设施对出口产品质量非对称双元异质性影

响——来自中国省际数据的证据[J].财贸经济,2018,39(9):104—121.

[124] 马述忠,房超,梁银锋.数字贸易及其时代价值与研究展望[J].国际贸易问题, 2018,10:15—30.

[125] 马述忠,刘梦恒.中国在"一带一路"沿线国家OFDI的第三国效应研究:基于空间计量方法[J].国际贸易问题,2016,7:72—83.

[126] 马涛,陈曦."一带一路"包容性全球价值链的构建——公共产品供求关系的视角[J].世界经济与政治,2020,4:131—154+158—160.

[127] 毛其淋,许家云.中间品贸易自由化与制造业就业变动——来自中国加入WTO的微观证据[J].经济研究,2016,51(1):65—83.

[128] 毛其淋.贸易政策不确定性是否影响了中国企业进口?[J].经济研究,2020,2: 145—164.

[129] 毛日昇.出口、外商直接投资与中国制造业就业[J].经济研究,2009,44(11): 104—117.

[130] 毛雨.中法打造第三方市场合作标杆[J].中国社会科学报,2015,32(4):104—121.

[131] 门洪华,俞钦文.第三方市场合作:理论建构、历史演进与中国路径[J].当代亚太, 2020,6:4—40+154.

[132] 倪中新,花静云,武凯文.我国企业的"走出去"战略成功吗?——中国企业跨国并购绩效的测度及其影响因素的实证研究[J].国际贸易问题,2014,8:155—166.

[133] 欧阳康.全球治理变局中的"一带一路"[J].中国社会科学,2018,8:4—16.

[134] 裴长洪,刘斌.中国对外贸易的动能转换与国际竞争新优势的形成[J].经济研究, 2019,54(5):4—15.

[135] 裴长洪,倪江飞,李越.数字经济的政治经济学分析[J].财贸经济,2018,39(9): 5—22.

[136] 齐俊妍,任奕达.东道国数字经济发展水平与中国对外直接投资——基于"一带一路"沿线43国的考察[J].国际经贸探索,2020,36(9):55—71.

[137] 钱纳里,等.工业化和经济增长的比较研究[M].吴奇,等,译.上海:上海人民出版社,1995.

[138] 钱学锋,范冬梅,黄汉民.进口竞争与中国制造业企业的成本加成[J].世界经济, 2016,39(3):71—94.

[139] 钱学锋,龚联梅.贸易政策不确定性、区域贸易协定与中国制造业出口[J].中国工业经济,2017,10:81—98.

[140] 钱雪松,杜立,马文涛.中国货币政策利率传导有效性研究:中介效应和体制内外差异[J].管理世界,2015,11:11—28+187.

[141] 钱雪松,康瑾,唐英伦,等.产业政策、资本配置效率与企业全要素生产率——基于

中国2009年十大产业振兴规划自然实验的经验研究[J].中国工业经济,2018,8: 42—59.

[142] 乔慧娟."一带一路"战略实施背景下中国对外承包工程企业海外投资的风险管理[J].对外经贸,2015,8:4—6.

[143] 秦亚青,魏玲.新型全球治理观与"一带一路"合作实践[J].外交评论(外交学院学报),2018,35(2):1—14.

[144] 清华大学与Vivid Economics课题组,马骏,谢孟哲.支持"一带一路"低碳发展的绿色金融路线图[J].金融论坛,2020,25(7):4—16.

[145] 任珂瑶,翟崑."双循环"背景下陆海新通道与澜湄合作对接[J].和平与发展,2022,1:121—135.

[146] 上海国际问题研究所.国际形势年鉴1993[M].北京:中国大百科全书出版社,1993.

[147] 沈军.数字赋能,创新驱动,以绿色发展助推产业转型升级[J].水泥工程,2020,1:1—6+46.

[148] 沈铭辉,张中元."一带一路"背景下的国际产能合作——以中国—印尼合作为例[J].国际经济合作,2017,3:4—11.

[149] 盛斌,陈帅.全球价值链如何改变了贸易政策:对产业升级的影响和启示[J].国际经济评论,2015,1:6+84—97.

[150] 盛丹,包群,王永进.基础设施对中国企业出口行为的影响"集约边际"还是"扩展边际"[J].世界经济,2011,34(1):18—36.

[151] 施炳展,邵文波.中国企业出口产品质量测算及其决定因素——培育出口竞争新优势的微观视角[J].管理世界,2014,9:90—106.

[152] 苏理梅,彭冬冬,兰宜生.贸易自由化是如何影响我国出口产品质量的?——基于贸易政策不确定性下降的视角[J].财经研究,2016,42(4):61—70.

[153] 苏长和.从关系到共生——中国大国外交理论的文化和制度阐释[J].世界经济与政治,2016,1:4—25+156.

[154] 孙东方.推动全球公共卫生安全治理[N].学习时报,2020-04-03(2).

[155] 孙好雨.对外投资与对内投资:替代还是互补[J].财贸经济,2019,6:118—130.

[156] 孙杰.从数字经济到数字贸易:内涵,特征,规则与影响[J].国际经贸探索,2020,36(5):87—98.

[157] 孙林,周科选.区域贸易政策不确定性对中国出口企业产品质量的影响——以中国—东盟自由贸易区为例[J].国际贸易问题,2020,1:128—146.

[158] 孙翔宇,孙谦,胡双凯.中国企业海外并购溢价的影响因素[J].国际贸易问题,2019,6:144—159.

[159] 孙学敏,王杰.全球价值链嵌入的"生产率效应"——基于中国微观企业数据的实证研究[J].国际贸易问题,2016,3:4—14.

[160] 孙焱林,覃飞."一带一路"倡议降低了企业对外直接投资风险吗[J].国际贸易问题,2018,8:65—79.

[161] 孙早,许薛璐.产业创新与消费升级:基于供给侧结构性改革视角的经验研究[J].中国工业经济,2018,7:95—116.

[162] 孙正.流转税改革促进了产业结构演进升级吗?——基于"营改增"视角的PVAR模型分析[J].财经研究,2017,2:70—84.

[163] 唐珏岚.新冠肺炎疫情给经济全球化带来哪些影响[N].学习时报,2020-03-23(2).

[164] 唐宜红,俞峰,林发勤,等.中国高铁、贸易成本与企业出口研究[J].经济研究,2019,54(7):158—176.

[165] 唐宜红,张鹏杨.FDI、全球价值链嵌入与出口国内附加值[J].统计研究,2017,4:36—47.

[166] 陶平生.全球治理视角下共建"一带一路"国际规则的遵循、完善和创新[J].管理世界,2020,36(5):161—171+203+16.

[167] 佟家栋."一带一路"倡议的理论超越[J].经济研究,2017,52(12):22—26.

[168] 万喆."碳中和"背景下"绿色丝绸之路"危机中育新机[J].中国经济评论,2021,5:35—40.

[169] 王栋,王怡旺.新冠肺炎疫情下的逆全球化?再全球化?[J].中央社会主义学院学报,2020,3:78—87.

[170] 王桂军,卢潇潇."一带一路"倡议可以促进中国企业创新吗?[J].财经研究,2019,45(1):18—34.

[171] 王桂军,卢潇潇."一带一路"倡议与中国企业升级[J].中国工业经济,2019,3:44—61.

[172] 王桂军,张辉."一带一路"与中国OFDI企业TFP:对发达国家投资视角[J].世界经济,2020,43(5):49—72.

[173] 王海成,许和连,邵小快.国有企业改制是否会提升出口产品质量[J].世界经济,2019,42(3):94—117.

[174] 王红领,李稻葵,冯俊新.FDI与自主研发:基于行业数据的经验研究[J].经济研究,2006,2:44—56.

[175] 王姣娥,焦敬娟,景悦,等."中欧班列"陆路运输腹地范围测算与枢纽识别[J].地理科学进展,2017,36(11):1332—1339.

[176] 王娟娟.新通道贯通"一带一路"与国内国际双循环——基于产业链视角[J].中国

流通经济,2020,34(10):3—16.

[177] 王睿.澜湄合作与"国际陆海贸易新通道"对接:基础、挑战与路径[J].国际问题研究,2020,6:115—132+139.

[178] 王小艳.绿色金融推动"一带一路"绿色发展的问题与对策[J].中国经贸导刊(中),2020,5:32—36.

[179] 王小艳.绿色金融助力高质量共建"一带一路"路径探索[J].经济界,2020,2:32—36.

[180] 王雄元,卜落凡.国际出口贸易与企业创新——基于"中欧班列"开通的准自然实验研究[J].中国工业经济,2019,10:84—98.

[181] 王彦玲."营改增"的减税效应和分工效应:基于产业互联的视角[J].中小企业管理与科技(上旬刊),2019,1:41—42.

[182] 王颖,吕婕,唐子仪.中国对"一带一路"沿线国家直接投资的影响因素研究——基于东道国制度环境因素[J].国际贸易问题,2018,1:84—91.

[183] 王永进,盛丹,施炳展,等.基础设施如何提升了出口技术复杂度?[J].经济研究,2010,45(7):104—116.

[184] 王岳平,葛岳静.我国产业结构的投入产出关联特征分析[J].管理世界,2007,2:61—68.

[185] 王智新."一带一路"沿线国家数字贸易营商环境的统计测度[J].统计与决策,2020,19:47—51.

[186] 韦东明,顾乃华,徐杨."一带一路"倡议与中国企业海外并购:来自准自然实验的证据[J].世界经济研究,2021,12:116—129.

[187] 韦东明,顾乃华.国际运输通道与区域经济高质量发展——来自中欧班列开通的证据[J].国际贸易问题,2021,12:34—48.

[188] 魏浩,林薛栋.进口贸易自由化与异质性企业创新——来自中国制造企业的证据[J].经济经纬,2017,34(6):44—50.

[189] 温日光.风险观念、并购溢价与并购完成率[J].金融研究,2015,8:191—206.

[190] 温忠麟,张雷,侯杰泰,等.中介效应检验程序及其应用[J].心理学报,2004,5:614—620.

[191] 吴凡秋.对外基础设施合作建设对贸易强度关系的影响与机制——以中国与"一带一路"沿线国家为例[J].国际商务财会,2020,1:64—73.

[192] 吴福象,段巍.国际产能合作与重塑中国经济地理[J].中国社会科学,2017,2:44—64+206.

[193] 吴静,张凤,孙翊,等.抗疫情助推我国数字化转型:机遇与挑战[J].中国科学院院刊,2020,35(3):306—311.

[194] 吴群锋,刘冲,祁涵.交通基础设施建设、市场可达性与企业出口产品质量[J].经济科学,2021,2:34—46.

[195] 夏先良.构筑"一带一路"国际产能合作体制机制与政策体系[J].国际贸易,2015,11:28—36.

[196] 夏先良.开创世界经济开放、包容和可持续发展新局面——"一带一路"的划时代战略意义[J].学术前沿,2017,9:6—20.

[197] 夏炎,姜青言,杨翠红,等."一带一路"倡议助推沿线国家和地区绿色发展[J].中国科学院院刊,2021,36(6):724—732.

[198] 肖扬,直银苹,谢涛."一带一路"沿线国家贸易便利化对中国制造业企业出口技术复杂度的影响[J].宏观经济研究,2020,9:164—176.

[199] 谢来辉."一带一路"与全球治理的关系——一个类型学分析[J].世界经济与政治,2019,1:34—58+158.

[200] 熊彬,王梦娇.基于空间视角的中国对"一带一路"沿线国家直接投资的影响因素研究[J].国际贸易问题,2018,2:102—112.

[201] 徐梁.基于中国与"一带一路"国家比较优势的动态分析[J].管理世界,2016,2:170—171.

[202] 徐淑丹.中国城市的资本存量估算和技术进步率:1992—2014年[J].管理世界,2017,1:15—29+187.

[203] 徐思,何晓怡,钟凯."一带一路"倡议与中国企业融资约束[J].中国工业经济,2019,7:154—176.

[204] 许建伟,郭其友.外商直接投资的经济增长、就业与工资的交互效应——基于省级面板数据的实证研究[J].经济学家,2016,6:14—23.

[205] 许培源,罗琴秀."一带一路"自由贸易区网络构建及其经济效应模拟[J].国际经贸探索,2020,12:4—19.

[206] 许统生,梁肖.中国加总贸易成本的测算及对制造业出口结构的影响[J].财贸经济,2016,37(3):123—127.

[207] 阎一萌,李滢芸."一带一路"倡议下中国绿色金融体系构建与路径研究——以兴业银行为例[J].市场周刊,2020,33(7):138—139.

[208] 杨剑侠,张杰.产能限制下纵向持股的上游企业竞争与产能投资效应研究[J].世界经济,2020,9:122—146.

[209] 杨路明,刘纪宏."一带一路"背景下中东欧国家数字经济发展研究[J].学术探索,2020,9:95—102.

[210] 杨全发,陈平.外商直接投资对中国出口贸易的作用分析[J].管理世界,2005,5:64—69.

[211] 姚星,蒲岳,吴钢,等.中国在"一带一路"沿线的产业融合程度及地位:行业比较、地区差异及关联因素[J].经济研究,2019,54(9):172—186.

[212] 殷德生,唐海燕,黄腾飞.国际贸易、企业异质性与产品质量升级[J].经济研究,2011,S2:138—146.

[213] 余泳泽,容开建,苏丹妮,等.中国城市全球价值链嵌入程度与全要素生产率——来自230个地级市的经验研究[J].中国软科学,2019,5:84—96.

[214] 俞可平.全球治理引论[J].马克思主义与现实,2002,1:24—32.

[215] 虞义华,赵奇锋,鞠晓生.发明家高管与企业创新[J].中国工业经济,2018,3:135—154.

[216] 苑芳芳.中国绿色债券的发展与实践[J].现代商业,2020,7:101—102.

[217] 岳文,韩剑.异质性企业、出口强度与技术升级[J].世界经济,2017,10:48—71.

[218] 张伯超,沈开艳."一带一路"沿线国家数字经济发展就绪度定量评估与特征分析[J].上海经济研究,2018,352(1):94—103.

[219] 张陈宇,孙浦阳,谢娟娟.生产链位置是否影响创新模式选择——基于微观角度的理论与实证[J].管理世界,2020,36(1):44—59+233.

[220] 张菲,李洪涛.第三方市场合作:"一带一路"倡议下的国际合作新模式——基于中法两国第三方市场合作的分析[J].国际经济合作,2020,2:28—36.

[221] 张洪,梁松.共生理论视角下国际产能合作的模式探析与机制构建——以中哈产能合作为例[J].宏观经济研究,2015,12:121—128.

[222] 张辉,石琳.人力资本与区域创新研究——基于空间面板模型的分析[J].湖南大学学报(社会科学版),2018,32(5):45—57.

[223] 张辉,易天,唐毓璇.一带一路:全球价值双环流研究[J].经济科学,2017,3:4—18.

[224] 张会清,唐海燕.中国与"一带一路"沿线地区的贸易联系问题研究——基于贸易强度指数模型的分析[J].国际经贸探索,2017,33(3):28—40.

[225] 张建红,卫新江,艾伯斯.决定中国企业海外收购成败的因素分析[J].管理世界,2010,3:95—107.

[226] 张杰,李勇,刘志彪.出口与中国本土企业生产率——基于江苏制造业企业的实证分析[J].管理世界,2008,11:50—64.

[227] 张杰.政府创新补贴对中国企业创新的激励效应——基于U型关系的一个解释[J].经济学动态,2020,6:91—108.

[228] 张克中,陶东杰.交通基础设施的经济分布效应——来自高铁开通的证据[J].经济学动态,2016,6:62—76.

[229] 张磊.中新互联互通南向通道驱动因素分析与对策[J].学术论坛,2018,41(5):156—161.

[230] 张利华,胡芳欣.日本对"一带一路"倡议态度转变及其机遇[J].人民论坛·学术前沿,2019,3:88—94.

[231] 张林,刘霄龙.异质性、外部性视角下21世纪海上丝绸之路的战略研究[J].国际贸易问题,2015,3:44—53.

[232] 张梅.对外产能合作:进展与挑战[J].国际问题研究,2016,1:108—119.

[233] 张睿,张勋,戴若尘.基础设施与企业生产率:市场扩张与外资竞争的视角[J].管理世界,2018,34(1):85—102.

[234] 张文木."一带一路"与世界治理的中国方案[J].世界经济与政治,2017,8:4—25+156.

[235] 张祥建,李永盛,赵晓雷.中欧班列对内陆地区贸易增长的影响效应研究[J].财经研究,2019,45(11):95—111.

[236] 张亚斌."一带一路"经贸合作促进全球价值链升级研究[C].西北大学,2017.

[237] 张亚斌."一带一路"投资便利化与中国对外直接投资选择——基于跨国面板数据及投资引力模型的实证研究[J].国际贸易问题,2016,9:164—176.

[238] 张颖,汪心宇.三方合作:现状、路径及全球治理的多元化[J].区域与全球发展,2019,3(6):74—93+158.

[239] 张支南,巫俊.贸易伙伴国交通基础设施建设与中国对外贸易发展——基于中国与亚投行56个意向创始成员国的实证分析[J].经济学报,2019,6(3):1—26.

[240] 赵春明,李震,李宏兵.主动扩大进口对中国人力资本积累的影响效应——来自最终品关税削减的长期证据[J].中国工业经济,2020,11:61—79.

[241] 赵东麒,桑百川."一带一路"倡议下的国际产能合作——基于产业国际竞争力的实证分析[J].国际贸易问题,2016,10:4—14.

[242] 赵静,于豪亮.一带一路背景下中国—东盟贸易畅通情况实证研究[J].经济问题探索,2017,7:116—123.

[243] 赵静."一带一路"沿线主要国家服务贸易竞争力评价[J].云南师范大学学报,2019,3:130—141.

[244] 赵涛,张智,梁上坤.数字经济、创业活跃度与高质量发展——来自中国城市的经验证据[J].管理世界,2020,36(10):65—76.

[245] 赵天鹏.从"普遍竞争"到"第三方市场合作":中日湄公河次区域合作新动向[J].国际论坛,2020,22(1):54—71+158.

[246] 郑玉.中国产业国际分工地位演化及国际比较[J].数量经济技术经济研究,2020,37(3):68—86.

[247] 中国工商银行带路绿色指数课题组,周月秋,殷红,等."一带一路"绿色金融(投资)指数研究[J].金融论坛,2020,25(6):4—10.

[248] 中国绿色金融发展报告课题组,杨娉.中国绿色金融发展展望[J].中国金融,2020, 14:42—46.

[249] 钟宁桦,温日光,刘学悦."五年规划"与中国企业跨境并购[J].经济研究,2019, 54(4):145—164.

[250] 周士新.《东盟印太展望》及其战略启示[J].和平与发展,2020,1:68—79+131—132.

[251] 周五七."一带一路"沿线直接投资分布与挑战应对[J].改革,2015,8:38—47.

[252] 周学仁,张越.国际运输通道与中国进出口增长——来自中欧班列的证据[J].管理世界,2021,37(4):52—63+102+64—67.

[253] 诸竹君,黄先海,王煌.交通基础设施改善促进了企业创新吗?——基于高铁开通的准自然实验[J].金融研究,2019,11:154—169.

[254] 祝树金,李思敏.高铁开通如何影响企业出口产品质量[J].宏观质量研究,2020, 8(3):14—30.

[255] 庄惠明,包婷.基于服务贸易开放度的中国服务贸易竞争力研究[J].华东经济管理,2014,28(1):51—54.

[256] 庄惠明,黄建忠,陈洁.基于"钻石模型"的中国服务贸易竞争力实证分析[J].财贸经济,2009(3):83—89.

[257] 庄子银.创新、企业家活动配置与长期经济增长[J].经济研究,2007,8:82—94.

[258] 宗良,林静慧,吴丹.全球数字贸易崛起:时代价值与前景展望[J].国际贸易,2019, 10:58—63.

[259] 邹克,蔡晓春.基于文献计量的宏观审慎研究动态与特征[J].湖南财政经济学院学报,2017,33(2):21—30.

[260] 邹嘉龄,刘春腊,尹国庆,等.中国与"一带一路"沿线国家贸易格局及其经济贡献[J]. 地理科学进展,2015,34(5):598—605.

[261] 左武荣."一带一路"背景下发展我国绿色贸易的探讨[J].对外经贸,2019,12: 5—11.

[262] ACCETTURO A, GIUNTA A. Value chains and the great recession: Evidence from Italian and German firms[J]. International Economics, 2018, 153: 55-68.

[263] ACEMOGLU D, AUTOR D, DORN D, et al. Import competition and the great US employment sag of the 2000s[J]. Journal of Labor Economics, 2016, 34(S1): S141-S198.

[264] ACKERBERG D A, CAVES K, FAZER G. Identification properties of recent production function estimators[J]. Econometrica, 2015, 83(6): 2411-2451.

[265] AGHION P, BLOOM N, GRIFFITH R, et al. Competition and innovation: An inverted

U relationship[J]. Quarterly Journal of Economics, 2005, 120(2): 701-728.

[266] AGHION P, BLUNDELL R, GRIFFITH R, et al. The effects of entry on incumbent innovation and productivity[J]. The Review of Economics and Statistics, 2009, 91(1): 24-32.

[267] AHERN K R, DAMINELLI D, FRACASSI C. Lost in translation? The effect of cultural values on mergers around the world[J]. Journal of Financial Economics, 2015, 117(1): 164-189.

[268] ALDER S. Chinese roads in India: The effect of transport infrastructure on economic development[J]. SSRN Electronic Journal, 2016, 96.

[269] ALICIA G H, JIAN WEI XU. China's Belt and Road Initiative: Can Europe expect trade gains? [J]. China & World Economy, 2017, 25(6): 84-99.

[270] ALMOND D, LI H, ZHANG S. Land reform and sex selection in China [J]. Journal of Political Economy, 2018, 127(2): 564-586.

[271] AMITI M, KHANDELWAL A K. Import competition and quality upgrading[J]. Review of Economics and Statistics, 2013, 95(2): 478-490.

[272] AMITI M, KONINGS J. Trade liberalization, intermediate inputs, and productivity: Evidence from Indonesia[J]. The American Economic Review, 2006, 97(5): 1611-1638.

[273] ANDERSON J E, VAN WINCPPO E. Trade costs[J]. Journal of Economic Literature, 2004, 42(3): 691-751.

[274] ARELLANO M, BOND S. Some tests of specification for panel data: Monte carlo evidence and an application to employment equations [J]. The Review of Economic Studies, 1991, 58(2): 278-297.

[275] ARIAS J, ARTUC E, LEDERMAN D, et al. Trade, informal employment and labor adjustment costs[J]. Journal of Development Economics, 2018, 133: 396-414.

[276] AROCHE F. Trees of the essential economic structures: A qualitative input-output method[J]. Journal of Regional Science, 2006, 46(2): 333-356.

[277] ARVIS J F, SHEPHERD B. The air connectivity index: Measuring integration in the global air transport network [D]. World Bank Policy Research Working Paper, No. 5722, 2011.

[278] ARVIS J F, VESIN V, CARRUTHERS R, et al. Maritime networks, port efficiency, and hinterland connectivity in the Mediterranean[M]. Washington D. C.: World Bank Publications, 2018.

[279] ASHOFF G. Triangular cooperation: Opportunities, risks, and conditions for effective-

ness[R]. Development Outreach, World Bank, 2010.

[280] AUDRETSCH D B, FELDMAN M P. R&D spillovers and the geography of innovation and production[J]. American Economic Review, 1996, 86(3): 634-640.

[281] AUTOR D, DORN D, HANSON G H, et al. Foreign competition and domestic innovation: Evidence from US patents[J]. Americam Economic Review: Insights, 2020, 2(3): 357-374.

[282] BAI X, KRISHNA K, MA H. How you export matters: Export mode, learning and productivity in China[J]. Journal of International Economics, 2013, 104(Jan): 122-137.

[283] BAILEY M A, STREZHNEV A, VOETEN E. Estimating dynamic state preferences from United Nations voting data[J]. Journal of Conflict Resolution, 2017, 61(2): 434-456.

[284] BALTAGI H, EGGER P, PFAFFERMAYR M. Estimating models of complex FDI: Are there third-country effects? [J]. Journal of Econometrics, 2007, 140(1): 260-281.

[285] BANIYA S, ROCHA N, RUTA M. Trade effects of the New Silk Road: A gravity analysis[R]. World Bank Group, 2019.

[286] BARON R M, KENNY D A. The moderator-mediator variable distinction in social psychological research: Conceptual, strategic, and statistical considerations[J]. Journal of Personality and Social Psychology, 1986, 51(6): 1173-1182.

[287] BARRIOS S, BERTINELLI L, STROBL E, et al. The dynamics of agglomeration: Evidence from Ireland and Portugal[J]. Journal of Urban Economics, 2005, 57(1): 174-188.

[288] BECK T, LEVINE R, LEVKOV A. Big bad banks? The winners and losers from bank deregulation in the United States[J]. The Journal of Finance, 2010, 65(5): 1638-1667.

[289] BEKES G, BISZTRAY M. Do friends follow each other? FDI network effects in Central Europe[D]. Cers-Ie Working Papers 1719, Institute of Economics, Centre for Economic and Regional Studies, 2017.

[290] BENKOVSKIS K, WOERZ J. How does taste and quality impact on import prices? [J]. Review of World Economics, 2014, 150(4): 664-691.

[291] BERGIN P, FENG L, LIN C. Trade and firm financing[C]. NBER Working Paper, No. 26266, 2019.

[292] BERNARD A B, MOXNES A, ULLTVEIT-MOE K H. Two-sided heterogeneity and trade [J]. Review of Economics & Statistics, 2018, 100(3): 424-439.

[293] BLOOM N, DRACA M, REENEN J V. Trade induced technical change? The impact of

Chinese imports on innovation, IT and productivity [J]. Review of Economic Studies, 2016, 83(1): 88-117.

[294] BLUNDELLR et al. Changes in the distribution of male and female wages accounting for employment composition using bounds [J]. Econometrica, 2007, 75(2): 323-363.

[295] BLUNDELL R, BOND S. Initial conditions and moment restrictions in dynamic panel-data models[J]. Journal of Econometrics, 1998, 87: 114-146.

[296] BOUBACAR I. Spatial determinants of U.S. FDI and exports in OECD countries [J]. Economic Systems, 2016, 40(1): 135-144.

[297] BOWN C, CROWLEY M. Trade deflection and trade depression[J]. Journal of International Economics, 2007, 72(1): 176-201.

[298] BRANDT L, BIESEBROECK J V, WANG L, et al. WTO accession and performance of Chinese manufacturing firms[J]. American Economic Review, 2017, 107(9): 2784-2820.

[299] BRODA C, GREENFIELD J, WEINSTEIN D. From groundnuts to globalization: A dtructural estimate of trade and growth [J]. Research in Economics, 2017, 71(4): 759-783.

[300] BUSTOS P. Trade liberalization, exports, and technology upgrading: Evidence on the impact of MERCOSUR on Argentinian firms[J]. American Economic Review, 2011, 101(1): 304-340.

[301] CAHALAN L, GITTER S R, Fletcher E K. Terrorism and womens' employment in Afghanistan [J]. Oxford Development Studies, 2020, 48(2): 194-208.

[302] CASTELLS M. The rise of network society [J]. Contemporary Sociology, 2000, 26(6): 693-699.

[303] CHEN J H, WAN Z, ZHANG F W. Evaluation and comparison of the development performances of typical free trade port zones in China[J]. Transportation Research Part A: Policy and Practice, 2018, 118: 505-526.

[304] CHEN T, KU Y H. The effects of overseas investment on domestic employment[J]. Nber Chapters, 2003, 10156: 108-132.

[305] CHEN Z, ZHANG J, ZHENG W. Import and innovation: Evidence from Chinese firms[J]. European Economic Review, 2017, 94: 205-220.

[306] CHENERY H, STROUR A M. Foreign assistance and economic development[J]. American Economic Review, 1996, 8: 24-28.

[307] CHIARVESIO M, MARIA E, MICELLI S. Global value chains and open networks: The case of Italian industrial districts[J]. European Planning Studies, 2010, 18(3):

334-350.

[308] CLARK C. The Conditions of Economic Progress[M]. London: Macmillan, 1940.

[309] COE D T, HELPMAN E. International R&D spillovers[J]. European Economic Review, 1995, 39(5): 859-887.

[310] COGG. Commission on Global Governance, Our Global Neighbourhood: The Report of the Commission on Global Governance[M]. Oxford: Oxford University Press, 1995.

[311] DE BACKER K, MIROUDOT S. Mapping global value chains[C]. WIOD Conferences Paper, 2012.

[312] DE LOECKER J. Do exports generate higher productivity? Evidence from Slovenia[J]. Journal of International Economics, 2007, 73(1): 68-98.

[313] DE SOYRES F, MULABDIC A, MURRAY S, et al. How much will the Belt and Road Initiative reduce trade cost? [EB/OL]. (2019-07-03)[2022-10-09]. https://openknowledgeworldbank.org/handle/10986/30582.

[314] DE SOYRES F, MULABDIC A, RUTA M. Common transport infrastructure: A quantitative model and estimates from the Belt and Road Initiative[D]. The World Bank Working Paper, 2018.

[315] DE WALQUE G, LEJEUNE T, RYCHALOVSKA Y, et al. An estimated two-country EA-US model with limited exchange rate pass-through[D]. National Bank of Belgium Working Paper, No. 317, 2017.

[316] DERUDDER B, LIU X, KUNAKA C. Connectivity along overland corridors of the Belt and Road Initiative[D]. The World Bank Working Paper, 2018.

[317] DESBORDES R, VICARD V. Foreign direct investment and bilateral investment treaties: An international political perspective[J]. Journal of Comparative Economics, 2009, 37(3): 372-386.

[318] DIKOVA D, WITTELOOSTUIJN S A V. Cross-border acquisition abandonment and completion: The effect of institutional differences and organizational learning in the international business service industry, 1981-2001[J]. Journal of International Business Studies, 2010, 41(2): 224-246.

[319] DIX-CARNEIRO R, KOVAK B K. Trade liberalization and the skill premium: A local labor markets approach[J]. American Economic Review Papers and Proceedings, 2015, 105(5): 551-557.

[320] DONALDSON D. Railroads of the raj: Estimating the impact of transportation infrastructure[J]. American Economic Review, 2018, 108(4-5): 898-934.

[321] DONALDSON, HORNBECK D R. Rallroads and American economic growth: A "market

access" approach[J]. The Quarterly Journal of Economics, 2016, 131(2): 795-858.

[322] DU J L, ZHANG Y F. Does One Belt One Road Initiative promote Chinese overseas direct investment[J]. China Economic Review, 2018, 47(2), 188-206.

[323] DURANTON, TURNER M. Urban growth and transportation[J]. The Review of Economic Studies, 2012, 79(4): 1405-1447.

[324] DUVAL Y, UTOKTHAM C. Impact of trade facilitation on foreign direct investment[D]. TID Working Paper, 2014.

[325] EDWARDS W. Will new information and communication technologies improve the "codification" of knowledge? [J]. Industrial & Corporate Change, 2000, 2: 361-376.

[326] ELIASSON K, HANSSON P, LINDVERT M. Do firms learn by exporting or learn to export? Evidence from small and medium-sized enterprises[J]. Small Business Economics, 2012, 39(2): 454-472.

[327] ERNST C. The FDI-employment link in a globalizing world: The case of Argentina, Brazil and Mexico[D]. Employment Strategy Papers, 2005, 17: 1-46.

[328] ESSLETZBICHLERJ. Relatedness, industrial branching and technological cohesion in US metropolitan areas[J]. Regional Studies, 2015, 49(5): 1-16.

[329] FAGIOLO G, REYES J, SCHIAVO S. Assessing the evolution of international economic integration using random walk betweenness centrality: The cases of East Asia and Latin America[J]. Advances in Complex Systems, 2008, 11(5): 685-702.

[330] FAN H, LI Y A, YEAPLE S R. On the relationship between quality and productivity: Evidence from China's accession to the WTO[J]. Journal of International Economics, 2018, 110: 28-49.

[331] FEDERICI A, MAZZITELI A.Dynamic factor analysis with STATA[J].Staba.com,2009.

[332] FINGER J M, KREINN M. A measure of export similarity and its possible uses[J]. The Economic Journal, 1979, 89: 904-912.

[333] FRENKEN K, OORT F, VERBURG T N. Related variety, unrelated variety and regional economic growth[J]. Regional Studies, 2007, 41(5): 685-697.

[334] FREUND A. Examination of ethica procurement through enterprise examples[J]. Problems of Management in the 21st Century, 2016, 11(1): 25-42.

[335] GAFFNEY NOLAN T. An analysis of the cross-border acquisition behavior of emerging market multinational enterprises[J]. Dissertations & Theses-Gradworks, 2012: 1-24.

[336] GALENSON W, LEIBENSTEIN H. Investment criteria: Productivity and growth[J]. Quarterly Journal of Economics, 1955, 69(3): 343-370.

[337] GALSTYANV. Productivity, trade, and relative prices in a ricardian world[J]. Open

Economies Review, 2015, 26(4): 817-838.

[338] GARRETSEN H, PEETERS J. FDI and the relevance of spatial linkages: Do third-country effects matter for Dutch FDI?[J]. Review of World Economics, 2009, 145(2): 319-338.

[339] GAULIER G, LEMOINE F, ÜNAL D. China's integration in East Asia: Production sharing, FDI & high-tech trade[J]. Economic Change and Restructuring, 2007, 40(1-2): 27-66.

[340] GERTLERM S. Tacit knowledge and the economic geography of context, or the undefinable tacitness of being there[J]. Journal of Economic Geography, 2003, 3(1): 75-99.

[341] GHOSH A. Input-output approach in an allocation system[J]. Economica, 1958, 25(97): 58-64.

[342] GIANNETTI M, LIAO G, YU X. The brain gain of corporate boards: Evidence from China[J]. The Journal of Finance, 2015, 70(4): 1628-1682.

[343] GIRVAN M, NEWMAN M. Community structure in social and biological networks[J]. PNAS, 2002, 99(12): 7821-7826.

[344] GIUSEPPE F, LAMBERTINI L, TAMBERTINI A, et al. Trade costs, FDI incentives, and the intensity of price competition[J]. International Journal of Economic Theory, 2014, 10(4): 371-386.

[345] GLICK R, ROSE A K. Contagion and trade: Why are currency crises regional[J]. Journal of International Money & Finance, 1999, 18(4): 603-617.

[346] GOLDBERG P K, KHANDELWAL A K, PAVCNI K, et al. Imported intermediate inputs and domestic product growth: Evidence from India[J]. Quarterly Journal of Economics, 2010, 125(4): 1724-1767.

[347] GONG X. The Belt & Road Initiative and China's influence in Southeast Asia[J]. The Pacific Review, 2019, 32(4): 635-665.

[348] GREENAWAY D, HINE R C, WRIGHT P. An empirical assessment of the impact of trade on employment in the United Kingdom[J]. European Journal of Political Economy, 1999, 15(3): 484-500.

[349] GREENSTEIN S, RAMEY G. Market structure, innovation and vertical product differentiation[J]. International Journal of Industrial Organization, 1998, 16(3): 284-311.

[350] GÓRA J. Global value chains as a tool for globalization studies[J]. Organization and Management, 2013, 155: 43.

[351] HAGIU A. Oxford Handbook of the Digital Economy[M]. Oxford: Oxford University Press, 2012.

[352] HEAD K, MAYER T. The empirics of agglomeration and trade[C]. Handbook of Regional and Urban Economics, Elsevier, 2004: 2608-2669.

[353] HELM I. National industry trade shocks, local labor markets, and agglomeration spillovers[J]. The Review of Economic Studies, 2019, 87(3): 1399-1431.

[354] HELPMAN E. A simple theory of international trade with multinational corporations[J]. Journal of Political Economy, 1984, 92(3): 451-471.

[355] HENN C, PAPAGEORGIOU M C, SPATAFORA M N. Export quality in developing countries[R]. International Monetary Fund, 2016.

[356] HIDALGO C A, HAUSMANN R. The building blocks of economic complexity [J]. Proceedings of the National Academy of Sciences, 2009, 106(26): 10570-10576.

[357] HIDALGO C A, KLINGER B, BARABASI A L, et al. The Product space conditions the development of nations [J]. Science, 2007, 317(5837): 482-487.

[358] HORN H, PERSSON L. The equilibrium ownership of an international oligopoly [J]. Journal of International Economics, 2001, 53(2): 308-336.

[359] HSIEH C T, MORETTI E. Housing constraints and spatial misallocation [J]. American Economic Journal, 2019, 11(2): 1-39.

[360] HUMPHREY J, SCHMITZ H. How does insertion in global value chains affect upgrading in industrial clusters [J]. Regional Studies, 2002, 36(9): 1013-1027.

[361] INKPEN A C, TSANG E. Social capital, networks, and knowledge transfer[J]. Academy of Management Review, 2005, 30(1): 143-166.

[362] JACOBSON L S, SULLIVAN L L G. Earnings losses of displaced worker[J]. American Economic Review, 1993, 83(4): 684-709.

[363] JEANFILS P. Imperfect exchange rate pass-through the role of distribution services and variable demand elasticity[D]. National Bank of Belgium Working Paper, No. 135, 2008.

[364] KALDOR N.Strategic Factors in Economic Development[M].Ithaca: Cornell University Press, 1967.

[365] KEE H L. Local intermediate inputs and the shared supplier spillovers of foreign direct investment [J]. Journal of Development Economics, 2015, 112(C): 56-71.

[366] KELLER W, YEAPLE S R. Multinational enterprises, international trade, and productivity growth: Firm-level evidence from the United States[J]. Review of Economics & Statistics, 2009, 91(4): 821-831.

[367] KHANDELWAL A K, SCHOTT P K, WEI S J. Trade liberalization and embedded institutional reform: Evidence from Chinese exporters [J]. The American Economic Re-

view, 2013, 103(6): 2169-2196.

[368] KOJIMA K. Direct Foreign Investment: A Japanese Model of Multination Business Operations [M]. London: Groon Helm, 1978.

[369] KOOPMAN R, WANG Z, WEI S J. Estimating domestic content in exports when processing trade is pervasive[J]. Journal of Development Economics, 2012, 99(1): 173-189.

[370] KRAGELUND P. Towards convergence and cooperation in the global development finance regime: Closing Africa's policy space [J]. Cambridge Review of International Affairs, 2015, 28(2): 246-262.

[371] KRUGAN A O. Trade and Employment in Developing Countries[M]. Chicago: University of Chicago Press, 1986.

[372] KRUGMAN P. Increasing returs and economic geography[J]. Journal of Political Economy, 1991, 99(3): 484-499.

[373] KUWAMORI H, OKAMOTO N. Industrial networks between China and the countries of the Asia-Pacific region[D]. IDE Discussion Papers, 2007, 2: 49.

[374] KUZNETS S. Quantitative aspects of the economic growth of nations: II. industrial distribution of national product and labor force[J]. Economic Development And Cultural Change, 1957, 5(S4): 1-111.

[375] LALL S. The technological structure and performance of developing country manufactured exports, 1984-98[J]. Oxford Development Studies, 2000, 28(3): 338-369.

[376] LENGFELDER S C. Why triangular development cooperation? Germany and the emerging powers[J]. German Politics, 2016, 25(1): 1-24.

[377] LEONTIEF W. Environmental repercussions and the economic structure: An input-output approach[J]. The Review of Economics and Statistics, 1970, 52(3): 262-271.

[378] LEWRICK U, MOHLER L, WEDER R. Productivity growth from an international trade perspective[J]. Review of International Economics, 2018, 26(2): 339-356.

[379] LI P, LU Y, WANG J. Does flattening government improve economic performance? Evidence from China[J]. Journal of Development Economics, 2016, 123(9): 15-37.

[380] LIU Q, LU R, LU Y. Import competition and firm innovation: Evidence from China[J]. Journal of Development Economics, 2021, 151(2): 102650.

[381] LIU Q, QIU L D. Intermediate input imports and innovations: Evidence from Chinese firms' patent filings[J]. Journal of International Economics, 2016, 103: 168-183.

[382] LU Y, WOLSZCZAK-DERLACZ J. The impact of China's One-Belt One-Road Initiative on international trade and global value chains[D]. GUT FME Working Paper Series A, 2020.

[383] LU Y, YU L. Trade liberalization and markup dispersion: Evidence from China's WTO accession[J]. American Economic Journal: Applied Economics, 2015, 7(4): 221-253.

[384] MACHADO J A F, SILVA J M C. Quantiles via moments[J]. Journal of Econometrics, 2019, 213(1): 145-173.

[385] MALISZEWSKA M, VAN DER MENSBRUGGHE D. The Belt and Road Initiative: Economic, poverty and environmental impacts[D]. The World Bank Working Paper, 2019.

[386] MAO H, LIU G, ZHANG C, et al. Does Belt and Road Initiative hurt node countries? A study from export perspective[J]. Emerging Markets Finance and Trade, 2019, 55(7): 1-14.

[387] MARTIN J, MEJEAN I. Low-wage country competition and the quality content of high-wage country exports[J]. Journal of International Economics, 2014, 93(1): 144-152.

[388] MAWDSLEY E. DFID, the private sector and the re-centring of an economic growth agendain international development[J]. Global Society, 2015, 29(3): 339-358.

[389] MCEWAN C, MAWDSLEY E. Trilateral development cooperation: Power and politics in emerging aid relationships[J]. Development and Change, 2012, 43(6): 1185-1209.

[390] MELITZ M J. The impact of trade on intra-industry reallocations and aggregate industry productivity[J]. Econometrica, 2003, 71(6): 1694-1726.

[391] MELITZ M, OTTAVIANO G I P. Market size, trade, and productivity[J]. Review of Economic Studies, 2008, 75(1): 294-316.

[392] MENG B, ZHANG Y, INOMATA S. Compilation and applications of ide-jetro's international input-output tables[J]. Economic Systems Research, 2013, 25(1): 122-142.

[393] MILNER C, MCGOWAN D. Trade costs and trade composition[J]. Economic Inquiry, 2013, 51(3): 1886-1902.

[394] MUN T S, HOANG T H, et al. The state of southeast Asia: 2020[R]. ISEAS-Yusof Ishak Institute, 2020.

[395] NADINE P, JEETS H, MCKIMM R, et al. Triangular co-operation in the era of the 2030 agenda: Sharing evidence and stories from the field[R]. Global Partnership Initiative(GPI)on Effective Triangular Co-operation Draft Report, 2019.

[396] NATHANIEL B S, VERNON H J, TURNER M A, et al. Does investment in national highways help or hurt hinterland city growth[J]. Journal of Urban Economics, 2020, 115(1): 104-124.

[397] NOLAN P J, GADEKEN L L, BROWN A J. The Properties of low-lying levels in

37Cl[J]. Journal of Physics A Mathematical General, 1974, 7(12): 14-37.

[398] NOOTEBOOM B. Learning and Innovation in Organizations and Economies[M]. New York: Oxford University Press, 2001.

[399] NORTH D C. Institutions, Institutional Change, and Economic Performance[M]. Cambridge: Cambridge University Press, 1990.

[400] NOVY D. Gravity R. Measuring international trade costs with panel data[J]. Economic Inquiry, 2012, 51(1): 101-121.

[401] NOVY D. Growity reduc: Measuring international trade costs with panel[J]. Economic Inquiry, 2013, 51(1): 1010-121.

[402] NUNN N, QIAN N. US food aid and civil conflict[J]. American Economic Review, 2014, 104(6): 1634-1666.

[403] OECD. Development co-operation report 2017: Data for development[R]. OECD Publishing, Paris, 2017.

[404] PAN Y, TSE D K. Cooperative strategies between foreign firms in an overseas country[J]. Journal of International Business Studies, 1996, 27(5): 928-946.

[405] PAULO S. India as a partner in triangular development cooperation: Prospects for the India-UK partnership for global development[D]. Observer Research Foundation Working Paper, 2018.

[406] PENG F, KANG L, LIU T, et al. Trade agreements and global value chains: New evidence from China's Belt and Road Initiative[J]. Sustainability, 2020, 12(4): 1353.

[407] PIKE A, MACKINNON D, CUMBERS A, et al. Doing evolution in economic geography[J]. Economic Geography, 2016, 92(2): 123-144.

[408] PORTER M E. The Competitive Advantage of Nations[M]. New York: Free Press, 1990.

[409] PUHANI P. The treatment effect, the cross difference and the interaction term in nonlinear "difference-in-differences" models[J]. Economics Letters, 2012, 115(1): 84-87.

[410] QIN Y. No county left behind? The distributional impact of high-speed rail upgrades in China[J]. Journal of Economic Geography, 2017, 17(3): 489-520.

[411] RAMASAMY B, YEUNG M C H. China's One Belt One Road Initiative: The impact of trade facilitation versus physical infrastructure on exports[J]. The World Economy, 2019, 42(6): 1674-1694.

[412] REDDING S, TURNER M A. Transportation costs and the spatial organization of economic activity[C]. Handbook of Regional and Urban Economics, 2016.

[413] REED T, TRUBETSKOY A. Assessing the value of market access from Belt and Road projects [D]. The World Bank Working Paper, 2019.

[414] ROSSI S, VOLPIN P F. Cross-country determinants of mergers and acquisitions[J].

Journal of Financial Economics, 2004, 74(2): 275-304.

[415] SAHOO B K, TONE K. Radial and non-radial decompositions of profit change: With an application to Indian banking[J]. European Journal of Operational Research, 2009, 196(3): 1134-1146.

[416] SAMPATH P G, VALLEJO B. Trade, global value chains and upgrading: What, when and how?[J]. The European Journal of Development Research, 2018, 30(3): 481-504.

[417] SCHMOOKLER J.Invention and Economic Growth[M].Cambridge: Harvard University Press, 1966.

[418] SHEMYAKINA O. Exploring the impact of conflict exposure during formative years on labour market outcomes in Tajikistan[J]. The Journal of Development Studies, 2015, 51(4): 422-446.

[419] SHEPHERD B, WILSON N. Product standards and developing country agricultural exports: The case of the European Union[J]. Food Policy, 2013, 42(42): 1-10.

[420] SHEU J B, KUNDU T. Forecasting time-varying logistics distribution flows in the One Belt One Road strategic context[R]. Transportation Research Part E: Logistics and Transportation Review, 2018, 117: 4-22.

[421] SILVA J, TENREYRO S. The log of gravity[J]. Review of Economics & Statistics, 2006, 88(4): 641-658.

[422] SKAIFE H A, WANGERIN D D. Target financial reporting quality and M&A deals that go bus[R]. Contemporary Accounting Research, 2013, 30(2): 715-749.

[423] SLY N. International productivity differences, trade and the distributions of factor endowments[J]. Review of International Economics, 2012, 20(4): 740-757.

[424] SONG W, WEI J, ZHOU L. The value of "boutique" financial advisors in mergers and acquisitions[J]. Journal of Corporate Finance, 2013, 20(1): 94-114.

[425] SUBIRANA B. Zero entry barriers in a computationally complex world[J]. Journal of End User Computing, 2000, 12(2): 43-55.

[426] TEECE D J. The foundations of enterprise performance: Dynamic and ordinary capabilities[J]. Theory of Firms. Academy of Management Perspectives, 2014, 28(4): 328-352.

[427] TIMMER M P, DIETZENBACHER E, LOS B, et al. An illustrated user guide to the world input-output database: The case of global automotive production[J]. Review of International Economics, 2015, 23(3): 575-605.

[428] TSOUTSOURA M. The effect of succession taxes on family firm investment: Evidence from a natural experiment[J]. The Journal of Finance, 2015, 70(2): 648-688.

[429] UNDP. Trilateral cooperation with China-sharing China's development experience through

innovative partnerships[R]. South-South Cooperation, 2016.

[430] UNSSCD. Framework of operational guidelines on United Nations support to South-South and triangular cooperation: Note by secretary-general[R]. United Nations South-South Cooperation for Development, 2016.

[431] VAN BIESEBROECK J. Exporting raises productivity in Sub-Saharan African manufacturing firms[J]. Journal of International Economics, 2005, 67(2): 374-391.

[432] VERHOOGEN E A. Trade, quality upgrading and wage inequality in the Mexican manufacturing sector[J]. Quarterly Journal of Economics, 2008, 123(2): 489-530.

[433] WEI J G. Spain will lead the Belt and Road third-party market cooperation between China and Europe[EB/OL]. (2018-11-26)[2021-11-01]. http://english.cciee.org.cn/Detail.aspx? newsId=16147&TId=44.

[434] WILSON J S, MANNC L, OTSUKI T. Trade facilitation and economic development: A new approach to quantifying the impact[J]. The World Bank Economic Review, 2003, 17(3): 368-389.

[435] WINKELMANN R. Econometric Analysis of Count Data[M]. Berlin: Published by Springer, 2008.

[436] WOLFF H. Keep your clunker in the suburb: Low-emission zones and adoption of green vehicles[J]. Economic Journal, 2014, 124(578): F481-F512.

[437] WOODRIDGE J M. Econometric Analysis of Cross Section and Panel Data[M]. Cambridge: MIT Press Books, 2010.

[438] WORLD BANK. Belt and Road Economics: Opportunities and risks of transport corridors[R]. Washington, D.C.: The World Bank, 2019.

[439] YEAPLE S R. A simple model of firm heterogeneity, international trade, and wages[J]. Journal of International Economics, 2005, 65(1): 1-20.

[440] ZHANG Y. Third-party market cooperation under the belt and road initiative: Progress, challenges, and recommendations[J]. China International Strategy Review, 2019, 1(2): 310-329.

[441] ZHAO L, ZHAO Y, HU Q, et al. Evaluation of consolidation center cargo capacity and locations for China railway express[J]. Transportation Research Part E: Logistics and Transportation Review, 2018, 117: 55-81.

[442] ZOCCAL G. Triangular cooperation: Enabling policy spaces [M]//The Palgrave Handbook of Development Cooperation for Achieving the 2030 Agenda. Palgrave Macmillan, Cham, 2021, 584-606.